# 作者简介

## 顾万发

1971年生于河南省信阳市固始县，1998年毕业于北京大学考古文博学院，在职博士。国家考古领队，研究员，郑州大学历史学院硕士生导师。现任郑州市文物考古研究院院长，中国考古学会理事，国家文物局审核专家组成员，北京大学震旦古代文明研究中心客座研究员，河南省考古学会常务理事、副秘书长，河南省漫画家协会副主席，河南省一级期刊《华夏文明》（月刊）主编，郑州市中华之源与嵩山文明研究会理事、副秘书长。郑州市领导直接联系高端人才，郑州市政协委员等。

参与了国家级重大科研攻关项目夏商周断代工程、中华文明探源工程、三峡文物保护工程、南水北调中线干渠文物保护工程等。主持的河南新郑望京楼夏商时期城址考古发掘项目获得2010年度全国十大考古新发现、2009～2010年度国家文物局田野考古奖二等奖；主持的郑州东赵遗址考古发掘项目获2014年全国十大考古新发现。参与编写《新密新砦——1999～2000年田野考古发掘报告》，并主著有《郑州市城市快速轨道交通文化遗产环境影响评估报告》。在学术期刊发表独著简报、论文40余篇。

中国·郑州考古（十五）
CHINA ZHENGZHOU ARCHAEOLOGY(XV)

# 文明之光

## ——古都郑州探索与研究

（上 册）

顾万发 编著

科 学 出 版 社
北 京

## 内容简介

本书以学术并结合通俗的视角，以郑州历史上已公布的文化素材和近年来的重要文物调研及田野考古新发现为研究对象，对郑州史前到近现代文明史作了较为全面的基本梳理，尤其就其重要文化特征之代表者作了较为详实的专题化研究，对“商”字内涵、唐青花塔形罐净土变图像、郑州柴瓷“出北地”、中国大运河郑州段走向等具体问题作了较全面地阐释。全书内容丰富，素材广泛，既具有一定通俗性，又具有较强的学术性，是从多角度观察、了解、认知古都郑州系列人文景观和历史沉淀的一部专著。

本书适合历史学、考古学等专业师生和对郑州历史感兴趣的人士阅读。

**图书在版编目（CIP）数据**

文明之光：古都郑州探索与研究 / 顾万发编著. —北京：科学出版社，2016.4
（中国·郑州考古；15）

ISBN 978-7-03-045838-4

Ⅰ. ①文… Ⅱ. ①顾… Ⅲ. ①文化史－郑州市 ②郑州市－地方史 Ⅳ. ①K296.11

中国版本图书馆CIP数据核字（2015）第230200号

责任编辑：张亚娜　范雯静 / 责任印制：肖　兴
书籍设计：北京美光制版有限公司

科学出版社出版
北京东黄城根北街16号
邮政编码：100717
http://www.sciencep.com

北京利丰雅高长城印刷有限公司 印刷
科学出版社发行　各地新华书店经销
*
2016年4月第 一 版　开本：787×1092 1/16
2016年4月第一次印刷　印张：27 3/4
字数：637 000

**定价：420.00元**

（如有印装质量问题，我社负责调换）

# 序　融汇古今话郑州

作为一个老家在郑州的人，我看过不少介绍郑州的书，有话说的，有图说的，也有编成歌曲吟唱的，形式多种多样，不一而足；从内容来看，有综合的，也有专项的，但百分之九十以上都是说的现在的郑州。郑州成为一个新兴的现代城市，充其量也就是六七十年的时间，但要追溯它的历史，仅从商王朝第一个国王商汤灭夏在郑州建立亳都算起，也已有三千六百多年。如果以现在的行政区划，把新郑、中牟、荥阳、巩义、新密、登封都作为郑州的一部分，那么夏王朝的第一个都城"禹都阳城"，甚至传说五帝之首的黄帝的龙兴之地，也都在这一范围之内与郑州有密切关系了。城或城市的出现，是历史发展的产物。作为现代化新兴城市的郑州的崛起，也是历史上该地区社会经济发展的结果，更是文化的长期积淀所累成。郑州如何发展成为世界性的都会城市，尤其是要建设成为世界历史文化名城，打造中原经济区核心增长区，从历史上汲取经验、寻找灵感就十分重要了。因此，编写一部介绍郑州辉煌历史的书，激发郑州人民群众把自己的家乡建设成为世界历史文化名城的热情并投入行动，就成为一项刻不容缓的任务。

十分高兴，适应社会急需和广大公众要求，由郑州市文物考古研究院院长顾万发编著的《文明之光——古都郑州探索与研究》一书应运而生，就要和大家见面了。

这部书共分二十章和一篇参考书目，和我以前见过的介绍郑州的书相比，有六个鲜明的特点：

一是将郑州历史的各个阶段打通，从郑州在中华文明演进过程中的基本情况和地位到中华统一王朝都城的建立，从夏商王都、周代封国管、祭、郑、韩等都邑的辉煌到汉以后至明清时期的历史现状甚至到近现代，环环相扣，脉络清晰，发展轨迹清楚明了。了解了夏商周及战国以前郑州这块地方的历史发展，就会理解郑州之所以成为中国统一王朝夏商都城首选之地的深刻原因；了解了郑州汉以后至民国渐趋衰落的境况，将会激发人们总结经验教训、奋起直追建设美好家园的热情，并从文化自豪的心理上树立必胜的信心。

二是内容丰富，涵盖方方面面，几乎无所不包。其一至四章从中华文明之源讲到商汤在郑州建立亳都，是对郑州成为当时世界上最大规模都城之一及其形成渊源的追索；五至七章主讲郑州的经济、商贸和交通；八至十五章主要介绍郑州古今思想、文化、宗教、城市发展、建筑、科技、陶瓷生产；十六至二十章将郑州的文化古城、重要墓葬、历史文化建筑、宗教石造像与碑刻、近现代重要史迹等悉数列入。这是对郑州从历史到现状、从地理到人文、从经济到文化全方位的展示。生活、工作在郑州的人读了会增加心中的自豪，外地的人读了会心生景仰之情，没有到过郑州想来郑州旅游的朋友，甚至都可以将它看做是行前的导读和旅游的手册。

三是既图文并茂地介绍了郑州市以全国重点文物保护单位为主的物质文化遗产，也以附录的形式刊布了郑州市市级第一、二、三批共111项非物质文化遗产名录。根据最新公布的第七批全国重点文物保护单位名录的统计，郑州市的全国重点文物保护单位数量已跃升至全国省会城市第一，仅次于北京市。无论是物质文化遗产，还是非物质文化遗产，都是我们的先民在生产、生活、社会、经济与政治、文化等各种活动中的遗存，在一定程度上是郑州历史的记录和反映，我们认识了它了解了它，就能更好地珍惜、保护、发扬，使它在实现中华民族伟大复兴的实践中发挥应有的作用。

四是作为一部综合介绍郑州的著作，既有从档案和其他书中摘录的资料，同时也有占全书相当篇幅的由作者潜心研究的成果和独到见解，尤其是作者在第二章中对“中”字的解析、第十五章中对柴窑产地、郑州出土的两件唐青花塔式罐产地在郑州的考证，以及对两件唐青花塔式罐上儿童步打图案和卍字形图案、牡丹纹演化图案内涵的阐释、对祭伯城的论证等。我认为作者在这些问题上的研究，思路清晰，方法新颖、逻辑严密，具有启发意义。

五是书中公布了不少新的考古资料，像郑州商城外廓城西北段的有关考古内容，汪沟遗址、青台遗址、小双桥遗址、稍柴遗址、祭伯城城址、京襄城城址、东周故城城址、惠济桥遗址等最新的勘探和考古成果，既使我们能及时了解郑州最新的考古发现，又使大家对有些多年前已知遗址的文化内涵有了更新和更关键的认识，这些新素材的公布为促进学术界相关学术研究提供了难得的素材。

六是为便于读者对某个方面的深入了解和研究需要，在书后列了参考书目。这些书目好比是为读者打开通向了解郑州之门的钥匙。

由于这六个方面的特点，就使得这部书既有通俗性、普及性的优点，又有较高的学术性。普通民众阅读会对郑州辉煌的历史及其在中华文明史上的地位和坐标有全面的认识，激发建设国际性大都会、世界历史文化名城的积极性和创造力，专门研究者阅读也会引起兴趣、生发新的思考和讨论的空间。我读后的感受是，这是一部值得一读的好书，我愿意推荐给老家郑州的父老乡亲、兄弟姐妹和在郑州打拼的、上学的，以及像我这样从郑州这块土地上走出去的朋友们。

当然，我想我也应该指出，可能由于原为电视剧本素材等原因，这部书在结构上显得有些松散、不够紧凑；有些问题如第四章对郑州商城三重城垣含义的解释，有些虽有线索但尚未最后结论的问题，如第四章对郑州商王陵可能地望的推测、第十六章仅根据钻探资料就认为寻找到了望京楼二里头文化和二里岗文化两座城址外廓城的线索等表述，似乎尚需更多材料的佐证。这些问题，可以通过写专门的论文进行讨论，更需要通过实地调查发掘加以证实。瑕不掩瑜，指出以上几点，只是想请作者精益求精，把这块大家都翘首以盼的璞玉打磨得更温润一些。是为序。

李伯谦

2013年5月30日于

北京大学赛克勒考古与艺术博物馆

# 目录

## （上册）

# （下　册）

# 第一章 中华文明之源

人们赖以生存的地球已经有46亿年的历史，郑州人脚下的这片土地则是欧亚板块中最先露出海洋的大陆。“五世同堂”的巍巍嵩山向人们诉说着大自然的神奇造化，其后的郑州，则在至少10万年前就已经开始了人类居住的历史。

郑州，位居黄河中下游的中原地区，文化博大精深，源远流长，是华夏文明的重要发祥地之一。由人类制作和使用打制石器到制作和使用磨制石器，由游牧穴居到聚落城池，由农业形成到行业分工，由地方方国到一统王朝，郑州完整经历并参与创造了这一进程。尤其在由氏族社会向国家文明转变的关键历史时刻，郑州从中国多元发展的文化格局中脱颖而出，最早绽放出中华民族最为绚烂多彩的文明之光。

# 一、中国早期文明序列及基本概况

中国早期文明的基本状况，考古学、文献学、民族学等学科的学者都从不同的角度作了认真的研究，其中陈连开[1]等先生在不少著作中结合多年来的考古学发现对这一问题有深刻的论证：

## （一）旧石器时代

旧石器时代是以使用打制石器为标志的人类物质文化发展阶段。地质时代属于上新世晚期至更新世，从距今约200万年前开始，延续到距今1万年左右止。

### 早期

在旧石器时代早期遗址中，与猿人化石共存的都有大量哺乳类动物化石和人类用火的痕迹。除了粗糙笨拙的打制石器，还有经过加工的鹿角和砍砸刮削的兽骨。这一时期人类的经济活动，处于极其原始的萌芽阶段。在初期的经济活动中，人类只是为了生存而进行采集和狩猎、捕捞。

旧石器考古的圣地——泥河湾盆地的小长梁遗址，发现了大量的世界上最早的一批细小石器。这些石器都比较小，大多重在5~10克之间，最小的不足1克。可分为尖状器、刮削器、雕刻器和锥形器等类型（图1.1）。这些石器经过古地磁专家的测定，证明距今约有130万年。泥河湾盆地的马圈沟遗址，位于阳原县大田洼乡岑家湾村西南，时间可以早到200万年前。2001年，考古学家曾对第三文化层进行发掘，发现有象的骨骼、石制品、动物遗骨、天然石块（图1.2、1.3），多数骨骼上有砍砸和刮削的痕迹。这为研究古人类采集、渔猎生活及进餐行为提供了珍贵的科学资料。

位于山西省芮城县西侯度村西侯度遗址，距今大约180万年。经发掘出土的动物化石有巨河狸、鲤、山西轴鹿、粗面轴鹿、粗壮丽牛、山西披毛犀、三门马、中国野牛、晋南麋鹿、步氏羚羊、李氏野猪、纳玛象等。石器主要类型有石核、石片、砍斫器、刮削器和三棱大尖状器（图1.4、1.5）。另外在文化层中还出土有若干烧骨，这是目前中国已知最早的一批人类用火证据。

### 中期

旧石器时代中期文化可以山西襄汾发现的丁村文化为代表。另外比较重要的有周口店第15地点文化和山西阳高许家窑人文化。中国的旧石器时代中期文化，基本

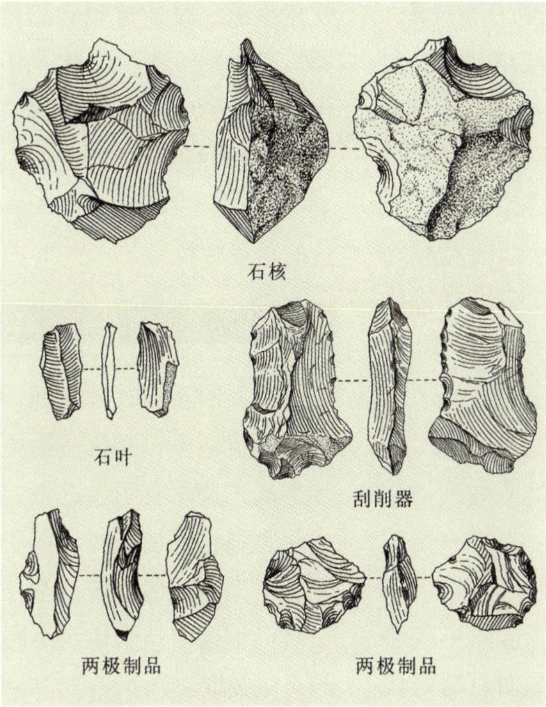


1.1　石制品（小长梁出土）

1.2　马圈沟遗址发掘剖面

上保持了早期文化的类型和加工技术。即使类型稍有变化，技术稍有进步，也都是缓慢的。一个明显的特点是修理石核技术（如勒瓦娄哇技术）没有得到什么发展。

距今约10万至1万年，相当于地质史上的晚更新世，也就是考古学的旧石器时代中、晚期，人类的经济活动逐渐活跃了。当时，中国台湾、日本等岛屿与大陆还有陆桥连接，在亚洲的东北部，白令海峡也有陆地通往北美洲。中国内地的气候比较干燥寒冷，西北高原及华北大地堆积了厚厚的黄土。这一时期

1.3　石片（马圈沟出土）

1.4　石制品（西侯度出土）

1.5　大型砍斫器（西侯度出土）

处于间冰期，大陆大部分植被是森林草原或半干旱的草原，自然条件比较恶劣。人类正是在这种恶劣的环境中求生存，才得到锻炼和发展，最后脱离了动物界，转变为现代人的。地质学家称之为黄土时期，人类学家称之为智人阶段的旧石器时代中至晚期，氏族组织已广泛分布在黄河流域、长江流域、东北地区和华南地区，在各地不同的生产实践中改进工具，发明了摩擦取火，从而促进了原始经济的发展。

旧石器时代中期，打制石器的技术比早期进步了，丁村人的石器已有更多的类型，遗址中出土的各式砍砸器、刮削器、三棱大尖状器和石球等（图1.6），有的形制相当规整。说明了石器功能作用的分化。与丁村人相比，许家窑人的狩猎技术更高一些，从出土的石器来看，他们不仅会从打制的石核台面周围边缘敲剥石片，而且制作出更多小型的尖状器、雕刻器、小石钻和小型砍砸器。一种龟背状刮削器和短身圆头刮削器，刃缘经过仔细加工，已初步开创了细石器工艺技术的风格，代表了旧石器文化的进步因素。作为狩猎大动物的有效武器石球，在许家窑人的营地里成堆地发现，数以千计，生动地显示了这个氏族狩猎经济的高度发展。在旧石器时代晚期和中石器时代盛行的石叶，在这里也已经出现，这种工具与狩猎和吃兽肉有密切关系。许家窑遗存的全部动物骨骼数以吨计，但未见一具完整的个体，甚至连一个完整的头骨都没有发现，说明基本上都是人们食肉后又砸碎的抛弃物。他们还善于用动物的骨角加工成铲式工具、三棱尖状器和刮削器。许家窑人生活在距今 4 万年前，他们的狩猎经济代表了当时的较高水平。

1.6 三棱尖状器（丁村出土）

其时的河南，有不少人类活动迹象。像许昌灵井遗址，出土石器和哺乳动物化石均很丰富；骨制品器形典型而且精致，有的尖部有使用痕迹，是非常明确的骨器。其中的人类颅骨化石年代在距今10～8万年左右，也是自1993年南京汤山古人类头骨化石发现以来再未有过的珍贵材料。

## 晚期

进入旧石器时代晚期，遗址数量增多，文化遗物更加丰富，技术有明显进步，文化类型也更加多样。在华北、华南及其他地区，都存在时代相近但技术传统不同的文化类型。

在华北，有继承前一个时期的小石器传统，其重要代表有萨拉乌苏遗址、峙峪文化、小南海遗址、山顶洞遗址等；有石叶文化类型，以宁夏回族自治区灵武县的水洞沟文化为代表，它与西方同期文化有较多的相似处；还有70年代后发现的典型细石器工艺，如山西沁水的下川文化，河北阳原虎头梁遗址（图1.7）的虎头梁文化等。

在东北地区，属于这一时期的重要遗址有辽宁海城小孤山遗址和黑龙江哈尔滨阎家岗遗址等。

在南方，这一时期出现了几个区域性文化，如以四川省汉源县富林遗址命名的富林

1.7　石器（虎头梁出土）

1.8　骨角铲（猫猫洞出土）

文化类型，以重庆市铜梁县张二塘遗址为代表的铜梁文化类型，以及最初在贵州省兴义市猫猫洞遗址（图1.8）发现的猫猫洞文化类型。

另外，在西藏、新疆和青海地区也发现了一些属于这一时期或稍晚的旧石器文化地点。总体来看，这一时期文化的主要特点是，除少数地点外，石叶工艺和骨角器生产不很发达。

这一时期，以采集为主、狩猎为辅的原始经济在各地有了更快的发展。从重要遗址峙峪、小南海、虎头梁所发现的石器和遗迹来看，当时的生产水平在不断进步和提高。以弓箭的发明为标志，狩猎经济又获得进一步的发展。1960年第一次发掘小南海洞穴时，10平方米范围内出土石制品达7000多件，可见当时石器制造业已有相当规模。1963年发掘的山西峙峪遗址，距今2.8万年，仅石器材料就多达1.5万余件，明确地出土了石箭头和钺形小石刀之类复合工具。在河北阳原的虎头梁遗址，考古工作者清理出三处篝火遗迹，灰烬中有烧过的兽骨和鸵鸟蛋皮，周围散布着大量石片、石屑和用作石砧的大块砾石，这里显然是一个狩猎者的宿营地。

## （二）新石器时代

新石器时代，在考古学上是石器时代的最后一个阶段，是以使用磨制石器为标志的人类物质文化发展阶段。这一名称是由英国考古学家卢伯克于1865年首先提出的。这个时代在地质年代上已进入全新世，继旧石器时代之后，或经过中石器时代的过渡而发展起来。新石器时代各地开始年代不一，较早的年代大约从距今1.8万多年前开始，各地结束时间也不一致，从距今5000多年至2000多年不等。

中国大约在距今1万年前后就已进入新石器时代。由于地域辽阔，各地自然地理环境很不相同，新石器文化的面貌也有很大区别，大致分为三大经济文化区：

旱地农业经济文化区，包括黄河中下游、辽河和海河流域等地。这里是粟、黍等旱作农业起源地，很早就饲养猪、狗，以后又养牛羊等。

水田农业经济文化区，主要为长江中下游。岭南地区农业则一直不发达，渔猎采集经济占有较重要的地位，可划为一个亚区。本区很早就种植水稻，是稻作农业的重要起源地。早期饲养猪、狗，以后陆续饲养水牛和羊。

狩猎采集经济文化区，包括长城以北的东北大部、内蒙古及新疆和青藏高原等地，面积大约占全国的三分之二。这个区域除个别地方外基本上没有农业，细石器特别发达而很少磨制石器，陶器也不甚发达。

1.9 新石器早期陶片（李家沟出土）

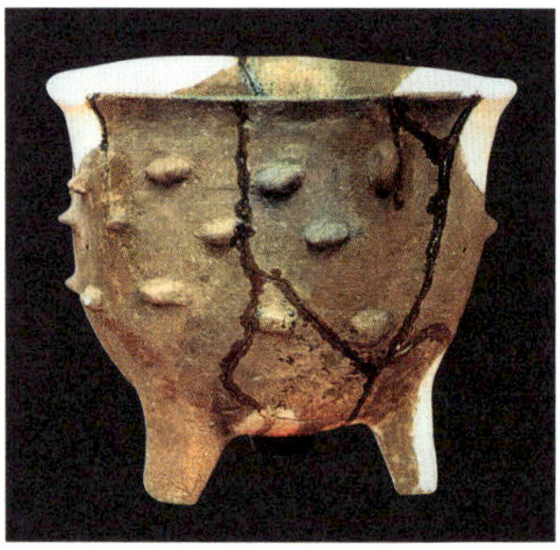

1.10 陶鼎（裴李岗出土）

## 黄河中游文化

以渭、汾、洛诸黄河支流汇集的中原为中心，北达河套及长城沿线，南接鄂西北，东至豫东，西抵黄河上游甘青接壤地带。徐水南庄头文化（前1万年左右）、郑州李家沟文化（前1万年左右）（图1.9），以下有磁山、李家村文化（前6000～前5600年），裴李岗文化（前6200～前5500年）（图1.10），大地湾（下层）文化（前5900～前5300年），仰韶文化半坡类型和庙底沟类型（前5000～前3000年）（图1.11、1.12），中原诸龙山文化（前2900～前2000年）继之。

与这一区域相对应的一般认为是炎帝和黄帝两大部落集团，有学者认为黄帝族团起源于郑洛地区，有的认为其起源于陇山西侧天水地区，关于炎帝集团起源之区，有的学者认为其当为陕西境内渭水上游和秦岭以南汉水上源一带。当然，关于炎帝集团起源之区另有多说。另鲧兴于崇山（今嵩山），发达于豫晋接壤，被认为是黄帝集团的一支系。

## 黄河下游文化

以泰山为中心，南至淮，东至海，北至无棣。有后李文化（前6300～前5600年），北辛文化（前5600～前4300年）（图1.13），大汶口文化（前4300～前2500年），龙山文

1.11 以人面太阳神为首的鱼纹葫芦瓶（半坡出土）

1.12 曲腹盆（庙底沟出土）

化（前2500～前2000年）（图1.14）和岳石文化（前1900～前1500年）等，诸文化前后基本互继。

海岱地区的新石器时代文化与神话传说的太昊、少昊部落集团有某种联系，其中一部分应与炎黄集团融合，成为夏人、商人的来源之一，大部分则为夏商周时期的东夷先民。

## 长江中游文化区

以江汉平原为中心，南包括洞庭湖，西尽三峡、川东（今渝东），北达豫南。前段距今12000～9000年，以湖南道县玉蟾岩遗址为代表。加工石器出现简单的磨制，能够制作烧成温度较低的简单陶器。湖南道县玉蟾岩遗址发现了最早的大米粒，但是否为经过人工培育的水稻，学术界仍然存有争议，但不可否认的是，中国长江中下游地区是水稻起源的重要地区。后段，长江中游的新石器时代考古学文化主要表现为以二元为主体的谱系结构，即以两湖平原西南侧为中心的南方系统和以汉水东侧为中心的北方系统的谱系结构。南方系统分为南北两支，南支由彭头山文化（图1.15）、高庙文化、皂市下层文化和汤家岗文化构成，北支由城背溪文化和大溪文化构成。北方系统的考古学文化由边畈文化、油子岭文化、屈家岭文化和石家河文化（图1.16）构成。约在距今5100年前后，这种以二元为主体的谱系结构被打破，即北方系统的油子岭文化逐步向西南扩展，到屈家岭文化时期基本取代了南方系统，实现了空前的统一和繁荣。尽管如此，南方系

1.13 陶鼎（北辛出土）

1.14 黑陶罐（三里河出土）

统的文化仍有部分保留，成为北方系统的不同地方类型。石家河文化之后，来自中原的考古学文化逐渐向长江中游地区渗透，形成了后石家河文化，从根本上改变了长江中游地区的传统文化谱系结构。

传说中，这个区域有三苗集团。徐旭生[2]和钱穆[3]二位先生均作过考证，俞伟超[4]先生首先从考古学的角度把三苗与长江中游的史前文化联系起来，认为长江中游“以屈家岭文化为中心的原始文化”属于三苗文化遗存。

长江中游地区，屈家岭文化时期大致出现了“一统”的局面，相对稳定一段时间后进入石家河文化时期，此时整个长江中游的文化面貌有较大的变化。有学者认为“后石家河文化”与石家河文化之间已经发生文化的断裂现象，似乎说明了尧舜禹时期中原对“三苗”的征伐。

长江以北地区，无论是大溪文化，还是油子岭文化，都明显可见仰韶文化的影响因素，而且呈由北向南逐渐减弱之势，至江南则基本不见其踪迹了。

## 长江下游文化区

以太湖平原为中心，南到杭州湾地区，北以宁镇地区为中心（包括苏皖接壤地区），是自有渊源的考古学文化序列完整的文化区系。自距今8000～7000年前杭州萧山跨湖桥文化、河姆渡文化（前5000～前3400年）（图1.17）、马家浜文化（前5000～前4000年）以下，有崧泽文化（前4000～前3200年）（图1.18）、良渚文化（前3200～前2000年）（图1.19）。

良渚文化的发展突然中断，其新石器时代的文化与后来的青铜文化看不出直接的联系。学术界曾将其原因推测为自然灾害，近来地理、地质研究的结果基本支持了这个推测：距今4000年前，在长江下游一带发生了大规模的洪涝灾害。有的学者从经济人类学的角度认为可能与其过度注重奢侈祭祀等社会行为有关。

良渚文化明显地影响到东西南北各地。鲁南—苏北一带的大汶口龙山文化就包含有颇多的良渚文化因素，反过来，良渚文化也受到了大汶口龙山文化的影响，两种文化的陶器和石器常有互借现象。中原等地区亦有这一文化的影子。

良渚文化的重要性，考古学和历史学家都已作了充分的估计，或称其达到“酋邦制”阶段，或认为处于“军事民主制古国”时期，或称作“前王朝古国”。

## 燕辽文化区

燕辽文化区，相当于苏秉琦先生所说“以燕山南

1.15　双耳罐（彭头山出土）

1.16　人面形玉饰（肖家屋脊出土）

1.17　太阳大气光象纹盆（河姆渡出土）

1.18　黑陶壶（崧泽出土）

1.19　玉琮（瑶山出土）

北、长城地带为重心的"北方文化区。包括辽东、辽西和燕山南北地带的新石器时代文化。

比较著名的有距今约8000年的兴隆洼遗址，位于内蒙古敖汉旗。兴隆洼遗址是目前中国北方已知年代最早的环壕聚落遗址，已发掘的房屋有120多座，排列有序，居于中心的房子面积达140平方米，可知当时的社会结构组织已相当系统和发达（图1.20）。查海遗址位于辽宁阜新，出土十数件真玉制品，包括工具和装饰品，还发现了最早的龙纹图像。

属于新石器时代早期的文化还有赵宝沟文化（距今7200～6800年），继之为红山文化（图1.21）、海生不浪文化（距今6000～5500年）和富河文化（距今约5200年）。

辽东及旅大地区，为新乐文化（距今7300～6800年）和小珠山（下层）文化（距今6500～4500年）。小珠山为代表的辽东半岛的新石器文化，明显受到了大汶口龙山文化的影响。内蒙古的中南部已进入仰韶文化的分布范围。

## 黄河上游文化区

指陇山以西的甘青地区，分布着著名的马家窑文化（距今5200～4000年）（图1.22）、齐家文化（距今约4000年）（图1.23）、寺洼文化等。

## 华南文化区

华南地区，包括今天的两广、闽台和江西等省在内，多为山地和丘陵地带。由于地处东南沿海，是降雨充沛的热带和亚热带地区。

1.20　兴隆洼遗址

1.21　玉龙（三星他拉出土）

1.22　彩陶罐（三坪出土）

1.23　彩陶罐（临夏雀家庄出土）

万年以来，这里已经进入新石器时代。新石器时代文化可分为早、晚两期。

江西的仙人洞、广西的豹子头、广东的西樵山遗址等，均在距今8000年以上，仙人洞文化，距今约1万年。新石器时代中晚期以来，较著名的文化有台湾的大坌坑文化，距今约6400年；广东的石峡文化，距今5000～4000年；江西的山背文化，距今4800年。福建的昙石山文化（图1.24），距今5500～4000年，重要的是发现稻作文明。

## 云贵西藏高原文化区

这一地区，所知的新石器文化遗存仍然较少，新石器时代早中期的文化基本未见，晚期以云南的白羊村文化为代表（距今约4200年）。在洱海、滇池地区的这些遗存，表明这里是稻作农业的文化。在西藏昌都，发现了卡若文化（距今5300～4000年）（图1.25），除了旧石器外，磨制石器和陶器共存，是一种以粟为主要经济的农业文化。

1.24　网纹灰陶釜（昙石山出土）

1.25　双体兽形罐（卡若出土）

# 二、郑州地区三代之前文化序列及基本概况

据第三次全国文物普查数据，郑州地区登记在册的文物单位1万余处，其中旧石器时代遗址、地点400余处，裴李岗文化遗址60余处，仰韶文化遗址200余处，龙山文化遗址200余处，夏代遗址150余处，商代遗址100多处。

## 旧石器时代遗址

郑州地区发现旧石器时代遗址、地点400余处（图1.26），是探讨我国人类起源的重点地区。代表性的遗址有：距今10万年以上的巩

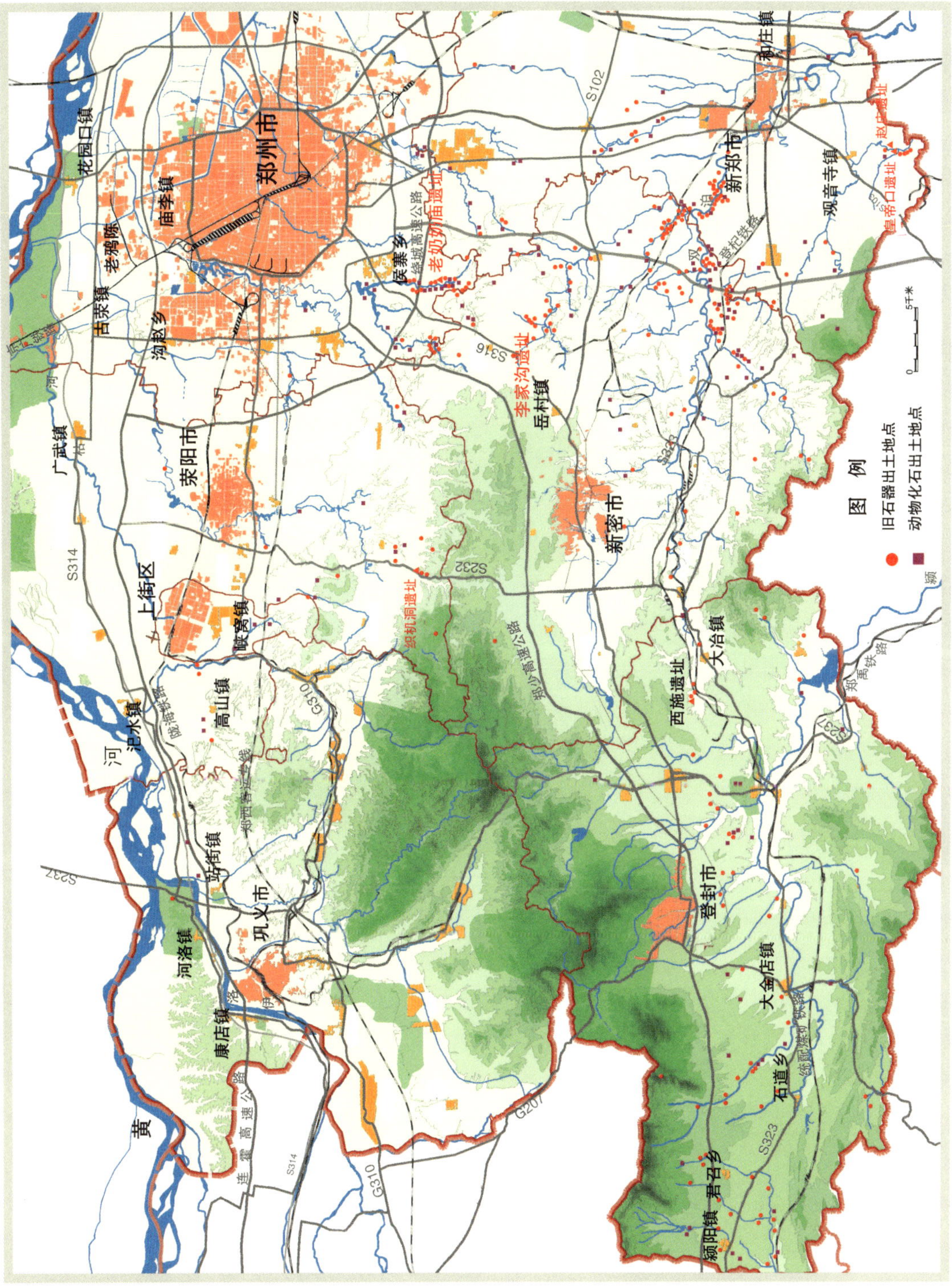


1.26 郑州旧石器地点分布图（部分）

1.27 刮削器（织机洞出土）

1.28 尖状器（织机洞出土）

义洪沟遗址，出土了大量的古脊椎动物化石和石制品，还发现了较多的用火痕迹；距今10万～2万年间的荥阳织机洞遗址（图1.27、1.28），其地层堆积之厚、文化遗迹和遗物之丰富程度仅次于北京猿人遗址，可以说它是继北京周口店之后旧石器洞穴遗址的最重要的发现之一，为中国人类是从中国最早的猿人发展而来的观点提供了重要证据；距今5万～3万年间的郑州老奶奶庙遗址，发现数量众多的石制品、骨制品与动物骨骼及其残片等文化遗物（图1.29），尤其是以灰烬堆积为中心的活动面遗迹（图1.30）的发现，填补了中国以及东亚大陆这一阶段旧石器文化发现的空白。另有距今约10300～8600年间的郑州新密李家沟遗址（图1.31、1.32），在遗址内发现的多层文化的叠压关系，从地层堆积、工具组合、栖居形态到生计方式等多角度提供了中原地区旧、新石器时代过渡进程的重要信息，清楚地揭示了中原地区史前居民从流动性较强、以狩猎大型食草类动物为主要对象的旧石器时代，逐渐过渡到具有相对稳定的栖居形态、以植物性食物与狩猎并重的新石器时代的演化历史。

## 新石器时代早期遗址

郑州地处中原腹地，形势居天下之中，新石器时代文化十分发达。据第三次全国文物普查数据，裴李岗文化遗址60余处，占全

1.29 老奶奶庙出土动物化石

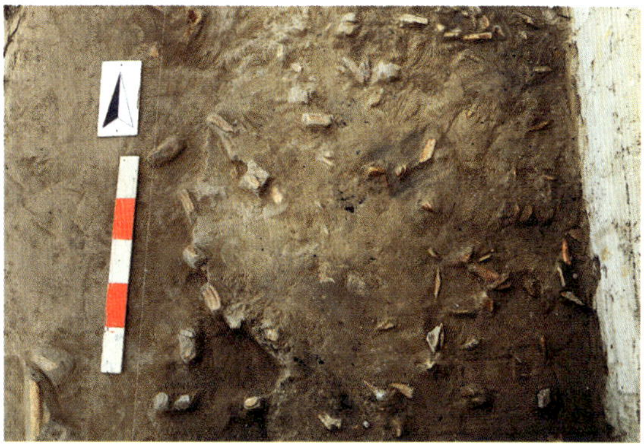

1.30 老奶奶庙古人类生活遗迹

1.31 石质工具（李家沟出土）

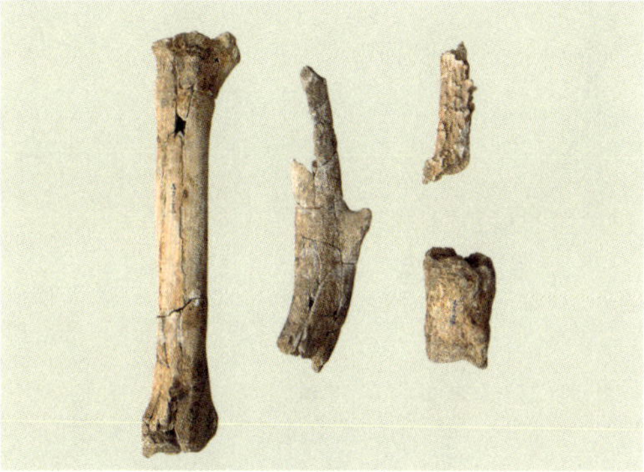

1.32 动物化石（李家沟出土）

1.33 唐户F21出土的部分陶器

1.34 唐户裴李岗文化房址

国同时期遗址数量的80%以上。以距今8000多年的新郑唐户遗址为代表，发现有玉坠、石磨盘、三足钵等文化遗物（图1.33），并发现裴李岗文化时期房址65座，包括单间式和双间式（图1.34）。房屋布局上出现内向凝聚式特征、人工—自然壕沟防护设施以及排水设施等较为高级的聚落特征。60余处裴李岗文化遗址（图1.35）中的新郑裴李岗遗址，出土各种器物400多件（图1.36～1.38），其中典型石器有锯齿石镰、两端有刃的条形石铲、石磨盘和石磨棒，陶器均为手制，代表性器物有陶壶、三足陶钵、筒形罐等。还有新密莪沟北岗遗址（图1.39、1.40），其出土物以石器为主，有石铲、石磨盘、锯齿镰，说明这里已进入了以锄耕为主，狩猎和采集为辅的原始文明时期，当时人们已开始食用加工过的粮食。出土的纺轮，是当时已经掌握纺织技术的实物例证。必须提及的是，巩义瓦窑嘴遗址是裴李岗文化中具有特殊文化面貌的一个遗址，出土有陶三足钵、罐、豆、盆、碗、壶、甑、鼎、勺等陶制品以及少量的石、骨、蚌制器（图1.41、1.42），相对其他裴李岗文化类型而言，其有自身特点，可以自成一个新的类型之代表。

另，以郑州新密李家沟遗址为代表的李家沟文化，处于旧新石器时代过渡阶段，目前发现遗址数量虽然较少，但是发现非常重要和丰富。

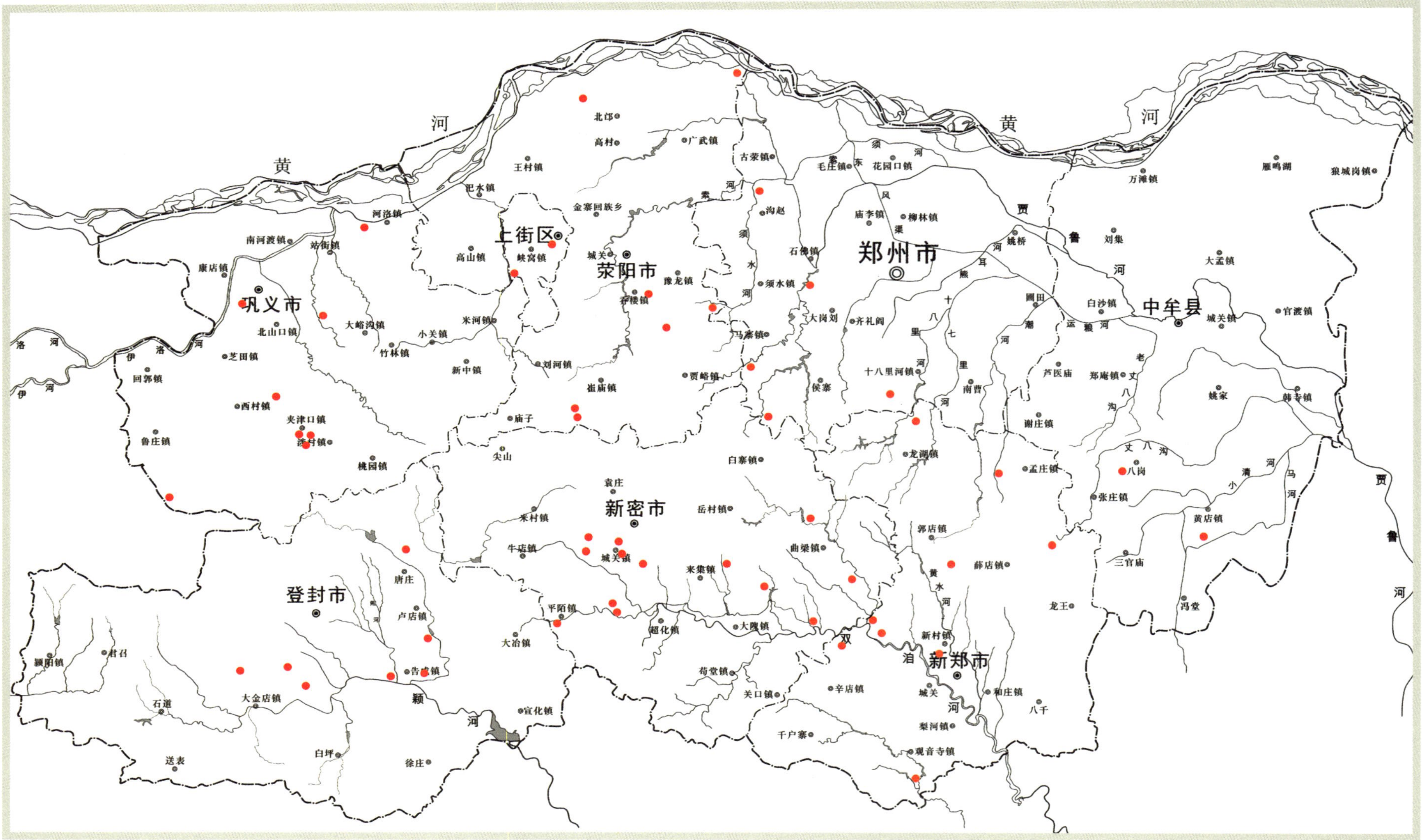


1.35 郑州裴李岗文化遗址分布图

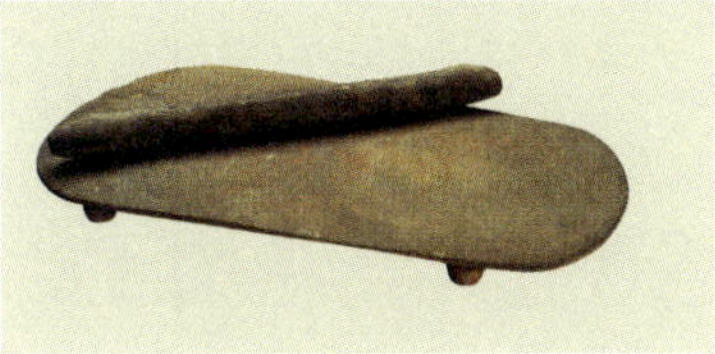

1.36　石磨盘、石磨棒（裴李岗出土）

1.37　石镰（裴李岗出土）

1.39　红陶壶（莪沟出土）

1.40　灰陶人头像（莪沟出土）

1.38　陶塑猪头（裴李岗出土）

1.41　陶碗（瓦窑嘴出土）

1.42　三足钵（瓦窑嘴出土）

## 仰韶文化遗址

进入仰韶文化时期，遗址逐渐增多，分布广泛（图1.43）。发现的重要遗址有郑州大河村、西山、站马屯、后庄王、汪沟、尚岗杨，荥阳秦王寨、青台、点军台，巩义双槐树等不同的仰韶文化遗址200余处。早期以大河村第一期中少量早期遗存为代表；中期以大河村第一、二期，后庄王遗址下、中层，点军台等遗存为代表；晚期以大河村第三、四期，后庄王上层，汪沟、青台、西山等仰韶遗存等为代表。

大河村遗址距今6800～3500年，是一处包含有仰韶文化、龙山文化和夏商文化的大型聚落遗址，文化层最厚处达12.5米。遗址中发现的“木骨整塑”房址（图1.44、1.45），据$^{14}$C测定距今（5040±100）年，是目前我国同时期房址中保存最好的一处。另出土有大量精美的彩陶（图1.46～1.48）。

西山遗址时代一般认为跨越了仰韶文化中、晚两个时期，分布面积大，文化堆积厚，出土数量众多、错综复杂的遗迹和遗物，为我们研究仰韶时代豫中地区考古学文化面貌特征、文化性质、聚落形态、社会组织、丧葬习俗、生态环境、与周边文化关系等诸多问题提供了详尽的实物资料。西山城址距今约5000～4800年，是迄今中原地区经过正式发掘的时代最早、建筑技术最先进的史前

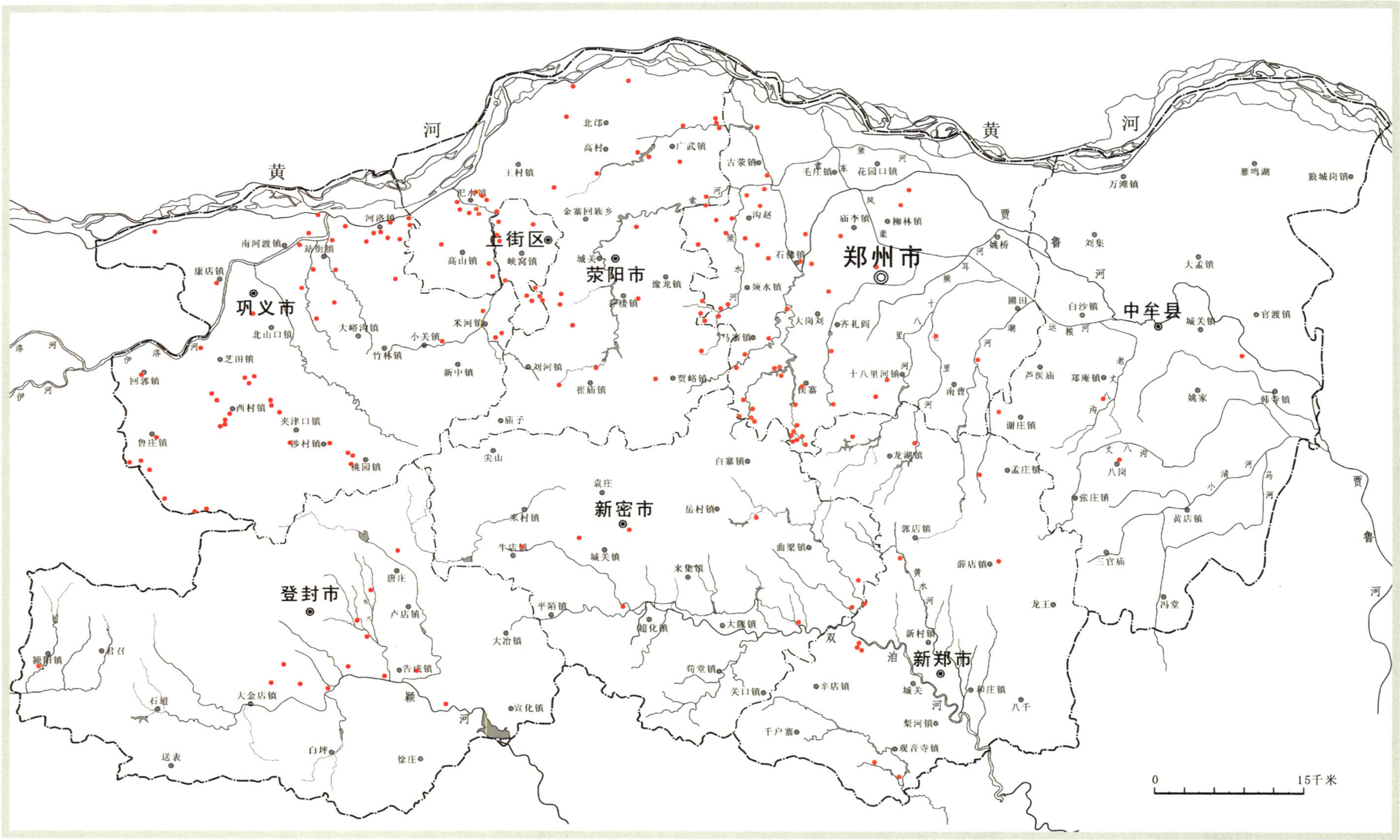


1.43 郑州仰韶文化遗址分布图

1.44　大河村仰韶文化房基

1.45　大河村仰韶文化房基墙体剖面柱洞

1.46　彩陶器座（大河村出土）

1.47　彩陶钵（大河村出土）

1.48　彩陶双连壶（大河村出土）

城址（图1.49），它开启了后代大规模版筑城垣建筑规制的先河，其建筑方法、形制结构无疑对中国古代城址的建筑产生了深远的影响，显示了巨大的进步和创造力。

双槐树遗址是一处面积达110多万平方米的双环壕聚落遗址（图1.50）。近

1.49　西山遗址城壕

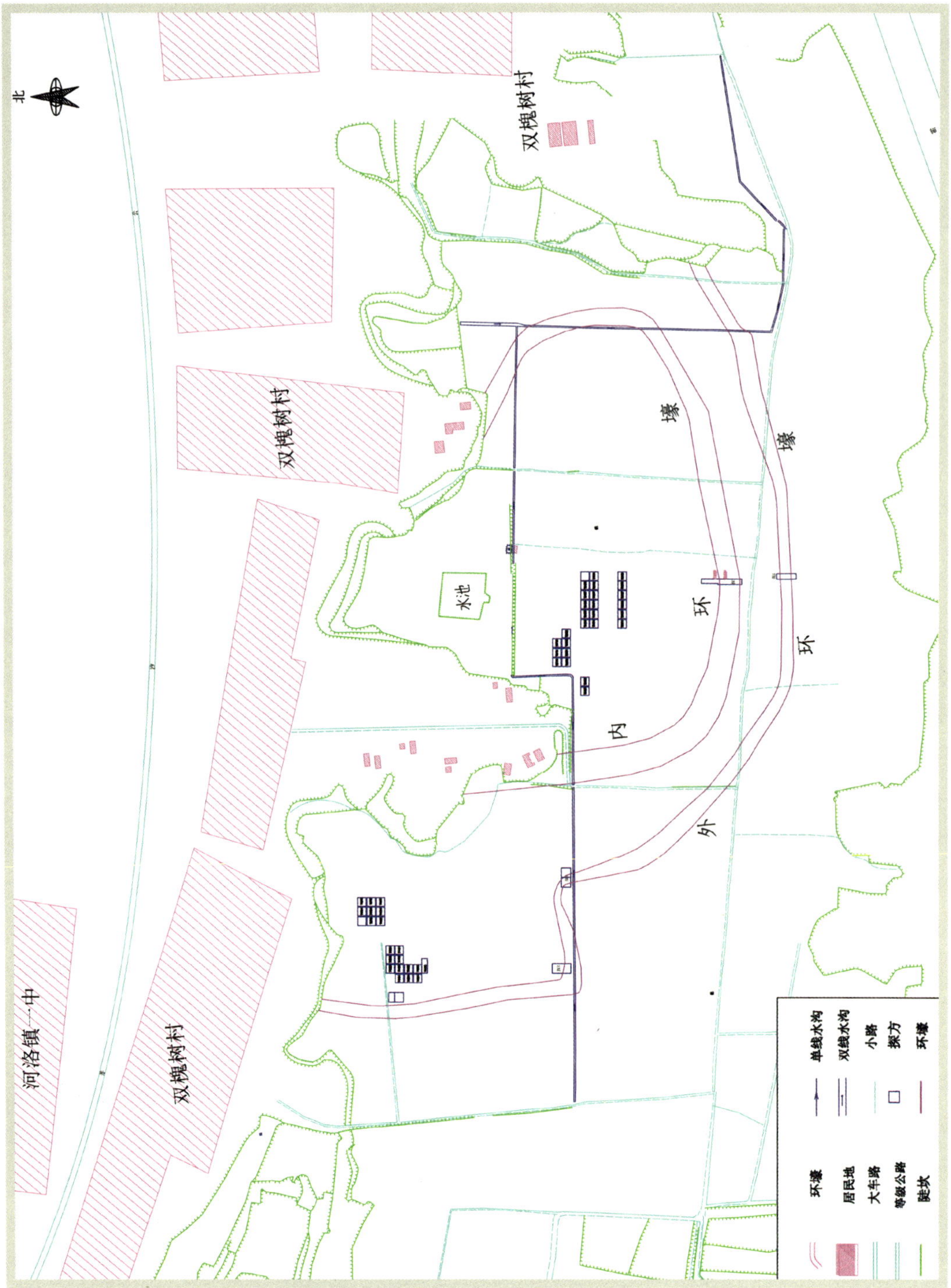


1.50 双槐树遗址实测图

年来考古工作者对遗址进行了调查和勘探，发现多处房基、墓葬、灰坑等遗迹，采集陶器有盆形鼎、罐形鼎、釜形鼎、盆、罐、钵、碗、豆、缸、瓮、杯等残片，其中钵、碗、盆、罐均为泥质红陶，器表有的饰彩绘；石器有斧、铲、刀、凿等；还发现有兽骨、鹿角、蚌壳等。尤其重要的是勘探发现环壕2条，外壕宽12～13米，深7～10米；内壕宽5～7米，深4～5米。

青台遗址是我国较早发现的新石器时代仰韶文化遗址之一。现存面积50余万平方米。1934年前后河南古迹会郭宝钧等学者、1951年中国科学院考古研究所、1981～1988年郑州市文物部门，都对青台遗址进行了考古发掘，取得了重要收获。已发现房基30余座、陶窑12座、灰坑200余座、墓葬多座。出土遗物有陶器、玉器、石器、骨蚌器，以及粟粒、纺织品、动物骨架等（图1.51～1.56）。陶器包括鼎、釜、罐、鏊、碗、尖底瓶、缸、陶纺轮等约20类。特别应该提出的是该遗址出土的丝织品，是我国纺织史上目前发现时代最早的。

2012年以来，郑州市文物考古研究院组织技术人员对遗址进行了调查和勘探，新发现仰韶时期环壕3条、灰坑46处、房址4座、道路1条、自然沟壕1条等文化遗迹（图1.57）。内壕1：目前勘探平面形状呈圆角长方形，南北长约54米，东部分布范围尚未勘探，壕沟宽约4米，深4～5米；内壕2、内壕3形状相同，平面近椭圆形，间距约89米，口宽21米，深4～6米。内壕2：东西长610 米，南北宽413米；内壕3：东西长747 米，南北宽599 米，两壕的南部均伸入枯河，西北部及西南部壕沟中均发现有生土隔断，贯通遗址内外，并且发

1.51　彩陶罐（青台出土）

1.52　陶鏊（青台出土）

1.53　陶鏊（青台出土）

1.54 彩陶钵（青台出土）

1.55 彩陶钵（青台出土）

1.56 彩陶罐（青台出土）

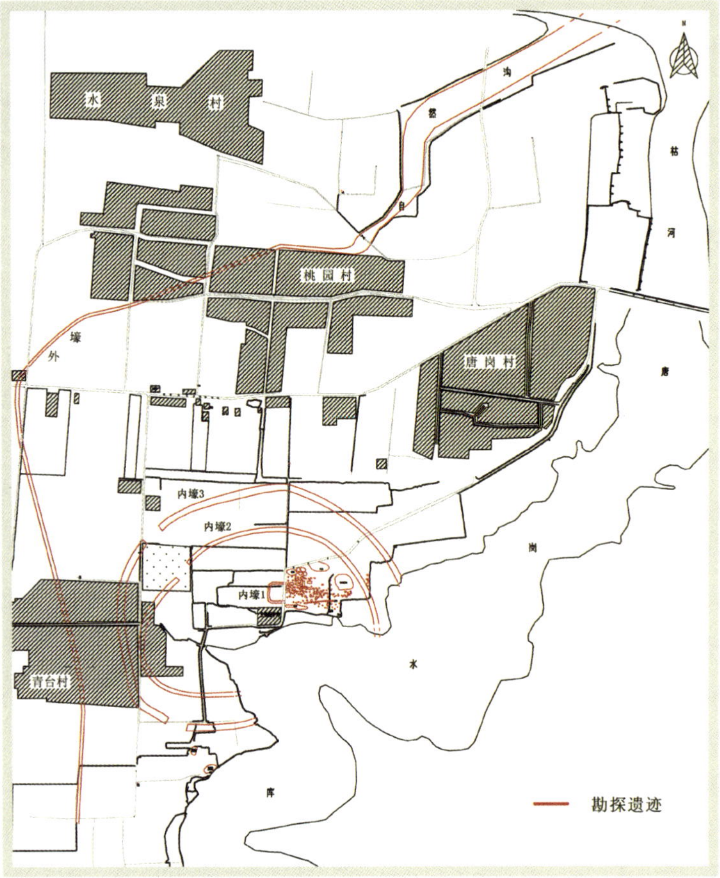


1.57 青台遗址勘探遗迹分布图

现有路土，应为通道，宽19米。环壕内的填土多为黄褐淤土，淤积层明显，包含有少量的残陶片及蜗牛壳等。自然沟壕分布于遗址西北部的最外缘，形状近呈半环形。

汪沟遗址是一处以仰韶文化为主的聚落遗址，遗址南北长950米，东西宽780米，面积74万多平方米，文化层厚1～3米。近年来，郑州市文物考古研究院结合城市建设对其进行了全面的调查、勘探和建设占压区域的考古发掘。发现环壕、灰坑、窖穴、墓葬等遗迹（图1.58～1.62），及采用“木骨整塑”建筑方法的房址和大型红烧土夯筑的“广场”，广场下面为成片的墓地。出土遗物有陶鼎、罐、钵、碗、豆、器盖（图1.63、1.64）及陶纺轮、陶环、石铲、石锛等。

环壕3条，自内向外编号为G1、G2、G3。G1与G2四周间距26～112米，G3与G2间距东189米，西部交相叠压，南164米，北104米。

G1环绕遗址的近中心区，平面形状近呈抹角长方形，东西长约234米，南北宽约74米，南、北壕沟宽约31米，东、西壕沟较窄，宽4～10米，深3～4米。南北两壕形状较规则，东壕大部分被水泥道路覆盖，仅在道路东西两侧探到少许，西壕因处于台

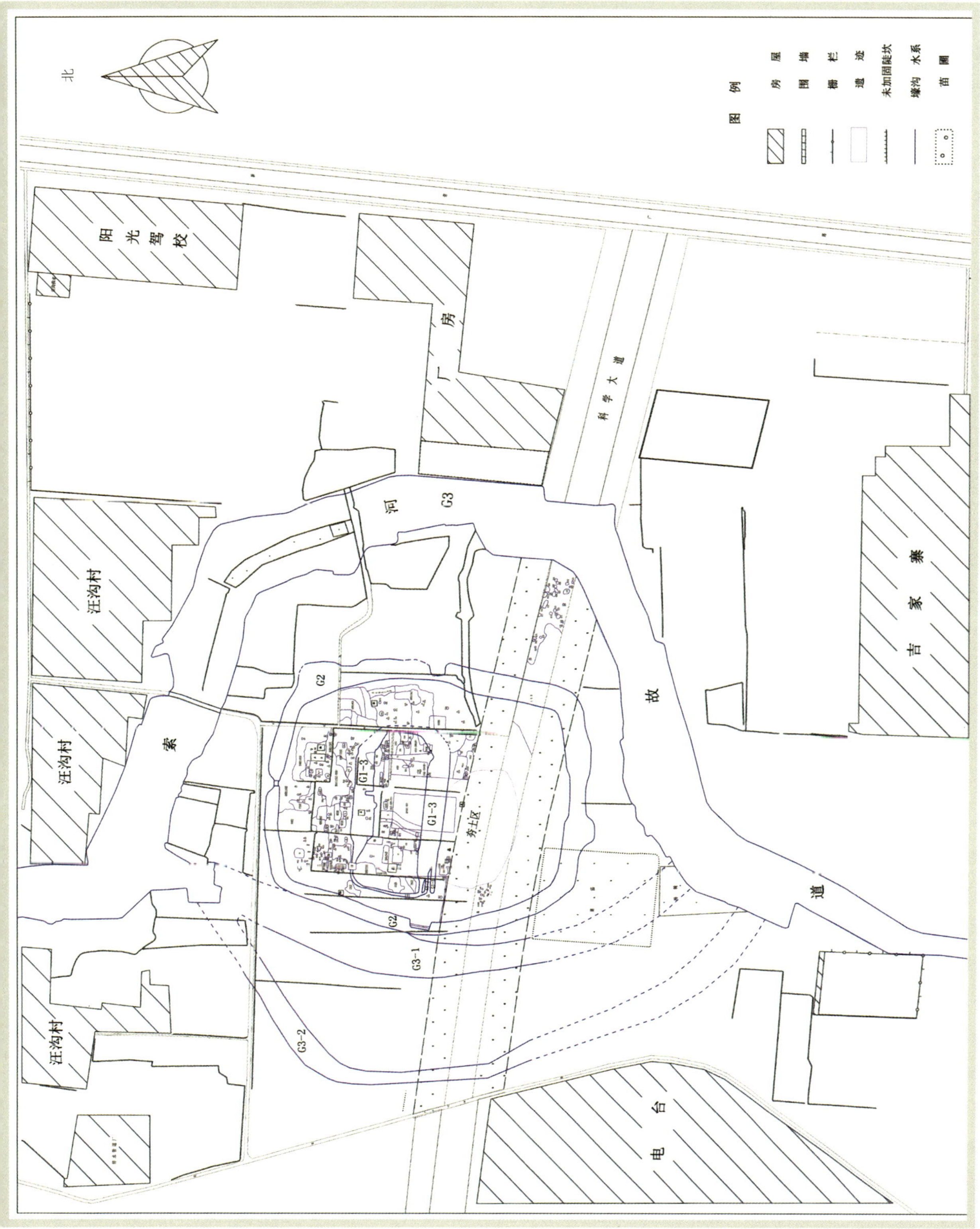


1.58　汪沟遗址勘探遗迹分布图

1.59 汪沟遗址发掘现场

1.60 汪沟遗址仰韶时期夯土剖面

1.61 汪沟遗址仰韶时期墓葬

1.62 汪沟遗址瓮棺

地以下（断崖高约2米左右），勘探发现其仅残剩底部，深0.5～1米，宽约4米。环壕内填土多为黄灰色土，质地较松，底部淤积层较明显，出土有素面红陶、绳纹灰陶器物残片等。

G2位于G1的外围，平面形状近呈圆形，南北长483米，东西宽341米，壕沟宽20～28米，深5～6米。环壕形状较规则，壕沟内壁较为陡直，外壁自外向内呈斜坡状，稍为平缓。环壕内填土多为黄灰色或黄褐色淤积土，质地较松，淤积形成的层次较明显，较为纯净，包含有红烧土块和颗粒、炭屑、陶器残片等。

环壕的内侧未发现有夯土墙体，在环壕的东、西、北三面均发现有出入口，宽度8～12米，平面形状呈“凹”字形，口部向外，且个别出入口发现有路土。环壕的南部因被现有道路所占压，城址出入口尚不清楚。

G3位于G2的外围，绕遗址的外围边缘布局，形状近似椭圆形。G3环壕是利用自然河道设置的天然屏

1.63　彩陶片（汪沟出土）

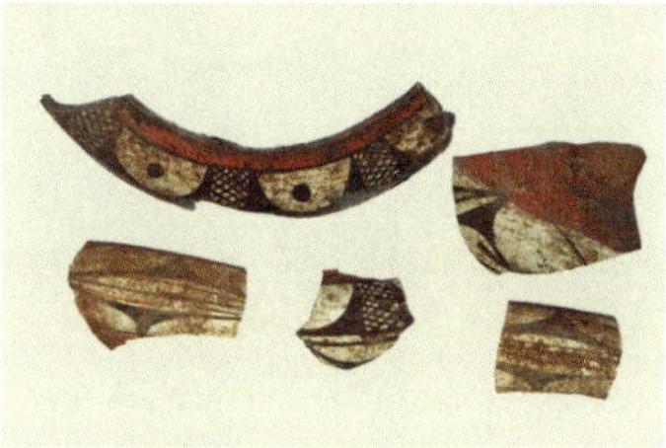

1.64　彩陶片（汪沟出土）

1.65　彩陶壶（尚岗杨出土）

障，目前其东、南、北三面仍存有干枯的自然河道，西部地势较低，经勘探发现壕沟两条（编号为G3-1、G3-2），其南北两端伸入现索河故道，贯通相连形成近椭圆形环壕。G3-1南北长约708米，东西宽约558米，宽37～60米，深5.6米。G3-2东西长788米，南北宽784米，宽18～32米，深4.6米左右。填土多为黄灰土，较纯净，淤积层明显。环壕以外未发现有同时期的遗迹遗物。

尚岗杨遗址文化遗存丰富，文化层堆积2～3米，局部达4米左右，是郑州东南部一处十分重要的仰韶文化中晚期聚落遗址。遗址南北长约400米，东西宽约300米，面积约为12万平方米。近年来，郑州市文物考古研究院在城市基本建设中对其进行了较详细的调查、勘探和考古发掘工作。勘探发现环壕2条，发掘清理有房基、灰坑、墓葬等。出土陶器有罐、鼎、钵、瓮、壶、瓶、杯、碗、盆、缸、器座、纺轮、环及少量骨器和石器（图1.65～1.69）。

内壕现存宽度2.5～3米，深度1.7～2.5米；南北长约300米，东西宽约250米，面积约为7.5万平方米。为了了解内壕的结构，我们对遗址东侧内壕进行了解剖（T2），从其北壁剖面看，壕沟残存部分宽约1.8米，深1.7米，开口距地表深0.9米；壕沟被晚期遗存破坏的比较严重，开口高度低于地表约2.5米。在内壕的北部发现缺口一处，疑为出入通道口，有待发掘确认。

外壕距内壕约50～60米，宽4～4.5米，深度2.5～4米；外壕与内壕之间的北部和南部，各有一个大坑与外壕相连，深度相似，疑为水利设施。

尚岗杨遗址两条壕沟环形分布在遗址周围，较为规则。经勘探，壕沟西部与七里河相通，即尚岗杨聚落的西部以七里河为天然屏障。这种人工壕沟与自然河流相结合的防御形式，在各地区各时代聚落中也不少见。

## 龙山文化遗址

龙山文化以来，郑州地区文化遗址不仅数量多，而且遗存丰富，大型聚落遗址逐渐增多，出现密集的重要文化遗存（图1.70）。

龙山文化晚期的新密古城寨城址，城中发现的大型宫殿基址和大型廊庑式建筑在中原地区龙山时期城址中十分罕见，尤其是现存的高大城墙和先进的版筑技术，为其他同期城址所不及。它的发现和发掘，为研究我国城垣建筑起源与发展提供了宝贵资料（图1.71、1.72）。

1.66　彩陶盆（尚岗杨出土）

1.67　陶罐（尚岗杨出土）

1.68　陶罐（尚岗杨出土）

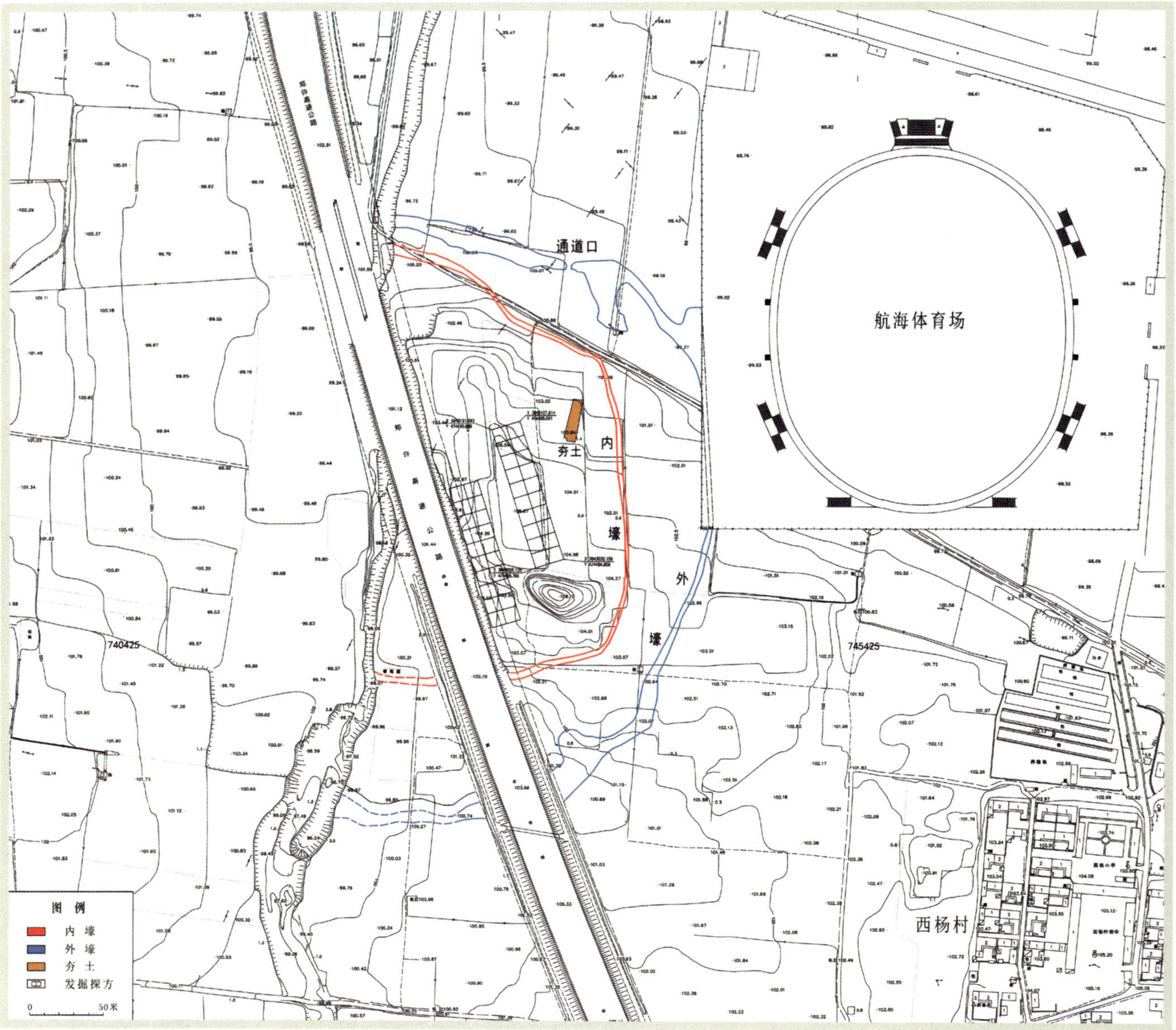


1.69　尚岗杨遗址平面图

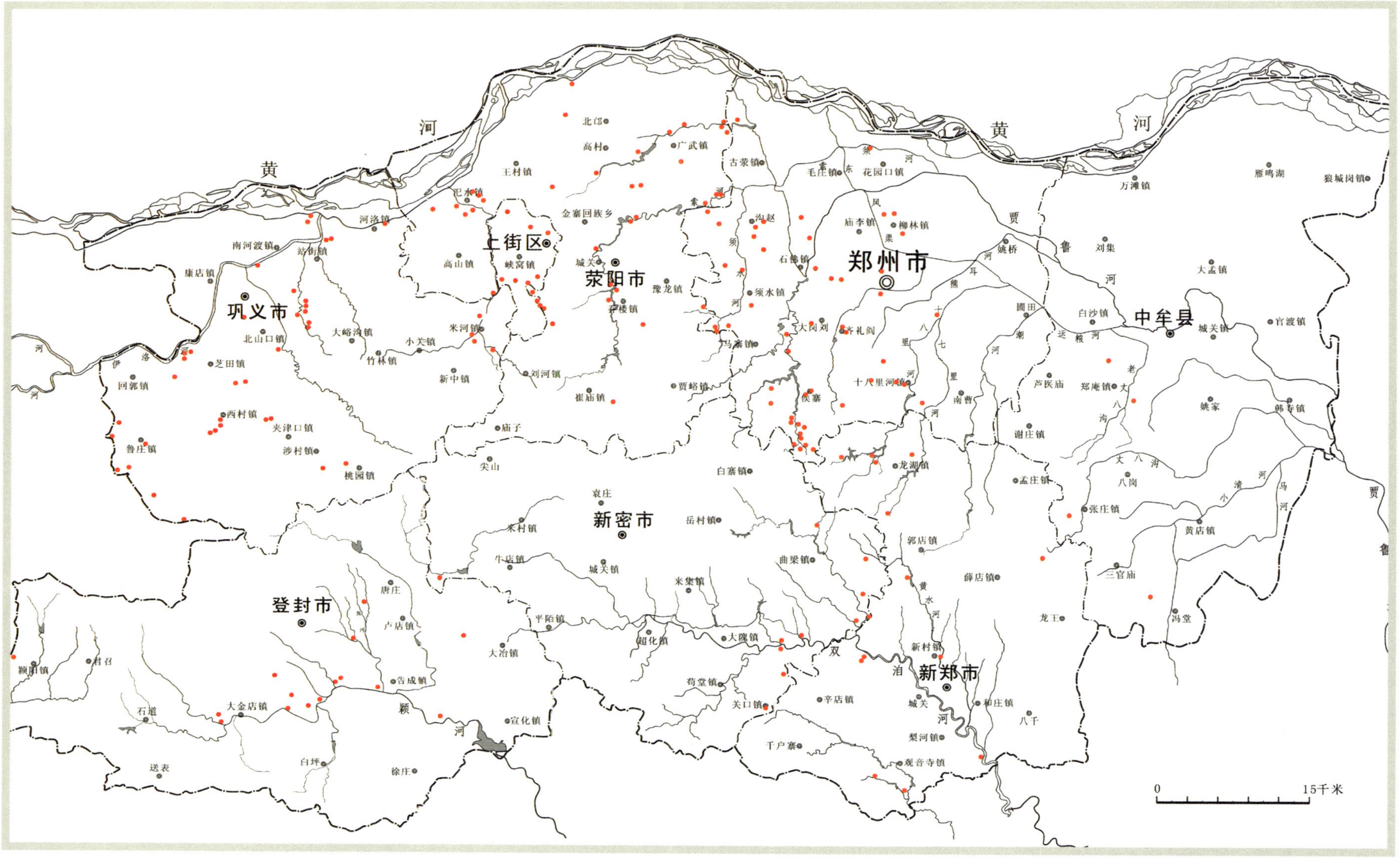


1.70 郑州龙山文化遗址分布图

1.71　古城寨夯土建筑基址

1.73　王城岗遗址埋有人骨的奠基坑

1.72　陶盘（古城寨出土）

1.74　兽面饰（郑州市出土）

1.75　白陶鬶（小芝田出土）

登封王城岗大城面积约30万平方米，城内发现祭祀坑、玉石琮和白陶器等重要遗存、遗物（图1.73），对研究夏王朝的建立和夏文化的起始年代有着极其重要的学术价值。另外，以往不被大家注意的巩义小芝田、郑州纺校等一批龙山时代遗址，也出土有非常重要的器物（图1.74～1.78），现存河南博物院。

新砦期及其前后的花地嘴、新砦等遗址，文化因素和遗迹非常丰富，出土器物也有不少为这一时期文化遗存遗物中的新发现（图1.79～1.82）。

稍柴遗址位于巩义芝田镇西北部稍柴村周围，现多被稍柴村和北石村所占压。东西长约2000米，南北宽约500米，面积约100万平方米。2012年，郑州市文物考古研究院组织技术人员对该遗址进行了调查勘探，发现龙山至商周时期沟壕2条，道路2条，灰坑65处，墓葬1座，夯土遗迹3处，房址2座，汉代墓葬5座等（图1.83）。遗址区内文化层堆积较厚，一般在1～2米，最厚处可达4米以上，在地面及断崖上，随处可见龙山至商周时期的残陶片。根据地势及时代，不同时代遗址区大致可划分为3个区域：①夏商时期文化层堆积区域：主要分布在稍柴遗址的中北部，东西长约470米，南北宽约300米，文化层堆积厚2～4米，遗物较为丰富，采集有深腹罐、陶鬲、陶盆、石器等。②龙山至两周时期文化层分布区：主要分布于

1.76　镂孔觚形器（小芝田出土）

1.77　黑陶鬶（郑州市纺校出土）

1.78　瓜棱陶杯（郑州市出土）

稍柴村西部和北石村四周，大部分被村庄占压，东西长约500米，南北宽约300米，文化层厚1～2米。③龙山、商代、战国文化层分布区：主要分布于东沟村北部的高岭台地上，北侧为洛河，西南及东侧为自然冲沟，东西长约240米，南北宽约180米。文化层大部分被平整土地破坏，沟壁上可见有少量灰坑，采集有较多陶片，器形有罐形鼎、深腹罐、盆等。在遗址的南部边缘发现沟壕2条，初步判断应为同一沟壕，中部被村庄占压，东西两端均入自然冲沟，长1240 米，宽14米，深3～5米，就其位置走向分析，其应为绕遗址南部边缘的环壕。

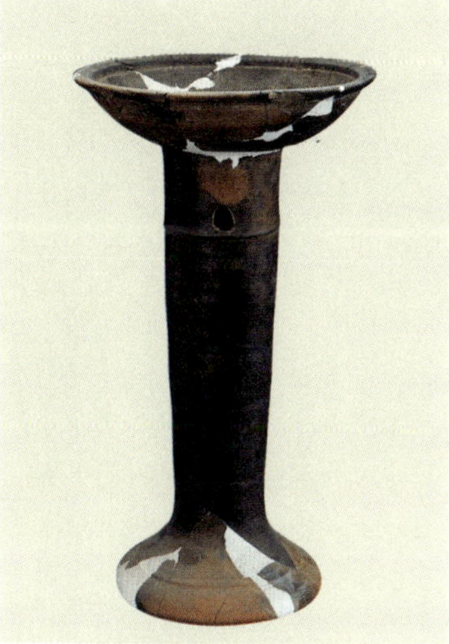
1.79　造型蕴含太阳大气光象的陶豆（花地嘴出土）

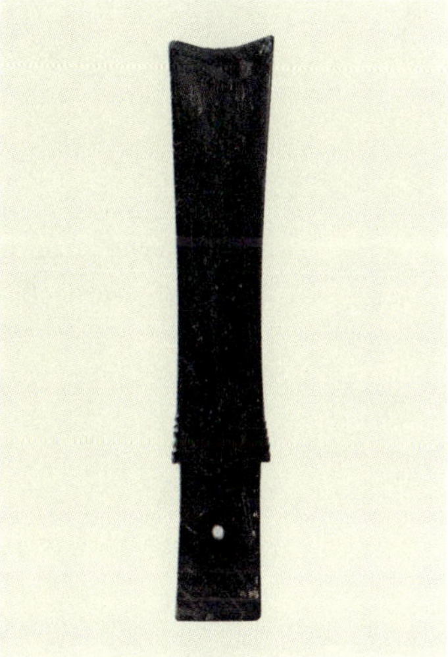
1.80　造型蕴含太阳大气光象的玉璋（花地嘴出土）

大师姑城址是二里头文化时期的大型城址，发现有房基、墓葬、灰沟和灰坑等重要遗迹，城址内部夏、商时期文化遗存十分丰富（图1.84）。

新郑望京楼夏商时期城址，发掘清理的“凹”字形东一、二城门，已初步具备了瓮城的功能，体现了浓重的军事防御色彩[5]。城内发现有道路、大型夯土基址、祭祀坑、房基、灶、陶窑、灰坑、水井、墓葬等文化遗迹和丰富的文化遗物（图1.85～1.89）。

1.81 猪首形器盖（新砦出土）

1.82 器盖残片（新砦出土）

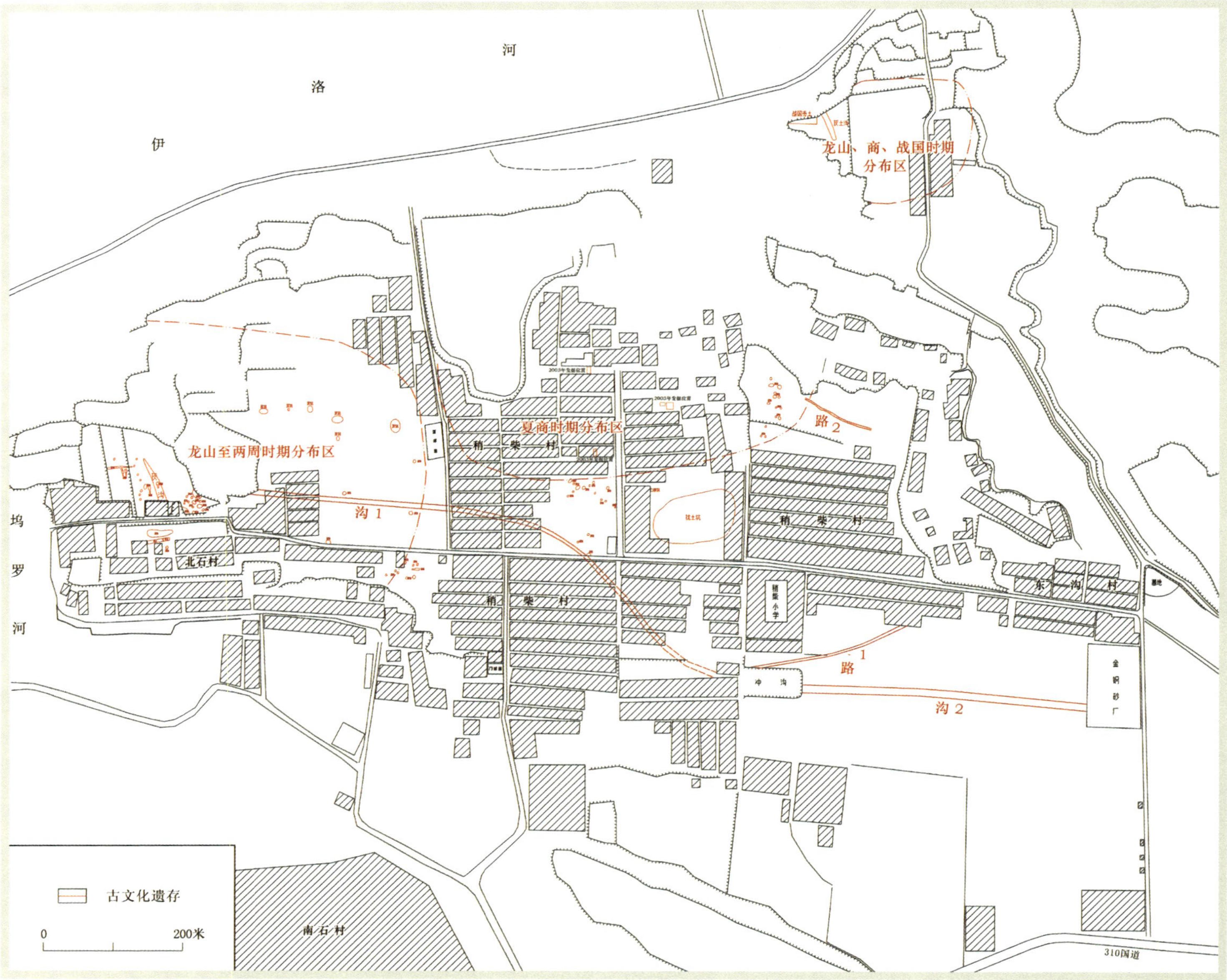


1.83 稍柴遗址勘探遗迹分布图

1.84　大口尊（大师姑出土）

1.85　望京楼东一城门俯瞰

1.86　铜钺（望京楼出土）

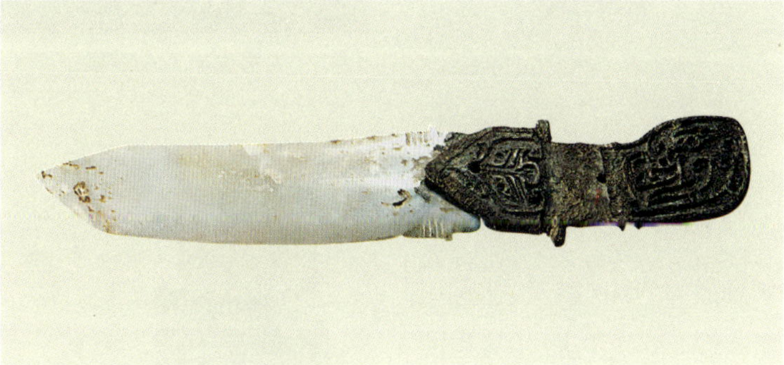

1.87　铜内玉援戈（望京楼出土）

郑州商城发现大量的商代遗迹、遗物，出土有陶器、青铜器、石器、骨器、蚌器、玉器、原始瓷器、印纹硬陶、白陶器、象牙器等（图1.90、1.91）。而杜岭铜器窖藏中出土的一件方鼎，高100厘米，重86.4千克，已成为郑州市文化的象征。其东北方向的小双桥遗址经过历年的考古调查与勘探，确认面积达400多万平方米。遗址内发现有祭祀坑和夯土建筑基址等遗迹，并出土一批堪称成熟汉字中

1.88　陶鼎（望京楼出土）

1.89　陶簋（望京楼出土）

1.90 铜方鼎（郑州杜岭出土）

1.91 原始瓷尊（郑州铭功路出土）

1.92 朱书文字（小双桥出土）

时代最早的朱书文字（图1.92、1.93）。

继荥阳娘娘寨两周城址（图1.94）之后，郑州西部地区新发现的官庄两周城址，有多重环壕、大小城南北并列的结构也非常独特，城址外壕的围合面积超过130万平方米，是目前中原地区最大的两周城址。发掘清理大量两周时期的灰坑、墓葬、马坑等遗迹，出土了包括青铜器、玉石器、陶器、骨蚌制品等在内的重要遗物（图1.95）。

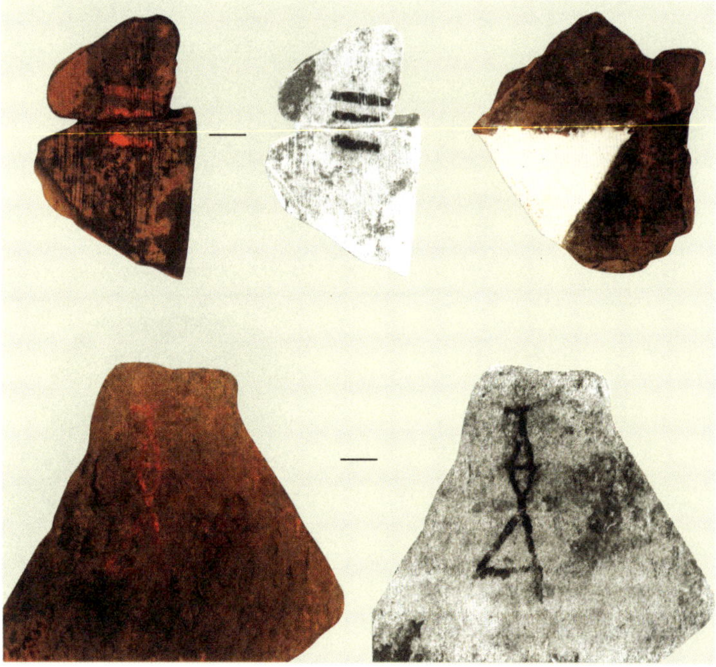

1.93 朱书文字（小双桥出土）

1.94　玉璜（娘娘寨出土）

1.95　陶鬲（官庄出土）

1.96　金虎饰（袁窑出土）

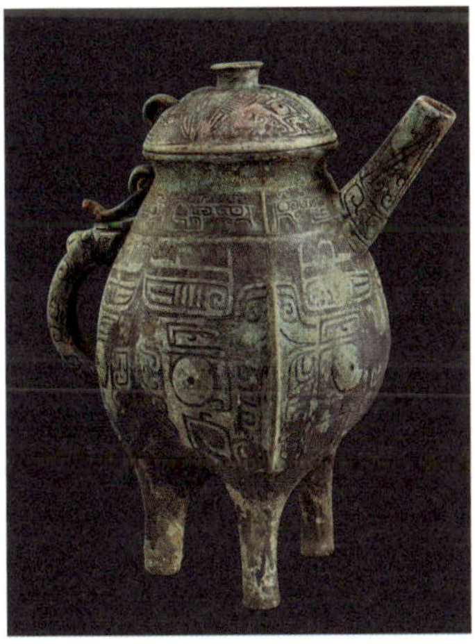
1.97　铜盉（洼刘出土）

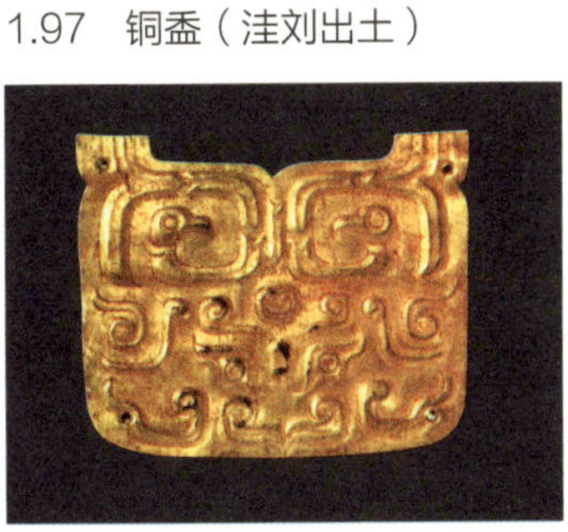
1.98　金牌饰（袁窑出土）

另有郑州洼刘、荥阳蒋寨、登封袁窑、新郑郑韩故城、铁岭墓地、华阳故城、荥阳京城、祭伯城等古城古遗址（图1.96～1.103）。此时的郑州，大部分时候已是其时政治、经济、文化、军事之中心。

## 三、郑州地区早期文明在中华文明视野中的地位

郑州的古自然环境优越于中国其他地区，山不太高，水资源丰富，山与山之间有很多峡谷盆地和二级台地，土壤发育良好，物产丰富，且自然资源从古至今有相对的稳定性，有相对独立的中、低山系和发育优良的古生态系统，非常适宜人类的居住与发展。

从旧石器时代开始，这里就具有很强的开放性，如洪沟、织机洞、老奶奶庙等遗址发现的不少石器，兼具南北方石器特征。相对于全国而论，当时郑州地区虽然不是发现的古人类文化遗存最早的地方，但却是旧石器中晚期全国人类分布最为密集的地区之一，尤其是老奶奶庙遗址以分组灰烬堆积为中心活动面遗迹的发现，则填补了过去中原地区和东亚

1.99　铜尊（洼刘出土）

1.100　莲鹤方壶（新郑李家楼出土）

1.101　盘龙纹编钟（新郑金城路出土）

1.102　铜匜（铁岭出土）

1.103　铜鼎（铁岭出土）

大陆这一阶段旧石器文化发现的空白，为研究现代人在东亚地区的出现与发展提供了重要的新视角，是对现代人来自非洲论断或“夏娃理论”的一个可能的证伪。

裴李岗文化时期，遗址在分布上呈现出距离嵩山越近，分布越密集的特征，显然郑州位于这一文化的中心地区。这一时期最大的特点是出现了农业，这种经济类型的转变导致了人们走出洞穴，从山顶走向河边台地，半地穴式的房址出现了；为了加工农作物，陶器、磨光石器（石磨盘和石镰等）出现了，其造型和功能特征体现了同时期的技术优势。

仰韶文化时期，从全国看，是当时的强势文化，其早中期文化中心以嵩山以西诸多遗址为代表，中期偏晚及晚期则应是以嵩山左右为代表。许顺湛先生认为，河南仰韶文化遗址的分布，大体上有两条线路，一条是豫北至豫西南，包括安阳、焦作、郑州、平顶山和南阳市，有后冈类型、大河村类型、下王岗类型的仰韶文化。另一条线路是沿黄河南岸的郑州、洛阳、三门峡市，主要是庙底沟类型和大河村类型仰韶文化[5]。在这一条线上，聚落最多，特级聚落也最多。这两条线形成了一个丁字形，郑州正在这个丁字的交接处。我们可以认为这时的郑州是一个文化交流中心，同时由于西山这一中国最早夯筑古城、汪沟大型红烧土夯筑广场和双槐树环壕聚落遗址的发现，还应认为仰韶文化中期晚段到大河村四期这一时间段的郑州还是一个具有政治意义的中心，应和文献中所说的黄帝建国都于郑州有密切关系。

龙山文化和新砦文化亚态时期，河南龙山文化和全国龙山文化都有不俗表现，山东龙山文化、石家河文化灿烂耀眼，关中以石峁古城为代表的文化高度繁盛，距今4500年至4300年的良渚古城面积达290万平方米，良渚文化玉器繁盛程度更是其时之冠，这说明良渚文化优势也不少。但是无论如何，除陶寺文化早中期的陶寺古城外，这些文化所反映的政治和公共管理文明似乎都有逊于中原龙山文化，尤其在龙山文化晚期以降，它们逐渐失去往日的荣光，四方再不能与中原相提并论了。这时候河南出现了数量众多又很重要的古城、古遗址，尤其是郑州地区，出现了王城岗、古城寨、新砦、花地嘴、东赵等古城或古聚落，这时候其他地区虽然亦有城市出现，但是郑州具有特殊的诸多优势，尤其是由考古学发现所反映的其时中原地区相对理性的公共管理模式，以及其位于《逸周书·度邑解》“四方入贡道里均”的河洛文化区中心的地理和文化优势，确是其他地区所不具备的。

[1] 陈连开：《求同初阶——陈连开学术论文集》，中央民族大学出版社，2008年。

[2] 徐旭生：《中国古史的传说时代》，广西师范大学出版社，2003年。

[3] 钱穆：《古三苗疆域考》，《燕京学报》1932年第12期。

[4] 俞伟超：《先楚与三苗文化的考古学推测》，《文物》1980年第10期。

[5] 许顺湛：《河南仰韶文化聚落群研究》，《中原文物》2001年第5期。

第二章

# 天地之中

## 一、“中”字释读及相关中文化问题

### 甲骨文所见“中”

“中”字在甲骨文中早已出现，有学者认为，字形象旗杆，上下有斿或飘带，旗杆竖立，正中有圆形（有时写为方形或口字形）（图2.1）。个人认为，结合陶寺附近出土有玉琮的“量天尺”、故宫博物院藏红山文化“蹲踞式”（乘蹬于一头双角牛头上，为了达到冥思专一、保持身体平衡和近似神鸟备飞的状态，从而呈现这一姿态。整个“神人—神兽”组合形式，与良渚文化中常见的“神人—神兽”组合密切相关，都可统一于基本一致的太阳大气光象）、玉人执通阴阳之巫杖（马王堆《导引图》第30式执杖图题记“以杖通阴阳”）等材料，我们认为“中”字本形最初应与太阳及光柱有关，而不是与“建木、极星、北斗天柱”等有关。其中常见的飘带本身有装饰彰显之意义。

由于甲骨文中出现“史”字的写法有以手执“中”的例子，像（《续甲骨文编》8835），所以我们讨论甲骨文中“史”字的写法也可能对于理解“中”字的含义有帮助。手执“中”者的史官，自然可以用“通阴阳”的“中”来降神、通天地，这符合古代的“巫史不分”的文化现象。三星堆文化金沙遗址发现铜巫师首有示意一年十三个月的十三旋臂旒形太阳冠、腰搢有形的与“史”字构型密切相关的巫具之现象可以清楚地证明这一点（图2.2）。

一般认为“事”“史”字甲骨文多写为（《续甲骨文编》8835）、（《甲骨文编》乙二七六六），少写为（《续甲骨文编》新2304）、（《续甲骨文编》91），金文多写为(毛公鼎)、（宅簋），少写为（师寰毁）等形。从中可见“事”字、“史”字中间柱状的顶端可为竖直、“Y”形或倒“木”字形。我认为这一造型应该与卜辞中天干之“庚”字的字头一样，应与太阳柱越出22°晕

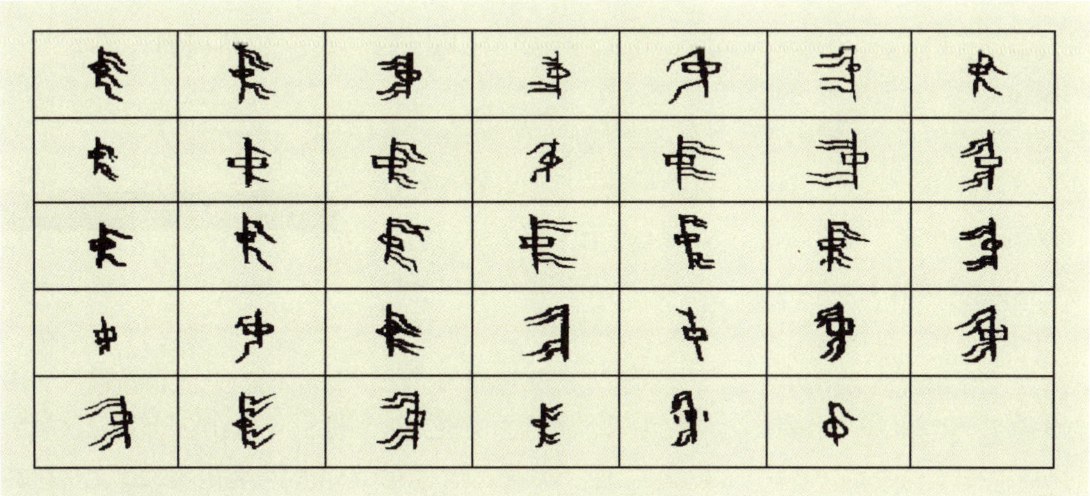

2.1　《甲骨文编》里的“中”字

2.2 金沙遗址出土铜人

的大气光象有关。首端呈现的“Y”形或倒“木”字形，应是太阳22° 晕上方的帕瑞弧和切晕弧等造型。之所以有时从，应与所执之“权杖节符”有时候可与旗帜类标识物合一。而旗帜之造型从卜辞和金文看，清代收藏家吴荣光的《筠清馆金文》所载的等造型基本均已有发现。红山文化、凌家滩文化出现的突出两鸮耳的猪龙“Y”形器，其整体造型也应与太阳有关：猪代表太阳幻日神，鸮形双耳代表猪的双耳。猪头顶端及鸮耳组合，与肖家屋脊石家河文化的虎、鹿、牛的“冠”（即耳、角与头顶中心的组合）类似，与太阳柱及相关光气相拟。

综合地看，“中”字具有可以与居中、聚众和权力中心等意义有关的内涵，“中”字确实可以视为某种意义上的权杖符节、巫杖。至于蒋广学先生所说的“王法之中道、道德之中正、认识之正确，以及人性之至诚、人情之中节。‘执中致和’就是执政者以其中直之性和中节之情，实行合乎中道中庸的法律制度，让矛盾中的各方各得其要”[1]，等等，则就应该是所述“中”字初始意义的引申了。

## 传世文献所见“中”之美赞

传世文献中还不乏对“中”的溢美之词。《中庸》：“中也者，天下之大本也；和也者，天下之达道也。致中和，天地位焉，万物育焉。”《周易·坤》：“黄裳元吉，美在中也。”“君子黄中通理，正位居体，美在其中，而畅于四支，发于事业，美之至也。”《礼记·月令》：“中央土，其帝黄帝，其神后土。”《淮南子·天文训》中也说：“中央，土也，其帝黄帝，其佐后土，执绳而治四方”。《易经·离卦》：“黄离元吉，得中道也”。

## 竹简所见“中”

2008年7月，清华大学入藏一批战国竹简文献，学者称之为“清华简”（图2.3），其中，楚简《保训》篇的主要内容是说文王在其即位五十年时患了重病，将

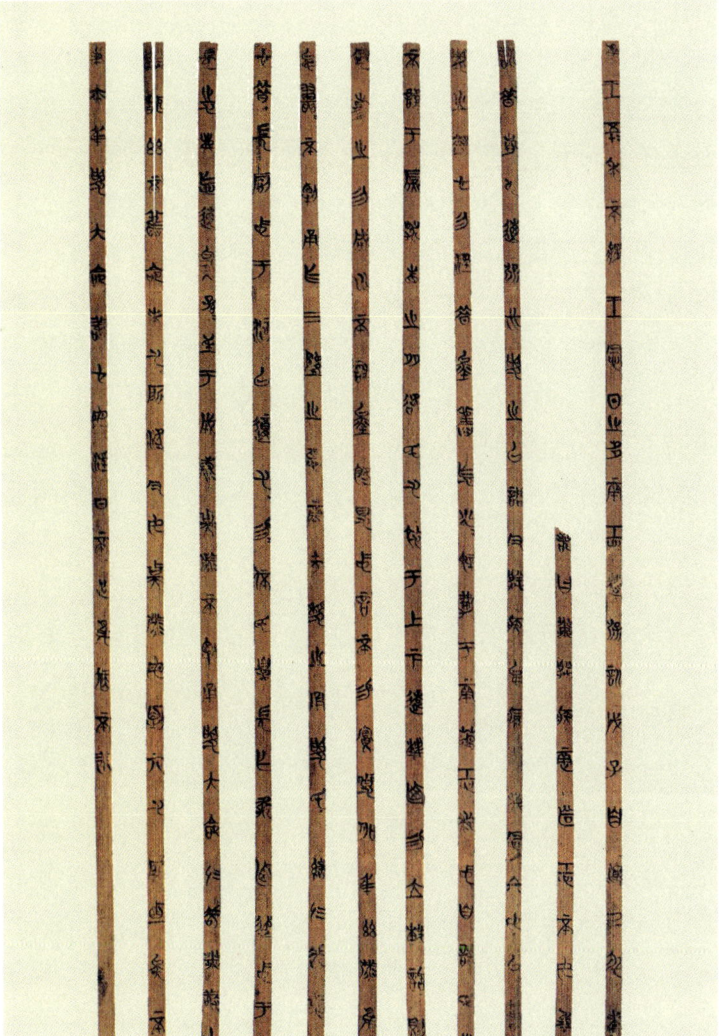


2.3 战国竹简（清华大学藏）

不久于人世，其向武王追述先贤帝王业绩，希望武王发能继承先人以德治国的传统，取“中和”之道。《保训》云：“昔微矵中于河，以复有易，有易服厥罪，微无害。迺追（归？）中于河。微志弗荒，传贻子孙，至于成汤”[2]。这是讲商汤之前六世祖上甲微、上甲微之父王亥与有易氏的恩怨故事：上甲微之父王亥与有易氏争斗被杀，上甲微为父报了仇。这一故事在《周易》《山海经·大荒东经》《竹书纪年》《楚辞》等文献中多有记载，著名学者顾颉刚先生对此曾有详论[3]。

《保训》篇四次提到“中”字，“中”可以说是《保训》篇的一个核心观念，但问题是，“中”的意义究竟是什么？学术界对此普遍理解为“中道”“中和之道”“治国安邦平天下的中正之道”，或是“处理事情时要把握分寸，要将事情处理得恰到好处”。唐代韩愈在《原道》中提出“道统”说，“尧以是传之舜，舜以是传之禹，禹以是传之汤，汤以是传之文、武、周公，文、武、周公传之孔子，孔子传之孟轲。轲之死，不得其传焉”。至宋代朱熹那里，则把所传之“道”坐实为所谓“十六字心传”：“人心惟危，道心惟微；惟精惟一，允执厥中”。这可以说是宋明理学的一个核心观念。然而，明中叶以后的考据学家却不相信，把它看做韩愈与宋儒的杜撰，从保训看，实际是有所宗的。

## “地中”

文献中尚有许多把“都城王道”“人心”与“中土”“天地中极”关

联的记载，武家璧先生有详细的论证[4]：

（1）《论语·尧曰》：“天之历数在尔躬，允执其中；四海困穷，天禄永终。”

（2）《尚书·大禹谟》载舜帝曰：“人心惟危，道心惟微，惟精惟一，允执厥中。……四海困穷，天禄永终。”

（3）《洪范》记箕子言“天乃锡禹洪范九畴”，其居于“九畴”之正中的“五皇极”（（五在易理中是中数）有言：“无偏无党，王道荡荡；无党无偏，王道平平；无反无侧，王道正直；会其有极，归其有极。”陆游谓此《洪范》“八句盖古帝王相传以为大训，非箕子语也”（《老学庵笔记》卷五）。

（4）建中立极的说法还见于《仲虺之诰》“建中于民”，《君奭》“作汝民极”，《周礼》“以为民极”等。这些观念何时产生值得研究，应是从“天极”“地中”的本义衍化而来。即便“王道”的观念已很流行，“天地中极”仍然是“王道设教”的载体。孟子主张行“王道”当“莅中国，而抚四夷”（《孟子·梁惠王》）。荀子谓“欲近四旁，莫如中央，故王者必居天下之中”（《荀子·大略篇》）。万变不离其宗，行王道者必居中央，是为“王道”源于天地“中极”而打下的思想烙印。

（5）《洪范》曰“皇建其有极……惟时厥庶民于汝极，锡汝保极”，“保极”者，保斗之极也，即盖之纽。桓谭《新论》“盖有保斗矣，盖虽转而保斗不移”。《论衡·说日》“天之居若倚盖矣，故极在人之北，是其效也。极其天下之中……极星在上之北，若盖之葆矣”。武王曰“定天保，依天室”（《周本纪》），以“天保”指代中都洛邑。《洪范》所言“皇极”“民极”与“保极”已融为一体，成为“王道”的代名词。

（6）周文王被商朝封为“西伯”（《周本纪》），周人自称“西土之人”（《书·牧誓》），“西土君子”“西土有众”（《泰誓》），武王称其父“肇国在西土”（《酒诰》），“显于西土”（《泰誓》）等，终文王一世，他的影响都局限于“西土”。周族可能是在“西土”最早建国的民族，建国必“立极”，然而他们建立的“极”并不被承认为“中极”，而被称为“西极”。

（7）武王不欲在殷都所在的郲东大河一带建都，而打算复“有夏之居”，他有一套自己的理论：“定天保，依天室。……自洛汭延于伊汭，居易毋固，其有夏之居。我南望三涂，北望岳鄙，顾詹有河，粤詹雒、伊，毋远天室”（《史记·周本纪》）。《天亡簋》铭“王祀于天室”（图2.4、2.5），表明武王确实到过“天室”。武王之所以要靠近“天室”建都，是因为其认为“天室”相当于“北极”与“南极”中间的“天之中极”，具体位置位于“天下之中”与其“天顶”之间，是天帝上下往来的通道，靠近此地与天帝沟通十分方便。

（8）《史记·周本纪》载武王发表“定天保，依天室”的一番言论后，随即“营周居于雒邑而后去”。又载“成王在丰，使召公复营洛邑，如武王意”。《何尊》铭“唯

2.4 天亡簋（陕西岐山出土）

2.5 天亡簋铭文拓片

（成）王初迁宅于成周……唯武王既克大邑商，则廷告于天，曰：‘余其宅兹中国，自兹乂民’”（图2.6、2.7）。这是铜器铭文中最早出现的“中国”二字。实物与文献都证明武工亲自相中洛邑并决定在此建“中国”。

（9）周公归政成王后，在武王“天室”论的基础上，提出更加现实的依据：“周公复卜申视，卒营筑，居九鼎焉。曰‘此天下之中，四方入贡道里均’”（《史记·周本纪》）。《逸周书·作雒》“周公敬念于后曰，予畏周室不延，俾中天下”。周公在此明确指出为延续周朝统治，必须居天下之中。

（10）判断“地中”的标准有三，如《淮南子·地形训》“众帝所自上下，日中无景，呼而无响，盖天地之中也”（图2.8）。前一标准如武王言“依天室”，即得“众帝上下”之所；后一标准只要在平坦广阔的空旷地带，都会“呼而无响”；只有中间标准“日中无景（影）”颇费周折。

真正的“日中无影”只有太阳位于天顶正中、阳光垂直照射地面时才会发生，现代天文学常识告诉我们，这种情况只有在南北回归线之间的热带地区才有可能，中原地区根本不可能发生。然而《周髀算经》明确记载“古时天子治周，此数望之从周，故曰周髀。髀者，表也……（夏至）日中无影”，“日中立竿测影……周髀长八尺，夏至之日晷一尺六寸。髀者，股也；正晷者，勾也”。《周礼·地官·大司徒》“以土圭之法测土深、正日景（影），以求地中。……日至之景（影）尺有五寸，谓

2.6　何尊（陕西宝鸡出土）

2.7　何尊铭文拓片

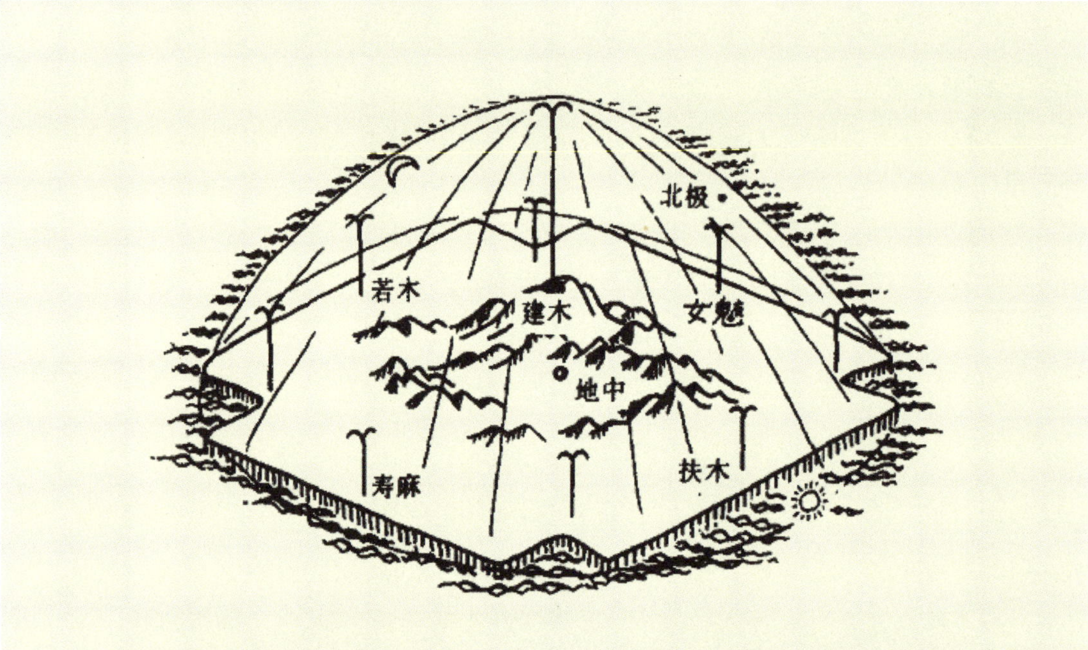


2.8　《淮南子》中盖天说示意图

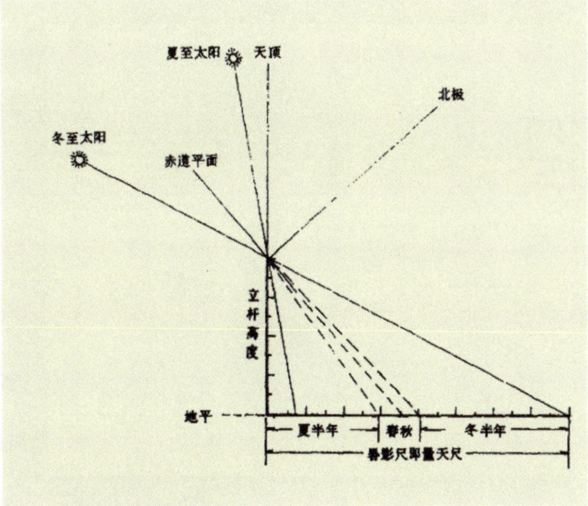


2.9 晷影测天示意图

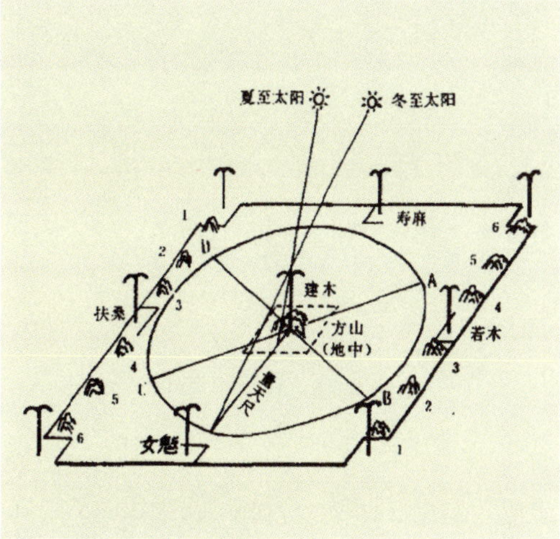


2.10 建木测影示意图

之地中……乃建王国焉”。郑玄注引郑众曰“以夏至之日，立八尺之表，其景与土圭等，谓之地中”。上引文献表明周公曾设定可以解释为“日中无影”的前提条件——置土圭：制一石（玉）圭约为周髀的五分之一，埋于表杆正南的土中，称“土圭”或“地圭”；当夏至日影与土圭相等，十圭之外无日影时，称为“日中无影”（图2.9、2.10）。

“土圭”法使“地中”在南北方向上得以唯一确定。按“浑天说”（图2.11）据南北两极的出没度来定中极，经验告诉人们，某一北极高度必定对应同一南极没度，那么任一纬度的天顶都是“天之中极”。《庄子·天下》“我知天下之中央，燕之北、越之南是也。”这样就会产生任意多的“天极”与“地中”，使之失去宗教和政治上的意义。周公发明的“土圭”法，避免了任意“地中”的出现。

（11）武王的“天室”论，与周公的“土圭”法，使得执行文王“居天下之中”的遗愿具有可操作性。成周新邑的建成，使文王建设“中国”的遗言最终实现。从此“逐鹿中原”成为王者所必争，“统一”和“居中”成为最高的政治目标，为秦汉以后统一多民族国家的形成和专制主义中央集权的出现打下基础。

“天室”学术界认为就在今郑州嵩山。《说文新附》“嵩，中岳嵩，高山也”。《诗·大雅·嵩高》“嵩高维岳，峻极于天”。《书·舜典·正义》引王蕃《浑天说》曰：“北极出地三十六度，南极入地三十六度，而嵩高正当天之中极”。从现代天文学知识来看，此“天之中极”实即北纬三十六度地区的天顶。因大地为球形，即使纬度（等于北极高度）确定，“天顶”在东西方向是不确定的，但上古盛行“盖天说”（图2.12、2.13），以为大地是平坦的，故认为普天之下最高的“天顶”只有一个。武王大约是基于这样的知识提出“定天保，依天室”的政治主张的。

2.11　古代浑天说示意图

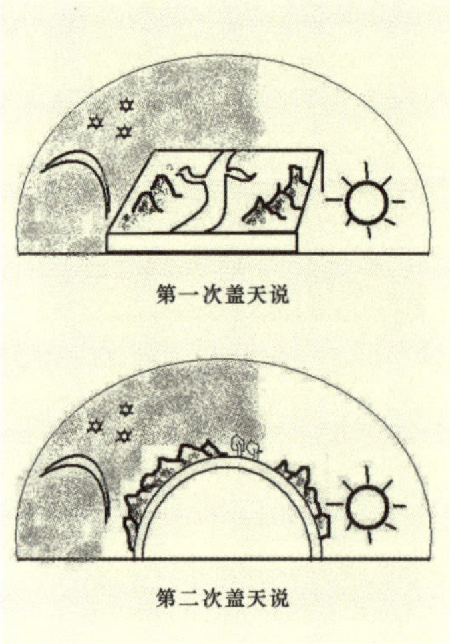


2.12　古代盖天说——天圆地方示意图

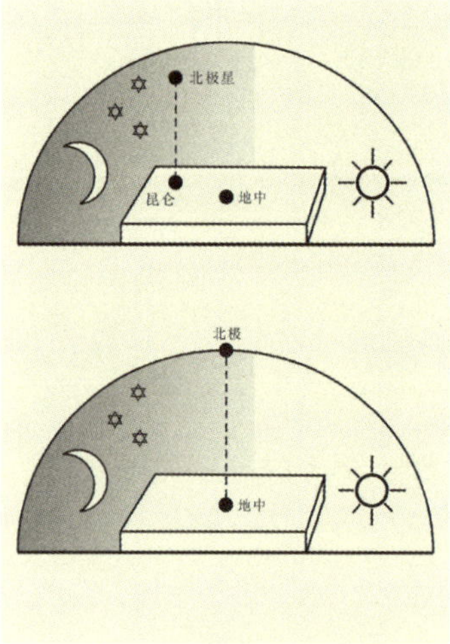


2.13　天倾西北简示图

## 二、“九州”问题

谈到天下之中，我们不得不谈一谈有关“九州”的问题。

“九州”问题非常复杂。《诗·商颂·玄鸟》、《诗·商颂·长发》、春秋时期齐灵公时期的青铜器《齐侯镈钟》、上海博物馆藏战国时代的作品《容成氏》、《尚书·禹贡》、《左传·襄公四年》记《虞人之箴》、《九歌·大司命》、《周礼·夏官·职方氏》、《尔雅·释地》，以及《吕氏春秋·有始》《史记·孟子荀卿传》《淮南子·地形训》《黄帝内经·素问·生气通天论》等都有不少记载。文献中的记载很是奇异不一，有所谓“大九州”“中九州”和“小九州”等说法。关于“小九州”，有认为早期有“小九州”是可信的，有人则以为不可信。依照《汉书·地理志》等文献的说法，“小九州”始于黄帝之时，金宇飞先生《九州的起源》一文甚至认为是龙山时代早期[5]。徐旭生先生《尧舜禹》[6]一文，邹衡先生《夏商周考古学论文集》[7]都认为早到龙山文化时期已有“小九州”的可能，邵望平先生《禹贡“九州”的考古学研究》[8]一文还有具体的研究，等等。不同意有早期“小九州”者，主要代表学者是顾颉刚先生，其名著《州与岳的演变》认为，西周时期尚没有“九州”概念，更不必说殷和夏[9]；姚新喜、江林昌《略论“九州”的范围和“九”的原始涵义》认为所谓“小九州”的“九州”是“龙州”是、“夏的州”，因为夏人崇拜龙[10]。温玉春先生《古九州方位在泰沂山系一带——九州考》一文认为“《河图》派九州说之九州多能在山东境内泰沂山系一带找到地名来源；而《周礼》派九州说则是战国时期由于疆土扩大和对历史的遗忘而误读《河图》派九州说之产物”[11]，陈立柱先生《考古资料如何证说古文献的成书时代——以〈禹贡“九州”的考古学研究〉为例》一文对邵望平

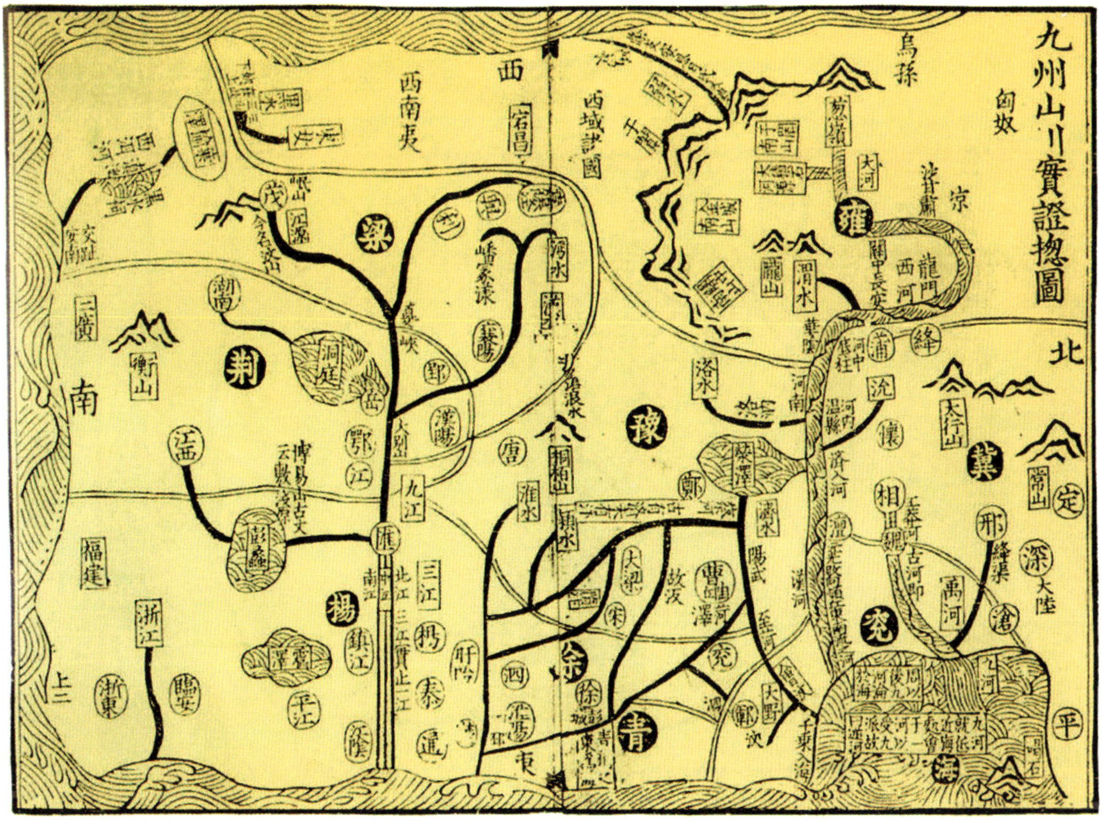


2.14　九州山川实证总图（取自南宋《禹贡山川地理图》）

先生的以考古材料论证禹贡“九州”的具体方法也提出了疑问[12]（图2.14、2.15）。

据笔者《太谷白燕F504内涵研究》[13]一文及《学患无疑，狐疑则学患》[14]一文的初步研究，我们可以从考古学上知道，至少从庙底沟二期开始，至于尧舜时，西北应“天中”之地被认为是“地中”的思想应该已经出现。又因为存在天倾西北说，视觉上北斗极星位置偏北，则古人认为与其相应的“地中”亦应偏西北，所以他们就在西北建都，并且都于古“冀州”范围及其附近，又加上传说多朝都城在此范围，像传说夏禹的都城安邑（今山西解县），虞舜的都城蒲坂（今山西永济县东南），所以关于九州的叙述记载多以“冀州”为首，并多称之为“中州”或“帝都”，像《谷梁传·杨士勋疏》指出“冀州者，天下之中州也。自唐虞及夏殷皆都焉，则冀州是天子之常居”，《尔雅·释州国》指出冀州“其地有险易，帝王所都”，《楚辞·离骚》曰：“览冀州兮有余，横四海兮焉穷”，《淮南子·览冥训》高诱注曰：“冀，九州中，谓今四海之内”，《淮南子·地形训》曰：“何谓九州？东南神州曰农土，正南次州曰沃土，西南戎州曰滔土，正西兖州曰并土，正中冀州曰中土，西北台州曰肥土，正北泲州曰成土，东北薄州曰隐土，正东扬州曰申土”，《周礼·夏官·职方氏》曰：“东南曰扬州，正

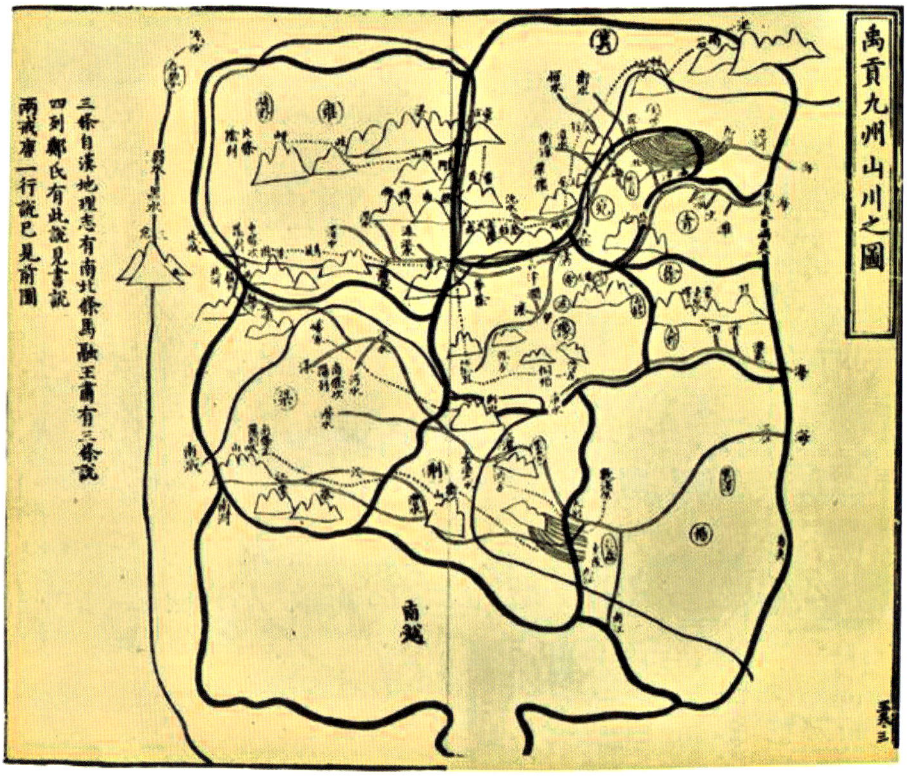

2.15 禹贡九州山川之图（取自南宋《帝王经世图谱》）

南曰荆州，河南曰豫州，正东曰青州，河东曰兖州，正西曰雍州，东北曰幽州，河内曰冀州，正北曰并州”。《逸周书·职方解》与《周礼》同，不赘述。

但是到了夏王朝初期，由于对资源重要性的认识、地理视野、认知发展等原因，以资源和地理的“地中”逐渐取代西北应“天中”的“地中”的思想占了统治地位，王者们开始寻求在新的“地中”立国，郑州或郑洛地区就位于这一位置——中土的中心，所以夏商周三代均在此或附近建都。

## 三、郑州方言“中”从何而来

在河南尤其是郑州地区，“中”可能是最具标志性的地域方言之一了，然而它起源于何时，内涵又是从何演绎，却鲜为人知。

如同佛有“三十二大人相”“八十随形好”之类的理想特征，“中”这一词汇在使用中逐渐引申出了“肯定”“褒扬”的意思。元代王充耘《读书管见》云：“中土见事之当其可者，谓之中，其不可者，谓之不中。于物之好恶，人之贤不肖，皆以之目焉”。《左传·鞌之战》：“（鲁成公）二年春……郤子曰：‘此城濮之赋也。有先君之明与先大夫之肃，故捷。克于先大夫，无能为役，请八百乘。’”西晋杜预注：“不中为之役使’”。可见西晋时“中”字已有现在的一些用法。又日本丹波元简编著《伤寒论辑义》曾有相关论述，其云：不中，方氏解为不当，是恐不尔[15]。萧参（希通录）云，悝谈以不可用，力不中用，自晋时已有此语。简按，不中用，见始皇本纪、韩延寿传等。由这些论述可知，“中”字的一些用法在战国秦汉时期已存在。

另，从甲骨卜辞看，现代有关“中”字的一些含义和用法，包括郑州方言中的“中”字的一些用法已是很普遍的了。

又，依据甲骨文中“中”字的用法、《保训》有关“中”之用法及语言学的特点等方面，我们可以推测，至少从先商即夏王朝时应已有类似现代“中”这一词汇的语言习俗之萌芽了。

[1] 蒋广学：《“执中致和”本义考》，《江苏大学学报（社会科学版）》2006 年第5期。
[2] 姜广辉：《保训十疑》，《光明日报》2009年5月4日。
[3] 顾颉刚：《周易卦爻辞中的故事》，北平燕京大学出版，1929年。
[4] 武家璧：《文王遗言建中国——读清华简〈宝训〉（之二）》，简帛网，2009年5月12日。
[5] 金宇飞：《九州的起源》,《寻根》2011年第6期。
[6] 徐旭生：《尧、舜、禹》(上、下),《文史》第三十九、第四十辑，中华书局，1994年。
[7] 邹衡：《夏商周考古学论文集》，文物出版社，1980年。
[8] 邵望平：《禹贡“九州”的考古学研究》，《考古学文化论集（二）》，文物出版社，1989年。
[9] 顾颉刚：《州与岳的演变》，《史学年报》1933年第5期。
[10] 姚新喜、江林昌：《略论“九州”的范围和“九”的原始涵义》，《民族艺术》2001年第3期。
[11] 温玉春：《古九州方位在泰沂山系一带——九州考》，《岱宗学刊》2000年第1期。
[12] 陈立柱：《考古资料如何证说古文献的成书时代：以〈禹贡〉“九州”的考古学研究为例》，《文史哲》2009年第3期。
[13] 顾万发：《太谷白燕F504内涵研究》，待刊。
[14] 顾万发：《学患无疑，狐疑则学患》，《殷都学刊》2004年第4期。
[15] 选自《聿修堂医书选》，人民卫生出版社，1983年。

# 第三章
# 商文化渊源

## 一、“商”字之太阳大气光象内涵论

商代的国号，有人说只有“商”一名，也有人认为应有“殷”“商”两名。其中“殷”之得名，古本《竹书纪年》曰“盘庚旬自奄迁于北蒙曰殷”，晋皇甫谧《帝王世纪》也说“商盘庚徙于殷”，始改“商”曰“殷”。不少学者对此两名说予以否认，罗振玉在《殷墟书契考释》[1]中认为商人自己始终自称为“商”，郭沫若在《古代研究的自我批判》[2]中认为，殷人自己是始终称为“商”的，只有周人才称“商”为“殷”。灭商后，周人为了笼络商遗民，仍然称“商”为“殷”。

商之国号的由来，学术界多认为来源于商地或滳水。《荀子·成相》说“契玄王，生昭明，居于砥石，迁于商。”《左传·襄公九年》说“陶唐氏之火正阏伯居商丘，祀大火，而火纪时焉。相土因之，故商主大火。”又昭公元年曰：“昔高辛氏有二子，伯曰阏伯，季曰实沈……迁阏伯于商丘，主辰。商人是因，故辰为商星。”杜注：“汤先相土封商丘。”《史记·殷本纪》中称契“封于商”，李建武先生认为此“商”，应遵循《史记》中对于舜封虞、尧之子封于唐的解读而理解为商之族名[3]。丁山先生考证说，商族之名与滳水有关，滳水以后由周人改为漳河[4]。杨树达《积微居甲文说》之《释滳》也认为，滳为漳水。“滳”“漳”在文献中多可通假似乎也有助于支持这一观点。

### （一）“商”字之学界往论

商之国名的讨论，其中的重点显然关联到“商”字含义的问题。关于这一文字的含义，学术界讨论甚多，意见至今不一。

文字学界公认甲骨文、金文中早有“商”字。近些年来不少学者有过研究，有学者认为其上为鸟首，下面是窑口的形状；或认为其上为“辛”字首，代表商人祖先帝喾高辛氏，下面为供奉用的承托物——案几；或认为其上为“辛”字，下为“高”字，合为“高辛”；有学者称其整体看上去就是鸟；有学者考证“商”字为玄鸟（燕子）产卵的象形并会意字；还有学者认为“商”字下端“丙”形为商代城门，其上端的“辛”形为城门上的玄鸟。关于这一问题更早的时候还有不少著名学者也都予以特别关注过，像徐中舒先生在《殷商史中的几个问题》一文中认为“商”字上端为凤鸟之冠形，代表商人的玄鸟信仰，下端为居穴，玄鸟居穴谓之“商”[5]。马叙伦先生《说文解字六书疏证》（卷五）引钱玄同先生的观点说，从籀文中有的“商”字有双圆看，应是“商星”之“商”；马叙伦先生《说文解字六书疏证》（卷五）又引郭沫若先生观点说，癸尊之“商”字——，其中四圆与籀文中的双圆一样，都是表示天上的星体的。朱芳圃先生在《殷周文字释丛》（卷上）曾经提出过“商”字与商人祭祀大火星有关，他认为“商”字上端造型为烛薪，象征大火星，或增加双圆以特别提示象征大火星形，以之置于即“堤”或俗谓承托盘一类的物件之上以用于祭祀。

在诸多学者的论述中，

郑杰祥先生的观点较为详细[6]，他认为："丙"正象一个自然形成或人工筑成的陵阜高台，商人祖先之职有在高台之上观测和祭祀大火星宿的内容，"商"字本义应象古人于高台之上观测和祭祀大火星宿之形，其中的"辛"就是摹写包括房、心、尾的大辰或大火星的。古人认为"大火"与商星本是一星而异名。商代卜辞称商星为"鷸星"，他并说《人》七〇〇卜辞中的辛形应该是大火星即商星造型。

前不久我的老师葛英会先生也提出一说，颇有新意。他认为，结合文献记载，从"商"字的早期写法看，"商"字的本意应为契，为"刻"，他说"商字下部象袋足器的部分是储水器，其上部乃是带有刻度的木箭，应是古刻漏的象形"[7]。

### （二）"商"字含义我之旧识

关于"商"字，笔者也曾有一些未经正式发表或未在已发表文中详论的认识，这里予以简介。这可能有助于纠正一些易于出现的对"商"字内涵释读的误解。我曾认为：

（1）"商"字所代表的应是"建木—北斗和供祭设施"，形类"高辛"，甲金文特别是篆文"商"字颇类"高辛"二字合文。"喾"字或"夒"字从甲骨卜辞看，实际是商人祭祀的"蹲踞式"的高祖"□"的一种隶写或传写。晚期有的文献又写为"俊"并纳入到某些新的神话体系，并因为商人之祖先与"帝"的密切联系等原因，有的文献把上帝直接称为"俊"，这还是由于在新石器和夏商周等时期"蹲踞式"神像与甲骨文中商人高祖"□"的姿态一致有关。

（2）文献又称"高辛"为喾之氏号，喾也曾经被称为帝，从文字学方面辨析，再结合古人命氏重要方法之一即《左传·隐公八年》所载的"胙之土而命之氏"的情况看，"帝喾"之"喾"字可能是"蹲踞式"神人的摹写，则其所在处所或曰"胙之土"似乎可以为商氏族之名。

### （三）"商"字新论

经过进一步研究，近年来本人的认识已有所调整，我认为"商字就是对太阳有关大气光象的摹写(图3.1)"。

## 二、"商"字与商业

"商"字造型、内涵与天文、神话有密切关系，怎么又逐渐具有商业类的涵义了呢？

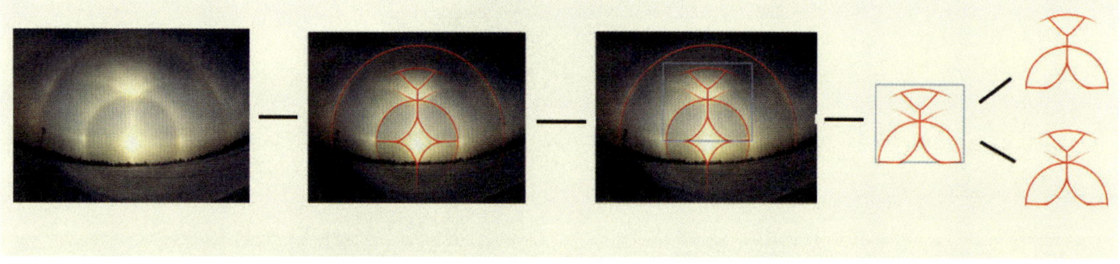

3.1 "商"字太阳大气光象内涵图示

我们知道，商人祖先世袭天文官员，负责观测星象，为了“授民以时”，做到《左传·文公元年》所说“履端于始，序则不愆，举正于中，民则不惑，归邪于终，事则不悖”，商人的祖先不仅学会了记录刻载之道，而且还深谙数学，懂得历法的计算方法。这些知识为商部落成为全国农业最发达的地区之一奠定了重要的物质技术基础。商族本为游牧民族，自契开始重视农业；据文献记载后来契之孙相土首先发明了马车，并开始驯马；六世孙王亥又发明了牛车，并开始驯牛。这便是《管子·轻重戊》上“立皂牢，服马牛，以为民利”的记载。农牧业的迅速发展，使商部落很快强大起来，他们生产的东西有了过剩，于是王亥及其族人便用牛车拉着货物，赶着牛羊，到外部落去进行买卖。

有人从“家”字释读为“房屋中有猪财富”这一解释出发，认为善于经商的王亥姓名中可能亦含有商财信息，原因是由于猪当时可以表示财产。我们赞同甲骨文的“家”字（图3.2）确实是屋宇下有一猪，但是没有充分证据证明猪为家庭财产，有不少学者认为，“家”字之中的猪更有可能与生殖崇拜有关。本人认为其中的“亥”还与太阳有关。

王亥名“亥”，从其甲骨文的首有鸟形的诸多写法看，确实与“玄鸟”之神鸟的崇拜有关（图3.3）。传世“玄鸟妇”罍（收入《殷周金文集成》）及花园庄东地所出可能为“玄鸟”的甲骨文可以作为重要证据。王亥名“亥”，应与猪崇拜有关。从文献材料看，《吕氏春秋·察传》曰“豕与亥相似”、《论衡·物势》曰“亥，豕也”、《左传·襄公三十年》曰“亥即豕，故曰首曰身也”。笔者《三星堆、金沙一类“奇异”玉器构图来源、内涵、定名及相关问题研究》[8]及徐文宁所作《重识玉佩纹饰的收藏意义》[9]等文，曾认为王亥名“亥”与古代以猪代表北斗及王亥贵为王帝神子的身份有关，实际则不然，王亥名“亥”，从首有飞鸟的情况看，参照前文所述中国早期艺术史中的头有神鸟的图像看，实际应该与河姆渡文化以来的猪崇拜有关。河姆渡文化以来的新石器时代的猪，与北斗应该没有任何关联。依据本人的最新研究，新石器时代以来的古人，实际常常把猪作为真太阳及其有关大气光象综合体的“写照”，有时候还更具体地代表太阳之22°幻日及附近光气。像河姆渡文化的猪、常

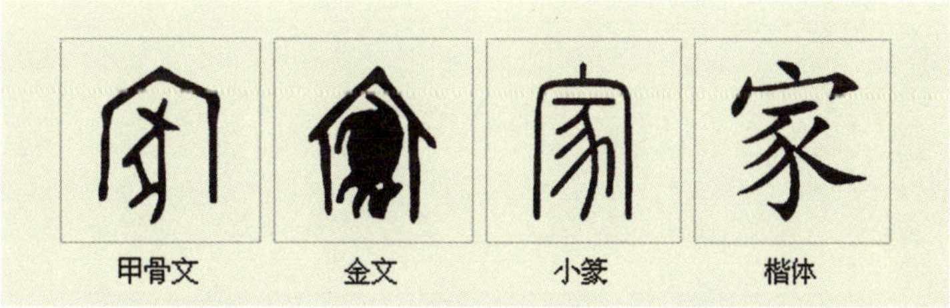

3.2 “家”字字源演变

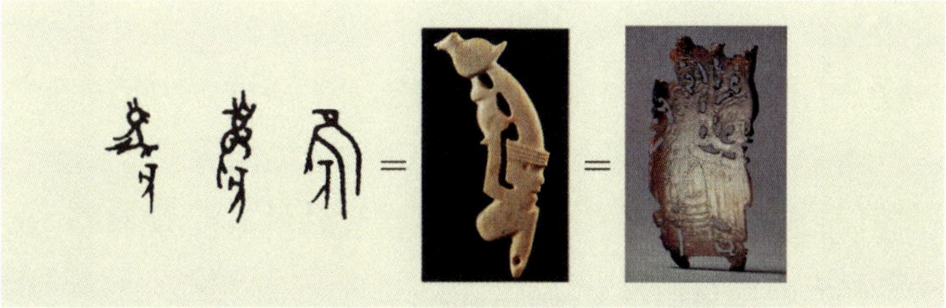
3.3 甲骨文中商王“亥”与不同时代的“亥”式玉器

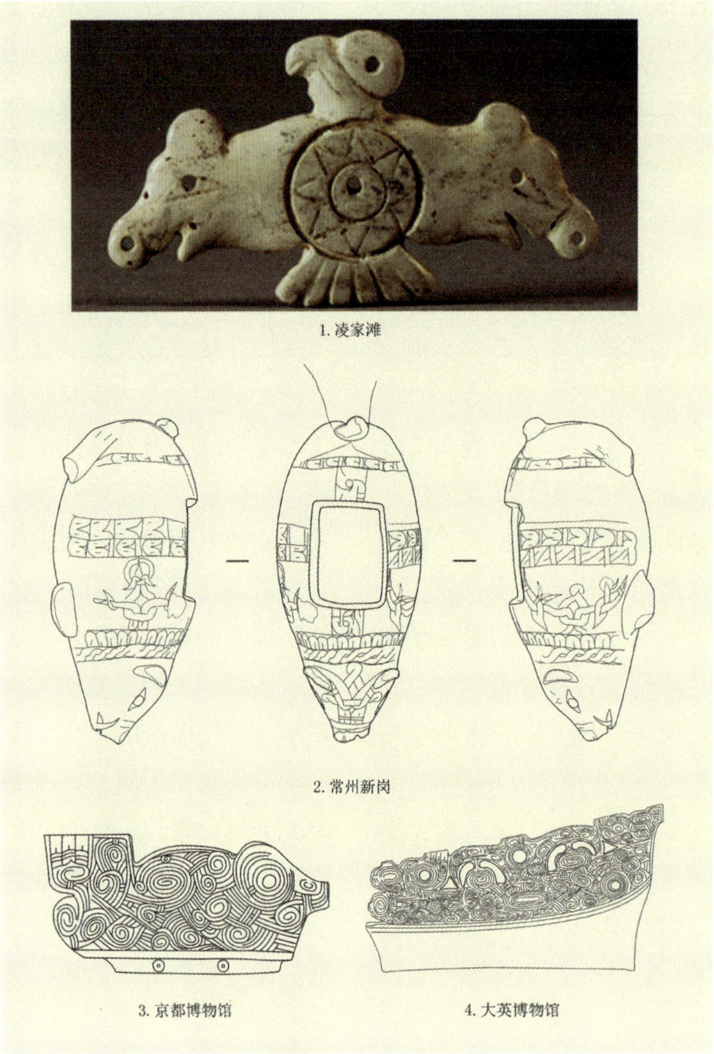


3.4　与太阳大气光象对应的猪

州新岗饰有诸多复杂太阳大气光象图案的陶猪、良渚文化、凌家滩文化对应真太阳及其有关大气光象综合体的玉猪及猪形羽翅玉神鸟（图3.4），等等[10]。

这样看来，王亥之“亥”应该对应于与太阳大气光象有关的神兽即猪。这反映了商人的太阳崇拜思维。

综合地看，商族人世袭需要懂得数学计算的历法方面知识的火正官职业、善治商业工具、生业发达、有对外贸易等商业实践，所以商族人逐渐被称为是从事商业意义上的商人了。由此，显然晚期的词汇像商略（估计）、商算（计算）、商度（测量）、商羊（传说中一种能预知、预测雨的鸟）、商谜（猜谜）、商功（古代九章算术之一，即测量体积、计算工程用工的方法）、商兑、商旅、商业、商贾等，均可视为是由商人的有关计算和原始商业实践引申而来的了。

## 三、商汤立国

3600年前，大伾山下黄河之滨的郑州出现了一座管理普天之下国之都城——亳，其的建立者名商汤。

商汤，子姓，名汤，为帝喾后代契的子孙，商部落首领（图3.5）。《金楼子·兴王篇》记载汤有七名，曰：“一名姓生，二云履长，三云瘠肚，四云天成，五云天乙，六云地甲，七云成汤。”

据有关文献记载，契是帝喾的儿子，商族的祖先。契传昭明、相土、昌若、曹圉、冥、振、微、报丁、报乙、报丙、主壬、主癸、天乙汤，凡十四世。从契到天乙汤前期这十四代，相当于历史上的夏朝。《尚书序》说自契至汤，商族经历了八次迁徙。文献与考古证明，到汤时才建都于亳，即今天的郑州。

3.5 商汤（宋人绘）

夏朝末年，商族逐渐强大，夏桀暴虐，民心尽失，商汤决心灭夏。商汤要统一天下，消灭夏朝，必须先占领葛。《孟子·滕文公下》说了这样一个故事，汤见葛伯不祭祖宗神灵，就派人去责问。葛伯说没有牛羊作牺牲，汤就派人送去，葛伯将牛羊吃了，仍然不祭祀。汤又派人去诘问，葛伯说没有粮食，只好把送来的牛羊给吃了。汤又派人去帮助葛国种田，并且还派些老弱去田间送饭。葛伯竟带人去沿途抢饭，若不给就将送饭的人杀死。汤觉得自己对葛已仁至义尽，于是出兵伐葛。天下的人都说汤伐葛，“非富天下也，为匹夫匹妇复仇也”。结果一举歼灭了葛国。后来夏桀接见商使，责问商侯为什么要灭葛，商使将事情的经过禀告给夏桀，夏桀也无话可说。

在商汤灭夏的过程中，出现了两位大贤，那就是左相仲虺和右相伊尹（图3.6）。据有关文献记载和传说，仲虺出身奴隶主贵族，因为不满夏桀的暴虐（图3.7）才投奔商汤的。伊尹则是有莘国的奴隶，善烹饪。他一直就想投奔商汤，苦于找不到机会。后来，有莘侯的女儿嫁给商汤做妃子，伊尹就被当作“媵臣”陪嫁过去了。伊尹利用给商汤做厨子的机会，得以亲近商汤。有一天，伊尹向汤陈说天下大势，劝商汤厉兵秣马以取天下。商汤发现伊尹很有才能，于是就破格提拔为右相。墨子说：“伊挚，有莘氏女之私臣，亲为庖人，汤得之，举以为相”。

在仲虺和伊尹的辅佐下，商汤以德治商，国力日强。有一个成语“网开三面”出自《史记·殷本纪》，说的就是商汤的厚德仁慈。商汤有次出巡，看见一个捕鸟的人张开四面网罗，并跪在地上祷告：“自天下四方皆入吾网”。商汤觉得这样捕鸟未免太残忍，就叫捕鸟的人撤去三面，说：“欲左，左；欲右，右。不用命，乃入吾网”。

3.6 伊尹（取自明《三才图会》）

3.7 夏桀把人当坐骑（武梁祠画像）

诸侯知道后，都说：“汤德至矣，及禽兽”。孟子说：“民之望之，若大旱之望雨也。……《书》曰：‘徯我后，后来其无罚’”。说老百姓像久旱望甘霖那样盼望商汤的到来，商汤来了，就不会再受罚了。可见商汤因仁慈宽厚而赢得了天下民心。到后来，除了韦、顾、昆吾等几个诸侯外，大部分诸侯与方伯都归顺了商汤。

夏桀得知商侯的势力日渐强大，非常担心，就召商汤入朝。商汤应召，却被囚于夏台监狱。伊尹与仲虺闻讯，就想方设法请求释放了商汤，商汤回国后，出兵征伐了韦、顾，准备乘胜攻打昆吾。伊尹认为时机尚未成熟，因为昆吾是夏朝的一个大诸侯，国君称夏伯，是夏桀的屏障。倘使出征昆吾，夏桀必定会出兵尽全力保护。但是不久，昆吾自恃兵力雄厚，竟率军攻商。伊尹认为时机成熟，罪不在己，就出兵迎战。一举消灭了昆吾，杀了夏伯，并且再不向夏朝入贡。夏桀见商汤灭了昆吾，且不纳贡，大怒，于是发动九夷之师伐商。《说苑・权谋篇》说夏桀“起九夷之师，九夷之师不起。伊尹曰：‘可矣’。汤乃兴师”，与夏军决战于鸣条。由于夏桀昏庸无道，众叛亲离，而商军士气恢弘，因此夏军溃败。夏桀逃窜南巢，夏亡。

商汤伐桀是一次正义的战争，“顺乎天而应乎人”。商汤经过十一次大的战役，用了近二十年的时间，终于取得天下，建立商朝。

据《帝王世纪》记载，商汤灭夏后，连续七年闹旱，殷卜使说：“当以人祷祈雨”。商汤不同意，说：“吾所为请雨者，民也，若必以人祷，吾请自当”。遂斋戒，剪发断爪，以己为牲，祷于桑林之社。可见商汤作为开国之君，是很关心民命的（图3.8、3.9）。商汤曾向诸侯发布《汤诰》：“不道，毋之在国，女毋我怨”。据记载，商汤“即位十七年而践天子位，为天子十三年”而崩，传位与外丙。

## 四、商汤容貌

关于商汤容貌少有记载，图像仅见晚期帝王图谱，其究竟何样？或有什么传奇？说起这个问题，有必要谈一谈中国的神龟崇拜。

中国的神龟崇拜自从裴李岗文化时期已很明显了。龟背的纹理宗密，又因为龟寿命极长，所以逐渐成了长寿和神圣的象征，人们多用“龟龄”喻人之长寿或与“鹤龄”结合称“龟龄鹤寿”“龟鹤齐龄”。据传说，纹理宗密的龟背还成为伏曦获《洛书》或大禹制《洪范九畴》的蓝本。

《洛书》等古书还记载，“灵龟者，上隆法天，下平象地”，是说龟是整个宇宙的一个缩影的意思，所以其又有神奇的法天地的功能，以至于龟背也可成为神人圣君之体貌特征。龟背之人即是天地之间的神人，或贵为天之子，或位比太阳。这与《正义河图》上诠释刘邦之容曰“帝刘季口角戴胜，斗胸，龟背，龙股，长七尺八寸”一样，带有不少图腾崇拜、天（文）人合一的神话成分。含山凌家滩出土的5000多年前具有太阳大气光象图案的玉版（图3.10）和喻拟天地之形和饰有北斗斗魁的玉龟甲（图3.11）有助于说明这一问题。

不少古族以神龟为图腾，不过说轩辕黄帝早期氏族部落就把龟视为神物，信

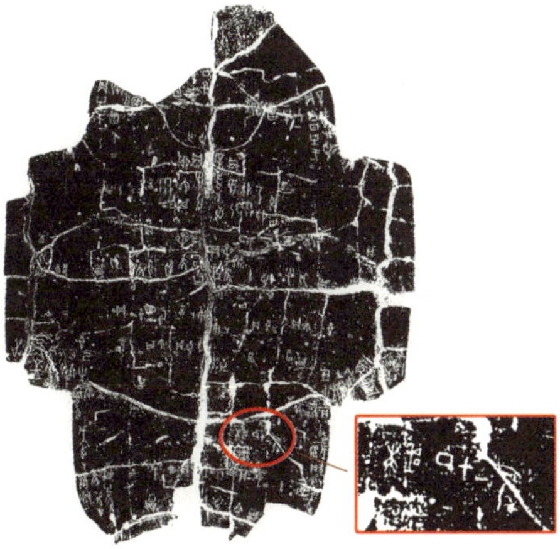

3.8　甲骨文中有关商汤的记述（《合集》6947正）

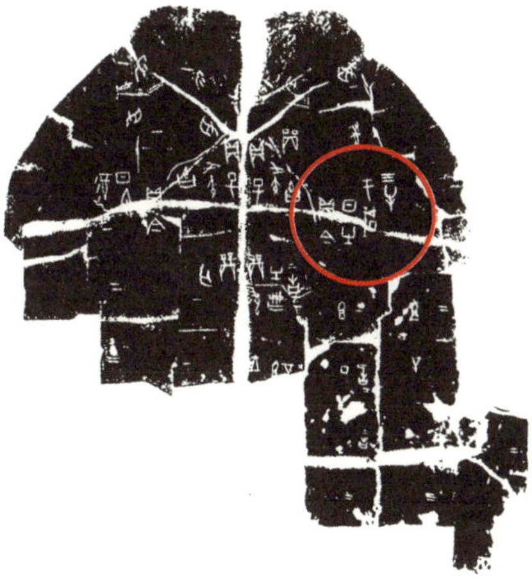

3.9　甲骨文中有关商汤的记述（《合集》2953正）

仰大龟为其氏族的祖先和保护神则是有待商榷的。左丘明撰《国语·周语》："我姬氏出自天鼋"。这其中的鼋并非大龟，从红山文化、商周时期的鼋形族徽造型看，古人也把这一神灵之物与Helic Arc等太阳大气光象予以关联过，红山文化中的成对玉鼋就是用于表示太阳22°幻日的。红山文化的玉龟甲，则应该是作为法天地之神器的。

商汤为圣人。在古人眼中，凡是圣人往往有异相。在《论衡·骨相》一书中便有着如下的记述："传言黄帝龙颜，颛顼戴午，帝喾骈齿，尧眉八采，舜目重瞳，禹耳三漏，汤臂再肘，文王四乳，武王望阳，周公背偻，皋陶马口，孔子反羽。斯十二圣者，皆在帝王之位，或辅主忧世，世所共闻，儒所共说，在经传者较著可信。"

宋人所编纂的《太平御览》一书中，对商汤的外貌有所记载，其引《帝王世纪》云："成汤，一名帝乙。丰下兑上，指有胼，倨身而扬声。长九尺，臂四肘，有圣德"，又引《雒书灵准听》云："黑帝子汤，长八尺一寸，或曰七尺，连珠庭，臂二肘"，又引《春秋元命苞》云："汤臂二肘，是为神刚。"西汉解释《尚书》的《尚书大传》卷五记载："尧八眉，舜四瞳子，禹跳，汤扁，文王四乳。八眉者，如八字也；其跳者，踦也；扁者，枯也。言皆不善也。"当然"四瞳""四乳"实际上与斗魁四星没有关联，更可能的是类似大汶口文化著名刻符中的四太阳，寓意神性及其为太阳神特征。

此外，《孔丛子·居卫》中言："禹汤文武及周公，勤思劳体，或折臂望视，或秃骭背偻，亦圣不以须眉美鬒为

3.10　玉版（凌家滩出土）

3.11　玉龟（凌家滩出土）

称也。人之圣在德，岂在貌乎？”《孔丛子·嘉言》记周大夫苌弘在与孔子见面后说的“吾观孔仲尼有圣人之表，河目而隆颡，黄帝之形貌也。修肱而龟背，长九尺有六寸，成汤之容体也”。也从侧面说明古人对商汤体态容貌的认识。

根据各种文献记载，我们可以知道，商汤的体态、容貌大致有如下特征：身材高大，长臂，筋骨强健，力大过人，手上磨有老茧；驼背，额头宽广，声音洪亮，容颜英武！不过“倨身”和“汤扁”又说明大家认为他是跛脚，不过所有这些不过是一种谶纬之说，像“倨身”和“汤扁”是古人看到了汤像的表示“冥思和乘登神物协于上下”及摹拟太阳大气光象中海内克弧(Helic Arc）等的造型——“蹲踞式”而已。历代有不少学者还误把这种“蹲踞式”造型、“禹步”、“禹跳”、“汤扁”之类的“蹲踞式”造型认为是脚跛了或腿有疾病，其谬甚矣！

## 五、商汤颂歌

作为商帝国的开创者，商汤在历史上具有特殊的地位和丰功伟绩，著名的诗歌总集《诗经·颂》中，就有5篇乐歌在颂神或颂祖先的时候歌颂商汤之功。前3篇《那》《烈祖》《玄鸟》为祭祀乐歌，不分章，产生的时间较早。后2篇《长发》《殷武》是歌颂宋襄公（前650～前637年在位）伐楚胜利时所著的，皆分章，产生的时间可能较晚。全文叙事具体，韵律和谐。

### 《那》

《诗·商颂》首篇，旧说为祭祀成汤的乐歌，陈述音乐舞蹈之盛，以纪念其先祖。

“猗与那与，置我鞉鼓。奏鼓简简，衎我烈祖。汤孙奏假，绥我思成。鞉鼓渊渊，嘒嘒管声。既和且平，依我磬声。于赫汤孙，穆穆厥声。庸鼓有斁，万舞有奕。我有嘉客，亦不夷怿。自古在昔，先民有作。温恭朝夕，执事有恪。顾予烝尝，汤孙之将。”

### 《烈祖》

与《那》同为祭祀成汤的乐歌。《那》诗专言乐舞，此诗则及酒馔。或疑作乐时歌《那》，既祭而后歌《烈祖》。

“嗟嗟烈祖，有秩斯祜。申锡无疆，及尔斯所。既载清酤，赉我思成。亦有和羹，既戒既平。鬷假无言，时靡有争。绥我眉寿，黄耇无疆。约軧错衡，八鸾鸧鸧。以假以享，我受命溥将。自天降康，丰年穰穰。来假来飨，降福无疆。顾予烝尝，汤孙之将。”

### 《玄鸟》

为宋君祭祀并歌颂祖先的乐歌。朱熹云：“此亦祭祀宗庙之乐，而追叙商人之所由生，以及其有天下之初也。”

“天命玄鸟，降而生商，宅殷土芒芒。古帝命武汤，正域彼四方。方命厥后，奄有九有。商之先后，受命不殆，在武丁孙子。武丁孙子，武王靡不胜。龙旂十乘，大糦是承。邦畿千里，维民所止，肇域彼四海。四海来假，来假祁祁，景员维河。殷受命咸宜，百禄是何。”

### 《长发》

为宋君祭祀商汤并以伊尹配祀的乐歌。

“濬哲维商，长发其祥。

洪水芒芒，禹敷下土方，外大国是疆。幅陨既长，有娀方将，帝立子生商。

玄王桓拨，受小国是达，受大国是达。率履不越，遂视既发。相土烈烈，海外有截。

帝命不违，至于汤齐。汤降不迟，圣敬日跻。昭假迟迟，上帝是祗。帝命式于九围。

受小球大球，为下国缀旒，何天之休。不竞不絿，不刚不柔，敷政优优，百禄是遒。

受小共大共，为下国骏厖，何天之龙。敷奏其勇，不震不动，不戁不竦，百禄是总。

武王载旆，有虔秉钺。如火烈烈，则莫我敢曷。苞有三蘖，莫遂莫达。九有有截，韦顾既伐，昆吾夏桀。

昔在中叶，有震且业。允也天子，降予卿士。实维阿衡，实左右商王。”

## 《殷武》

为宋君祭祀祖先的乐歌。一直追叙到商朝的开国君主成汤。

“挞彼殷武，奋伐荆楚。罙入其阻，裒荆之旅。有截其所，汤孙之绪。

维女荆楚，居国南乡。昔有成汤，自彼氐羌，莫敢不来享，莫敢不来王，曰商是常。

天命多辟，设都于禹之绩。岁事来辟，勿予祸适，稼穑匪解。

天命降监，下民有严。不僭不滥，不敢怠遑。命于下国，封建厥福。

商邑翼翼，四方之极。赫赫厥声，濯濯厥灵。寿考且宁，以保我后生。

陟彼景山，松柏丸丸。是断是迁，方斲是虔。松桷有梴，旅楹有闲。寝成孔安。”

从一定意义上说，商汤是郑州这座城市的开创者，更是中华民族屹立北纬文明线上的重要阶段——商王朝的开创者，让我们记住这位神奇君王，记住他的德政，记住他的伟绩，记住他的奋勇，并歌《诗经》诸篇以咏之！

[1] 罗振玉：《殷墟书契考释三种》，中华书局，2006年。

[2] 郭沫若：《十批判书·古代研究的自我批判》，人民出版社，1954年。

[3] 李建武：《浅谈契“封于商”和“契居蕃”》，《中原文物》1986年第3期。

[4] 丁山：《商周史料考证》，龙门联合书局，1960年。

[5] 徐中舒：《殷商史中的几个问题》，《四川大学学报（哲学社会科学版）》1979年第2期。

[6] 郑杰祥：《释商》，《驻马店师专学报（社会科学版）》1988年第2期。

[7] 葛英会：《商字形义考》，《古汉字与华夏文明》，上海古籍出版社，2010年。

[8] 顾万发：《三星堆、金沙一类“奇异”玉器构图来源、内涵、定名及相关问题研究》，《古代文明》第4卷，2005年。

[9] 徐文宁：《重识玉佩纹饰的收藏意义》，《艺术市场》2006年第10期。

[10] 常州新岗崧泽文化陶猪面部图案、身侧图案、脊背及腿上的图案都是有关太阳大气光象的造型，其中面部造型中的两个菱形的下端者就属于真太阳，上端的菱形则为太阳22°晕上切弧之上的菱形光气，这一菱形随后一直传承到三代饕餮的面上，在三代神怪饕餮面构图中占据主流地位。良渚文化典型神兽面，有虎面及鸟的成分，其本身就是太阳大气光象，所以神兽周身主要构图的元素就是太阳之の字形或圆形造型的光气，这一特征以羽翅的形式表达，一直延续到三代以来常说的“饕餮”造型特征中。

# 第四章 商汤亳都

## 一、郑州商代都邑形成及布局诠释

一般认为，在考古学上的南关外初期，郑州地区仍然在夏王朝的京畿之地。商人在夏朝为官，在郑州地区只有很小的势力范围，随之，商人打败夏国，建立了商王国，定都于亳（今郑州商城）。到了二里岗下层一期时，考古学发现，郑州商城这时已出现了更多数量的宫殿、城墙、作坊等。从二里岗下层二期开始，郑州商城的宫殿进一步增多，村落明显增加。到白家庄期时，郑州商城——亳都出现衰落。而这时，在郑州西北部的小双桥即古敖地范围出现了宫殿等大型建筑和祭祀场所，学术界多认为那就是敖都或其组成部分，亦有学者认为其是殷都或其他都邑的。

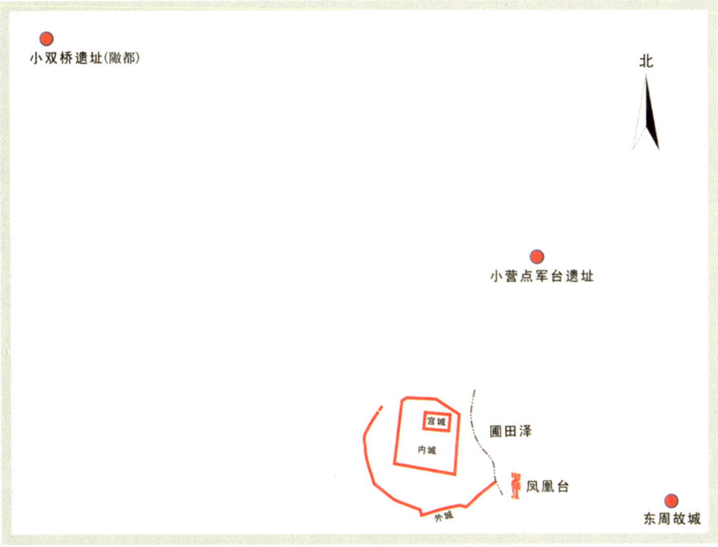


4.1 郑州商城与周边遗址关系示意图

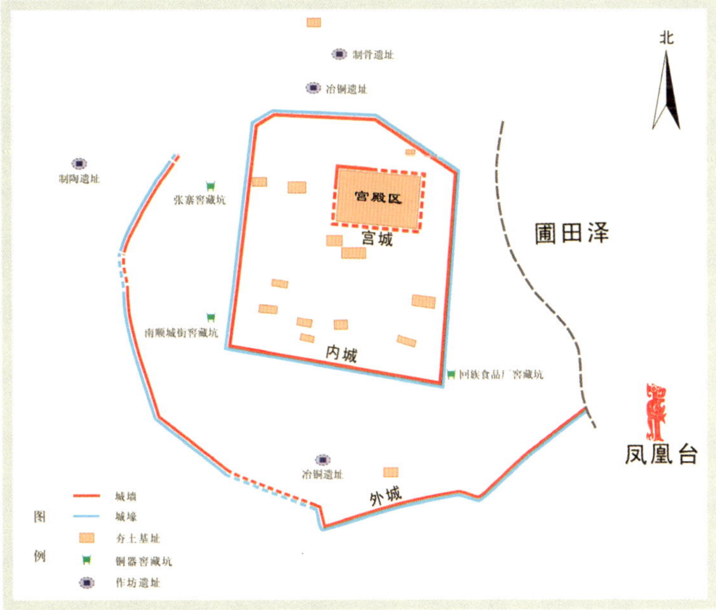


4.2 郑州商城主要遗迹分布示意图

郑州商城总面积达25平方千米。内有道路系统，宫殿布局井然，已具备中轴结构。各种基础设施，像水井、管网、蓄水池等皆已齐备，制陶、制骨、冶铜作坊灵活布局，宫墙、内外城墙和护城河已很完备，祭祀场所、王室重器更是令人眼花缭乱。毫无疑问，这里曾是一座非常辉煌繁华的都市（图4.1~4.3）。

在商都位置选择、布局等方面有以下几方面颇有意思，值得关注：

### （一）商人为何在此地建都?

我们认为：

(1)此地自古以来就位于中国核心地区，往来有利。

(2)此地很早就被认为是河洛区域的“天下之中”，得“天下之中”者得天下，并且政权正统。

（3）位于黄河冲积扇，土地资源好，历史上农业起源早，经济发达，资源丰富。

（4）此地是夏王朝昔日旧都，经济繁华，具有一定的人文资源。

（5）伊洛竭而夏亡，显然再到伊洛附近建都，将同样面临农业生产和其他生业的关键问题：水资源问题，而郑州附近古有荥泽、圃田泽，水资源问题可以解决。

（6）灭夏之前，商人曾在此地经营多年，具有一定的势力基础。

（7）地近豫东、豫北老家，可守可攻。

（8）地理上符合都城选址之风水堪舆。

## （二）亳都城墙三重有什么含义?

宫墙、内外城墙和护城河很完备，有“天圆地方”的特征（图4.4），我们以为，其三重的形制可能还有更为特殊的数术意义：

（1）承所述《洛书》等载“灵龟者，上隆法天，下平象地”，龟是长寿神异之灵。龟背有“三盾”[1]（图4.5），天有“三垣”（图4.6）或有晕太阳常见者有“三重”，所以商人造城在教术方面是法天

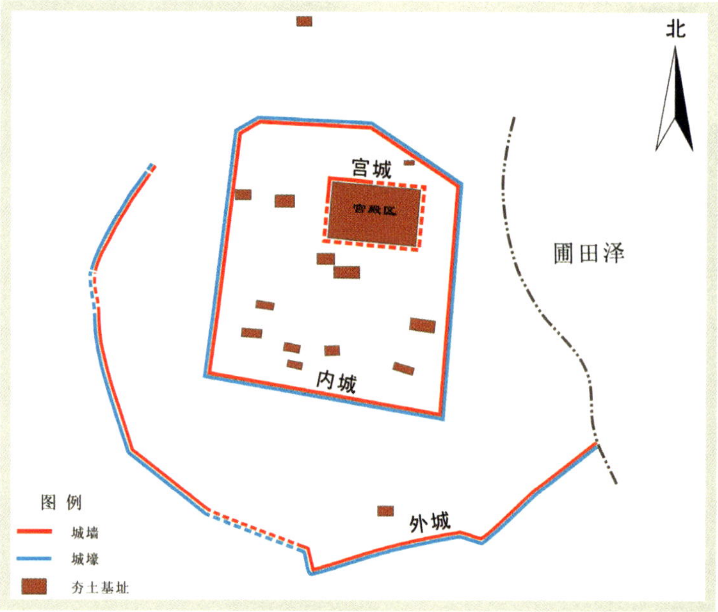


4.3　郑州商城夯土基址分布示意图

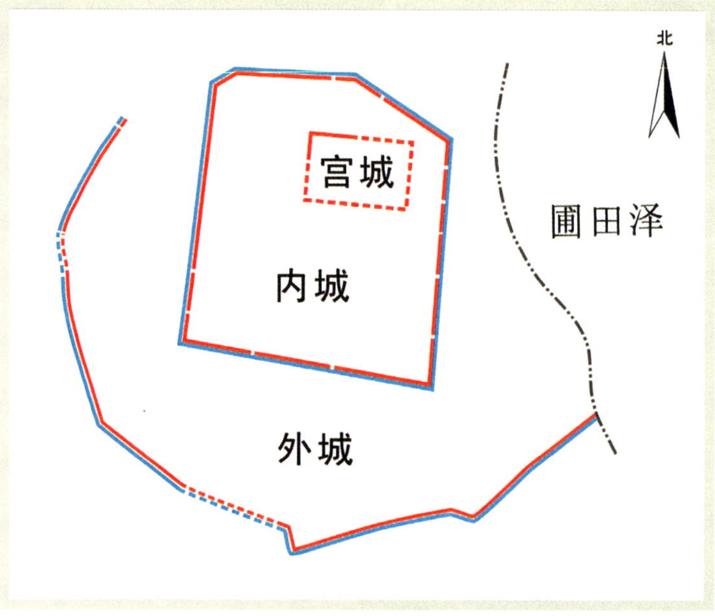


4.4 郑州商城三重昆仑式城垣分布示意图

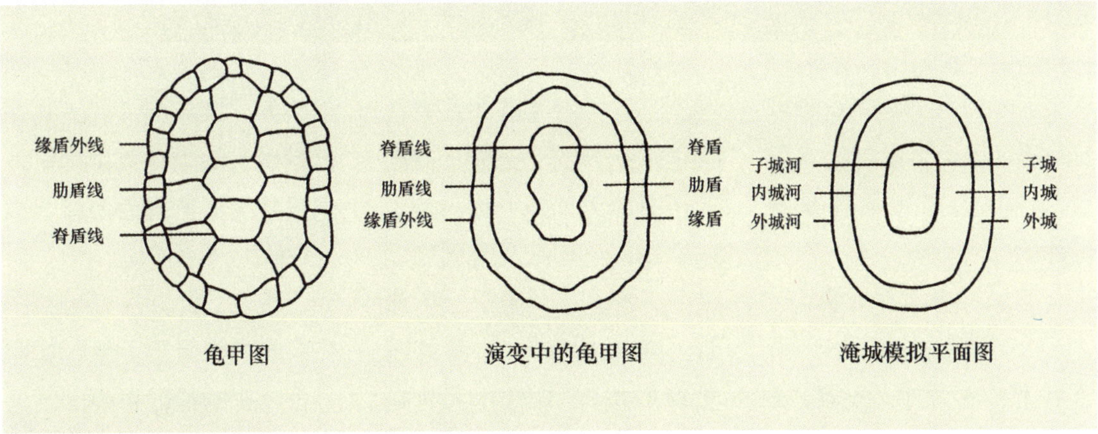


4.5 淹城三重城垣演变图

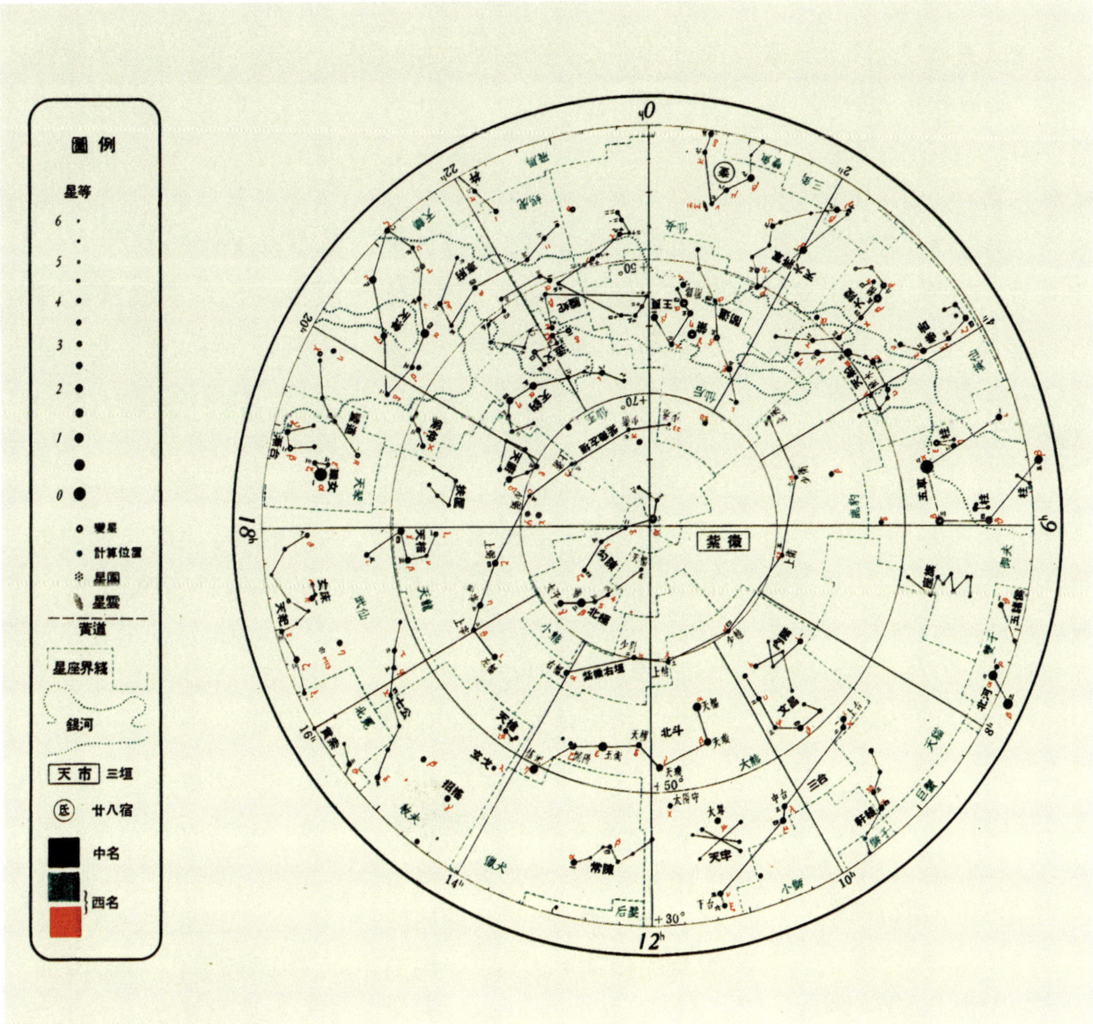


4.6 星空天文三垣图

之数。《史记·孝武本纪》说“上即欲与神通，宫室被服不象神，神物不至”，所以商城若不法天，则与代表天帝治天下的商王居此是不相称的。

（2）古人很早就认为，“三重”是昆仑之形，其上所居所生者皆为神人圣君、奇珍异宝，商王是“（太阳）帝立之子”，居地为蕴含太阳的“三重”特征之昆仑，是与高庙文化以来的“太阳光象蕴昆仑”的认识是一致的。

（3）商人的老家，学术界一般认为属于东北或相关的九夷之地，根据考古学的发现，从东北到东南的沿海夷地，自新石器时代以来，“三重”为昆仑、崇拜太阳光象的现象盛行。

（4）郑州地区早在商王朝之前就是帝王所都。黄帝族之西山之都、夏之阳城、启居之黄台等。尤其重要的是，可以确认为夏代之都的新密新砦同样是“三重昆仑”式。

## （三）商城、宫殿为何都是朝东北方向？

关于商人的起源地，有多种认识。关于商族起源的诸种说法，由朱彦民[2]、江林昌[3]等学者整理了有关观点：徐中舒《殷人服象及象之南迁》及王玉哲《商族的来源地望试探》认为是山东半岛，王国维《殷周制度论》《说亳》《商》、郭沫若《中国史稿》、龚维英《商的由来浅说》认为是山东西部与河南东部，傅斯年《夷夏东西说》、金景芳《商文化起源于我国东北说》、于志耿《先商起源于幽燕说》、蔺新建《商文化探渊》、黄中业《从考古发现看商文化起源于我国北方》认为是辽西地区与内蒙古中南部，翦伯赞《殷族与史前渤海湾诸氏族的关系》、杨锡璋《殷人尊东北方位》认为在天津附近的“砥石”附近，丁山《商周史料考证》、李亚农《殷代社会生活》认为在河北中部，邹衡《试论夏文化》、李伯谦《先商文化探索》、孙淼《古商丘考——商族起源地探讨》认为在河北南部，李民《关于商族的起源》、陈昌远《商族起源地望发微：兼论山西垣曲商城发现的意义》认为是山西南部，卫聚贤《殷人自江浙迁徙于河南》认为是江浙一带，司马迁《史记·六国年表》、许慎《说文解字·亳字条》、顾颉刚《殷人自西徂东说》认为在关中地区，荆三林《试论殷商源流》认为在陕西丹水流域。

现在，由考古学可知，先商的文化范围大致包括太行山以东的河北省中部拒马河、石家庄一带往南，包括邢台、邯郸以及河南省安阳、鹤壁、新乡，直到郑州在内的大片地域。所以，商的起源或始兴之地很可能是在这一区域内。不过，这并不能否定商人先祖尤其是更早先祖来自东北地区的传说。

商代早期饕餮纹与红山文化“勾云形”玉器高度一致（都是拟太阳、幻日、Helic弧、22° 晕下切弧等全部或部分太阳大气光象）的现象有助于说明这一问题。

学术界有人认为，商城、宫殿都是朝东北方向是由于商人的老家属于东北，这是商人怀念远古故乡的缘故。但是亦有学者认为可能与古人的方向体系或测量知识认知有联系[4]，有的学者认为或与古代地理、气象及商人对于地理的认知有关[5]。

我们认为第一类认识较为可信。

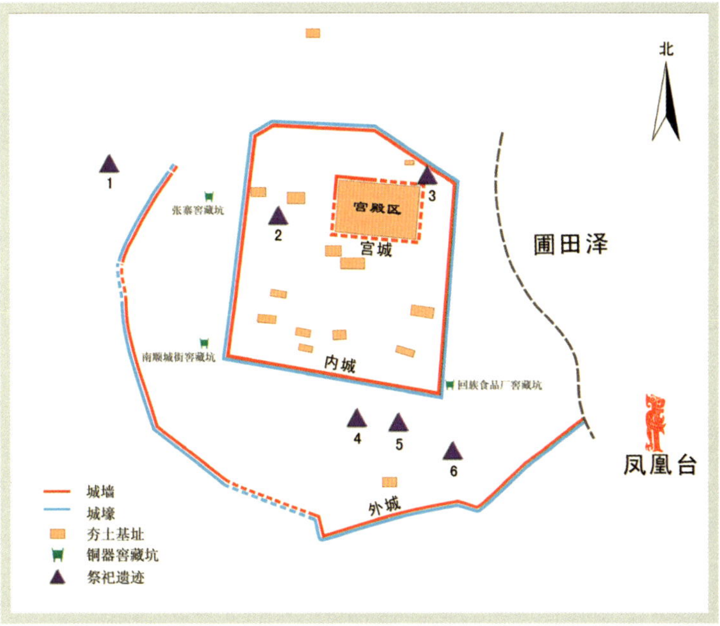


1.商城西墙外殉牛坑祭祀遗迹，发掘出三个作三角形排列的殉牛坑。
2.商城内西北部祭祀遗迹，近长方形竖穴坑二层台内的坑底四角，各埋狗一只。
3.商城内东北部的祭祀遗迹，发现有6块埋石，排列有序。
4.商城外铸铜遗址内的祭祀遗迹，有两座掷埋多具人骨架的丛葬坑。
5.商城南墙外殉猪祭祀遗迹，位于南关外铸铜作坊遗址东侧探方内，是一个东西向的长方形竖井形坑。
6.商城外东南角人骨祭祀遗迹，位于郑州二里岗。

4.7　郑州商城二里岗上层一期祭祀遗迹分布示意图

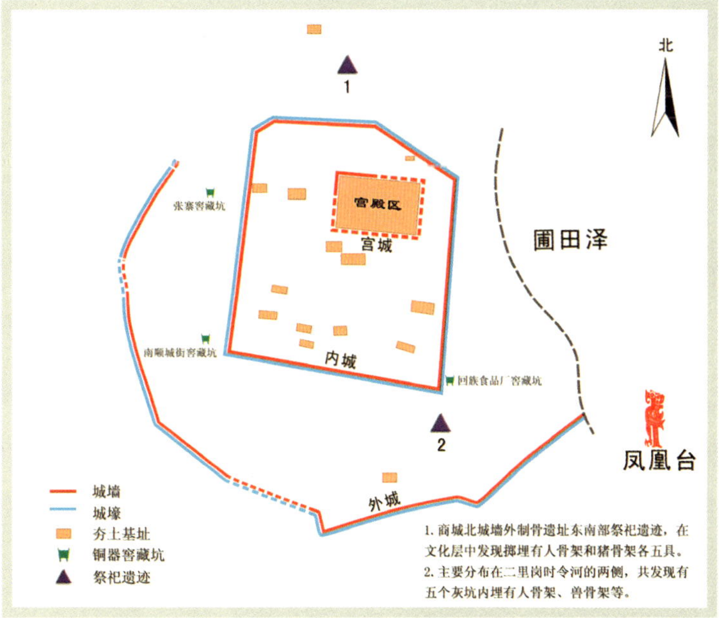


4.8　郑州商城二里岗下层二期祭祀遗迹分布图

## （四）有关祭祀现象的涵义是什么？

商城遗址中发现很多祭祀现象（图4.7～4.9），我们以为：

（1）陶器及青铜冶炼作坊祭祀对象主要是作坊神，历史上及近现代景德镇等地制陶传说可以说明这一问题。

（2）商城东北的石祭，应是祭祀神灵、祖先和天地四方的，所以是六块石头，江苏铜丘山湾石祭遗迹与之类似。

（3）城墙中的死者多是奠基或为建筑仪式而祭杀的。

（4）新发现郑州商城西北部的人、牛等祭祀场可能与祭天地也有关。

（5）最近在河南省体育场发现的祭祀遗迹可能与祭祀先王或去世清王的设施及活动有关，联排的房子可能是存放先祖牌位之所。

## （五）寻找郑州商王陵有无线索？

经过近些年的考古学调查和研究，关于商王陵的问题已有一些清晰的线索：

（1）东周故城附近

东周故城位于郑州市金水区祭城镇古城村及其周围，其东北部古时为圃田泽。现存城墙、城门遗迹。据《左传》载：宣公十二年（前597年），晋旬林父大战楚军于此。当地有这样的传说：“南八步，北八步，离城还有十八步，谁要找到庚王墓，富过当时一国都”当地还有类似的其他俗语。笔者曾调查了解到，在古城东北角曾发现大量马的骨头，所以怀疑可能与庚王墓的车马坑有联系，并就此推测庚王墓就应在附近不远了。

（2）小营点军台附近

小营点军台位于郑州市金水区祭城镇小营村西偏北约400米处，保存状况较差。点军台南北宽85米，东西宽约85米，面积7225平方米，残高3米左右，为黄褐花土夯筑，夯层厚0.08～0.12米，均为圆形圜底夯窝，窝径0.04～0.06米。据调查勘探，属商代文化遗存，值得关注。

（3）其他待关注地区

从俗语方面看。在第三次文物普查的过程中，笔者曾从民间了解到一句谚语：“夏埋岭，商埋洼，大清埋到半坡下”。

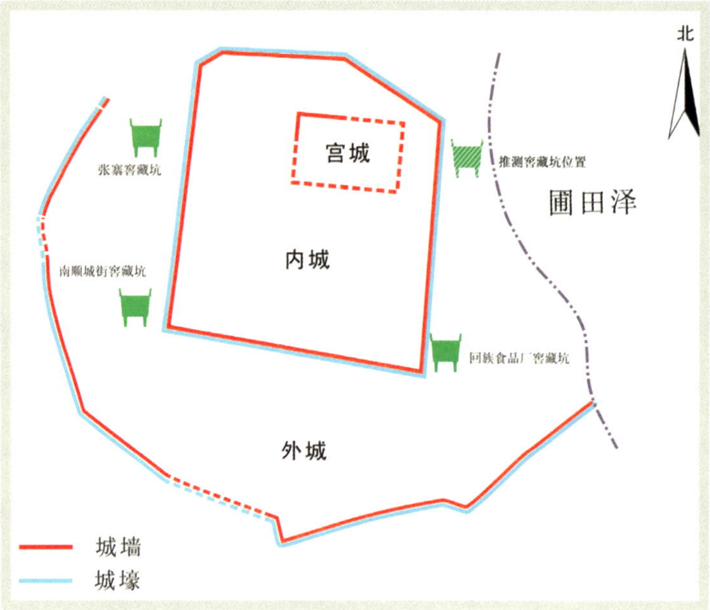


4.9 郑州商城青铜器窖藏坑位置示意图

这一观点在民间传说方面也可获得证明。在淇县当地有一种有关纣王墓的传说：纣王死前，曾对儿子武庚说，希望死后能葬在淇河河底，随即登鹿台自焚而死。武庚遵照遗命，截断了淇河，并命人在淇河河底开凿竖穴葬之，随即又拆除封坝，恢复了淇河原河道。

从考古发现看。夏代和清王朝时期的墓葬确有类似谚语所言的埋藏情况。另根据笔者的初步统计，类似郑州小胡村的商代墓地及全国60余处先商、商及商遗民之墓地几乎均有“埋洼”这一地理特征。

从文献方面看。依据《竹书纪年》等文献，商王沃丁、小甲、雍己、太庚、仲丁、祖乙、祖辛、沃甲、祖丁、南庚、阳甲等葬于“狄泉”。这是有可能的。彭裕商《新邑考》一文依据甲骨文《合集》636959、《合集》636960的记载及相关材料认为，至迟在晚殷时期。洛阳已有名洛或洛師的城市，并且商王帝乙曾在此地活动[6]。

关于狄泉的位置问题，还牵涉到“洛邑”的考古发现和名实问题。

胡进驻《关于洛阳周都与东周王陵的几个问题》一

文认为：西周王城在今瀍河两岸一带,它因为西周时殷遗之居而被呼为“王城”。西周王城实际上是西周成周城（在今汉魏洛阳故城范围内）的郭城所在。东周王城在今涧、洛交汇处一带，它因为东周天子陵墓所在而被呼为“王城”。东周王城也为东周天子宫城所在的东周成周城（在今汉魏洛阳故城范围内）的郭城[7]。彭裕商《新邑考》一文认为殷顽民第一次迁徙是由殷都地区迁往位于成周附近的商时已有的洛邑。周初王城的居住者主要是与商王室有血缘关系的“王士”，周王不住在王城。周王与周之百官都住在武王时营建的“周居”，即“成周”，周王居王城是平王东迁以后的事。

关于“狄泉”的具体位置，文献中还有不少记载。《水经注》记载：“太仓西南的池水名翟泉”，《洛阳伽蓝记》记载，“太仓西南有狄泉，周回三里，即春秋所谓王子虎、晋、狐、偃盟于翟泉也。”《帝王世纪》载：“狄泉本殷之墓地，在城中东北，今城中有殷王冢是也。”会贞按：《续汉志》注引《帝王世纪》，狄泉本殷（字恐误，下同）之墓地，在成周东北，今城中有殷王冢，是也。《水经注》：“皇甫谧曰：‘悼王葬景王于翟泉，今洛阳太仓中大冢是也。’”会贞按：《续汉志》注引《帝王世纪》，太仓中大冢，周景王也。《环宇记》引云，景王葬于翟泉，今东阳门内有大街，北有太仓，中有景王陵，北眺翟泉。太仓即后叙自阊阖门枝分之水迳太仓南者也。

从这些材料及传说“狄泉”一处具体位置附近考古发现的东周大墓等方面看，商人之王墓若在狄泉附近，则从堪舆所视范围的环境看，都属于位置偏低之地。

这些谚语、传说、文献记载及已有的考古发现，使我们认识到，在寻找商王陵的过程中，应调整思路，不应花费心思在地势高的地方寻找，对郑州地势较低的地方，像祭城往西——京广路以东——莲湖村所围绕的“半月形”地带应高度重视。

## 二、郑州商城出土的豪华诡美神器

郑州商城，是当时全国的都城亳都，显然是全国的政治经济中心，自然会存有各类“奇货”。

（1）郑州出土有不少商代早期的青铜重器（图4.10），有的为方形，四立面饰饕餮纹，其中的乳丁纹可能与“天命玄鸟，降而生商”（《诗·商颂》）（图4.11）中的象征太阳的神鸟之卵有密切联系。

（2）郑州曾出土有一件刻有虎食人图案的陶簋残片（图4.12、4.13），富有艺术和巫术特质。这类图案考古学中已有不少发现（图4.14），但是关于其含义却是众说纷纭，有的说“虎食人反映了虎食鬼的神话，以威猛的虎来驱御凶魅恶鬼以辟不祥”；有的说“虎食人是视觉上的误会。人是正在作法的巫师，他正在借助虎的力量沟通天与地、人与神”；有的说虎食人是“象征着人的具有神性的动物的自我化。因为虎历来代表着一种权威和势力，人通过被其吞食，即神物与人的合一，便可取得它的保护”。有的认为就是实际上的“虎吞噬人”，有的认为是以“虎吞噬人”的场面以达避邪之目的，有的认为其中的

4.10　铜方鼎（郑州商城出土）

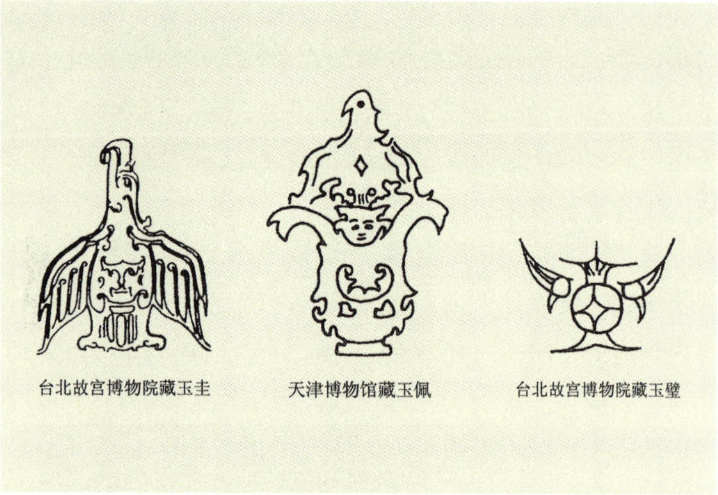


4.11　与太阳大气光象有关的特殊图像

4.12　郑州商城出土“虎食人”陶片

4.13　“虎食人”图案复原（取自汤威、张巍：《郑州商城“人兽母题”陶片图案复原及相关问题探讨》）

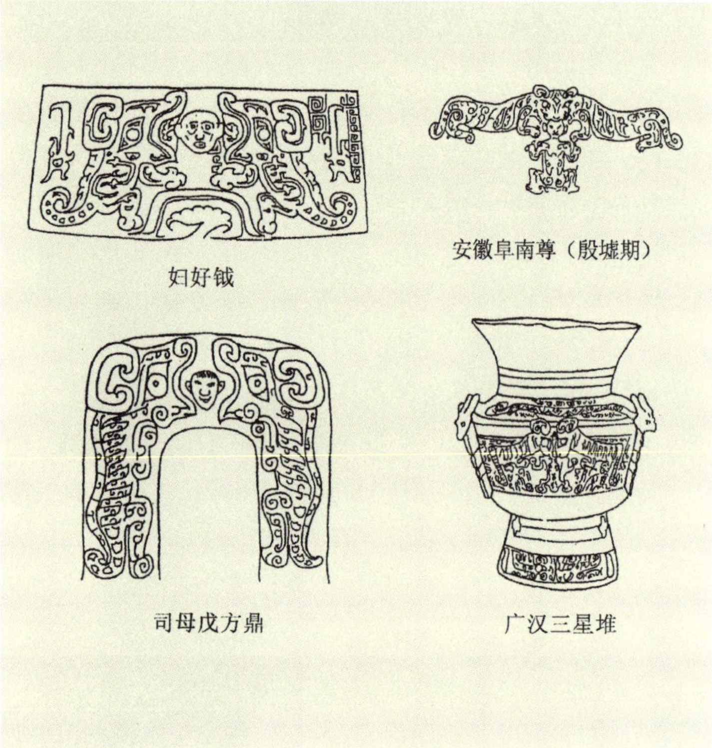


4.14　“虎食人”图案

人是“驯虎师”，有的认为“其中的虎为虎方的图腾——族徽，至于人虎造型的组合则具有多种可能的涵义”，有的学者认为其中的“虎为虎方的族神，其‘食人’表示此人所代表之族来源于虎”，有的认为是“虎族之虎食鬼魅”，有的认为“虎食人”意味着生殖崇拜，有的认为与“战争致厄术”有关，有的认为这个造型意味着死亡之途，即“从人间到神灵世界的过渡”，等等。

学者们的解释不乏卓见，但是却都忽略了一个重要的问题，那就是：其中的人为何呈“蹲踞式”姿态。

笔者认为：蹲踞式造型实际是巫师的“冥思”或乘、登着以实际形象或虚拟形象表示的“动物”或者同时由其他动物助手象“虎食人卣”中的虎，沿着一定路径特别是“建木”沟通天地神灵的作法状态，所谓有时可能会“踏歌作舞”，不过是其作法中可能的内容或世俗传播的表现形式之一。拙识还基于我以前曾提出的新石器时代以来诸多“蹲踞式造型”实际是“夏”字造型来源这一解释。更为重要的是，这一姿态还是自江苏六合程桥纺轮之“蹲踞式”鸟首神人以来的诸多模拟太阳、22° 晕切弧、Helic弧等的神秘神奇造型之一。

这类“虎食人”艺术品中有两件“虎食人卣”也非常著名，一件藏于日本泉屋博物馆（图4.15），另一件藏于法国塞奴齐博物馆（图4.16），表达的意义同于郑州出土的这一图案。

（3）玉器与早期的商业之路：郑州商城出土的玉器，有的是和田玉，这反映出当时首都和新疆和田玉产地已有密切联系，可以称之为商代玉石商业之路。

（4）在郑州二里岗上层文化一期的祭祀遗址中，曾发现已知中国最早的黄金金箔（图4.17），其贴于神面，显然就是“黄金面具”。

4.15　虎食人卣（日本泉屋博物馆藏）

4.16　虎食人卣（法国塞奴齐博物馆藏）

关于黄金面具有几方面问题值得提及：

①中国早年的黄金装饰可能也是源于太阳崇拜；②黄金稀少珍贵，古今中外类似，以之装饰神，显示神的尊贵；③为河北藁城台西漆器金箔、安阳殷墟金箔，尤其是三星堆黄金面具找到源于中原的依据，所以其重要价值还在于证明三星堆黄金面具文化并非源于中亚、非洲或以色列古族。

（5）郑州商都还出土有其他诸多精美器物，尤其像原始青瓷（图4.18），等等。

4.17　金箔（郑州商城出土）

4.18　原始瓷尊（郑州商城出土）

[1] 顾博贤：《法天象地淹君城——中国第一龟城探析》，《常州工学院学报(社科版)》2007年第4期。学者顾博贤认为淹城三道护城河好比龟甲上的三道线，外城河即相当于龟甲上的缘盾外线，内城河即相当于肋盾线，子城河就可以看作是脊盾线。有了三河就形成了三城，外城相当于龟甲上的缘盾，内城相当于肋盾，脊盾就是子城了。

[2] 朱彦民：《商族起源研究综述》，朱彦民的博客，2009年2月21日。

[3] 江林昌：《夏商周文明新探》，浙江人民出版社，2001年。

[4] 杜金鹏：《偃师二里头夏都规划探论》，《夏商周考古学研究》，科学出版社，2007年。

[5] 王仁湘：《四正与四维：考古所见的中国早期两大方位系统——由古蜀时代的方位系统说起》，《四川文物》2011年第5期；张哲：《盘龙城在商代社会的功用地位》，张哲的博客，2008年2月16日。

[6] 彭裕商：《新邑考》，《历史研究》2000年第5期。

[7] 胡进驻：《关于洛阳周都与东周王陵的几个问题》，《考古与文物》2006年第5期。

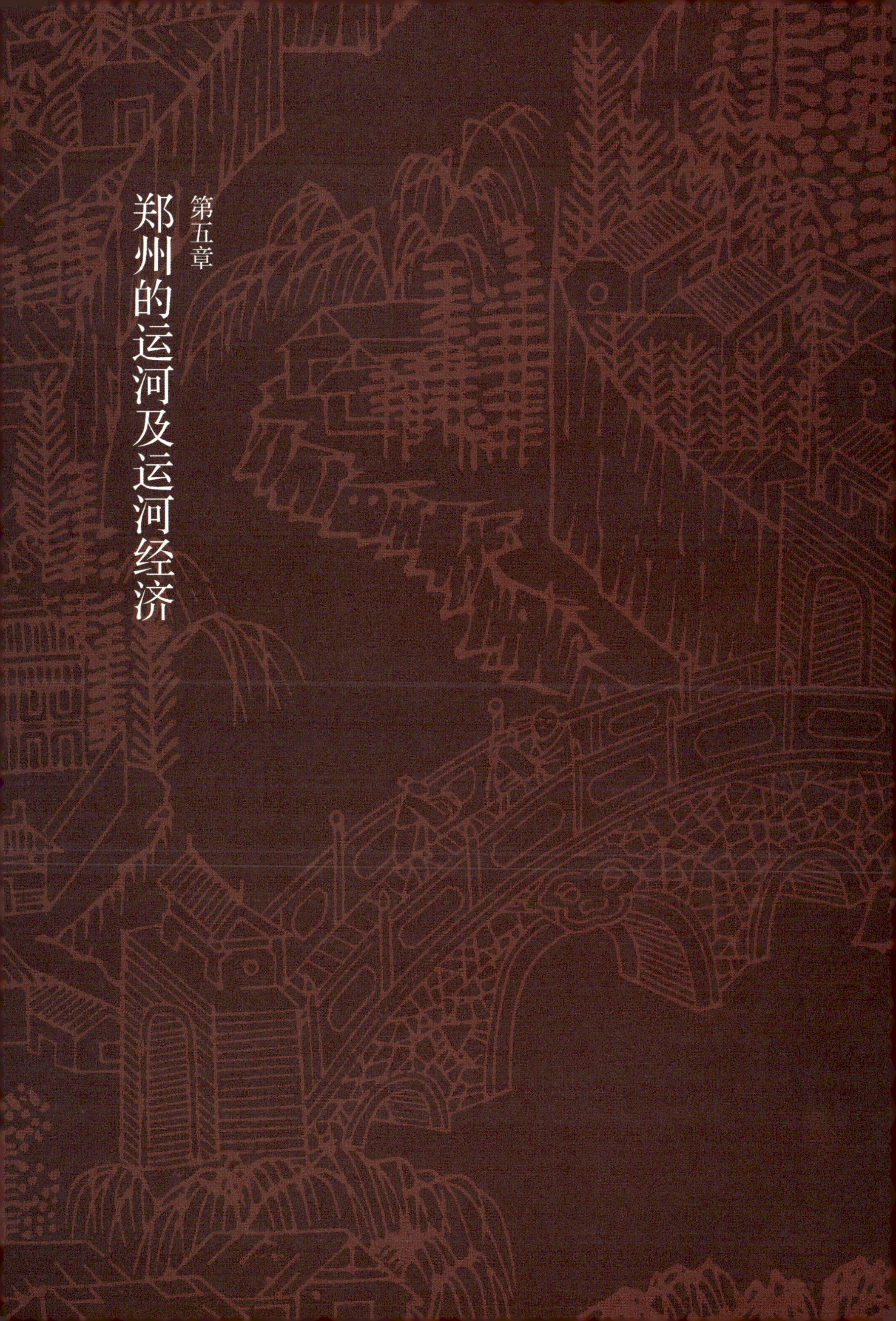

第五章

# 郑州的运河及运河经济

“中国大运河”是世界上伟大的水利工程之一。它位于我国中东部，地跨北京、天津、河北、山东、江苏、浙江、河南和安徽8个省级行政区，沟通了海河、黄河、淮河、长江、钱塘江五大水系。“中国大运河”的规模化开凿约始于公元前5世纪，7世纪完成第一次全线贯通，13世纪完成第二次大沟通，历经2000余年的持续发展与演变，直到今天仍发挥着重要的交通与水利功能。

依据历史上的分段和命名习惯，“中国大运河”共包括十大河段：通济渠段、卫河（永济渠）段、淮扬运河段、江南运河段、浙东运河段、通惠河段、北运河段、南运河段、会通河段、中河段（图 5.1、5.2）。现在“中国大运河”正在准备申报2014年世界文化遗产。

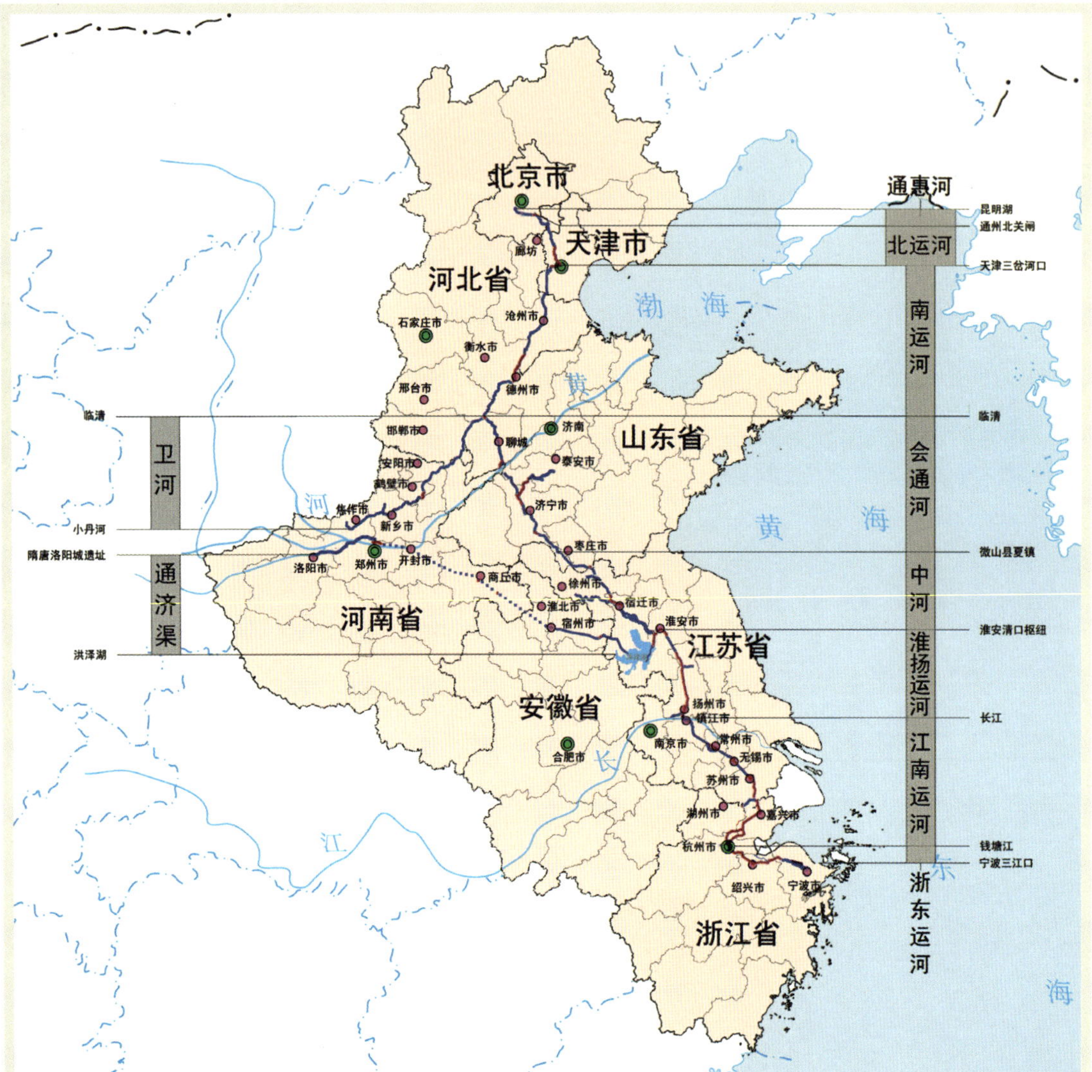


5.1 中国大运河示意图

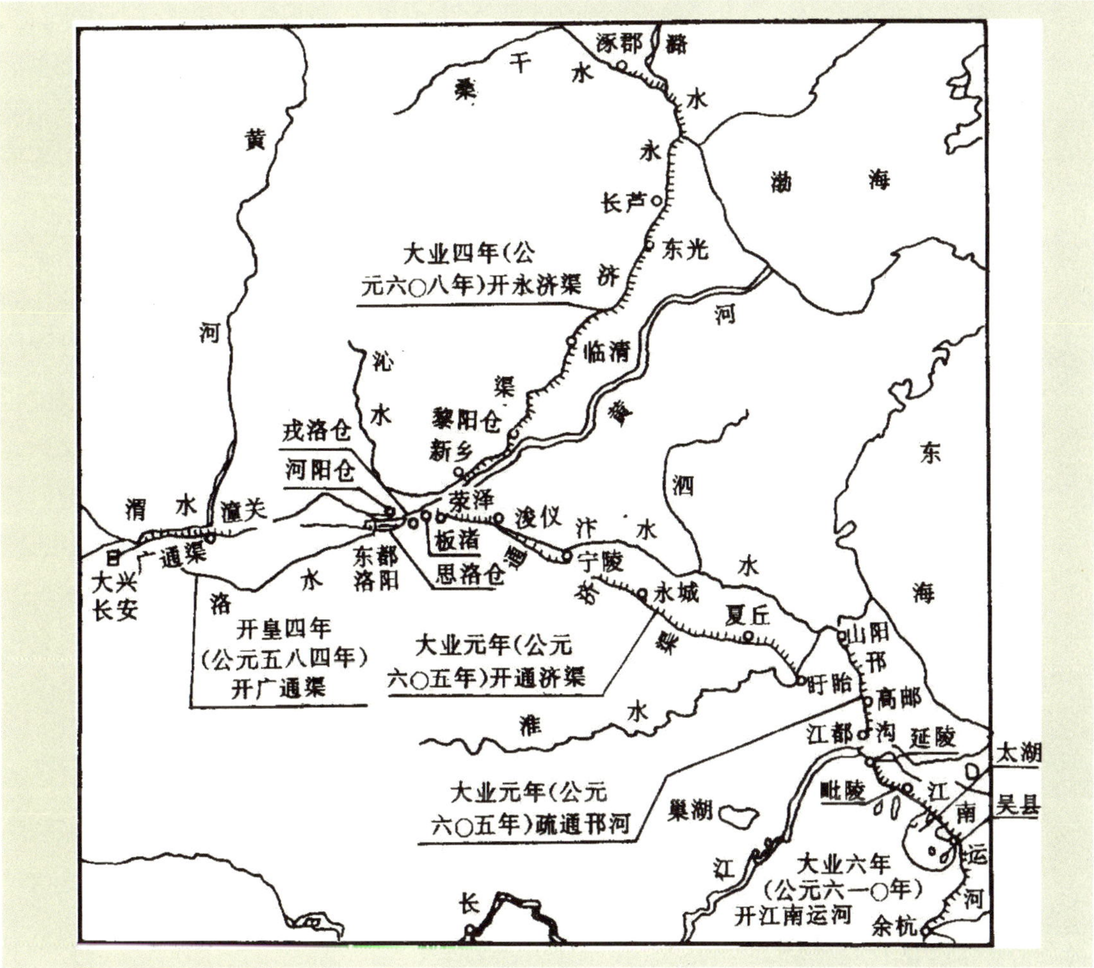


5.2　中国大运河形成图

## 一、通济渠的历史沿革

通济渠又称汴河，是隋唐时期南北大运河中较早开凿的一条。通济渠东段可上溯至战国时期（前5世纪~前3世纪）开凿的鸿沟水系，西段始于东汉时期（1~3世纪）开凿的阳渠。

魏惠王十年（前360年），魏国投入大量人力物力，在黄河南岸利用广武涧的自然地形开凿沟渠，一是作为运河，运输粮食等物资；二是作为水利工程，灌溉沿岸农田。方向是引黄河水入荥泽[1]、圃田泽[2]，一路东经荥阳、郑州、中牟、开封，并向东南延伸，注入淮、泗（图5.3）。鸿沟成为继春秋吴国胥河、江苏邗沟之后的最早的运河。

秦以后，西汉重整鸿沟水系。因黄河河道南移，汉政府又于今郑州西北牛口峪引黄河水东流，疏板水为汴渠，在黄、淮之间形成扇状水利系统。据《水经注》等史籍记载，东汉明帝刘庄永平十二年（69年），派王景治河，积石成堰，垒石门

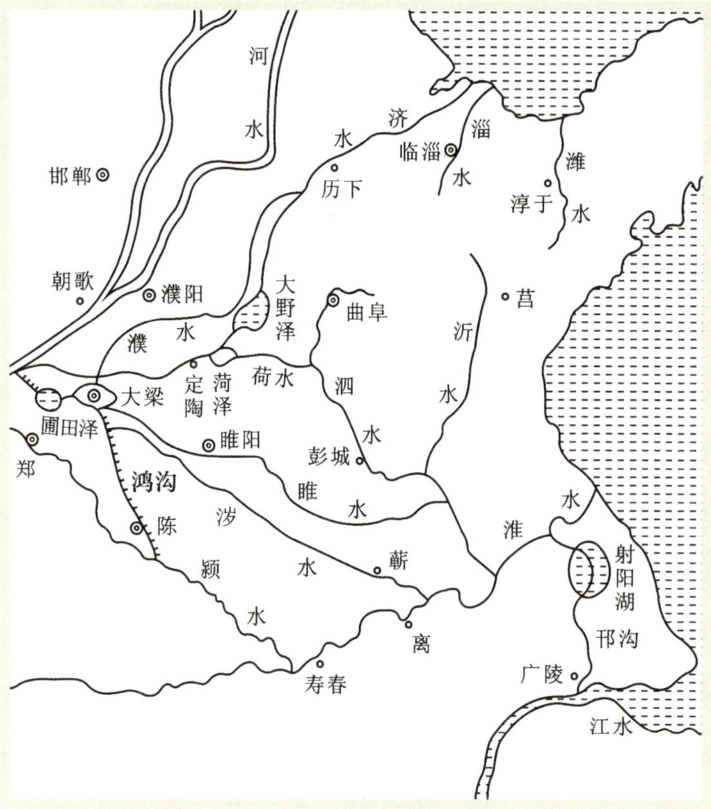

5.3　鸿沟位置示意图（取自杨宽《战国史》）

为渠河，再开黄、淮间水道。史料还记载，建安七年（202年）正月，曹操治浚仪渠（开封）西至官渡（今中牟县）以上，利用鸿沟水源，成官渡至浚仪新渠用于漕运，遂于官渡战败袁绍。此间，鸿沟一直为西汉、东汉及魏晋时期全中国境内重要的漕运通道。

隋大业元年（605年），隋炀帝杨广营建东京（今河南洛阳），征发河南、淮北诸郡男女百余万人开凿通济渠。通济渠分为三段：西段起洛阳西苑，引谷水、洛水，向东注入黄河；中段自洛口到板渚，是利用黄河的自然河流；东段起自板渚，引黄河水向东南注入淮水。沟通黄河与淮河水系。通济渠史籍记载宽约60～80米，可容纳规模很大的船只通航。

通济渠是隋朝开凿运河中最重要的河段。当时的运河分为南北两个系统。南运河包括洛阳东南方向的通济渠、邗沟、江南运河；北运河为永济渠。大运河设计的总方案是以黄河为基干，充分利用黄河南北自然地形的特点，使运河顺应地形由高往低缓缓流去。这种方案既利用了黄河南北水流的自然趋势，又沟通了不同水系之间的水路交通，使南北运河成为沟通富庶经济地区与国都的纽带。唐朝文学家皮日休《皮子文薮·汴河铭》说运河“北通涿郡之渔商，南运江都之转输，其为利也博哉”!他还在《汴河怀古》一诗里赞颂这条大运河说：“尽道隋亡为此河，至今千里赖通波”。

唐代，通济渠改名广济渠，唐中期以后也逐渐称汴渠或汴河。每年正月唐政府都要征发通济渠附近州县丁男疏通堰口，浚修渠道。至唐代中期，经过历年的治理和管理，通济渠日益重要，江淮财赋的输送全部通过它进行。到了唐代后期，随着割据势力的强大，通济渠水运逐渐衰落。

北宋时期通济渠被称为汴河，成为维系首都东京汴梁（今开封）的“建国之本”（图5.4、5.5）。北宋初，设专门官员，于每岁自春及冬，在河口均调水势，并且每年都进行疏浚，

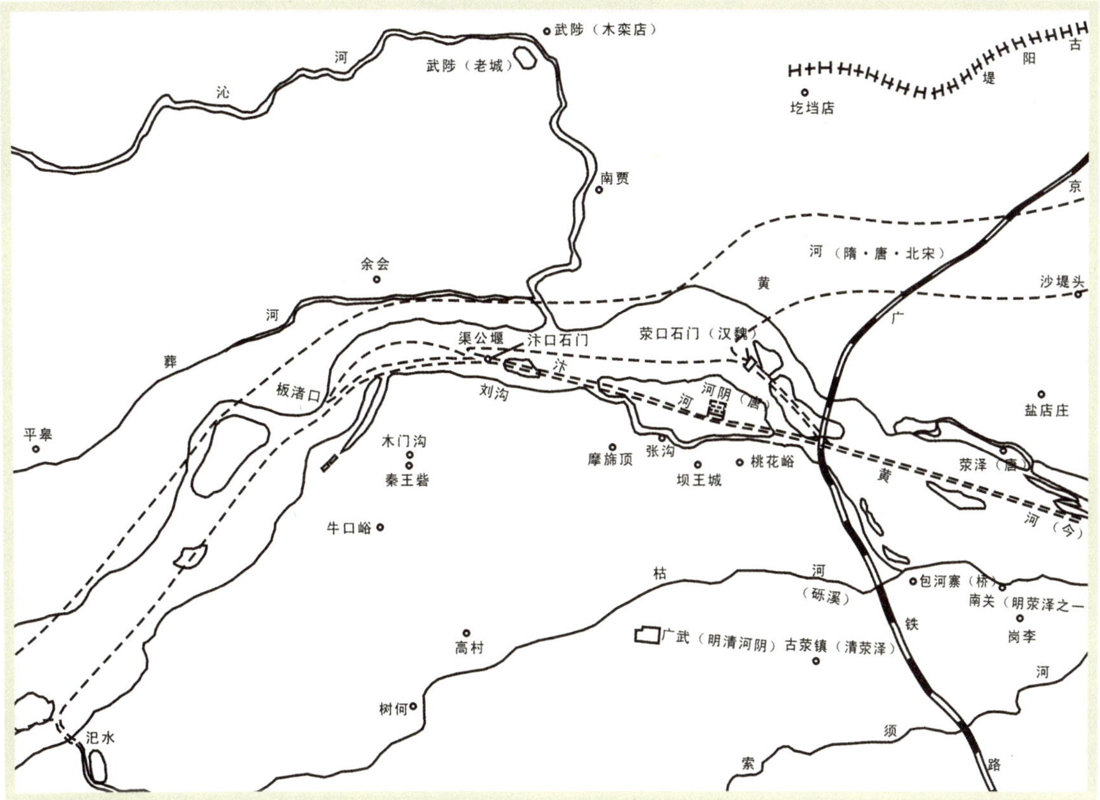


5.4　汴河首部（东段）引水示意图（取自涂相乾《宋代汴河行经试考》）

使得汴河漕运恢复了唐时的繁忙，如至道元年（995年），通过通济渠从江南运漕粮数百万斛至都城。由于汴河水源主要来自黄河，黄河多沙善淤的特点也影响了汴河，宋中期以后，因泥沙沉积，疏浚不力，汴河逐渐成为“地上河”。

南宋与金政权对立时期（12世纪前后），军事和自然等方面的原因导致黄河数次泛滥、发生大改道，汴河由于位于双方争战的重要地区，疏于维护，逐渐被黄河泥沙淹埋。

元朝定都北京后，为方便南粮北运，把运河绕道洛阳的那一大段“弯路”去掉，弃弓取弦，走直线。至此，通济渠才逐渐废弃，但巩义洛河段航运一直延续至明清。

## 二、通济渠郑州段河道走向问题研究

通济渠郑州段是中国大运河的重要一段。根据历代文献及相关学者研究，关于大运河郑州段的走向，目前有以下几种观点：

（1）郑州境内伊洛河河道—洛汭—汜水段—牛口峪段黄河河道为隋唐大运河河道本体，再往东至郑州黄河游览区段大运河河道已被黄河河道侵占，由郑州黄河游览区往东南至惠济桥—堤湾段，大运河河道大部分已被湮没于地下（惠济桥南北两侧尚保留一段河道），堤湾—马头岗军用机场北侧的大、小贺庄段基本沿用索须河河道、贾鲁河河道，从

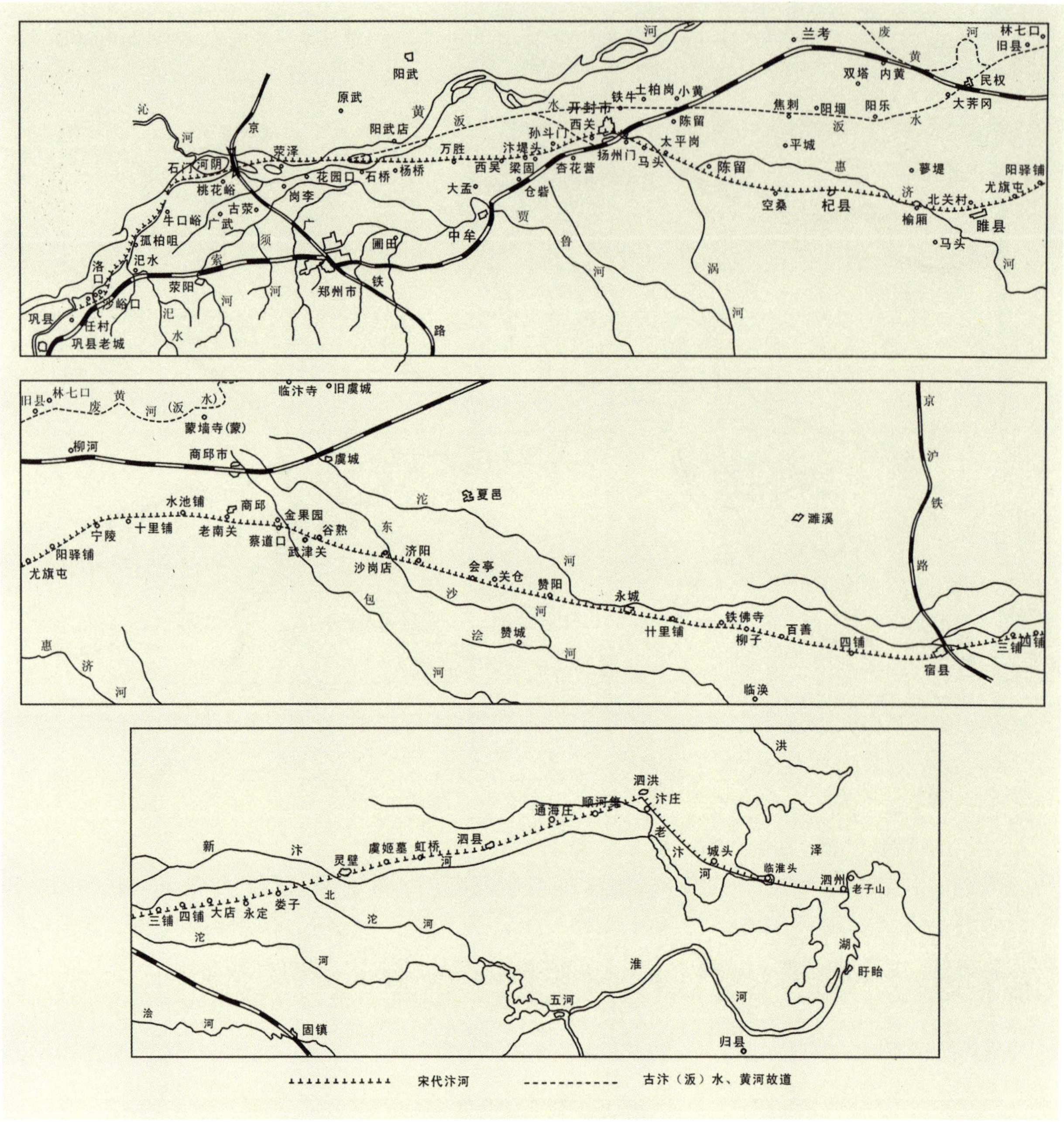


5.5　宋代汴河行经路线示意图（取自涂相乾《宋代汴河行经试考》）

大、小贺庄往东—杨桥、万胜、水溃段大运河河道都已被湮没于地下（水溃村西探出一段宽100米左右的大运河河道），在水溃村南往东至开封县境内的汴河堤段，大运河河道都已湮没于地下。

（2）郑州境内伊洛河河道—洛汭—汜水段—牛口峪段黄河河道为隋唐大运河河道本体，从牛口峪向东南穿过广武山沿陈铺头、秦铺头、水泉至枯河（旃然河）河道，然后沿枯河河道—保合寨折向东南—惠济桥—堤湾，堤湾—马头岗军用机场北侧的大、小贺庄段基本沿用索须河河道、贾鲁河河道，从大、小贺庄往东——杨桥、万胜、水溃段大运河河道都已被湮没于地下（水溃村西探出一段宽100米左右的大运河河道），在水溃村南往东—开封县境内的汴河堤段，大运河河道都已湮没于地下。

（3）郑州境内伊洛河河道—洛汭—汜水—牛口峪段黄河河道为隋唐大运河河道本体，从牛口峪向东—广武涧段大运河河道已被黄河河道湮没，沿广武涧向东南穿过广武山—枯河，沿枯河河道向东—保合寨折向东南—惠济桥—堤湾段，堤湾—马头岗军用机场北侧的大、小贺庄段基本沿用索须河河道、贾鲁河河道，从大、小贺庄往东—杨桥、万胜、水溃段大运河河道都已被湮没于地下（水溃村西探出一段宽100米左右的大运河河道），在水溃村南往东—开封县境内的汴河堤段，大运河河道都已湮没于地下。

（4）郑州境内伊洛河河道—洛汭—汜水段—牛口峪段黄河河道为隋唐大运河河道本体，再往东至郑州黄河游览区段—花园口段—石桥段大运河河道已被黄河河道侵占，往东沿石桥—杨桥、万胜、水溃段大运河河道都已被湮没于地下（水溃村西探出一段宽100米左右的大运河河道），在水溃村南往东—开封县境内的汴河堤段，大运河河道都已湮没于地下。

结合相关文献及以往学者的研究成果并及我们五年来的考古调查和发掘，我们认为大运河郑州段的走向为：它西起洛阳市，沿洛河自偃师与郑州市巩义交界处入境，经巩义市、荥阳市、惠济区、金水区、中牟县5个县(市、区)，东南与开封县境相接，全长150余千米（图5.6、5.7）。

现今运河故道伊洛河段尚存，邙山以北河段已全部被黄河所夺，郑州北部及东南部中牟境内运河故道亦多淤埋地下，仅运河部分地段还依稀可见，如惠济区惠济桥段还保留一段河道遗迹。郑州北部及东南部的贾鲁河和索须河，都经过了人工改道，部分地段沿用了古运河河道。

具体路线如下：

**巩义段**　大运河沿伊洛河从洛阳偃师进入巩义境内，往东到河洛汇流处，然后沿着大伾山北侧经过洛口，至英峪往东进入荥阳境内。

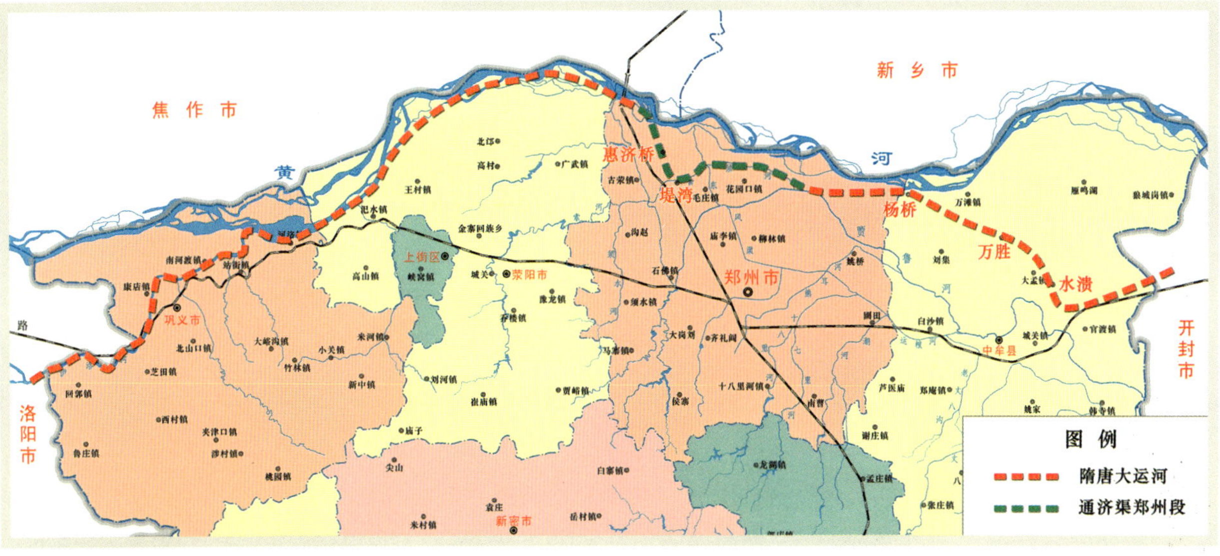


5.6　大运河通济渠郑州段走向示意图

5.7 大运河通济渠郑州段主要遗迹分布示意图

**荥阳段** 大运河从巩义英峪村与荥阳廖峪村进入荥阳境内，沿着大伾山、广武山北侧向东，经仓湾、汉霸二王城，至桃花峪东进入郑州境内。

**荥阳故城段** 大运河从荥阳市桃花峪东入境，沿广武山北侧向东经敖仓城北，出邙山头折向东南，经明代荥泽县城旧址西南向南，经惠济桥向南至堤湾村西进入索须河，向东至贾鲁河继续往东，至黄岗庙村东进入中牟境内。

**通济渠郑州段（荥阳故城段）** 现存河道与索须河重合，西自丰硕桥，东至祥云寺村与贾鲁河交汇处，全长约16千米（图5.8）。目前索须河河道部分河段河面宽达40余米，河堤基宽20余米、顶宽近7米，河床宽200~300米。经过考古工作，发现了丰富的遗迹遗物。现在较为清晰了通济渠出荥阳后从邙山头向东南至索须河段河道的走向，在黄河南岸大堤至丰硕桥索须河段之间发现了汴河遗址，长约4千米，略呈西北至东南走向，在丰硕桥处向东折向索须河，河道宽150~220米，深15米不见底，两侧发现有河堤即道路。

**中牟段** 大运河从郑州市金水区黄岗庙村东进入境内，往东南沿杨桥、万胜、水溃，向东沿陇海铁路北侧进入开封境内。

通过对中牟县境内古河道的调查走访，并参照相关的文献记载等，我们初步认为运河故道的具体走向为：流经“杨桥—永定庄—十里店—七里店—万胜—杨佰胜—土寨—水溃—韩庄—大胖（即A—B段、B—C段、C—F段）”的古河道疑似历史上的隋唐大运河故道，这与文献材料记载的运河走向大致相符。流经“杨桥—永定庄—十里店—七里店—万胜—杨佰胜—土寨—水溃—李庄—板桥—前於—店李口—开封徐口、朱仙镇（即A—B段、B—C段、C—D段、D—G段）”的河道可能为贾鲁河故道，其部分河道沿用了隋唐大运河故道。中牟县雁鸣湖镇境内的运粮河在狼城岗镇瓦坡村正西向东南流经“潘店—王庄—后董庄—韩庄—大胖（即E—F段）”的河道，尽管有人说其仅为运粮河的一条分叉，但结合文献记载等综合考虑，我们推测其与历史上的汴河不无关系（图5.9）。

## 三、与通济渠郑州段（荥阳故城段）有关的文献

### （一）鸿沟

（1）《汉书》颜师古注引应劭说：“在荥阳东

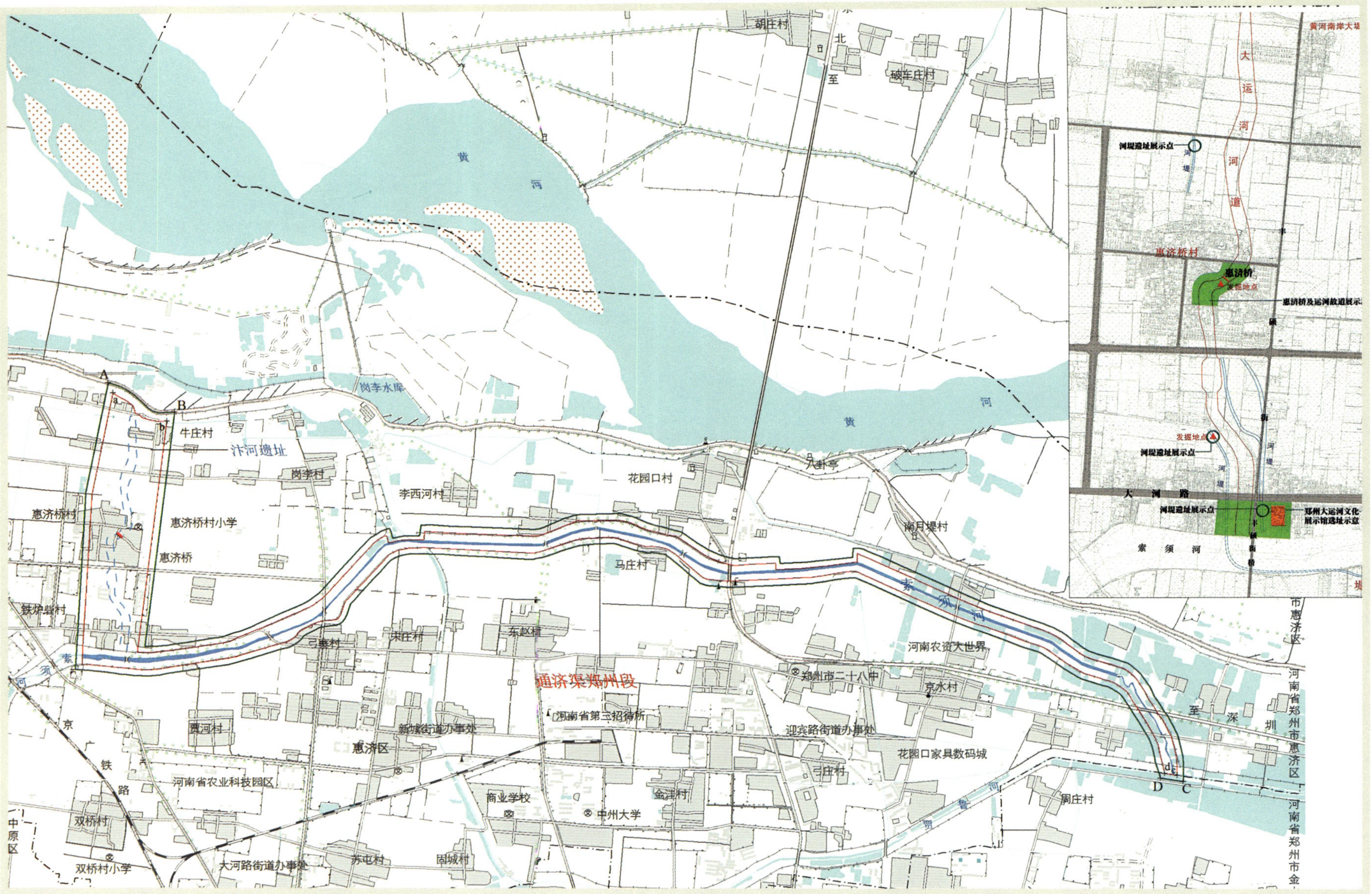


5.8 通济渠郑州段（荥阳故城段）走向示意图

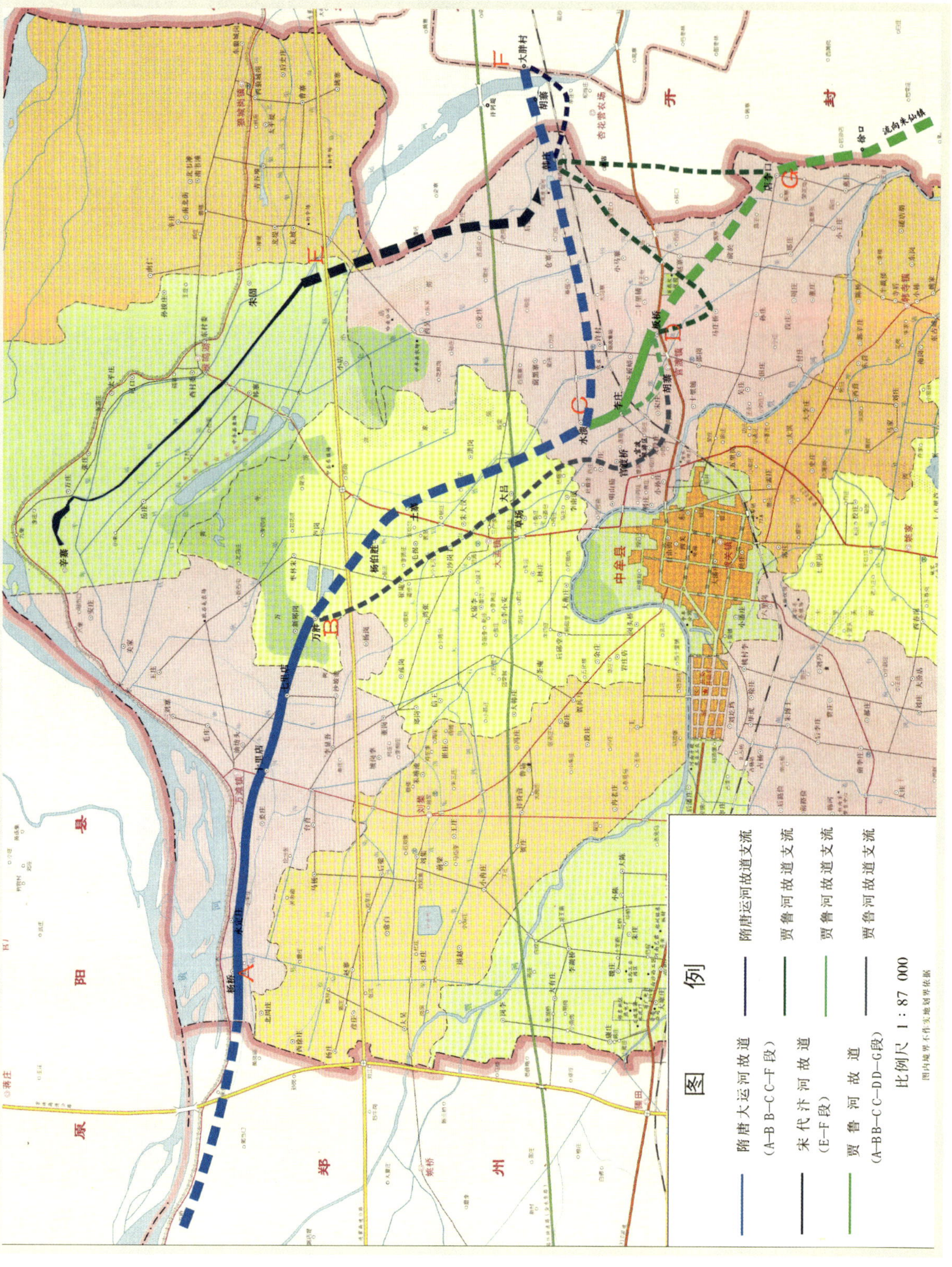


5.9 通济渠郑州段（中牟段）走向示意图

南二十里”。又引文颖说：“于荥阳下引河东南为鸿沟，以通宋、郑、陈、蔡、曹、卫，与济、汝、淮、泗会于楚，即今官渡水也”。

(2)《水经·渠注》：“渠水径梁王吹台东。渠水于此有鸿沟之称焉。项羽与汉高分王，指是水以为东西之别”。

(3)唐杜佑《通典》七七说：“荥阳有鸿沟，在县西即楚汉分境之所”。杜佑所说的乃是汴水上游所承受的旃然水，这段鸿沟在《水经·济水注》中也有说明。《水经注》说：“旃然水亦谓之鸿沟水，盖因楚汉分王，指水为断故也”。

(4)范晔著《后汉书·郡国志》曰：“荥阳有鸿沟水是也”。

(5)南宋祝穆《方舆纪胜》也说：“鸿沟在河阴县东北，接广武山，与荥泽连”。

(6)邹逸麟《椿庐史地论稿》(天津古籍出版社，2005年)：“战国魏惠王时代开凿的鸿沟是先秦时期规模最大、影响最深远的运河工程。它自今河南原阳县北引河水入圃田泽为蓄水库，又自圃田泽筑渠引水至大梁(今开封市)，折而南流注入颍水”(按：依据应是《水经注》卷22《渠注》引《竹书记年》，但是理解有误。《汉书·地理志》荥阳县条载其言：“首受济”)。

(7)史念海：鸿沟引河是由荥阳开始，与济水所行的乃是一条河道，经过一段流程后，才正式分开。济水东流，鸿沟东南流。

## (二)汴渠

(1)《宋史》等著中说：古汴水春秋谓之必水，即晋楚战于必。必又音反，即汴字。古人避反字，改从汴字，汴水即由此而得名。参阅古邲城。

(2)唐李吉甫《元和郡县志》卷五，河南道—河南府—汜水县：“板诸在县东北三十五里。《水经注·河水》经云：(河水)‘又东过成皋县(汉之成皋县，开皇十八年改为把汜水县)北。’注云：‘河水又东合汜水’，‘河水又东逞迳板城北，有津，谓之板城渚口’(按：板城渚口即是板渚，这有可能是古汴有关)。”

(3)范晔著《后汉书》曰：“初，平帝时，河、汴决坏，未及得修。建武十年，阳武令张汜上言：‘河决积久，日月侵毁，济渠所漂数十许县’”。

“永平十二年，议修汴渠，乃引见景，问以理水形便。景陈其利害，应对敏给，帝善之。又以尝修浚仪，功业有成，乃赐景《山海经》《河渠书》《禹贡图》及钱帛衣物。夏，遂发卒数十万，遣景与王吴修渠筑堤，自荥阳东至千乘海口千余里。景乃商度地势，凿山阜，破砥绩，直截沟涧，防遏冲要，疏决壅积，十里立一水门”。

(4)《顺治荥泽县志·山川》载：“汴河，在旧县南二百五十步，即裴侍中耀乡立其汴渠。开元二十三年，分汜水、荥泽、武陟三县地，于轮场东置，以便漕运。郦元注云：‘大禹塞荥泽，开渠以通淮、泗。’《汉书》云：‘初，平帝时，汴、河绝坏，明帝永平中，乃令王景理渠堤。’《坤元录》又云：‘自宋武北征之后，复皆淹塞。隋大业元年，更令开导，名通济渠。西通河、洛，南达江、淮。炀帝巡幸，每泛舟而往江都焉。’

其汴口堰在县西，又名梁公堰。隋文帝开皇七年，使梁睿增筑汉古堰，通河入汴也。”

（5）清宋继郊《东京志略·河坡》曰：“元至元年间，(黄)河决，夺汴故道，汴遂湮……鲁浚汴自中牟经祥符而东，汇溃溃河，历陈州境，入江南颍上以达于淮，汴得入淮赖此。人戴鲁功，遂以名河。”《郑县志》卷十六《艺文》部分还有两篇文章谈到贾鲁河的源起。一篇是署名为陈烘的《汴河源流策》。文章中概述汴河的源起之后说：“至元十七年（当为‘至正十一年’）黄河决始淤塞，元命贾鲁修之，又名贾鲁河，俗仍汴河之称。”另一篇是署名阴化阳的《贾鲁河水利记》，其中云：“郑城北四十里有水来自荥阳，盖合索、须、京三水以成其流，至双桥村始大。父老传元臣贾鲁所开，因名焉。”《顺治荥泽县志》载：“隋堤，在汴河故道，隋炀帝所筑。”从以上文献可梳理出惠济桥段汴河遗址即隋通济渠故道。

（6）民国五年(1916年)修成的《郑县志》，其中卷三《舆地志》记云：“汴河，一名小黄河，元臣贾鲁尝浚之，故名贾鲁河。”

（7）有的认为汴水出于蒗宕渠于古代的浚义。

## （三）隋唐通济渠（广济渠）

（1）顾祖禹《读史方舆纪要》卷四《河南道》：通济渠源于《禹贡》的灉水，春秋时称为邲水，秦汉间叫鸿沟，其后叫“蒗宕渠”，亦曰汴渠。

（2）唐李吉甫《元和郡县志》卷八《河南道四·阳武县》说：“汴渠，一名蒗宕渠，今名通济渠。”

（3）《隋书炀帝上》：“大业元年三月辛亥。发河南诸郡男女百余万，开通济渠。白西苑引谷、洛水达于河，自板渚引河通于淮。”

（4)《隋书·食货志》：（炀帝即位）“开渠，引谷、洛水，自苑西入，而东注于洛(当作河)。又自板渚引河，达于淮海，谓之御河，河畔筑御道，树以柳。”

（5）李翱于元和四年(809年)从洛阳出发，乘船由洛入河，由河入汴，由汴入淮，在《来南录》中详细记载了这一经过。

李翱在《来南录》中说：“庚子，出洛下河，止汴梁口，遂泛汴流，通河于淮。”

《水经注·河水》注云：“洛水于巩县东通洛，北对琅邪渚，入于河，谓之洛口矣。”（按：洛水在巩县东洛河入黄河。黄河东流至祀水县东北三十五里板诸，引注汴水）。

《水经注·河水》经云：(河水)“又东过成皋县(汉之成皋县，开皇十八年改为汜水县)北。”注云：“河水又东合汜水。”“河水又东迳板城北，有津，谓之板城渚口。”

《元和郡县图志》卷五，河南道、河南府、汜水县：“板诸在县东北三十五里。”“汴口，去县五十里，今属河阴。”河阴县：“汴口堰，在县西二十里，又名梁公堰，隋文开皇七年，使梁睿增筑古堰，遏河入汴也。”又云：“自板诸引河入汴口。”唐代汴河的渠首除利用板诸沐口以外，还继续使用古汴渠渠首的石门。开元二年（714年)李杰就曾说“汴口东有梁公堰”，建议“发汴、郑丁夫浚之”（《新唐书》卷

39《地理志》），以通江淮潜运。这里所说的汴口就是板诸口，梁公堰则指石门口（《元和郡县图志》卷J《河南府》）。开元十二年(724年)，干脆塞断“旧疏决汴口……开梁公堰，置斗门，以通淮汴”。结果石门汴口“新渠填塞，行舟不便”，又“疏决旧河口”（《唐会要》卷87《漕运》）。可见唐代时石门和板诸口交替使用，而且在汴口置有斗门，以控制水量。宋代主要使用石门汴口，板渚口(即汜水旧汴口)未见记载，可能不再使用了（《宋史》卷93《河渠志·汴河上》）。熙宁四年(1071年)，在孤柏岭下“创开訾家口”，并且“易则度地形，相水势，为口以逆之”，这样才能保证潜运。后来由于大河北移，河漫滩宽广，导洛入汴，不再引用河水。这就是元丰二年(1079年)从任村沙谷口(巩县老城东北)引洛水东流，会注汴河的“清汴”工程。由于水流清澈，故称“清汴”（《宋史》卷94《河渠志·汴河下》）。然而，由于洛河暴涨暴落，不仅威胁汴口的安全，而且有时还水源不足，仍需引黄河济运，终于在宋元祐五年(1090年)堵塞洛口，又重新引黄河入汴。

（6）《元和郡县图志》的成书与《来南录》为同一时代，均说“通济渠……自板诸引河入汴口”。《元和郡县图志》卷五—河南府—河阴县：“本汉荥阳县地，开元二十二年，以地当汴河口，分汜水、荥泽、武陟三县地，于输场东置，以便遭运，即侍中裴耀卿所立”，“汴渠，在县南二百五十步，亦名蒗荡渠。禹塞荥泽，开渠以通淮泗”。

（7）北宋王存主编，曾肇、李德刍共同修撰《元丰九域志》郑州条：“河阴，有三皇山(即广武山)，汴河”。

（8）宋曾巩：鸿沟禹于荥泽出，至于淮泗，意为禹河，至浚仪西北，其后或曰鸿沟，或曰浪宕渠，或曰浚仪渠，或曰石门渠。石门渠东合济水，与河渠东注，至于敖山之北而兼汴水，又东至荥阳之北，而旃然之水东流入汴。又认为：荥阳之西有广武二城，有广武涧，汴水东流而出，济水至此乃绝。隋大业之初更名之曰通济渠。晋以后被认为是汴水的上游，“汳”名遂废，通称汴水。

（9）唐李吉甫《元和郡县图志》：通济渠可分东西两段。西段在东汉阳渠的基础上扩展而成，西起洛阳西面，以洛水及其支流谷水为水源，穿过洛阳城南，到偃师东南，再循洛水入黄河。东段西起荥阳西北黄河边上的板渚，以黄河水为水源，经浚仪（开封）及杞县、睢县、宁陵、商丘、夏邑、永城等县，再东南，穿过安徽宿县、灵壁、泗县、江苏泗洪，至盱眙注入淮水。

（10）唐李吉甫《元和郡县图志》言及敖仓城：（荥泽）县西十五里。北临汴水，南带三皇山，秦所置。仲丁迁于敖，此也。

（11）唐李吉甫《元和郡县图志》：圃田泽，一名原圃，（中牟）县西北七里。其泽东西五十里，南北二十六里，西限长城，东极官渡。

（12）《隋唐时期的运河与漕运》第28、29页：通济渠即唐宋的汴河，这条运河是从板渚（今河南荥阳广武山以北，已被黄

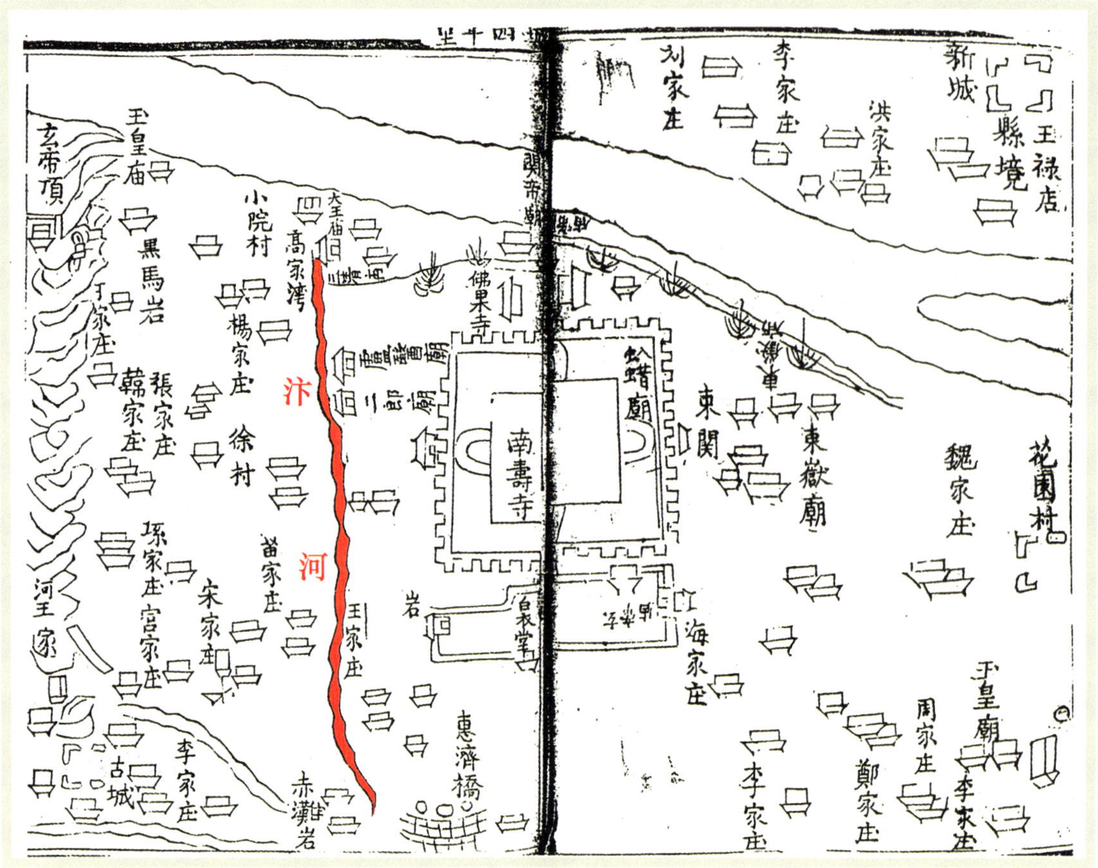


5.10 汴河与荥泽县城、黄河关系示意图（取自清《顺治荥泽县志》）

河圮毁）引黄河水，注入淮水，《隋书》卷三《炀帝纪》说，大业元年（605年）三月，“发河南诸郡男女百余万，开通济渠，自西苑（在洛阳）引谷、洛水达于河，自板渚引河通于淮”。同书卷二十四《食货志》也说：隋炀帝即位，“始建东都（今洛阳）……开渠，引谷、洛水，自苑西入，而东注于洛。又自板渚引河，达于淮海，谓之御河。河畔筑御道，树以柳”。《隋书》明确地告诉我们：通济渠开辟于大业元年三月，全渠分为三段：西段起自东都洛阳西苑，引谷水、洛水，东循阳渠故道由洛水注入黄河；中段自洛口到板渚，是利用黄河的自然河流；东段起自板渚，引黄河水走汴渠故道，注入淮水。但是，东段运河所纳自然河流及其流经城市，《隋书》引文没有给我们指出来，也就是通济渠流经的路线没有点出来。李吉甫的《元和郡县图志》卷五《河南道一·汴渠》条说：“隋炀帝大业元年更令开导（汴渠），名通济渠，自洛阳西苑引谷、洛水达于河，自板渚引（黄）河入汴口，又从大梁（今河南开封市）之东引汴水入于泗（水），达于淮（水），自江都宫入于海。”从这里我们就可知道通济渠流经的路线了，文中的汴口即汴口堰，在原河阴县西二十里，约当今汜水县东北三十五里处，当时汴河

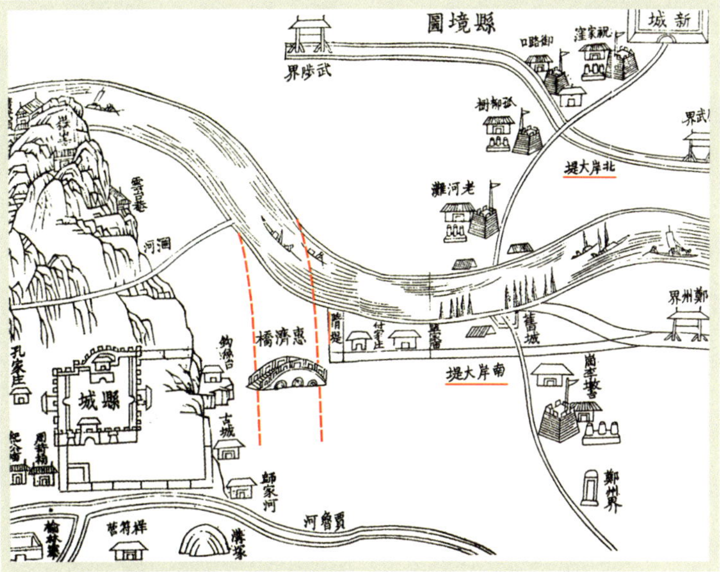

5.11　荥泽县城与汴河关系示意图（取自清《乾隆荥泽县志》）

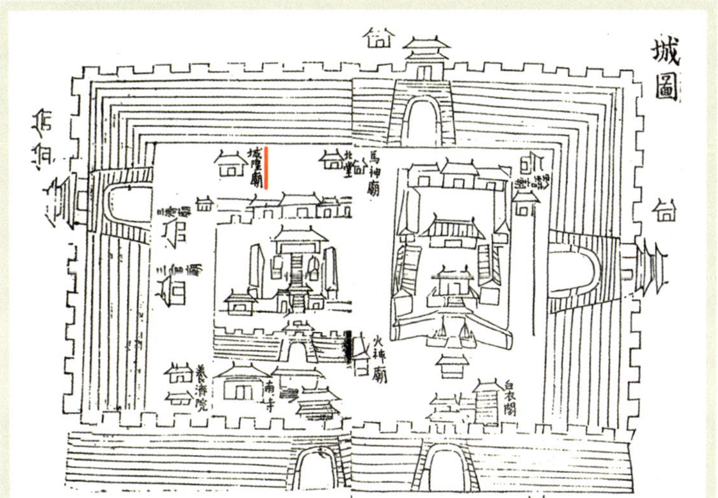

5.12　城隍庙在荥泽县城的位置图（取自清《顺治荥泽县志》）

的渠道（引水口）在板渚，称汴口堰，简称汴口，亦作梁公堰，或汴梁口，汴水（亦称汴河）分自黄河，是利用黄河冲积扇东南侧的天然河道整治而成。

## （四）荥泽县迁移

清《顺治荥泽县志》《乾隆荥泽县志》载，荥泽县始于隋开皇四年（584年），初名广武，仁寿元年（601年）改名为荥泽县，至民国二十年（1931年）撤销，历史上由于黄河水患，共经历了3次迁移。一迁于明洪武八年（1375年），再迁于明成化十五年（1479年），三迁于清康熙三十七年（1698年）。明嘉靖三十三年（1554年）《重修显佑伯城隍庙碑记》有荥泽县城位于“黄河之阴，汴水之阳”的记载，该时期的荥泽县城位于惠济桥北五里，即今黄河南岸大堤的北侧，正好介于黄河和汴河之间（图5.10～5.12）。

# 四、通济渠郑州段沿线历史文化遗产

通济渠郑州段有150多千米，它不仅是水上漕运的关键路段，而且是对外贸易的孔道。便利的交通带动了一方经济，大梁城的商人不仅在都城内开店设铺从事商业活动，而且很多人还到外地去进行商品贸易，长途贩运货物。《史记·货殖列传》记载曰：“宛孔氏之先，梁人也，用铁冶为业。秦代魏，迁孔氏南阳，大鼓铸铁，规冶池，连车骑，游诸侯，因通商贾之利，有游闲公子之赐与名……家至富数千金，故南阳行商尽法孔氏之雍容。”

大梁不仅是当时的商业中心，而且还是有名的“金融中心”。当时，魏国许多城市都铸有货币，魏国为了扩张对外贸易，特地在大梁铸造和发行了一种适合各诸侯国间贸易使用的货币，称为“布”。这种货币，主要是和其他诸侯国以锊而不以钧为单位的货币行使区域进行贸易而用的。“布”的发行，在实际上是人为地压低锊的兑换率，等于压低了充用锊地区进口货物的价格，从中取得额外的利益，但是，客观上却促进了不同地区间货币的统一，为不同诸侯国之间的商品贸易扫平了障碍。

《史记·苏秦列传》记载，“人民之众，车马之多，日夜行不绝，輷輷殷殷，若有三军之众”。大梁的繁华由此可见一斑（图5.13）。在大梁的商业活动中，农产品的交易最负盛名。可以毫不夸张地说，大梁是当时全国的农产品交易中心，这与魏国重视农业和手工业生产密切相关。被誉为“商人鼻祖”的白圭，在大梁经营的主要就是粮食、丝绸、帛絮等人民生活必需的农产品。

唐建都长安、洛阳，北宋建都东京（今开封），都依靠这条运河运输江南的粮食和各种贡品。《宋史·河渠志》载：“漕引江湖，利尽南海，半吴下之财富并山泽之百货，悉由此路而进”。唐每年漕运粮食400万石至长安、洛阳，宋代每年运粮600万石至东京，是南北交通的大动脉。

郑州由于特殊的地理位置和水文环境，成为大运河贯通南北、联结东西的交通重地，在大运河的航运史上发挥了重要作用。通济渠郑州段从4000多年前禹治洪水，疏通济水、荥泽、莆田泽，塞其乱流之水，实现以堵为主到开渠引导水流始，开列人工渠道，使水具有漕运、灌溉、泄洪等之利，到有意开辟人工运河，不仅促进人类社会经济的发展，而且沿途留下大量珍贵的人文社会、历史文化和非物质文化遗产。如巩义市的洛口仓、龙窑、益家窝古镇、春秋阁、河渎庙、黑石关、石河道、石窟寺、巩义窑址、巩县老城、河洛汇流处、伏羲台、杜甫故里、康百万庄园、常香玉故居、香玉坝、兴佛寺、北宋皇陵等；荥阳市的汜水大伾山、成皋城、虎牢关、汜河入河口（玉门渡口）、河阴仓、仓头（湾）、汉霸二王城、孤柏

5.13　古时繁华的汴梁（模型）

嘴渡口、荥阳老城、京城古城址、桑树潭皇家采石场等；惠济区的敖仓城、惠济桥、荥阳故城、京水村、纪公庙、汉代冶铁遗址、荥泽城隍庙等；中牟县的阳武桥镇、王满渡、万胜镇、东吴寺和西吴寺渡、水柜、曹公台和官渡城、板桥、梁惠王墓、运粮河等；郑州市区的贾鲁河、索须河、枯河等。现择要予以介绍：

## （一）物质文化遗产

### 洛口仓

亦称兴洛仓。位于巩义市河洛镇七里铺村东的黄土岭上，是隋唐建在黄河、洛河上的著名大粮仓之一。据《资治通鉴》记载，洛口仓置于隋大业二年，即公元606年，亦有学者据《隋书·地理志（中）》“巩，后齐废，开皇十六年复。有兴洛仓……”之记载，认为洛口仓置于公元596年[3]。据记载洛口仓是当时全国最大的仓廒，仓城周回二十里，占地约630万平方米，有“三千窖，窖容八千石”[4]。

文献中对这一著名仓廒有诸多记载，学术界除少数人认为洛口仓在洛阳外，基本都认为在巩义洛口附近。但是多年来，一直没有找到仓址，鉴于此我们就有关古代文献和有关学者的观点作了认真研究，现将有关认识作以论述：

关于洛口仓的地理位置，较为明确的提及此问题的是北宋名臣史学家司马光负责编纂的《资治通鉴》，据其记载，洛口仓在“巩东南原上”。关于此一认识，有学者认为是在当时巩县治东南方之土原上，更有人认为今巩县站街镇七里铺村的“将城”遗址与洛口仓有关，依据是隋朝初年，巩县治位于洛口，“将城”遗址正好在其东南方向之原上。不过，还有一种理解，若“巩东南原上”之“巩”理解为县治，并且理解为《资治通鉴》作者时代的宋时县治，则洛口仓还有可能在现在站街及其东南附近地域。另，关于“巩东南原上”这句话，不同学者尚有不同理解，有人认为可断句为“巩东，南原上”。这不是完全没有道理的，从《水经注》等文献看，巩县黄河、洛河以南不少地方均称之为“南原”，同时“巩东”可以理解为就整个巩县而言的东方，这样一来，《资治通鉴》中的“巩东南原上”这句话所指的范围就比较大了。

依据《巩县志》清乾隆五十四年本之“隋横岭道”条于《读史方舆纪要》“李密据兴洛仓，隋遣东都兵讨之。又使虎牢镇将裴仁基自汜水西入，以掩其后。密分兵伏横岭以待仁基，仁基失期不进，屯于百花谷”之记载言：“由汜水趋巩径罂子峪、洛口，此大道也。李密仓城在洛口……今横岭南有古道。自汜至巩，东西四十五里，较大道稍迂远。康熙初，黄河傍山流，大道不可行”，从这段文献看，李密时由汜水县城至于巩县城，有一条官道，经过罂子峪、洛口，不论当时巩县城在站街附近或洛口，今七里铺附近就都是官道经过的地区，所以清乾隆五十四年本《巩县志》记载“李密仓城在洛口”，就是说仓城只能在当时的洛口镇范围内了。

另外，大家可能认为还可以就“洛口”的地理位置讨论“洛口仓”的位置。的确，据文献记载，洛口仓就设置在洛口附近，但是这亦只能谈个大概，因为洛口的位置多年来一直在变迁，不过好在变化范围从有关洛河入河位置变迁的材料看[5]，基本在今荥阳关汜水和巩县神堤之间变迁，在这一范围内，可以结合地理地貌情况、文献记载等材料以及考古调查等予以判断（图5.14）。另还可以参照谭其骧先生的《中国历史地图集》[6]中所绘的洛河入黄河的洛口位置来判断。

另外，还有一些材料可有助于我们寻找洛口仓的地理位置。据《隋书·李密传》《资治通鉴》等记载，李密据兴洛仓，隋遣东都兵讨之。密分兵伏“横岭”以待仁基，仁基屯于“百花谷”。东都长恭率军等驱之度洛水，陈于“石子河”西，南北十余里。密、让选骁雄，分为十队，令四队伏“横岭”以待，以六队陈于石子河东。从所述材料看，“横岭”及“百花谷”应在李密所据兴洛仓以东或东南，“石子河”应在李密所据兴洛仓以西。又据《水经注疏》《清史稿》等文献，“横岭”“百花谷”及“石子河”位置现在均可找到[7]，《资治通鉴》卷第一百八十三胡三省注引用《水经注》言“洞水出南溪石泉，世亦名之为石泉水，过巩东坎欿聚西而北入于洛。盖即石子河也”，所以，由此可知，洛口仓就在东或东南至“横岭”“百花谷”、西至“石子河”、西北至黄河和洛河这一范围内。

《读史方舆纪要》洛口仓城条记载，洛口仓城“在县北十里“，显然是指在顾祖禹时代站街老城以北十里。这是我们目前所知的描述洛口仓城最为具体的一条文献，以此为据，则洛口仓城在“将城”附近是无疑的了。

《通鉴考异》略记云：“四月戊申，段达等帅关内兵陈于仓西、仓南，密出兵拒战，大破兇醜，密还固仓。五月丁丑，达等又出兵陈于仓西、仓北，密又来拒，大破之，密奔洛口。”胡三省注《通鉴》曰：“蒲山公传曰：‘五月二十八日，越王夜出师，使段达等大战于仓西、北；密军败绩，归于巩县。’”从实地调查看，现有仓西村位于站街镇西北约5里处，在古地理变化不明显的情况下，则洛口仓的地理位置就有所明确的西界了。

另，明嘉靖《巩县志》古迹条记载，“洛口仓，在县西（现代重印版改为：东北）坊郭保，昔隋炀帝置仓聚粟于此地，穿三千余窖”。清乾隆十年本《巩县志》记载，“洛口坊在县东坊郭保，隋炀帝置廒仓，聚粟于此地，穿三千余窖”。这两条文献，我们原来并未重视，实际其亦是判断洛口仓位置的重要材料，因为明清县城现仍存于地面，位置明确，与其相关的遗迹较易确定。

同时，据李时人《〈水浒传〉的“社会风俗史”意义及其“精神意象”》认为：中国中唐以前的城市实行“坊市制”，经过晚唐割据和五代战乱，“坊市制”遭到极大破坏，北宋太宗和真宗虽曾两次试图恢复“坊市制”，都以失败告终。至仁宗时都市里的坊墙和市墙已经统统被推倒，“坊”与“市”界限完全打破，城内“侵街”开店，城外新商业区不断扩大，从而形成了新的城市格局。李时人还认为，北宋真宗时，全国户籍主要被分为三类，即官户、乡村户和“坊郭户”[8]。

又据王威海著《中国户籍制度——历史与政治的

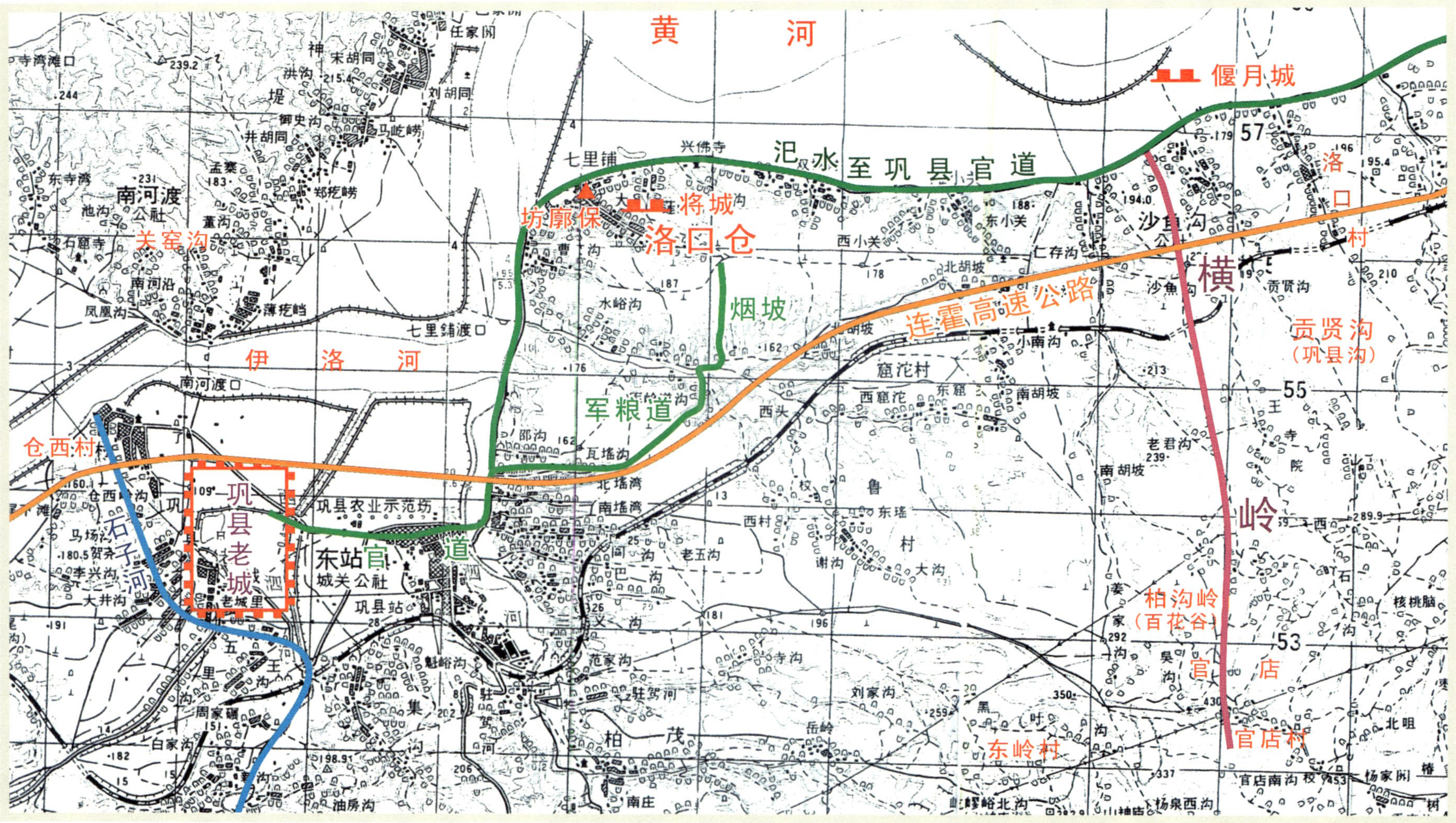


5.14　洛口仓地理位置图

分析》[9]认为：坊郭户是宋代一个有特色的户种，在以前未出现，真宗天僖三年（1019年），政府首先在洛阳开始均定“坊郭居民等”，坊郭户作为户种正式产生，此后其确定及户等推排办法渐次推行到全国。

马克垚《中国和西欧封建制度比较研究》[10]认为：中国中古城市内的工商业居民，有市籍，被称为市人。唐代已有草市出现，在交通便利的水陆道口，旗亭旅舍，屋宇相连，形成新的经济中心。宋代这种市场更为兴旺，许多成为镇市，得到政府的认可。镇市往往是米、糖、茶、纸等商品的集散地，与附近的农村有密切的商业来往，当地的居民属城市人口。到了宋代，正式取消市籍，把城市人口称坊郭户，按财产编定户籍，进行管理。

坊郭户制度以后演化下去，这些坊郭户聚居的地方逐渐聚积为生意的地方，无论在城市中还是城墙附近，均可称为坊郭保，像明孝宗弘治《偃师县志》卷一河南省偃师题条记载有“坊郭集在城四街，每月六集”。又山东宁阳县，清代县城周围为坊郭地，西部为临邑社、青川社，东部为韦周社[11]。当然在明朝还有坊郭里之类的称呼，清代有坊郭都之类的基层行政机构。

所以在七里铺地域及其周围地区若发现这样一类的遗迹现象，亦有助于判断洛口仓的地理所在。

在寻找洛口仓的时候，还有几个问题需要特别予以注意，这些问题是以前学者研究有关洛口仓的问题时基本未论及的，实际上这些问题特别重要，对于认识有关洛口仓的特征，判定何为洛口仓等方面具有重要的价值：

第一，重视“将城”，但是又不要局限于“将城”。据《读史方舆纪要》等文献记载，洛口仓城周回二十余里，穿三千窑，窑容八千石，依据隋唐时期的度量衡制度，隋时初建的仓城至少占地600余万平方米。又据《隋书》，李密袭取洛口仓城后，又广筑洛口城，周四十里而居。《通鉴考异》曰：“壶关录云：‘周四十八里’”。洛阳含嘉仓城、子罗仓的面积等内容有助于说明这一问题[12]。这些文献和实际考古发现，都说明洛口仓的范围绝对远远大于“将城”。

第二，《通鉴考异》略记云：“二月丙辰，密遣其将夜袭仓城，二府兵击退之，已未又悉众来攻，而府兵败，遂入据仓。然二府将士，犹各固小仓城二十余日不下，既而外救不至，食又尽，城乃陷没。”《通鉴考异》杂记云：“密称魏公，改年，于时仓犹自固守，既而密遣翟让将兵夜袭仓城，官军击退之；明日，又引众攻仓，连战三日，陷外城，官军犹捉子城。月余，外援不至，城尽陷没，死者十六七。”

由此段文献看，其时仓城似乎有独立的两个或多个小仓城组成。若如此，在考古调查遇到夯土墙类遗迹时应注意洛口仓城的这一特征。

第三，《读史方舆纪要》洛口仓城条记载：“遂袭克兴洛仓，密称魏公，命护军田茂广筑洛口城，方四十里而居之。又临洛水筑偃月城，与仓城相应。既而与王世充战于洛北，败走洛南，余众东走月城”。近来，河南省地理研究所的有关专家在“将城”附近洛口村村北的航片中解疑到可能为“偃月城”的古代遗迹，附近村民传说其地就是“偃月城”，并且说早年村民打井在地下七八米的地方发现不少建筑迹象。若能进一步证实，对洛口仓的寻找是非常有用的。

第四，《通鉴》卷186《唐纪二》载:“密开洛口仓散米……取之者随意多少。或离仓之后，力不能致，委弃衔路。自仓城至郭门，米厚数寸。”由此记载可以判断出当时洛口仓城符合古代的有城有郭的城制。

第五，南宋四川宣抚副使郑刚中《西征道里记》记载:“又汜水县、莺子坡、洛口镇、宿巩县。汜水即行庆关也。过关乃下视大河，与孟店虏营相望，洛河又在大河之南，洛口墙数围，问之，即所为洛口仓者”。由此描述可知在南宋时，洛口仓尚有墙，并且墙的特征是“数围”，这为我们考古调查工作提供了重要的判断依据。

第六，关于洛口仓，其仓窖或仓廒有可能在唐时已有所破坏，这是我们在寻找洛口仓时应予以注意的。据《旧五代史》记载，“（后唐）同光三年（925年）七月，洛水泛涨，巩县河堤破，坏廒仓”。《巩县志》民国十八年本载：“邺都奏，御河涨，于石灰窑口，开故河道以分水势。巩县河堤破，坏廒仓。”关于这次洛水泛涨破坏的仓廒，我们认为有可能与洛口仓有关。主要依据是：

（1）巩县河堤塌了，并且在石灰窑附近，在这附近，见诸文献并值得记载的就只有洛口仓了。

（2）文献记载所言“坏廒仓”之“廒仓”，不太可能是秦以来就设置的“敖仓”。因为，除汉《刘向新序·善谋下第十》之记载：“楚、汉久相持不决，百姓骚动，海内摇荡，农夫释耒，工女下机，天下之心，未有所定也。愿陛下急复进兵收取荥阳，据廒仓之粟，塞成皋之险，杜太行之路，距蜚狐之口，守白马之津，以示诸侯形制之势，则天下知所归矣。汉王曰：‘善。’乃从其计划复守廒仓，卒粮食不尽，以擒项氏。其后吴、楚反，将军窦婴，周亚夫复据廒仓，塞成皋如前，以破吴、楚。皆郦生之谋也”中以“廒”代“敖”外，尚未发现这类现象，再者，从文字学的角度看，以“廒”代“敖”，是不合适的，因为，“廒”字本义为“仓”，“敖仓”则意为“敖地之仓”，《篇韵》谈到“廒”字时，言“五牢切，音敖。仓廒也。俗作厫。小篆作“”。小篆是在秦始皇统一中国后（前221年），推行“书同文，车同轨”，统一度量衡的政策，由宰相李斯负责，在秦国原来使用的大篆籀文的基础上，进行简化，取消其他六国的异体字，创制的统一文字汉字书写形式。一直在中国流行到西汉末年（约8年），才逐渐被隶书所取代，显然，此“廒”字是在汉代出现的，言“仓”为“廒”或“敖”，显然与当时的“敖仓”有关，宋袁文在《瓮牖闲评》卷六认为，“敖乃地名，秦以敖地为仓，故尔。今所在竟谓仓为敖，盖循习之误”。支持这一观点的材料很多，像唐许浑《汉水伤稼》言“高下绿苗千顷尽,新陈红粟万廒空”，明凌蒙初《三刻拍案惊奇》言“从家里廒中发出米去”，明皇家文献《山堂肆考》中还记载范仲淹为杭州知州时，“纵民竞渡，太守日出宴于湖上，自春至夏，居民空巷出游。又召诸佛寺，人兴土木之役。又新廒仓吏舍，日役千夫。监司劾杭州不恤荒政”，这些文献中的“廒”字均意为“仓”。又如宋元时期马端临《文献通考·市籴二》载“得息米造成仓廒。”《文献通考·国用三》载“奉行之吏因循，止将岁供额斛，于真、扬、楚、泗仓敖，为卸纳摺运之地”，元末明初所写的《水浒传》第十回载“推开看里面时，七八间草房做着仓廒”，明张四维《双烈记·代役》载“见今城中盖造仓廒，预备军储”，清魏源《筹漕篇上》载“无素备之仓廒与一定之成宪，而仓卒暂试者，尤左也”，《清史稿·灾异志一》载“江水骤发，城内水深丈余……衙署民房城垣仓廒均有倒塌”，这些文献中均言“仓廒”，显是同义字词，“廒”字均非“敖地”之意。至于“敖”字的意思，从以下文献可以获得答案。《诗·小雅》“搏兽于敖”，《传》曰“敖，郑地，今近荥阳”，《左传·宣公十二年》“晋师在敖鄗之间”，《注》曰“敖鄗二山，在荥阳县西北”。又“敖”字，金文为“”，小篆为“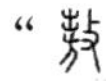”，从“出”从“放”，本意是出游，再用为地名。又《尚书序》仲丁迁于“嚻”，《传》言为地名，与“敖”通假。《集韵》通作嚣。《史记·殷本纪》“仲丁迁于隞”，显然“敖”“隞”“嚻”字均通假，其中“隞”字显然是指商人以“敖“地为都之义。

又，《旧唐书》记载：“六月丙子,于洛州柏崖置仓”，《唐会要》记载：“（唐高宗咸亨）三年六月十七日，于洛州柏崖置敖仓。容二十万石。至开元十年九月十一日废”。《资治通鉴》载：“上以裴耀卿为江淮、河南转运使，于河口置输场。八月，壬寅，于输场东置河阴仓，西置柏崖仓”。从文献记载看，洛州柏崖仓，可以称为“敖仓”，但是其仍然未写为“廒仓”，并且其在开元十年九月十一日已废，早于后唐同光三年（925年）不少，所以“坏廒仓”之“廒仓”，不太可能是洛州柏崖所置敖仓。至于有认为“六月丙子设置的洛州柏崖置仓”有可能在黄河对岸的河清县，似不成立。因为河阴仓、柏崖仓分别置于输场东西位置，河阴仓现已证明位于今牛口峪附近，当时输厂应在其附近的“板渚”至于“汜水”范围内，所以与河阴仓东西相应的柏崖仓显然应在黄河南岸并且距离河阴仓应不远，孤柏嘴附近应可能与柏崖仓有关。再者有文献认为今河南孟津县西之柏崖仓置于咸亨四年而非咸亨三年而置的洛州柏崖仓。

另,《巩县志》民国十八年本载“景氏《说嵩》谓：“‘洛口仓即秦敖仓旧址,理或然也。今犹名窑粮坑’”，显然景氏观点是错误的。

第七，在寻找洛口仓的过程中，我们还应了解同时代已发现的仓廒之特征[13]（图5.15～5.20），以作参照。我们认为至少应有着几方面值得重视：

（1）仓城内应有明确道路网。像含嘉仓城一样，并且，在这些路面上一般应有独轮车或双轮车的车辙痕迹。

（2）仓城城门多为单门洞土木结构。

（3）仓城内应有管理区，应是无窖区无槽渠的

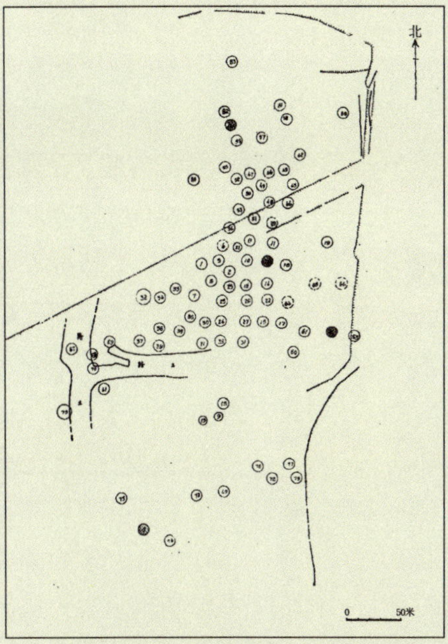


5.15　洛阳汉河南县城南墙外秦汉仓窑遗址平面图

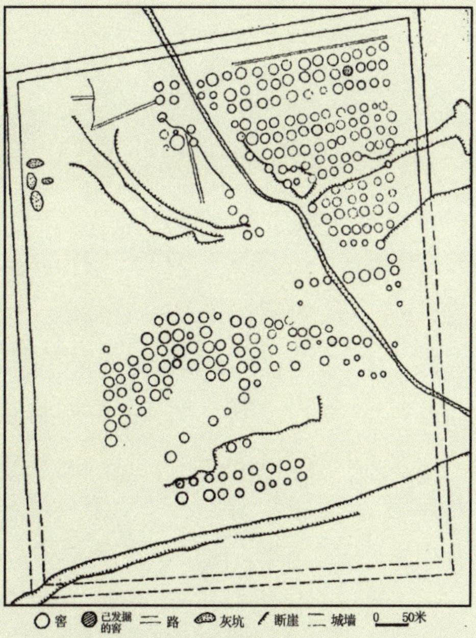


5.16　含嘉仓勘探平面图

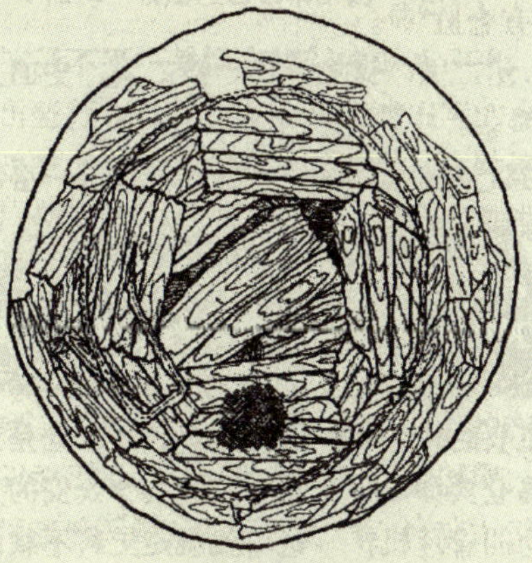

5.17　含嘉仓窑底平板层

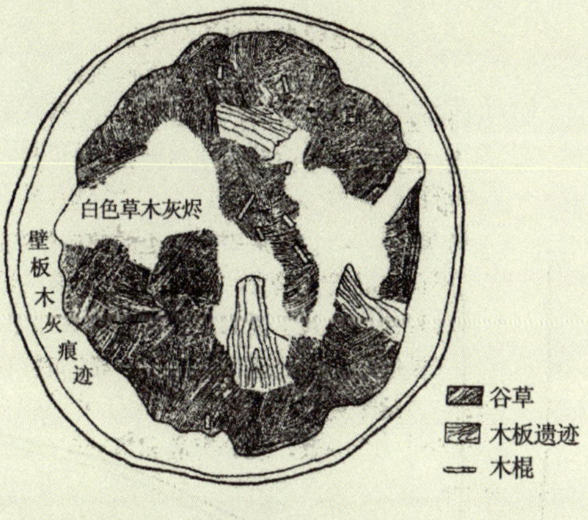


5.18　含嘉仓窑底铺草层

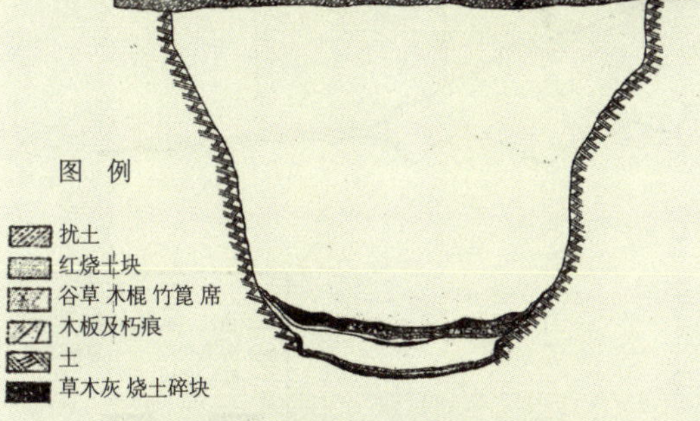


5.19　含嘉仓仓窑剖面图

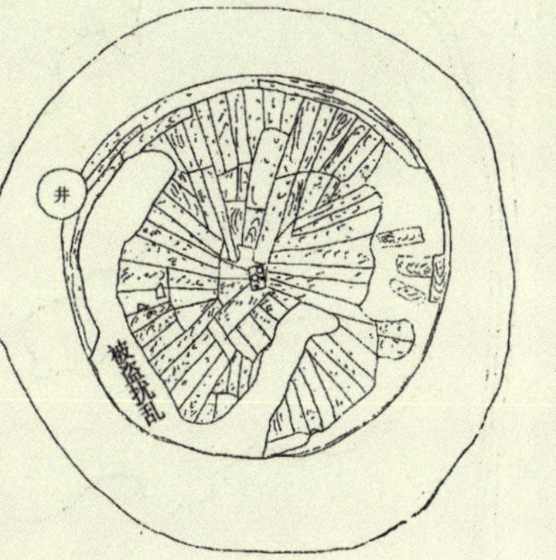


5.20　子罗仓二号窑底木板层及中心柱洞

（以上图取自余扶危、叶万松《我国古代地下储粮之研究》）

地方。

（4）仓城附近应有槽渠。

（5）仓窖之“窖”字，小篆为“窖”，《礼记·月令》云“穿窦窖”，《注》曰“入地椭曰窦，方曰窖”。《前汉·苏武传》：“迺幽武，置大窖中”，《注》曰“盖米粟之窖而空者，又通作窌”。《周礼注》曰“穿地曰窌，当为窖，又深心曰窖”。又《集韵》曰“则到切。与灶同”。从文献看，仓窖可有方形，但是从已发现的仓窖看，全为圆形的。

（6）仓窖口底之比应为二比一左右，壁与底的夹角也从略大于90° 变为120° 。

（7）选址多在干燥、向阳的坡地上，像回洛仓在邙山，子罗仓位于邙山面向洛河的缓坡，含嘉仓和唐常平仓邙山北高南低的南侧。

（8）应有类似含嘉仓、常平仓出土的墨书和阴刻的灰色正方形铭砖或碑。铭砖上应记载有州县郡名、类别、数量、储存时间、领粟官吏姓名等。一般情况下，一窖粮食中应有一块铭砖。

（9）大型粮仓，应是通过划分区域进行管理的。

（10）窖底有防潮处理，像加固夯实窖底、火烤窖底和壁的下部、涂抹防潮层、铺设木板和草、木板或是草上面垫谷糠和铺席锯末、碎木屑层或木屑与草的混合层。可参阅含嘉仓、子罗仓[14]。

（11）从子罗仓、含嘉仓和常平仓等粮窖的窖顶看，当时应有空窖窖顶和储粮窖窖顶两种。空窖的窖顶多是在有中心柱伞形木架上铺席，并加盖圆锥形草拌泥顶。储粮窖窖顶多是在仓上盖席，席上垫糠、席，并加

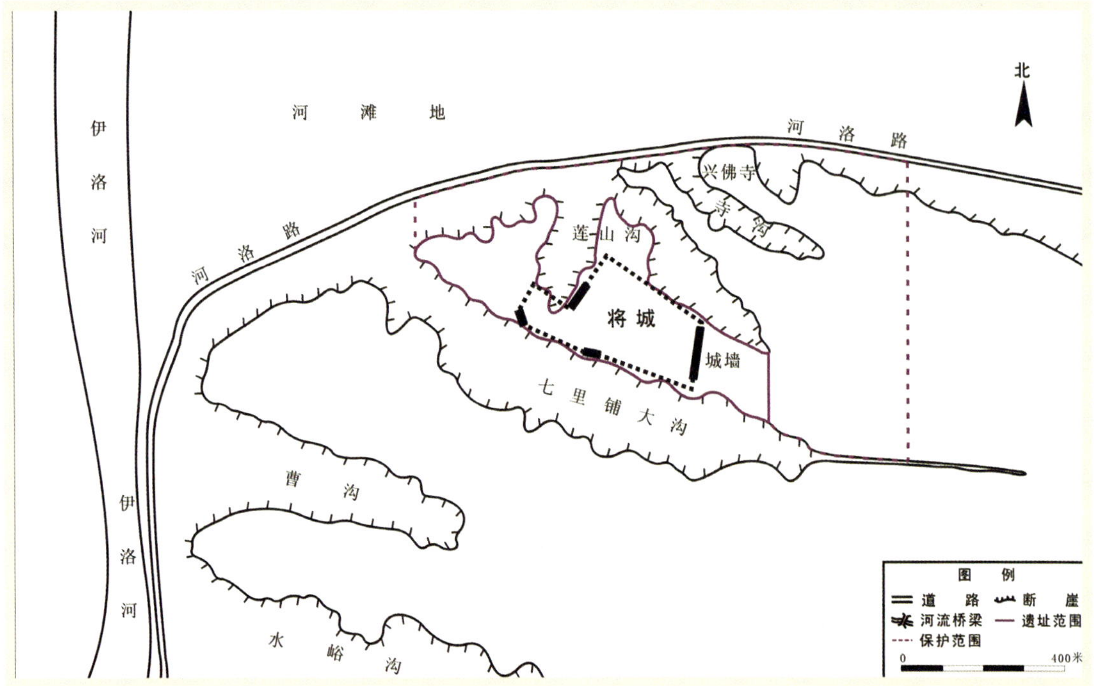

5.21　将城平面图

5.22　将城东城墙剖面

5.23　将城东城墙剖面（局部）

封黄泥成圆锥形。

洛口仓历史上在巩县是存在的，被整个破坏的可能性较小，其具体地理位置，依据所述有关论证，我们以为其应在石子河—洛河—黄河—横岭—百花谷—连霍高速所围定的范围之内[15]。

## 将城

位于巩义市七里铺村东的将城岭上，现存东西城墙两段。据近年的考古调查和发掘工作，城址东西长约500米，南北宽150～300米，残高1.5～4.5米，城墙系挖槽夯筑而成，夯层明显，厚8～12厘米，圆形平夯，夯窝平整（图5.21～5.23）。通过对城墙的解剖和查阅相关文献可知，该城始建于汉代，到隋唐时期进行了局部加固修补并继续使用。结合《隋书·地理志》《唐书·地理志》《西征道里记》《读史方舆纪要》等文献资料确认，将城与隋唐时期的洛口仓城位置相符，应是当时保卫洛口仓的驻兵所在地。另外，在其附近还分布有“军粮道”和“烟坡”等与洛口仓有关的遗迹。

## 军粮道

位于巩义市仓南水沟南边。这里有一个小自然村称“驹岭道”，从山顶到沟底有一条曲折的小道，宽3米左右，通往仓城和古大道，当地人叫它“军粮道”（图5.24）。当年进出洛口仓的粮食，就是由此道经过。

## 洛口码头遗迹

位于巩义市河洛镇洛口村北。据当地老年人回忆，在20世纪50年代中期，黄河河水南侵，曾发现在水底露出3孔砖砌窑洞，推测可能为码头停船的地方。考古工作者对此地进行了考古勘探，下探7～9米深时，为浅黄色粉砂，中间夹一层厚0.5米的含青灰色砖渣层，砖渣层下为细砂，推测为拱顶；下探至12米深时，发现砖渣、砖沫，青灰色土，厚0.8米，下为细砂，杂有黏粒、粉粒，至14.5米深时砖渣最厚；至18米深时，上面是砂礓，下为砖渣、砖末，青灰色，厚约0.4米，再往下是细砂；至25米深时，见第三系红色亚黏土。

通过勘探、访问当地群众及查阅相关文献，初步判断该处应为隋唐大运河南岸的码头遗迹，暂探明残存范围东西宽7～9米，南北长15～17米（图5.25、5.26）。另外，在洛口码头遗迹的东南方向，发现一块四方柱形石块，推测为宋代建筑构件，可能与运河码头有关。

5.24 军粮道

5.25 洛口码头遗迹位置

5.26 古运河与洛口码头遗迹

5.27 龙窑发掘现场

5.28 龙窑内拱顶

## 龙窑

位于巩义市站街镇北窑湾村东泗河与伊洛河交汇处。清光绪二十九年(1890年)慈禧太后、光绪皇帝为避八国联军入侵之难逃至西安，第二年自西安返京时，准备在巩县伊洛河下船，改由陆路回京，地方官为存放太后、皇帝乘坐的“龙舟”，命当地豪绅修建5孔船坞停放船只。后人称之为“龙窑”。

窑洞坐东向西，南北长57.7米，东西宽8.5米，占地面积约500平方米。现存窑洞5孔，拱顶，黄砂石砌筑，洞与洞之间相距3.8米，中间最大，用来停放皇帝的船只，两边4孔规模依次减小；中间两侧的2孔船坞券沿上雕凤缠牡丹，用以停放后妃所乘船只；最南边的1孔券沿上雕蝴蝶闹寿，用以停放慈禧太后所乘之船；最北边的1孔券沿上雕花脱落殆尽，用以停放大臣所乘的船只。由于淤积，中间窑洞高3.6米，宽8.5米，从中间向南、北两边依次为高2.5

5.29 巩义河洛汇流处

米，宽7.5米；高3米，宽8米；高3米，宽8米；高2.5米，宽7.5米。窑洞原与河水相连，今均淤积于地下深约8米。洞口顶部砖雕，已毁。顶部距地表2.5米，原为学校操场。

近年，考古工作者在最北侧停放大臣船只之船坞内进行了考古发掘（图5.27、5.28）。

## 河洛汇流处

位于巩义市河洛镇神北村东部伊洛河入黄河处，相传，这里是河出图、洛出书、伏羲画八卦的地方（图5.29）。黄河水浊，伊洛河水清，两水清浊交汇，河洛分明，相环相拥又泾渭分明，在这里形成一个巨大而清晰的太极图形。

《周易·系辞》曰："河出图，洛出书，圣人则之。"晋王嘉《拾遗记》曰："伏羲为上古，观文于天，察理于地……是以图书著其迹，河洛表其文。"《史记音义》云："黄帝东巡河过洛，修坛沉璧，受龙图于河，龟书于洛。"由此看来，"河图""洛书"当出于洛水入黄河的交汇处。这里大河为带，神都山为屏，独特的地理位置和环境，使这里成为古代人类生活栖息的历史舞台，成为孕育华夏文明的重要地区，历代文人墨客、社会贤达、中外名人到此怀古凭吊、赋诗作词，留下了大量的赋作和诗篇、形成了极其丰富的河洛文化。

## 益家窝古镇和春秋阁

位于巩义市芝田镇益家窝村北部，伊洛河南岸。明清时期，伊洛河水运发达，益家窝村是伊洛河南岸一处重要的集镇，拥有水路码头，交通便利。目前益家窝渡口仍在使用。

在渡口处有春秋阁，又名启圣阁。创建于清嘉庆年间（1796~1820年），平面呈正方形，2层，重檐歇山顶，上覆黄绿琉璃瓦，四脊蹲踞鸱吻巨兽，四角挑檐如凌谷飞翔之鸟，下系铃铎，建筑富丽壮观（图5.30）。登楼观河岸景色，水光山色，阁楼倒影变化无穷，有如海市蜃楼。"紫金独秀"是明清时期巩县八大景之一。

## 河渎庙

又称大王庙。位于巩义市河洛镇神北村东部黄河、洛河交汇处。始建于唐代，毁于宋代。明朝初年祭祀洛水视同河渎，明太祖朱元璋敕建庙供祀二水神，庙内供

5.30　春秋阁

5.31　大王庙

5.32 黑石渡

奉河伯及四海龙王。现存正殿、前门及戏楼各一座，建筑均为清代光绪年间重修（图5.31）。由于洛汭是隋唐五代时期的重要水上交通枢纽，所以这里也是船工祭拜河神祈求平安的地方。

## 黑石关

又称黑石渡。位于巩义市西南3千米的洛水东岸，与河西岸的邙岭对峙如门，洛水从中流过，陇海铁路在此建桥通过，并设车站于关西，因此成为水陆交通的咽喉要地，舟车转输，冠盖往来，皆出于此。由于此地为巩洛要冲，成了古今兵家必争之地（图5.32）。“黑石古渡”为历史上的巩县八景之一。

## 石窟寺

位于巩义市河洛镇寺湾村大力山下，背依邙山，面临洛河，古有“溪雾岸之幽栖胜地”的赞誉，与著名的黄河、洛河交汇处形成一道美丽的风景线。

5.33 石窟寺

石窟寺创自北魏孝文帝太和年间（493～499年），至宣武帝景明年间（500～503年）已形成规模，唐和宋各代善男信女沿洛水而至，相继凿龛造像，是我国有名的北魏石窟之一（图5.33）。石窟中的15幅“帝后礼佛图”浮雕，为全国石窟中所仅有。具体内容详见第一九章之石窟寺。

## 巩义窑址

位于巩义市东约5千米的白河至大小黄冶河两岸，包含黄冶唐三彩窑址和巩义瓷窑遗址，始烧于北朝，发展于隋，盛于唐，毁于宋、金。巩义瓷窑处于洛水与黄河汇流处的洛汭地带，水上运输极为方便。特别是隋唐时期，巩义瓷窑陶瓷产品通过运河运往京都，东南沿海，远销西域及欧洲（图5.34～5.37）。

5.34 巩义窑址远景

5.35　黄冶窑址窑炉

5.36　黄冶窑址作坊遗址

5.37　黄冶窑址器物出土情况

5.38　伏羲台遗址

## 伏羲台

又称“八卦台”。位于巩义市河洛镇洛口村东黄河南岸的台地上，处于黄河与洛河交汇处以东的夹角地带。伏羲台为一椭圆形土丘，高15米，东西长150米，南北宽100米，东部沟壑纵横，南部依望“连山”，西部紧靠洛口，是一处以仰韶文化为主的新石器时代遗址（图5.38）。

传说此为伏羲“观河水东流，察日月交替，思寒暑循环，构研八卦”之处。站在高台之上，西看黄河五十里，东看黄河四十八，黄河、洛河二水交汇，清浊分明，回转盘旋，确有阴阳太极的味道。台东有一个15平方米的洼地，称“羲皇池”，传为伏羲画卦着墨处。隋文帝开皇二年（582年），颁诏于此建“羲皇祠”，元代谯国公曹铎在祠侧建“河洛书院”。现祠、院均毁。近年，考古工作者在其址发现有仰韶文化遗存和白灰面建筑类遗迹，并且笔者在此调查发现过仰韶文化大型祭祀坑，发现有彩陶残件。尤为重要的是，笔者在这一祭祀遗迹中发现有七条小猪。笔者认为这可能是祭祀北斗的，因为当时很多文化中盛行以猪象征北斗的信仰。

## 杜甫故里

位于巩义市站街镇南窑湾村，背依笔架山，面临东泗河(洛河的一个支流)，是诗圣杜甫出生和少年时期生活的地方。村北2千米是著名的河洛交汇处。

杜甫诞生在笔架山下的一孔砖砌窑洞里，并在此度过少年时代。1962年杜甫故里经过修葺，恢复了原貌，是一个坐东向西、大门朝南的长方形院落，原有宅院长20米，宽10米，小青瓦门楼，院内坐西向东瓦房3间，硬山式灰瓦顶，室内陈列杜甫诗集珍本，杜甫生平连环画和张大千、蒋光和、齐白石、曾竹韶的诗意画以及杜甫铜像1尊。1962年成立杜甫故里纪念馆，郭沫

5.39 杜甫像（元赵孟頫绘）

5.40 杜甫故里纪念馆

5.41 笔架山下的杜甫诞生窑

5.42 康百万庄园

若亲书“杜甫诞生窑”和“杜甫故里纪念馆”（图5.39～5.41）。2007年，当地政府投资建设杜甫故里，并将其打造成为一处文化观光型游览景区。

## 康百万庄园

位于巩义康店镇康店村洛河岸边，是明末清初康应魁的庄园。“康百万”是明清以来对康应魁家族的统称，因慈禧太后的册封而名扬天下。

康百万靠河运发财，靠土地致富，胜极一时，富甲三省，船行六河，土地达18万亩，财富无以计数，民间称其“头枕泾阳、西安，脚踏临沂、济南；马跑千里不吃别家草，人行千里尽是康家田！”传承12代、历时400余年而不衰。康百万庄园临街建楼房，靠崖筑窑洞，四周修寨墙，濒河设码头，集农、官、商风格为一体，布局严谨，规

5.43　成皋城

5.44　虎牢关

5.45　20世纪20年代的玉门渡口

5.46　汉霸二王城

模宏大。遍布庄园的砖雕、木雕、石雕等艺术构件，华丽典雅、造型优美、内容繁多、形神兼备，它们不仅是劳动人民聪明才智的结晶，更是不可多得的艺术珍品（图5.42）。具体内容详见第一八章之康百万庄园。

## 成皋城

位于荥阳市汜水镇大伾山之东端，北濒黄河，东临汜水，筑于战国。由于其处在古代交通要冲，战略地位重要，因此，秦末楚汉战争、唐初武牢之战等许多战争都发生于此。成皋城长期作为县、府和郡的治所，是大运河沿岸的一处重要古城（图5.43）。具体内容详见第一六章之成皋城。

## 虎牢关

位于荥阳汜水镇虎牢关村，其东依汜河，西、南控群山，是东出平原、西入关中、北渡运河和黄河的重要关口，是天下名关之一，也是运河支脉汜水上的重要古迹（图5.44）。

## 汜河入河口（玉门渡口）

位于荥阳市汜水镇虎牢关和口子村之间，是汜河流入黄河之处，也是一处较为重要的古渡口。北宋导洛入汴段开通后，汜河北流注入其中，增大了运河的水量，并与玉门口外建设汴河与黄河连接的通道，成为运河的有机组成部分。“玉门古渡”为历史上的汜水十景之一（图5.45）。

## 仓头(湾)

位于荥阳市北部高村乡的黄河南岸，此地旧称仓头或仓头湾，正好处于隋唐大运河通济渠中段与东段的交汇地带。这里原有“板城渚口”“河阴仓”等大运河相关的设施，在通济渠中居十分突出的地位。尽管这些重要设施及其遗迹已不存在，但1000多年来流传下来的村名“仓头”(河阴仓之头)或“仓头湾”，却成了河阴仓存在的重要证据。

## 汉霸二王城

位于荥阳市东北约17千米的广武山上，东距古荥阳15千米，山北原为汴水故道，今陷于黄河。秦汉之际，项羽、刘邦曾在此隔广武涧分别筑城，对垒经年得名。二城夯层基本相同，均系平夯，用土呈黄褐色。二城中隔的广武涧（一说即战国时期的鸿沟），涧深200米，宽100米，口宽约800米，南北走向（图5.46）。具体内容详见第一六章之汉霸二王城。

## 孤柏嘴渡口

位于荥阳市广武镇广

5.47　惠济桥

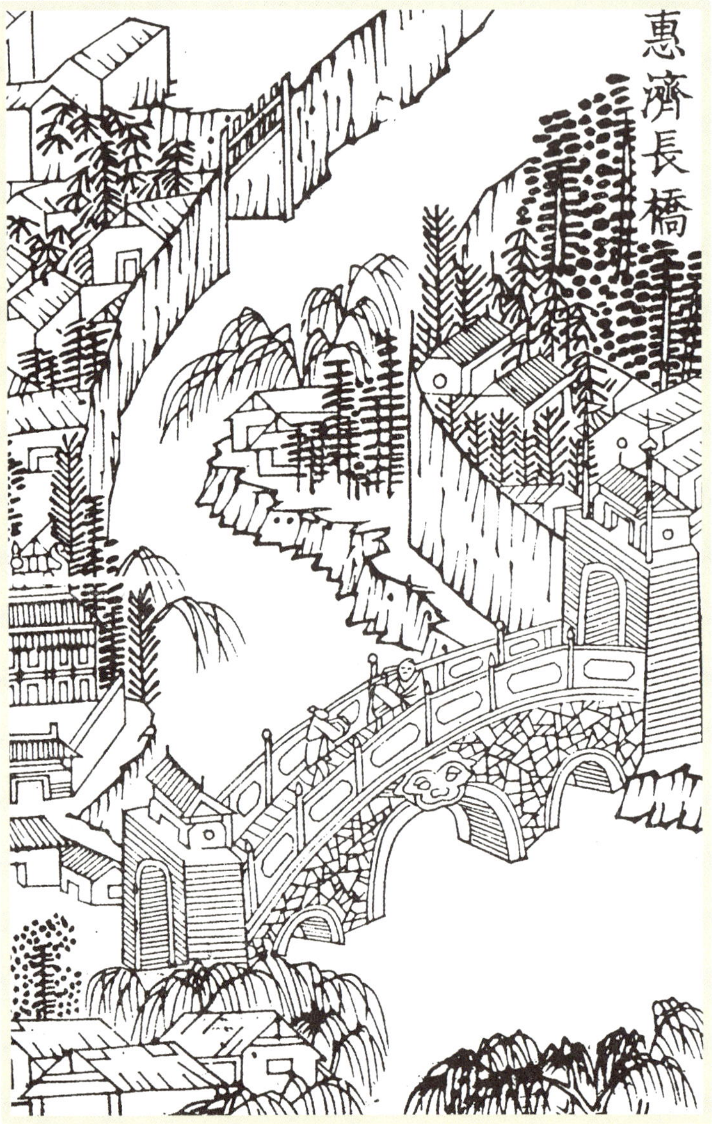


5.48　惠济长桥（取自清乾隆《荥泽县志》）

武山下，北临黄河，处在通济渠黄河段与汴河段交会附近，古代黄河和大运河南岸的一处重要渡口。渡口河水紧靠广武山脚，水势平稳，上船下船都可免泥沼难行之苦。清道光三年(1823年)渡河碑记载:“本为农设，兼利行人。每岁夏秋间，大雨连绵，河洛并涨，及隆冬河水断流不可渡，行人多于此问津焉。”民国时期渡口最盛，有渡船40多只。现今为一处农用渡口。

## 桑树潭皇家采石场

位于荥阳市贾峪镇西南的桑树潭村，旁临贾峪河(寺河)。自北宋时期疏浚汴水上游之沿岸河流河道(包括贾峪河)，增大流入汴水的水量后，北宋皇帝就在桑树潭一带开设了一些采石场，并通过贾峪河、索河入汴水(运河)，将京城建设所需石料从此顺流而下运往京城。采石场至今留存有当时尚未运走的石料。

## 惠济桥

位于郑州市惠济区古荥镇惠济桥村内的通济渠（俗称运粮河）上。始建于隋唐年间，现存三孔石桥为明代建造（图5.47）。乾隆十一年《荥泽县志》中咏惠济桥：野店山桥送马蹄，白沙青石洗无泥。泊船秋夜经春草，明日看云还杖藜（图5.48）。“惠济长桥”为历史上荥泽八景之一。具体内容详见第一八章之惠济桥。

## 玄帝庙

《史记・天官书》曰：“北宫玄武、虚、危”，显然把其与星象予以了关联，《楚辞・远游》注说“玄武”是“北方神名”，《重修纬书集成》卷六《河图》说其为“北方黑帝”。

《后汉书・王梁传》：“玄武，水神之名”。《重修纬书集成》卷六《河图》：“北方七神之宿，实始于斗，镇北方，主风雨”。据阴阳五行理论，则玄武为水神，所以其神力可以去除火灾。又东汉时期魏伯阳的《周易参同契》以“龟蛇纠缪”喻说阴阳，所以信仰玄武又有送子之福。又由于神龟寿，气息符合道家信仰，像《史记・龟策列传》记载，“南方老人用龟支床足，行二十余岁，老人死，移床，龟尚不死。龟能行气导引”，又像《抱朴子》记载：城阳郄俭少时行猎，坠空冢中，饥饿，见冢中先有大龟，数数回转，所向无常，张口吞气，或俛或仰。俭亦素闻龟能导引，乃试随龟所为，遂不复饥”，所以获得道家倾心。又，玄武与星象予以了关联成为北方之象，其中包括南斗宿。《星经》云:“南斗六星，主天子寿命，亦宰相爵禄之位”，与《搜神记》管辂语“南斗注生，北斗注死”近似。

由于玄武信仰的繁盛，玄帝庙一度成为惠济桥周围最为重要的信众场所。据考古调查，其位于惠济桥村惠济桥西北侧，紧靠石桥，庙内供有日、月、星三尊神像（当地人称三光庙），原玄帝庙旧址占地约10余亩。坐北向南，庙内有雄伟壮观的大殿五间，东、西厢房数间，20世纪50年代大跃进时，建筑被拆除，庙内石碑皆被毁。在村北新建的天爷庙内，保存有一通明代万历年间“重修玄帝庙碑记”碑刻（见图5.59）。在玄帝庙旧址的南部约90余米处原有一个戏楼，戏楼由前台和后台两部分组成，解放初期被毁。

5.49　大王庙遗址

## 大王庙

位于惠济区牛庄村东北400米处的黄河大堤之上，占地约10亩，新中国成立前有大殿三间。砖木结构，硬山灰瓦，单檐筒子脊，筒子脊两头安装有龙吻。其上有走兽、宝瓶，仙人。大殿前有卷棚顶建筑，坐南朝北，面对黄河。有东西厢房各三间，属四合院结构。四合院的西侧还有一个小院，院内有硬山灰瓦西屋三间，是庙院的仓库。庙门是一座飞檐翘角的门楼。门楼上有木匾一块，上书“保障荥泽”四个大字，匾长3米、宽1米，由清代曾任荥泽县知县的张书英书写。

庙门对面150米处有一个戏楼，戏楼有前台和后台两部分组成，前台呈方形，西南东三面为敞开的歇山卷棚顶式建筑。四角各有大红漆圆柱。柱下有青石质圆形柱础，屋顶以筒、板瓦做歇山卷棚顶，后台为砖木结构的二层小楼建筑，与前台相互连接，楼顶上覆小瓦，新中国成立初期戏台被拆除。

20世纪90年代末期修建黄河大堤时庙内建筑全部被拆除。现大王庙旧址上还有当年撤除建筑时留下的砖瓦残块及残存的建筑墙基（图5.49）。

隋唐大运河通济渠故道在大王庙的南侧略呈西北至东南向穿过。西北入黄河大堤下，东南部与惠济桥村内保留在地表以上的运河古道相连接。

## 敖仓城

位于郑州市惠济区黄河风景名胜区骆驼岭上，是秦设置在鸿沟、汴水、古荥阳的国家粮仓，储存由运河运来之粟。汉刘邦三年（前204年），与项羽对峙荥阳，筑甬道取敖仓粟以支军，相持岁余。其后代亦设仓于此。今存一段夯土城墙。具体内容详见第一六章之敖仓城。

## 荥阳故城

位于郑州市惠济区古荥镇古荥村。东濒荥泽、鸿沟，南临索须河，是战国时期的重镇、交通枢纽，秦三川郡治。我们近年来曾详细勘探并解剖过有关遗迹现象。该城城垣略呈长方形，大部尚存。故城南北长约2000米，东西宽约1500米，周长约7000米。残存城墙最高处20米，上宽10米，底宽30米。城墙系版筑而成，层次分明，夯窝清晰。西城墙处有3处缺口，应与城门有关（图5.50、5.51）。此地还有汉河南郡第一冶铸作坊遗址、纪信墓及荥泽县城等遗迹。具体内容详见第一六章之荥阳故城。

## 杨武桥镇

后简称杨桥镇。位于中

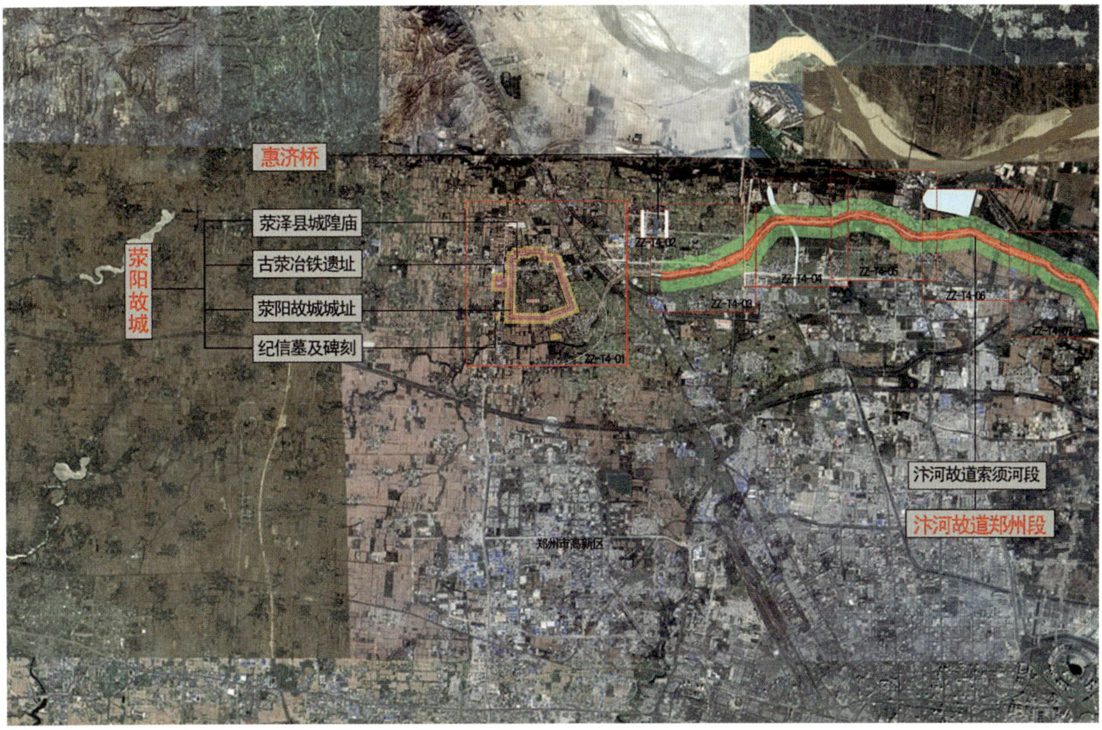


5.50　荥阳故城与通济渠郑州段关系示意图

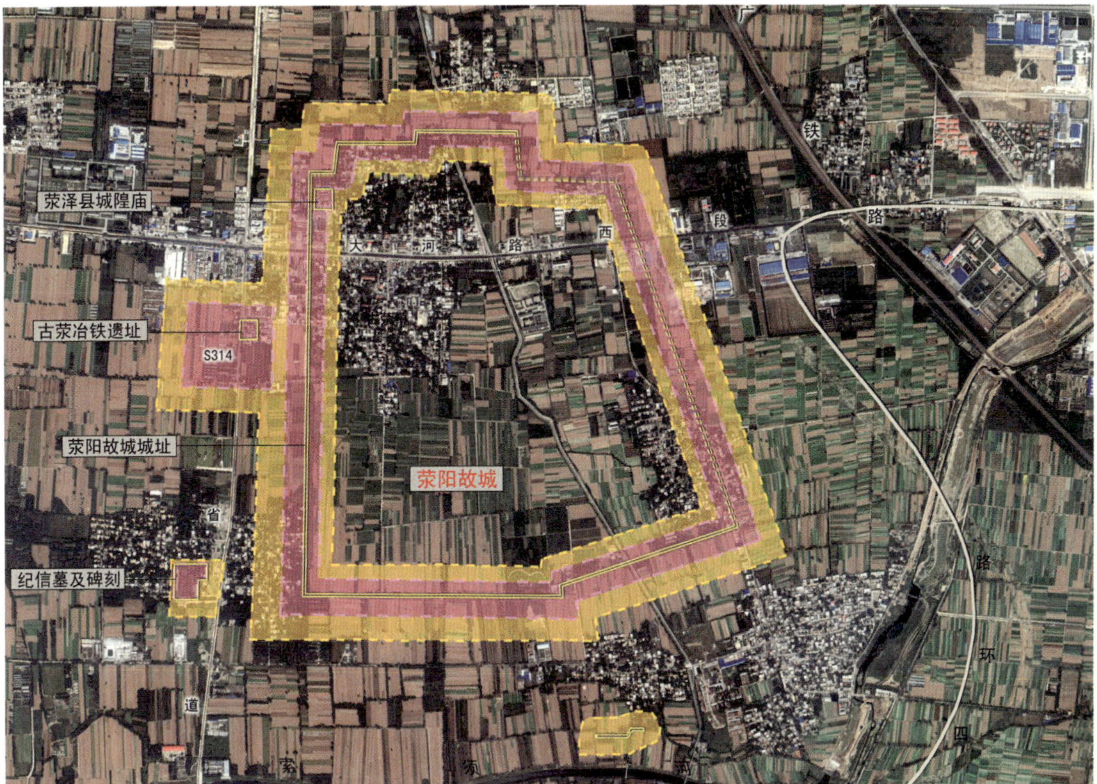


5.51　荥阳故城示意图

牟县西北部，距今县城25千米。隋开凿的大运河从杨桥入牟境。据明正德十年《中牟县志》载："隋炀帝开通济源经此，跨渠有桥，路通阳武县故名阳武桥，镇以桥名。在此设防驻军，每段各有镇守，所以叫镇，镇之称由此而来。为唐宋时期汴西（开封）名镇。"今杨桥引黄灌溉渠道闸设此。

## 万胜镇

位于中牟县城北13里，唐朝时汴河经此。万胜镇扼水、陆交通要冲，为汴河漕运必经之地，古代以驻军取常胜之意而得万胜镇。也是北宋时期的100多年间中原地区有名的大商埠。明正统十三年后黄河5次大决口，万胜镇全部淤没，变为今日的万胜村。

## 水櫃

据文献记载，"水櫃"故址位于今中牟县城东北5千米，古名林柜坡，此地带因地势低洼，长期积水，是为泽。东汉建安五年（200年），曹、袁在这里发生有名的"官渡之战"，曹曾引该处之水以灌袁军。唐宋时期汴河经此，又于该地开凿较大的蓄水工程，名"水櫃"，以调节汴河之水量。经金、明以后的几次黄河决口，淤为平地，在此形成了村庄，仍名水櫃村。后以"櫃"演"溃"，成为今之水溃村。

通过考古钻探，并结合前黑寨村西出土的铁锚等情况，我们初步推测古时候"水櫃"的范围：西至大孟镇李南溪村东、东达开封县汴河堤村、南至官渡旅游区、北到大孟镇大吕村这一范围内（图5.52）。近年来，考古工作者在水溃村西北水溃古河道遗址进行了考古发掘，出土有陶器、瓷器、铁器、石块等（图5.53～5.56）。其中瓷器多为宋元时期。

## 板桥

位于中牟县东8千米，310国道北侧。隋唐时期，汴河经此，上架木桥，名板桥，桥旁成村，村以桥名。又因大梁（开封）至洛阳驿道经此，在该地设有驿站，又称板桥驿。因此地繁华、景色秀丽，白居易、李商隐等众多文人于此赋诗记事。如今贾鲁河已代替了此地汴河之名，无驿也无桥。

## 运粮河

位于中牟县北部，为涡河的主源，发源于河南开封以西中牟县境内，黄河南堤脚下，东南向流，穿过中牟县与开封市之间陇海铁路，至朱仙镇南，又纳一分支，以下始称涡河。在运粮河过中牟县境至开封县境内时，有一村庄叫汴河堤。据当地村民介绍，现在的这一段运粮河是1964年开挖的，所依的河基是北宋时的汴河故道。

## 沿线主要碑刻

在运河的考古调查和发掘中，发现大量碑刻，这些碑刻内容丰富，涵盖面广，为研究郑州运河的经济与沿岸群众的生活状况等方面提供了实物资料。这里选取较为重要的碑刻，作以介绍：

（1）重修惠济桥龙岩寺归寂殿记

碑刻录文：

荥泽县儒学生李庄春撰文

吏部听选监生王纳士篆额

荥泽县儒学生马国选书丹

佛之为道非以其能生也，以其能灭也。非以其能

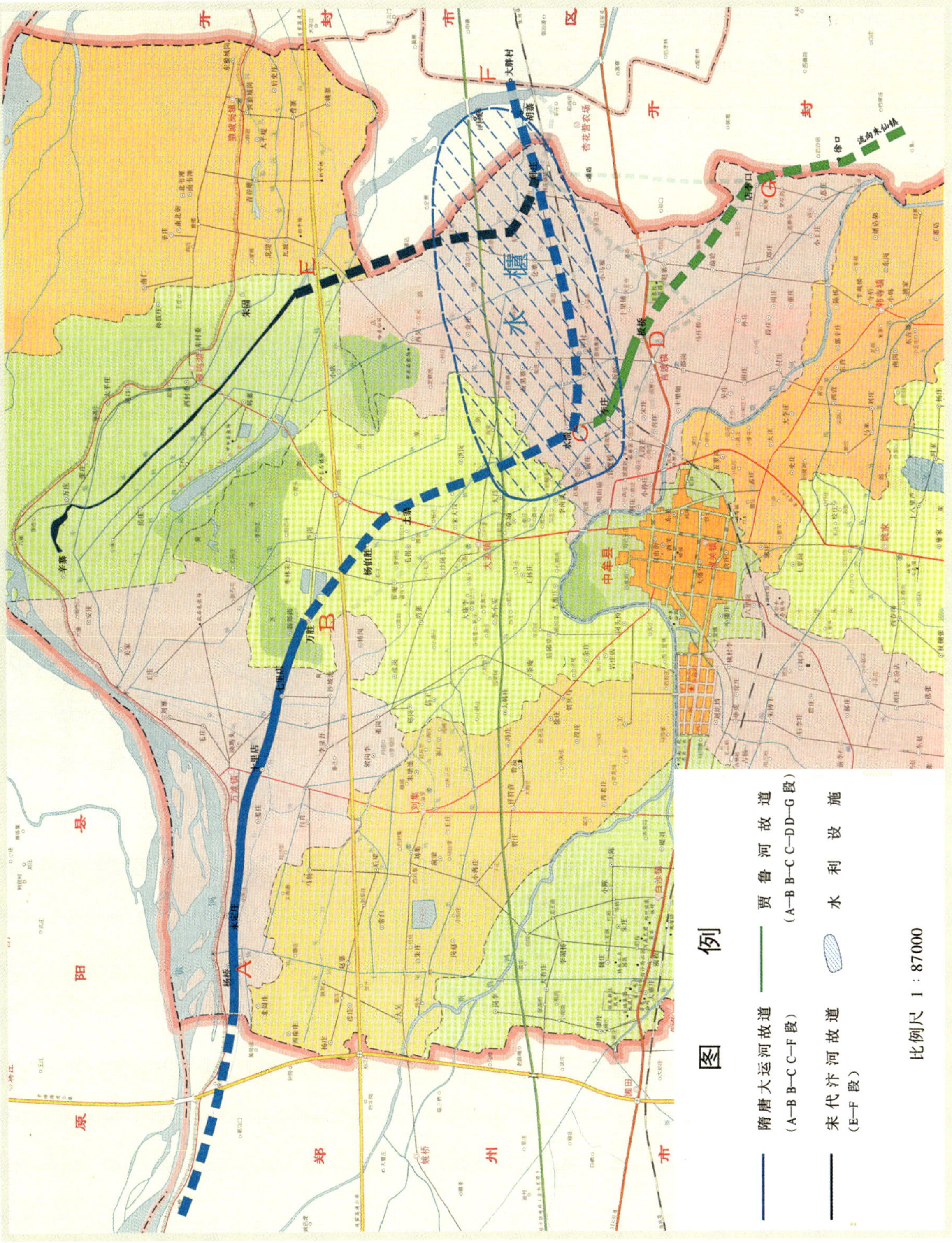


5.52　不同时期河道与水櫃关系示意图

5.53 水檟古河道发掘现场

5.54 水檟出土宋元时期瓷器

5.55 水檟出土宋元时期瓷器

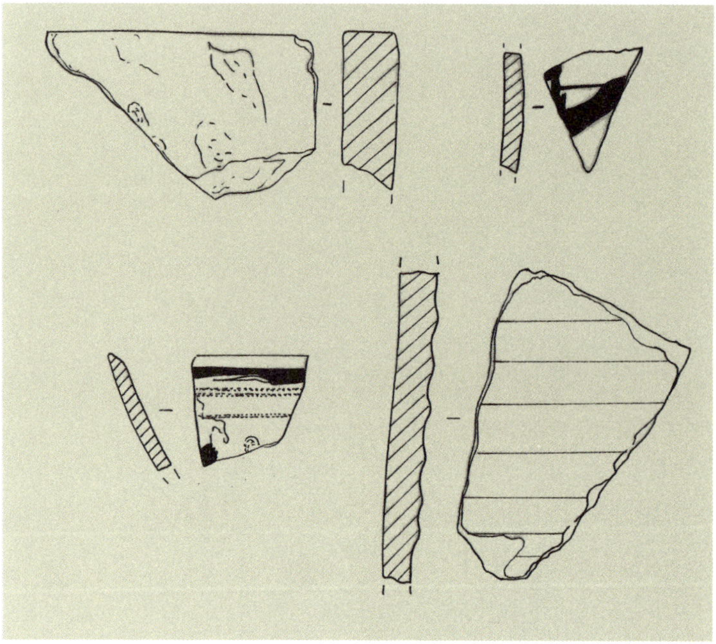

5.56 水檟出土宋元时期瓷器

灭也，以其生而不生灭而不灭，出乎生灭者也，是其生其灭者，佛氏之粗迹，而不生不灭者，佛氏之妙果也。虽然执迹无以会法，去迹无以阐教，故善求其道者，混心迹于一贯，超生死于口有则，法本无法，无法亦法之，心印行矣。粤自周昭王二十六年，释迦牟尼佛示见于中天，竺迦毗罗卫国净梵王宫摩耶夫人，字曰悉达多，太子生而光贯太徽卜勤太史灵详殊瑞。昭示人天不可胜口。逮十岁，能为掷象贯鼓之戏，十有九岁，驰游四门，见老病死，洎出家者，生厌乐心。然善根宿植，道源潜通，自有不能遏者，即于二月八夜，口天马凌。虚而去适，檀特山以宝剑落彩入弥楼山。悟三昧正觉，迁象头山，巢鹊于顶。浴尼连河，受乳糜于牧牛女，降伏天魔，大会灵鹫山以正法眼，藏涅槃妙心，传法迦叶。穆王五十三年二月十五日，于拘尸那城娑罗，双林间说涅槃经，已而遍观三界，中夜寂然示灭。俄而宝树变白，人天悲恸，有暴风地震，白虹竟天之异。迦叶遥奔，宝椁自启，双跖外见，礼竟入柩，膺火自踊。荼毗天人，各分舍利，藏宝塔焉。应世凡七十九年，是为释迦文佛，寔贤劫第四佛也。至汉武帝时，霍去病获金像于居延，张谦传浮屠于大夏，此佛道流通之渐然。教未大行，明帝时梦接西天，化流东土而琼宫宝刹遍天下。历晋宋汔今上下仅二千岁，其教益衍，其徒弥众，法轮流转，幻化无穷。梓潼所谓浮生不久，求于无生者也。其殆然乎！

国朝初，我荥泽惠济桥艮维旧有寺一区，枕岭河浒，扁曰龙岩，相传寔古刹也。代相缮饰，颇极清邃，正殿后卧佛一宇，创建于成化十一年春正月。镇人马铎，岁加摧倾，不能风雨，像剥形蚀，道俗伤之。维时寺僧从耐。矢心誓众募缘鸠工。镇人白佩，钦挹玄风，寔勤替理。于是彻易故贯恢□新规为殿五楹，中闳外敞，密砌崇垣，中肖世尊，归寂之像，绀□螺旋，日烁月莹，金躯长十有六尺，俨如始化，傍列人天，恸悼之状，为躯男女凡二□□八然皆金碧辉煌，酸咽可掬也。狮象貌各一，亦极悲吼态。壁绘如来生灭之因为事。凡二十八城，宇皿器倍之，人物凡百余，头皆曲尽工巧，经始于嘉靖辛丑夏四月落成，于丙午冬十月财用资乎。赋施因果，契于天人，工讫贸石征文，以纪其事，于病旧额之。无谓因扁之曰：归寂殿使，凡瞻礼宇下者不待问索，咸悟寂灭法，起皈依心焉。其它檀越工释之名氏，例得备书于其阴云。

文林郎知荥泽县事宣府王溥

迪功郎县丞平定荆廷解

典史太和李禄

署儒学训导崇宁樊秉彝

洮州王瓒

谢天锡

阴阳学训术谢天德

广武驿驿丞李耀

迎运所大使郭济民

医学训科杨来召

王玕

刘伯贤

嘉靖二十五年岁次丙午冬十月中浣之吉（图5.57）

（2）重修惠济桥三官庙记

碑刻录文：

□□河□□五里许有□□故河介乎居民□间恒□於涉□□

以□□寓焉曰三官碑无善崩虞实寿官张□原逮自正德丁卯□

禩岁月既深□潦为厉不无倾圮之患维时□民□□□携道□□

□□以层□缭□高□设以重门饬治□振起□□□□□□□□

□□□□□里人也□河辞遂记之曰粤惟厥神之名□世也传□

□无□或世□民有曰天□谓其鼓雷霆润风雨运日月

5.57　重修惠济桥龙岩寺归寂殿记碑拓本

推□□岳

育民人蓄草□□鸟兽下有□官悉地矣曰水官□□□□□水□

□天也地也水也所官不同其斡旋造□□行□□□□□已□□

□神栫故妙妙故不测无在□无乎不□□然□□□□□神□食

□报而神之鉴之来格来歆□四海之□凡民□众□□□无有而

无乎不有也假庙之诚报祀之典□人顾可废且阙□□斯庙□既

新也民虔既竭神衷亦怿然委其庆显受其福相与□□是为记时

嘉靖二十七年岁次戊申（1546年）冬十月之吉立

（3）重修显佑伯城隍庙碑记

碑刻录文：

邑人李庄春撰 郭登瀛篆 朱遇书 李春芳校

粤若稽古，伊耆氏厘正天下，大蜡群神而坊庸与焉。后世城隍之祀，寔昉于此，左氏载，郑灾祈于四墉而禳祷之因厥惟旧矣。去汉而下一有祀者追及胡元，荐作昏德，人厌神怒，幽明沸腾，郡邑之庙，率以历代忠臣烈士主之。于是神人杂糅，僭扰祀典，功用晦焉我太祖高皇帝荡平海宇，汛涮陋习，岳渎神示，滥封姓氏尽取而鼎革之。其郡邑城隍，以寔功勑封曰王曰侯曰伯郡邑之名如故。荥泽城隍特封曰鉴察司民显佑伯。

庙在旧县治西。邑人李公（王晋）钦崇明威，成化初尚修葺之，既而冯夷告灾，毛人失守，官民廨宇冲突中流，震惊嘉师，忧□□君子。时邑侯曹公铭，荒度土功，徙治今县，而神祠迁焉。然昏垫之余，财力殚亡，祠宇毕湫狭隘，无以揭处。妥灵今□，忧动情□，于旧和瑞□□公用□北畿。

天宝宫道士曰梁守静者，来替是祠。公乃精白一心，协力替襄，期以岁年大加□斥，俄而物故道俗，□□维□□□克勤授邑，阴阳学训术克绍前烈用□丕绩既斥金汤遂与守静併其徒道宁道昱议以克合偕孙君润孟君铎罗君备李尹克□王君□□君□，阮君奈，蒋君恭，王君宝，李君名，范君杰，王君钺，房君□，孙君望，方君瑀，李君佑，方君珂，李君希古十有八人□□殚力，募缘鸠工，□□□殿寝宫各五楹。隆栋修椽、金铺土舄、复檐崇危，翚飞鸟革，金碧荧煌，仪像有赫，翼以仪门，瓦缝砖级，不事栋宇，砻磨之工，甃砌之坚、□非□工所能，大门三楹、巨灵对峙、左拽玄兔、右臂苍鹰、森严可畏、工讫琢石、征文将勒、其事弗果、卒以忾于今仆，□□□绩用弗章。嘉靖辛卯岁□廷锦复用，道士王□智岳，崇信张崇来，请□服成劳宣，力不怠□建东西廊为楹，凡七十有二，以肖古今，宾缘显报，昭鉴戒焉，岁加倾圮，越□十三年夏，县令辽宁梁公继祖，保厘之暇，痛惟□教，弗叙神功，罔稽复诏，李君曰汝，其率乃祖乃父攸行，彻腐易朽而缮新之，既克就绪□□贞民用李子联芳，状速予□铭，以昭神功，永蠢誉马予惟，翼欃兴运者神之灵也，怀柔宗祀者。

国之典也，钦承祇事者人之处也，奕世一德久而弥光者，忠孝之楷贞信之式耶，勒之金石用垂不朽。夫谁曰不宜，遂作铭曰：

明受天命 怀柔百神 徽石显号 崇祀维新 黄河之阴

汴水之阳 庙貌雄峙 祀事孔明 牲肥酒香 神人胥悦

□□联翛

地灵人杰　阳侯失驭　簸荡惊涛　□我城垣　民泣以号

人神不宁　仆迁厥居　隆栋构宇　新城之隅　袭陋□简

□□□□

神用弗歆　人文中歇　有处李君　忧心依依　靳于马公

升之守静　祇服祠事　经营□逞　傅及其徒　是承是将

□□有□

克绳其武　巩固金汤　崇饰祠宇　□固坚贞　是□是櫐

追琢古窗　髹漆金缕　清庙有侐　□成孔奕　门墉幽邃

龙□□□

渠渠玄宫　亦既落止　琢石以竣　倏忽不起　奕世有作

率乃攸行　葺剥补敝　构其庑廊　福善祸淫　宴缘斯普

□□□□

鉴戒如堵　惟普毕陋　今则华好　惟昔倾圮　今则坚考

匪人之力　繄神是保　神功有赫　用勤父老　百里保障

□□□□

雨旸时若　式崇周索　笃生髦隽　维国之桢　翼赞

大明嘉靖三十三年季秋望日立知县孙继祖　县丞王律

教谕黄芳　训导杨瑚　王干　典史张瑶　同立庙□□□□（图5.58）

（4）重修玄帝庙碑记

碑刻录文：

玉音进阶

中宪大夫前乡进士山东济宁州知州邑人孙良心撰文

征仕即前山西按察司知事邑人马鸣乐篆额

承事即□东□司都事邑人朱孔昭书丹

荥泽县惠济桥北（口）门玄帝庙，故传□自前元逮□于兵燹故址荡然口我。

明嘉靖戊子，居民穿井，得石栋四于是，官马氏锦，耆民王氏，乡马氏彪率，竹氏相，邵氏等，集材聚工，构正殿三间，二门三间，缭以周垣。以玄右中塑神像，旁列四帅，左龟右蛇，金碧辉煌，光映云物，古刹复，而庙之大观备矣。时移（岁）父上两旁风，昔之辉煌者不能无改于今。又十有六年为嘉靖癸卯，耆民□子吉等，及僧从耐，修葺之如前之壮丽焉。又二十有八年，为隆庆壬申，久而复敝。

……癸酉，寺官马氏鸣和吉子国用，复修葺之，比前尤壮丽而改观焉。乃索记余。余惟玄武名见曲礼，

5.58　重修显佑伯城隍庙碑记拓本

朱子谓指四方之星形似而言，以……之下，故谓之玄武，位在北方曰玄，身有鳞甲曰武。宋真宗避老子讳，改玄为真，曰真武，曰玄帝，二者同神而异名者，盖与青龙白（虎）……万，以育万物，定四时。以前民用画，分四野以正疆域，示先征以垂世戒，惟玄武为黑帝之精，司冬司水司北岳司北方司介三百有六……焉，御灾捍患焉，驱沴致祥焉，世之祁奉者咸获（灵）贶焉。宋天圣间巡检陆奉与（寇）砻（梦）□战，围奉闾山。奉度食尽必死，祷神求救，潮……舟于沙上，而（梦）锡死，地方安，即地立庙祀之，此其神之一验也（哉）。

……成显旗示象，多

有佑翼之功，庸是（列）于郊坛之上，祀于太和之巅贮之□金屋□，此又其神之一验也。故曰圣王之制，祭祀也，能……故神以福民为职，人以敬神为本，事以有终为贵，道以得中为难，灾沴弗作，强暴革心民（豢）福矣，春秋享祀礼度福愆，神受……非释非老不□（不）□道得中矣。是故福地者即名山也，崇武者即尚文也，敬神者即孝亲也，厚终者即虔始也，一举而数……座，则赐进士□（林），即云南道监察御史祥符田公，禋之所施，其柱上（联）对则乡进士文材，即咸阳令马公豸之所制也……之（灵）应人之姓氏，岁月之甲子者也。

荥泽县知县罗显忠　县丞贺汝省　教谕卢治　训导马官　高进　典史梁柏　仝立石

石匠李凤阳刻（图5.59）

（5）卢琚功德碑

该碑是为明朝官员卢琚（1556～1610年）而立，卢琚是郑州市中原区朱屯村人。明万历年间在湖广宝庆府（今湖南邵阳）任推官、在陕西省延安府绥德州任知州。湖广宝庆府所辖一州四县，卢琚上任后，他疾恶如仇，将宝庆府治理得“夙蠹尽祛”。万历皇帝称赞他“烛奸若镜，执法如山，肺石无冤，口碑有颂”。后因功调升陕西省延安府绥德州任知州。

绥德辖一州两县，地瘠民贫，十年九旱。据《绥德州志》记载，卢琚到任后“政从简约”，废除前任对百姓的苛捐摊派，他“性情谨，政宽和，条陈马站作，兴学堂，补仓粮，禁加耗，民颂青天”。由于他“昼夜持筹无暇”，终于积劳成疾，重病卧床不起，“他屡告休致，上下固留扳遮，不能行”，于万历三十八年八月死于任所，终年55岁。

卢琚鞠躬尽瘁、死而后已的作风使绥德的人们将卢琚“灵牌”祀入“名宦祠”。不久，郑州知州也将卢琚“神主”祀入文庙乡贤祠。“入祠之日，郡守告处，衿绅毕集”，仪式非常隆重。其功德明万历皇帝曾予旌表，追赠为奉直大夫。万历四十年（1612年）葬于侯岗（今郑棉一厂的卢氏祖茔）（图5.60～5.63）。

碑刻录文：

敕曰：朕慕古刑，措之治嘉與，海内共臻斯路，惟□□国，爰书综合，律理有能，察监祥刑，□□□□，爰嘉褒，以风天下，尔湖广宝庆府推官卢琚器宇宏深，丰猷峻德，□抡英于棘□□，持宪于邵陵，而能秉以察五声而审克，富（成？）竹，勿喜，察两造，量决以求中，好生为心，慎一，成而审

5.59　重修玄帝庙碑记拓本

5.60　卢琚碑正面

5.61　卢琚碑正面局部

5.62　卢琚碑背面

5.63　卢琚碑背面碑刻

（恶？），烛奸若镜，执法如山，肺石无冤，口碑有颂。兹以覃恩官阶文林郎，锡之敕命。夫司理，虽职在奏，当乃台使者察吏臧否，实寄耳目焉，喜怒爱憎，乱其衡弊，且甚于失入，尔尚居中而□□之，如皋陶所弥五章，施用一本之天，乃无愧于明弼矣，敬之哉！受有显命。

敕曰：朕感古人持丹笔对泣，事因惠吾法□多平也者，意亦资内助乎！从爵疏荣，於礼为称。尔湖宝庆府推官卢琚妻赵氏，婉静为仪，修而佐养，服綦缟以从官，囊里一琴，调弦静好，执烛哀矜，兹理郡之勋，知尔宜家之德是用。封尔为孺人，尚弥儆于天下，庶有光于象服。

敕命

万历三十五年三月初八日

之宝

由于卢琚功德碑用词较为难奥，特予以阐释：

① 祥刑：《书·吕刑》：“有邦有土，告尔祥刑。”孔传：“告汝以善用刑之道。”唐元稹《高允恭授尚书户部郎中判度支案制》：“惟尔允恭，告我祥刑，罔不率协。”明钱谦益《尚宝司少卿袁可立授奉直大夫》：“尚宝司少卿袁可立，风简清真，文章炳蔚。祥刑惟允，执法有闻。”清李渔《闲情偶寄·饮馔·肉食》：“我辈食鱼虾之罪，较食他物为稍轻，兹为约法数章，虽难比祥刑，亦稍差于酷吏。”

② 好生为心：《周易·系辞传》说道：“天地之大德曰生”，对于“生”的含义，蒙培元先生在《敬畏之心》的文中提到，这里的“生”就是生成、创生，

这主要不是从自然科学意义上讲的生成，而是具有超越性的意义，天地以“生”为大德，天道所展现的就是创生的精神实质。受传统文化影响，古代医家也以“生”的精神理解天道和天地之德。我们先来看一些对天道的理解。元代校正本医学著作《圣济总录》的一篇序文开篇写道：“臣闻天地以溥生为大德，所以曲成万物而不遗”；明代医学家徐春甫在《古今医统大全》中认为：“幸天道好生而恶杀”；明代《景岳全书·贾序》中写道：“原夫天地生物，以好生为心”；“天地有好生之德，圣人有大公之心”（《医学源流论》）。在以上这些表述中，“天地以溥生为大德”、“天道好生而恶杀”、天地“以好生为心”。

③ 司理：宋初各州有马步院。以军人为判官，掌狱讼。太祖开宝六年（937年）改各州马步院为司寇院，以文臣为司寇参军，后改司寇为司理。

④ 皋陶：《史记五帝本纪》：（舜）摄政八年而尧崩，三年丧毕，让丹朱，天下归舜。而禹、皋陶、契、后稷、伯夷、夔、龙、垂、益、彭祖（按以上共十人），自尧时而皆举用，未有分职……

⑤ 五章：指服装上的五种不同文采，用以区别尊卑。《书·皋陶谟》：“天命有德，五服五章哉。”孔传：“五服：天子、诸侯、卿、大夫、士之服也。尊卑彩章各异，所以命有德。”《左传·昭公二十五年》：“为九文、六采、五章，以奉五色。”杜预注：“青与赤谓之文，赤与白谓之章，白与黑谓之黼，黑与青谓之黻，五色备谓之绣。集此五章，以奉成五色之用。”清沈育《皋陶祠》诗：“主德宽三宥，臣心慎五章。”

⑥ 明弼：《尚书》：“曰若稽古。皋陶曰：‘允迪厥德，谟明弼谐。’”康熙帝赐李光地“谟明弼谐”御匾，以赞扬他“计谟明智、扶弼和谐”。

⑦ 调弦静好：《诗经·国风·郑风》：“宜言饮酒，与子偕老。琴瑟在御，莫不静好。”意思是，恰似女的弹琴，男的鼓瑟，夫妇和美谐调，生活多么美好。

⑧ 执烛哀矜：《太平御览》正文卷二百三十一职官部二十九：又曰：董昆字文通，余姚人也。迁廷尉卿，持法清峻，不发私书。又曰：盛吉拜迁尉，吉性多仁恩，务在哀矜。每至冬日，罪囚当断，其妻执烛，吉手执丹笔，夫妻相向垂泣。“哀矜”意思是哀怜，怜悯。可参见《论语·子张》：“则哀矜而勿喜”。

⑨ 理郡：唐韦应物：理郡无异政，所忧在素餐。徒令去京国，羁旅当岁寒。

⑩ 象服：古代贵族妇女穿的一种礼服，上面绘有各种图形作为装饰。《诗·鄘·君子偕老》：“象服是宜。”毛传：“象服，尊者所以为饰。”陈奂传疏：“象服未闻，疑此即褘衣也。象，古襐字，《说文》：‘襐，饰也。’象服犹襐饰，服之以画绘为饰者。”唐钱起《贞懿皇后挽词》：“有恩加象服，无日祀高禖。”宋王安石《右千牛卫将军仲焉故妻永嘉县君武氏墓志铭》：“象服之粲兮，容车之睆兮。”清冯桂芬《顾蓉庄年丈七十双寿序》：“象服绣葆，跄跻一庭，国恩家庆，矜耀闾里。”

（6）资生堂本邑捐银

名数记

碑刻录文：

候补主事、江南嘉定知县李士甄暨男：广东南雄府通判李维坊、候选州同岁贡李维侨共捐银十七两。

考城县儒学教谕、举人张廷祥捐银五两。候补文林郎生员郭章捐银六两。贡生王景星捐银□（捌？）两。

岁贡生李士廉捐银六两。岁贡李维城捐银五两。贡□吴天锡捐银五两。介□生员□田捐银六两。

监生李今捐银五两。□□思仁五两。下桂生五两。□保□五两。□□毅五两。胡凤□五两。

李千捐银□两。王□秀五两。邵治章五两。（下半行字迹不清）

洪钦捐银五两。马良琇五两。胡世陈五两。（下半行字迹不清）

盐商金义捐银十二两。当商裴大欲十两。武生李□恕五两。李荣五两。农官朱时运五两。

吏员祝明忠捐银五两。刘余恩五两。刘明道五两。儒章李云望五两。以上共捐银二百两整。

大清雍正十三年岁次乙卯（1735年）正月吉旦 署荥泽县知县包弘基谨志。

（7）重修龙岩寺二门碑记

碑刻录文：

惠济桥东北隅有龙岩寺礼佛所也，二门中肖佛祖菩萨旁列□像，气态雄伟，冠带巍峨，望之者肃然起敬，梵语云四大天王，其足踏鱼蛤水族之妖，大抵除邪卫正之意。诚禅林之护法沙门之羽翼也，□岁时日久风雨飘摇鸟鼠侵蚀，是以脊兽倒侧，墙垣崩裂，庙貌破损，而倾颓神像土泥而无华，非重修而葺补之其何以妥神灵壮观瞻乎。本街信士贺君天福汪君大兴绍君万顺王君快等，目睹心伤，协僧普爱持券募化本镇市商善人以及四方仕宦长者，各出赀财共□□事，于是鸠工庇材革故鼎新。不数日而工告竣。栋宇窗槅规模虽云由旧黝恶丹漆艳丽宝觉异常第见庙貌高耸飞檐而流光，神像辉煌绣衣而耀彩则风雨无虑，鸟鼠不存，岂非倾者复振败者重新哉。爰勒诸石以垂不朽是为记。

增广生员竹青玉国珍氏撰文

儒学生员张廷彦殿杨氏书丹

石匠陈大锦□五百

会首

张官禄钱一千二百 李绍禹钱二百 王俊钱一千 王大兴钱一千 马德禄钱三百

贺王贵钱二百 增生竹青王钱五百 王永顺钱五百 马廷桂钱二百 王快钱二百

竹怀钱五百 李有钱五百 马德智钱五百 竹有钱二百 周元贵钱四百

贺天福钱五百 竹廷选钱七百 郭庙王门李氏钱二百 李汝江钱七百五

李大儒钱二百 李汝法钱三百 王伯仓钱二百 裴大裕钱二千 永庆号钱一千

德盛号钱五百 永盛号钱五百 通顺号钱五百 监生李罡章钱五百 三兴号钱五百

建兴号钱五百 义太号钱五百 协盛号钱五百 聚顺号钱五百 豫升号钱五百

嘉兴号钱五百 生员王嘉濂钱二百 郑子成钱二百二 监生牛凌沧钱二百

和义店钱五百 公义店钱五百 通兴号钱五百 竹质广钱五百 张三合钱四百

仁和店钱四百 公盛店钱四百 本立号钱四百

原任□南□阳知县 现任商邱县□□吴作庆钱三百

山西清濂县巡□吴晖烈钱三百

□盛号钱三百　□聚号钱三百　全盛号钱三百　和太馆钱三百　岳永祥钱三百

桑云龙钱四百　任自福钱四百

李丙章钱二百　生员刘丙丁钱三百　薛克明钱三百　候明钱三百　焦元吉钱三百

于国贞钱三百　敬盛□钱三百　罗伯全钱三百　付君良钱三百　周元福钱三百

吴万仓钱二百　仙源号钱二百　三合馆钱二百　奎盛号钱二百　万盛号钱二百

考授从九品李化成钱二百　肇培堂钱二百　西程庄赵松钱二百　于珍瑾钱二百

赵子贵钱二百　贡生李孚□钱二百　孟森钱二百　监生李□□钱二百　尊□堂钱二百

李万寿钱二百　金兴号钱二百　尧兴号钱二百　谢子明钱二百　孟元化钱二百

刘廷文钱二百　隆兴号钱二百　李书绅钱二百　薛永禄钱二百　绍壬寅钱二百

张进忠钱二百　李有国钱二百　马清大钱二百　姚天佑钱二百

宋钟麒钱二百　生员吴作所钱二百　宋三合钱一百五　马廷杰钱一百五

秦发旺钱一百五　邵广成钱一百　同仁堂钱一百　顺德堂钱一百　刘福钱一百

石进宝钱一百　李琏钱一百　王文昌钱一百　刘信钱一百　吴瑞钱一百　苗明钱一百

李复成钱一百　李王钱一百　王伯样钱一百　赵文明钱八十　都司成钱七十

王义和钱六十　邵名黑钱二百　□福成钱一百　任耀仙钱一百　□琦钱一百

赵河钱一百　徐永庆钱一百　□永年钱一百　□元福钱一百　□三琦钱一百

宋大成钱一百六　宋天成钱一百　王好礼钱一百五　阳克宽钱二百　王来福钱八十

郑顺钱六十　邵元福钱五十　孙法有钱七十　范荣钱一百　弓永志钱八十七

穆太乙钱一百　李四点钱一百　单景孟钱二百　□生秀钱一百　宋成有钱六十

宋钟麟钱一百　蒋国□钱一百　贺天位钱一百　贺朝钱一百五　于良知钱八十

刘成钱一百　李成名钱一百　岳孟文钱一百　罗法钱七十　韩西平钱一百

宋望钱一百　贺天申钱一百　行润钱一百　赵元太钱一百　李有钱五十

唐绳祖钱一百　政仁钱一百　熊兆瑞钱一百

画匠吴泽孝钱一千

泥水匠王家忠钱一千

木匠李琏

□持僧普　爱徒通□

大清乾隆五十九年岁次甲寅阳月上浣　吉旦（图5.64）

（8）新齐（斋）灶君会碑

碑刻录文：

生员张树□撰　生□□□□

惠济桥古名镇也。桥右卢医庙前有灶君神祠，其为神司燧人之职，乘离火之令，兆民莫不是赖。至道光丙午秋朔五日骡马大会，献戏酬神，阁镇均沾风采矣。道光丁未，余与□恳减去大行麸四石五斗。及咸丰甲寅，余又与吴小琴、贺情岚□□行麸三石，因时制宜，因地制宜，惠镇差徭，由是轻焉。现□大行□□一关缴麸四石□□□缴麸四石五斗，公同裁定，□□恐时□誌之，嘱余为文，余仅将斋会献戏之由及轻徭苏民之政□□□与会，□甲辰科举人

5.64　重修龙岩寺二门碑记拓本

吴延宝□□誌之，张树□。（以下人名未录）

大清咸丰五年岁次乙卯（1855年）九月上浣。

## （二）非物质文化遗产

郑州是华夏文明和中华民族的主要发源地，是历史悠久的文明古都，孕育文明的古运河沿岸不仅有大量的物质文化遗产，而且还有丰富的非物质文化遗产。郑州市人民政府先后公布了第一批（2008年1月）、第二批（2009年2月）、第三批（2011年4月）市级非物质文化遗产名录，其中与大运河流经之地相关的有：巩义市的洛神传说、火烧秦桧传说、小相狮舞、常香玉豫剧唱腔艺术、孝义的传说、河图洛书的传说；荥阳市的楚河汉界——象棋文化的传说、嫘祖的传说、玉门号子、荥阳狮舞、笑伞、荥阳石榴栽培技艺、苌家拳；上街区的汜水河的传说；惠济区的黄河澄泥砚、砖雕、蛋雕、烙画、剪纸、古荥对花鼓、惠济桥的传说；中牟县的中牟西瓜的传说、孔子回车庙传说、潘安的传说、中牟香稻酒酿制技艺、张杨贵皮肤科、鸭李正骨、官渡的传说。这些非物质文化遗产不仅是我市文化遗产的重要组成部分，也是我市历史的见证和中原文化的重要载体，蕴含着中华民族特有的精神价值、思维方式、想象力和文化意识，体现着中华民族的生命力和创造力。现选取一二，予以介绍：

### 洛神传说

相传在盘古时期，华夏祖先伏羲氏就住在洛河南岸一带，他的女儿宓妃，是一位善良、美丽、聪明的姑娘，和大伙劳动之余，还常随研究《河图》《洛书》的父亲往来于洛水黄河之间。一次她独自驾舟游玩于洛水，被一恶龙掀起的巨浪吞没，溺死于洛水，伏羲氏失去爱女，十分忧伤，日夜哭泣在洛水岸边，他的亲情感动了上天，天帝便封宓妃为洛河之神。洛神宓妃不仅长得美丽，还能打猎、捕鱼、唱歌、跳舞，甚得人们喜爱。人们为了纪念宓妃，在洛河岸边盖庙宇，塑金身，四季奉祀，尊称为“洛河娘娘”。

### 孝义的传说

孝义，亦称“三田故里”。据传，东汉时有一田氏居住，院内有一棵紫荆树，亭亭玉立，枝繁叶茂。田氏有三子，长子真，次子广，三子庆，均取妻成家，同居合餐勤俭殷实。岁月移，田氏二老忽患疾病，即召三个儿子于床前嘱咐：“人应勤、俭、孝、义为先，同心协力，和睦相处，家业必兴。”言罢而逝。不久，三媳怂夫分家。三兄弟拗不过，将家产等分为三，唯有院中柴荆树未有归属，三兄弟商量半夜，议定次日早晨，伐树分木，次日早上突然发现荆树枯死，全家震惊，老大对树哭泣："树全则荣，人和则昌，我们分家，树都不愿意，感到悲伤而死，我们还不如树？"两个兄弟异口同声说："父母遗嘱尚在，谁能违背？"三兄弟围树哭泣，感动其妻，全家连续痛哭三天，这时树突然说话："无孝无义，天地难容，行孝奉义，枯木重生。"说罢树又枝繁花艳。从此，三兄弟不再分家，遵守父母遗训，勤俭协力兴家。常助难者，惠及乡里。为表彰田氏三兄弟功德，遂命村名为"孝义"流传至今。

## 玉门号子

玉门号子是以荥阳古玉门渡口一带发达的水上运输为大背景，吸收黄河与运河沿岸丰富的文化养料而产生和发展起来的一种船工行船的劳动号子。有"起锚、拉纤、打蓬、撑船"等十多种曲调，其词简单、粗犷，内容多直接来源于历史故事、神话传说的曲艺段子，既表现了原始的劳动场景，又表达了古代劳动人民战胜险风恶浪的英雄本色，是民族精神传递的艺术佳品。

## 古荥对花鼓

惠济区古荥镇的"对花鼓"起于20世纪30年代。当时古荥镇为荥泽县县府所在地，共分八条街，每条街都有一面鼓。当时群众经常搞一些祈雨、赶庙会的活动，而每有这些活动都要打鼓助兴。"对花鼓"就应运而生了。

对花鼓也称"鼓戏"。参加表演者一般由20人组成，每人各执一件乐器，边击边舞。乐器有：大鼓、大锣、铙、马锣、镏钗各4面，表演者按照不同的鼓牌子做各种表演，表演的形式分文戏、武戏两类。

文戏一般边走边打，称为路鼓，他们时而前进，时而后退，或者横着走步，偌大的一面大鼓挂在腰间竟不影响他们轻巧的鼓步。戏牌有"三请诸葛""秦王点兵""霸王推车""鲤鱼跳龙门"等，让你不得不惊叹这么粗笨的大鼓竟能敲出如此生动、细腻的情节。武戏敲起来更是震撼人心，场面气势雄壮，动作刚劲有力，技巧复杂高超，让人看得眼花缭乱。

近年来，随着省市领导对文艺工作的重视，古荥镇的"对花鼓"多次参加省、市、区的大型活动并多次获奖。

## 孔子回车庙传说

相传，春秋时期，礼崩乐坏，天下大乱。孔子偕其弟子周游列国，讲学布道。一日来到中牟县南河沿街（现雁鸣湖乡境内，已毁），恰遇少年项橐挡路撮土筑城。弟子下车请其让路。项橐曰："世上只见车绕城，哪有城让车的道理？"孔子闻其异，忙下车相请。项橐曰："让路也不难，只要回答我三个问题。"孔子请其发问。曰："雁鸣湖的大雁叫声为何如此响亮？"对曰："颈长。"曰："雁鸣湖的青蛙脖子短为何叫声亦如此响亮？"孔子不能对。二问曰："松柏为何四季常青？"对曰："木质坚实也。"曰："雁鸣湖的竹子心中空虚，为何亦四季常青？"孔子不能诘。三问："你的睫毛有多少根？"对曰："不能见。"曰："我的头发可见乎？多少根？"孔子大惭，深躬一礼，曰：

“项橐真乃神童，仲尼之师也。多谢点化，弟子当回府深造。”乃回车而去。

后以“昔仲尼，师项橐”句写入妇孺皆知的《三字经》，而蜚声海内外，同时也由于人们对孔子的尊崇而流传至今。

## 五、通济渠郑州段的考古调查与发掘

整个大运河通济渠郑州段的考古发掘工作从2008～2013年共计5年时间，其中，在调查、勘探的基础上，对惠济桥南、北两侧河道和惠济桥村南运河故道西岸河堤进行的考古发掘（图5.65）发现重要遗迹、遗物，出土了大量唐、宋、金、元、明、清等时期的文化遗物。

通济渠西岸河堤位于北四环路的北侧，老郑邙公路的南侧，南面是铁炉寨村，再往南即索须河通济渠河道与堤湾村，北面是惠济桥村。经钻探发掘确认，河堤基本呈南北走向，宽约6米，经过人工简易夯筑。在河堤平面，可以看到古代的车辙及行人长年累月走路遗留下的踩踏面痕迹。河堤剖面堆积较厚，每层堆积又分为若干小层，根据堆积层内的包含物及河堤东侧发掘的元代灰坑判断，河堤的最底层堆积早于元代，该河堤作为道路使用一直延续到清代（图5.66～5.74）。

惠济桥位于惠济河（惠济河在不同时期曾有通济渠、汴河、运粮河等名称）上，是一座3孔石桥。经考古发现，石桥两端沿河岸处砌有雁翅，保存状况较好。护坡用抗冲的石磙、石板、栏砖和汉画像砖石等材料直接铺护在河岸坡面上，采用错缝方法砌成。从河道横断面看，护坡形状基本呈倒梯形，布置为长距离连续式，以控制石桥附近河流横向变形，防止河水顺流或回流淘刷河岸，避免堤岸崩塌等。桥墩金刚墙叠压在元代堆积上，结合石桥建筑法式和构造特征，判断该桥始建于元代末年，明代初期又予以了重修。在惠济桥南北两侧河道的考古发掘中，出土大量唐、宋、金、元、明、清等时期遗物，尤以元明时期遗物最为丰富。同时还出土了一批反映重要历史信息的石桥建筑构件及碑刻等（图5.75～5.100）。

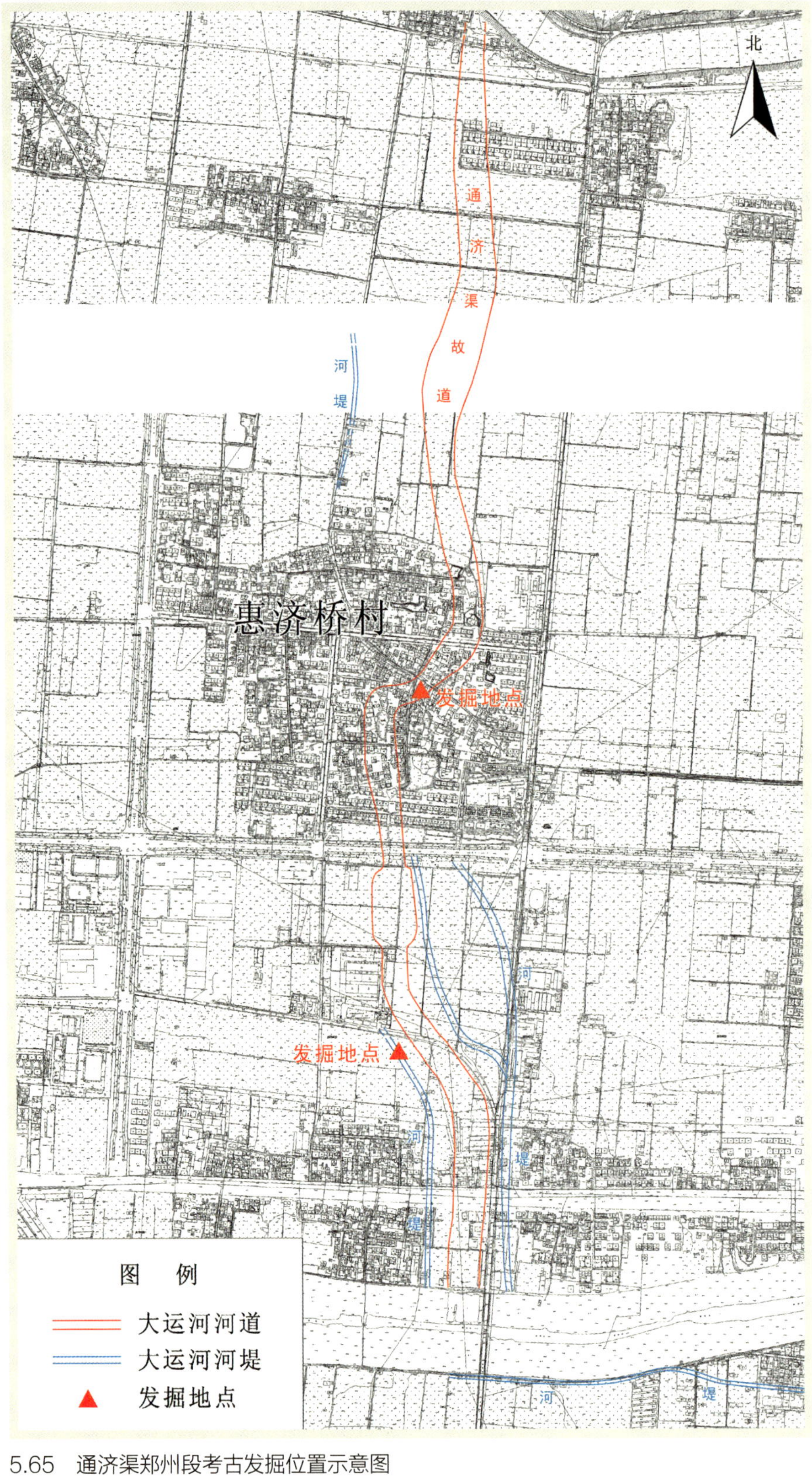


5.65　通济渠郑州段考古发掘位置示意图

5.66　通济渠河堤发掘现场

5.67　通济渠河堤发现的古车辙

5.68　通济渠河堤南壁剖面

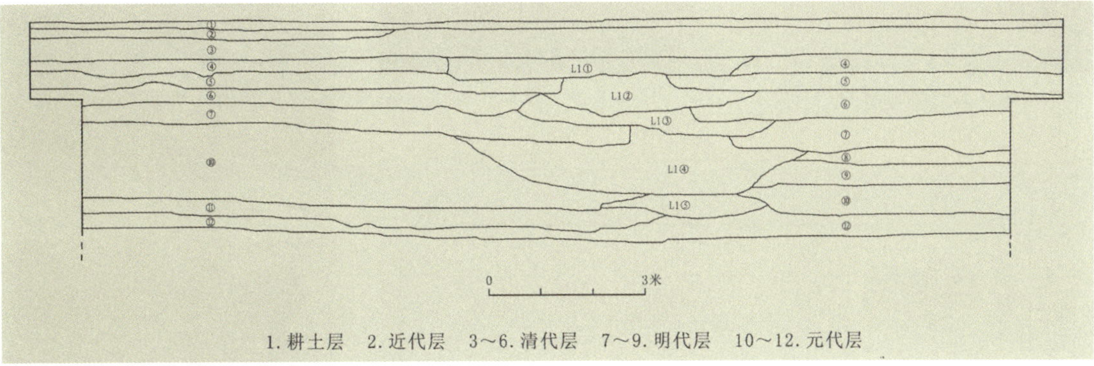

5.69　通济渠河堤南壁剖面图

5.70　河堤东侧发现的元代灰坑

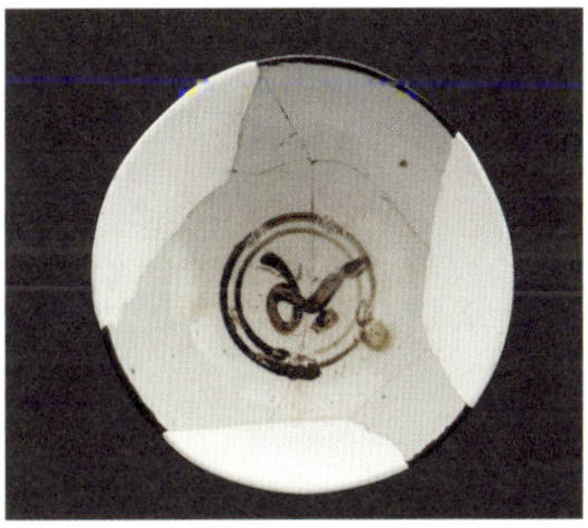
5.71　灰坑出土的元代瓷碗

5.72　灰坑出土的元代瓷碗

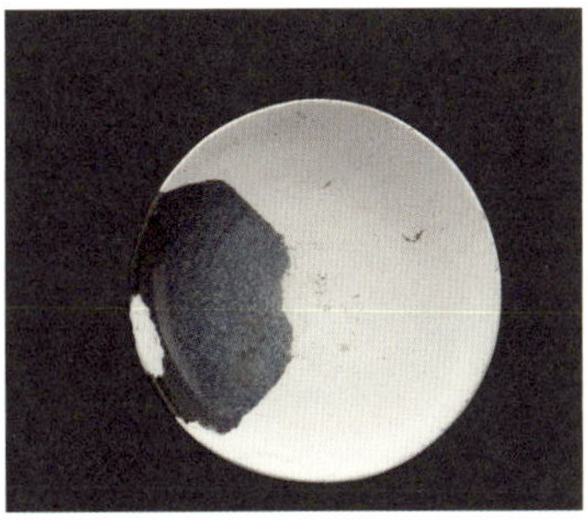
5.73　灰坑出土的元代钧釉盘

5.74　灰坑出土的元代瓷碗

5.75 惠济桥发掘现场

5.76 惠济桥南立面

5.77 惠济桥桥洞

5.78 惠济桥燕翅及金刚墙

5.79 惠济桥分水尖

5.80 惠济桥北侧河道剖面

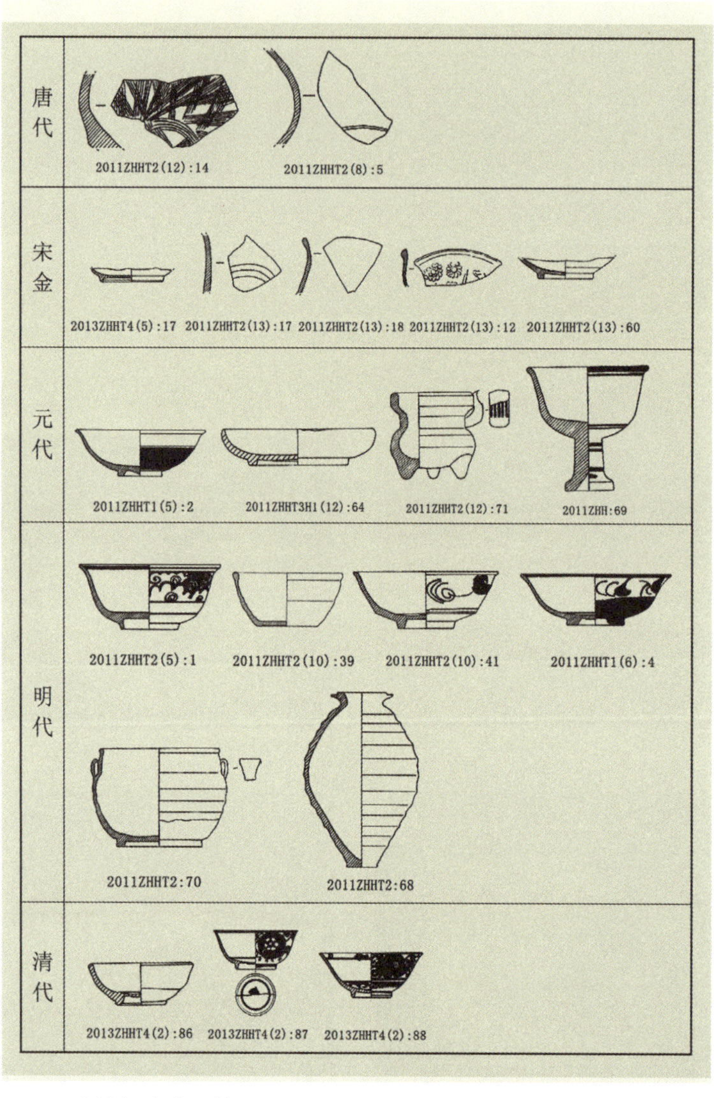


5.81 惠济桥出土器物

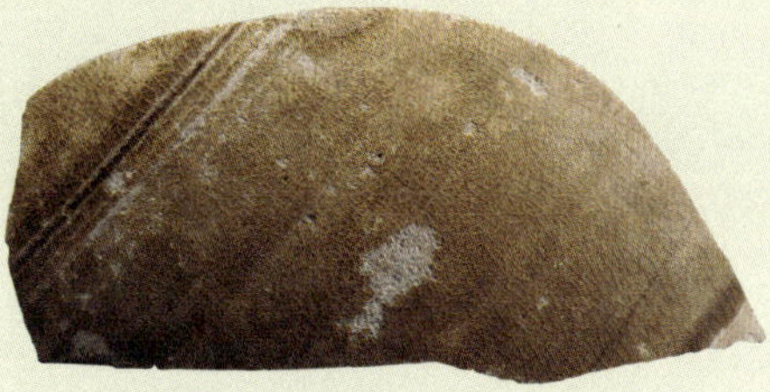

5.82　唐青黄釉瓶（惠济桥出土）

5.83　唐擂钵（惠济桥出土）

5.84　宋青釉瓷碗（惠济桥出土）

5.85　金白釉黑彩划花罐（惠济桥出土）

5.86　元龙泉窑青釉高足杯（惠济桥出土）

5.87　元白地黑花碗（惠济桥出土）

5.88　元双人俑（惠济桥出土）

5.89　明白釉碗（惠济桥出土）

5.90　明白地黑花碗（惠济桥出土）

5.91　明褐釉灯（惠济桥出土）

5.92　明青花婴戏纹碗（惠济桥出土）

5.93　明白釉人物俑（惠济桥出土）

5.94　清青花碗（惠济桥出土）

5.95　清青花碗（惠济桥出土）

5.96　石桥建筑构件（惠济桥出土）

5.97　石桥建筑构件（惠济桥出土）

5.98　石桥建筑构件（惠济桥出土）

5.99　碑刻（惠济桥出土）

5.100　惠济桥出土石构件及碑刻

[1] 荥泽，古称荥波。《尚书·禹贡》中的“荥陂既猪”，指的就是荥泽。《荥阳市志》也有“济水（北济水）自温县潜行入河，南溢为荥（南济水），聚集成泽，古称荥泽”的记载。说明它因济水滞留而成。荥泽西起荥阳以东20里的垂陇城，东至郑州附近的五龙口，南北长十八里，东西宽七八里，因与汴河相通，是北渡黄河，东通开封的咽喉。西汉以后，因泥沙沉淀，水位变浅，逐渐萎缩，至民国时期，仅存一不足十亩的小池。昔日偌大的荥泽，从此在郑消失。

[2] 地跨中牟，原武（今原阳）二县的大洼地。圃田泽，一作甫田，春秋时称原圃，战国时又名囿中。因芦蒲丛生，亦名萑苻泽。史书对它多有记载。《周礼·职方》：“河南曰豫州，其泽薮曰圃田”。《尔雅·释地》：“郑有圃田”，指的都是圃田泽。《诗经·小雅》中，涉及圃田的诗，多在十首以上。可见圃田在古代的地位之高和影响之大。民国五年《郑县志》记载，圃田泽“在州东三十里铺，水草丛聚，潮河流至此曰龙须河。东西五十里，南北二十六里，西限长城，东极官渡，高者可耕，注者成汇，今为泽者八，若‘东泽’‘西泽’之类，为陂者三十有六，若‘大灰’‘小灰’之类，其实一圃田泽耳”。此为清末民初的情况，而在此以前，圃田泽规模更大。宋代以前，因接河（黄河）、连沟（鸿沟），又汲纳诸多小河之水，所以水域广阔，乃郑州湖泽之最，有九沟、九泽、二十四浦、二池、三涸之说。奇怪的是，它的湖水流向，四季有别。夏秋北流入渠（即北流入汴渠、黄河），冬春则南注入泽（即汴渠之水又回流）。就是说，夏季，湖水向北流动，旱季湖水向南流动。正因为如此，它对流经郑州地区的水系起到了举足轻重的调节作用。当年，圃田泽的绿波曾为郑州增添不少灵气。只是宋代以后，由于黄河泛滥，泥沙沉积，湖面锐减，至清代，仅剩几个湖泊，昔日名垂史册的圃田泽，从此名存实亡，风光不再。

[3] 我们认为这一认识不正确，因为《隋书·地理志（中）》记载中的“巩，后齐废，开皇十六年复。有兴洛仓”一句之后有“有九山，有天陵山、缑山、东首阳山”之语，显然，是说开皇十六年所复的巩县“有兴洛仓，有九山，有天陵山、缑山、东首阳山”，并不是说开皇十六年有兴洛仓。《隋书·地理志》中“有……有……”这类叙述方式很是常见。

[3] 《资治通鉴》卷一八〇《隋纪》四：“置洛口仓于巩东南原上，筑仓城周回二十余里，穿三千窖，窖容八千石以还，置监官并镇兵千人”。

[4] 《巩县志》（卷三地理篇）第90页，中州古籍出版社，1991年。

[5] 谭其骧主编：《中国历史地图集》，中国地图出版社，1982～1988年。

[6] 《读史方舆纪要》载：“横岭，县东三十里，接汜水县界，李密伏兵处。百花谷在县东南二十里，裴仁基屯兵处”。《巩县志》清乾隆五十四年本之“隋横岭道”条于《读史方舆纪要》“李密据兴洛仓，隋遣东都兵讨之。又使虎牢镇将裴仁基自汜水西入，以掩其后。密分兵伏横岭以待仁基，仁基失期不进，屯于百花谷”言：“由汜水趋巩径罂子峪、洛口，此大道也。李密仓城在洛口；仁基自汜水西入，循横岭至百花谷，诡道兼行，予密以不及觉，所谓掩其后也。密预知之，故分兵伏横岭以待。今横岭南有古道。自汜至巩，东西四十五里，较大道稍迂远。康熙初，黄河傍山流，大道不可行；车马往来，皆由横岭，开辟阔展，不似从前险隘矣！其堡犹有存者”。今当地人称横岭为“老键脊”，历史上曾是巩县与成皋县的东界，时人认为西出横岭就到巩县了，再往西就是洛口仓。

[7] 《读史方舆纪要》石子河条：“县东南二十里，《水经注》：洞水出南溪石泉，世亦名之为石泉水，过巩东坎屿聚西，而北入洛。盖即石子河也”。《水经注》：“洛水又东北，洞水发南溪石泉”（会贞按：《通鉴》隋义宁元年，《注》引此作洞。施廷枢曰，务光投洞水，即此处），世亦名之为石泉水也（会贞按：《通鉴》隋义宁元年，刘长恭陈于石子河西。胡《注》谓即石泉水）。今石子河在巩县东南二十里。京相璠曰：巩东地名坎欿，在洞水东，疑即此水也。又迳盘谷坞东，会贞按：坞在今巩县东南。世又名之曰盘谷水。《明史》卷四十二《地理志》记载：西北有洛水，旧经县北入河，谓之洛汭，

亦曰洛口。嘉靖后，东过汜水县入河。又南有鄩水，会洛入河，亦曰鄩口也。又东南有石子河，西南有长罗川，皆流入洛水。又西南有黑石渡巡检司。《清史稿》：巩，冲，府东北百二十里。周巩伯邑。后东周君居。有轘辕山、九山。东南：天陵，山海经霍山，以其西宋诸陵改焉。南：侯山。西北：蓸山。河水自孟津入，为裴峪渡，古小平津，右合鲔水，又东五社津、神尾山。西南：洛水自偃师合休水，迳鄩城、訾城，右合罗水、明溪泉。又东北，黑石渡，右合黄水、康水、石子河，迳城北，右合市河、魏氏河，又东神堤渡，右合任村水，为洛口，亦洛汭，入汜水，石城河从之。黑石渡、青泥、回郭三镇。洛口一驿。从这些记载判断，石子河位置应在今巩县站街镇北老县城西附近。

[8] 李时人在《〈水浒传〉的“社会风俗史”意义及其“精神意象”》（《求是学刊》2007年第1期）一文中认为坊郭户是城市里皇室、军队、僧道以外的居民住户。

[9] 王威海：《中国户籍制度——历史与政治的分析》，上海文化出版社，2006年。

[10] 马克垚：《中国和西欧封建制度比较研究》，《北京大学学报（哲学社会科学版）》1991年第2期。

[11] 清道光《宁阳县志》。

[12] 洛阳博物馆：《洛阳隋唐含嘉仓的发掘》，《文物》1972年第3期；洛阳博物馆：《洛阳隋唐东都皇城内的仓窖遗址》，《考古》1981年第4期。

[13] 主要特征依据余扶危、叶万松《我国古代地下储粮之研究》，（《农业考古》1982年第2期、1983年第1期、1983年第2期）论文的研究结论。

[14] 这些特征在有关文献中有所记载。《唐会要》卷第八十八贞观二年四月三日，尚书左丞戴胄上言，户部尚书韩仲良奏，设置仓廒，“制可之。令窖苫宜以葛蔓为之”。宋王钦若等编修《册府元龟》卷五十六帝王部·节俭条，太宗贞观四年十一月，“奏窖苫须麻十万綟，帝曰：‘麻为靸鞋得供国用，自今窖苫宜以葛蔓为之’”。

[15] 据《我国古代地下储粮之研究》知，古代仓廒选址多在干燥、向阳的坡地上，像回洛仓在邙山，子罗仓位于邝山面向洛河的缓坡，含嘉仓和唐常平仓邙山北高南低的南侧。在石子河、洛河—黄河—横岭—百花谷—连霍高速所围定的范围之北地理较为平坦，以南地势为高岭，再往南则低。

# 第六章 郑州汉代的经济与文化

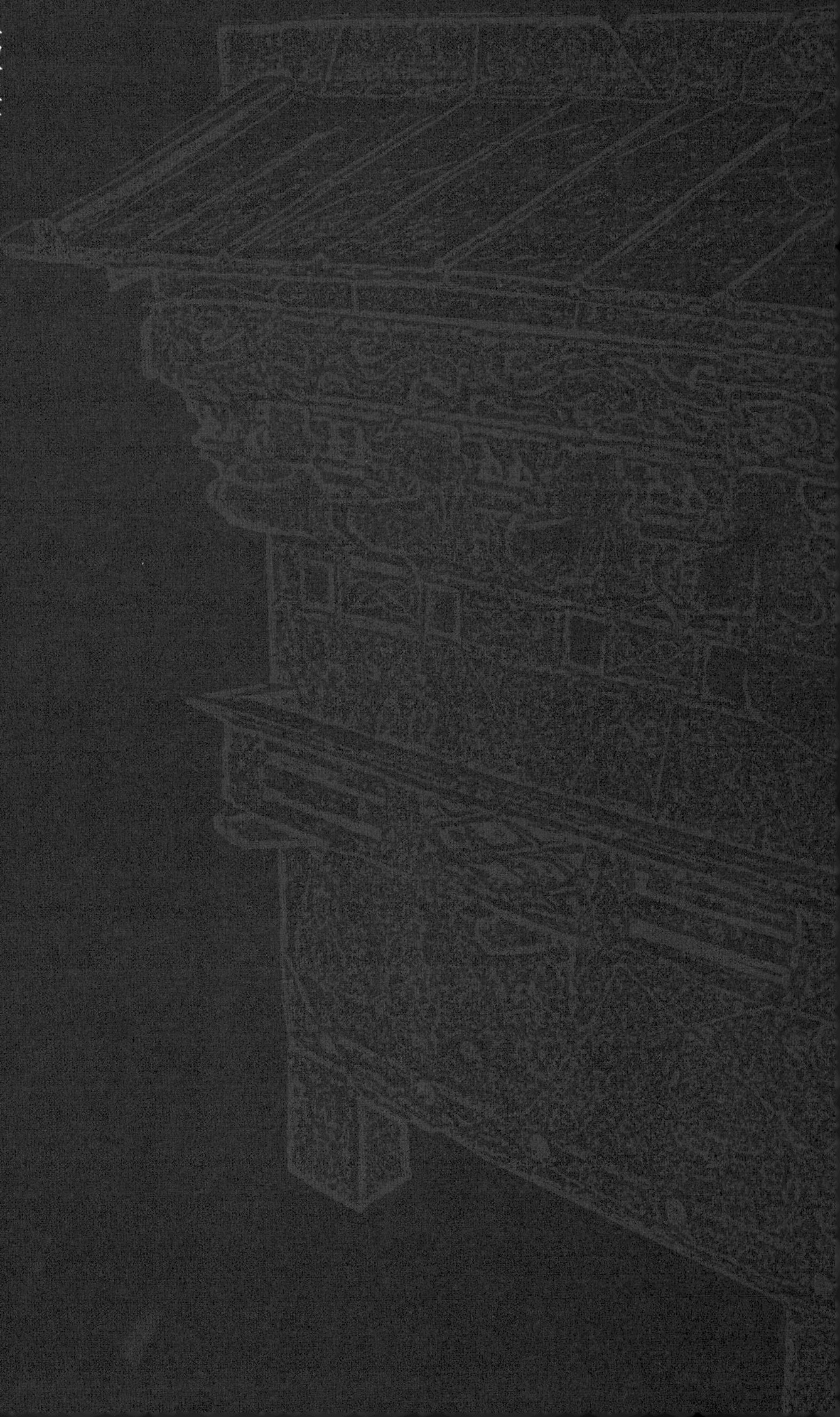

从公元前206年到公元220年，整个汉朝绵延了426年的历史。如今，两千多年过去了，历经岁月的流逝，风雨的侵蚀，除了那些来自文字的记载，我们已经很难想象那样一个昌盛恢宏帝国的情景，但好在还有那些掩埋于地下的古墓葬，它们是凝固的历史，它们是历史的碎片，它们真实地传递了那个时代的社会经济图景，让我们对那个曾经强大的汉王朝有了更多的认识和更深的了解。

郑州处于汴洛之间，是当时两大商业的关联中心，在汉代经济文化相当繁荣。这一方面由于其是铁器制造中心，另一方面得益于其又是运河枢纽之地。

郑州地区汉代的经济文化可以通过已考古发掘的密县打虎亭汉墓、荥阳苌村汉墓、荥阳王村汉墓及汉代的冶铁遗迹等给以反映。

## 打虎亭

打虎亭汉墓位于新密市打虎亭村，被中外专家誉为“中华东汉第一墓”（图6.1）。规模之大，保存之完整，文化艺术价值之珍贵全国仅有。

墓冢坐北向南，东西两墓并列，墓室都采用砖石筑成，墓室的形制和结构基本相同，由甬道、墓门、前室、中室、后室、南耳室、东耳室和北耳室组成。

西墓（一号墓）为画像石墓，外扩长26.46米，宽20.68米，券顶最高处为6.32米。墓壁雕刻画像近200平方米；后室是放置主人棺椁的地方，中室西部为祭台，放置着石几、石案。其余各室内壁与甬道、石门，都有丰富瑰丽的画像石刻。内容多是模拟墓主生前的庄园生活，有收租、坐厨、迎宾、宴饮、舞乐和百戏、相扑、车马出行、侍女图等（图6.2～6.8）。

东墓（二号墓）为壁画墓，形制略小，外扩长19.8米，宽18.4米，券顶最高处6.7米。墓内彩色壁画190多平方米，均涂绘在白灰墙皮上，除后室外，其余各室都画有色彩鲜明、内容丰富的壁画。前室、南耳室、东耳室和北耳室皆为黑色壁画，内容与画像石墓基本相同。中室为彩色壁画，色彩鲜艳，内容丰富。在中室的南壁绘有大型的《车马出行图》，中室北壁绘《宴饮百戏图》，尤其是《相扑图》，使日本现代相扑找到源流（图6.9～6.13）。

《宴饮百戏图》是壁画墓中彩色壁画的一幅代表作（图6.14～6.16）。长度为7.34米，高度是0.7米。从整个画面来看，它生动且逼真地描绘了汉代贵族与众多宾

6.1 打虎亭汉墓外景

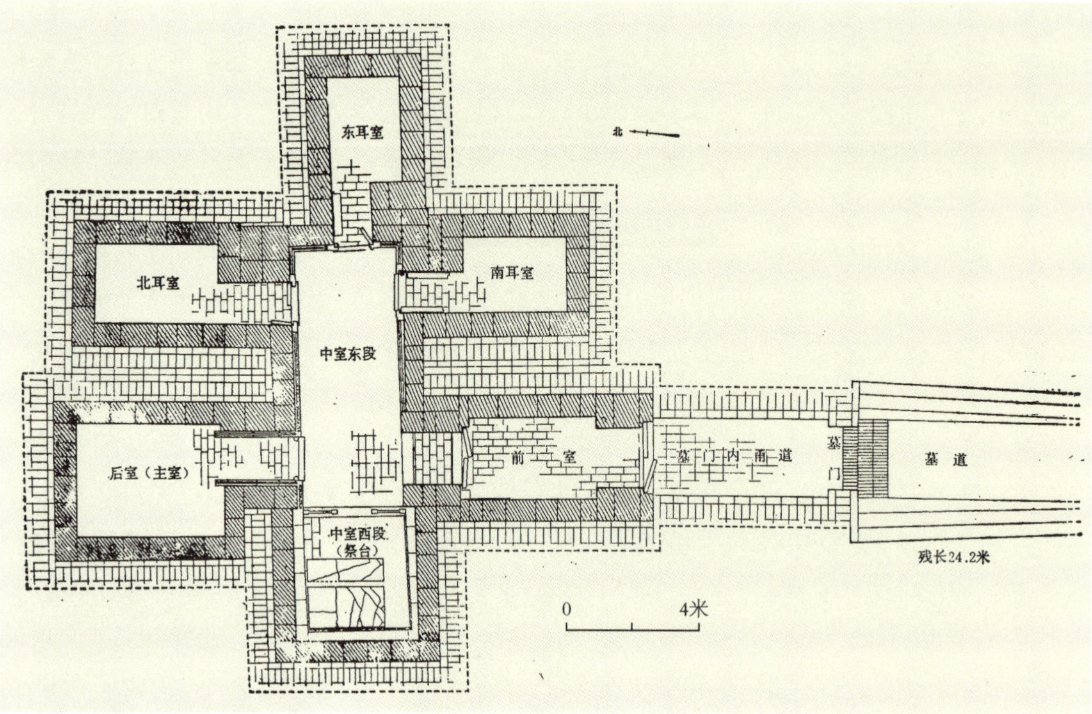


6.2 打虎亭一号墓平面图

6.3 一号墓内景

6.5 庖厨图

6.6 侍女图

6.7 豆腐制作图

6.4 南耳室

6.8 宴饮图（摹本）

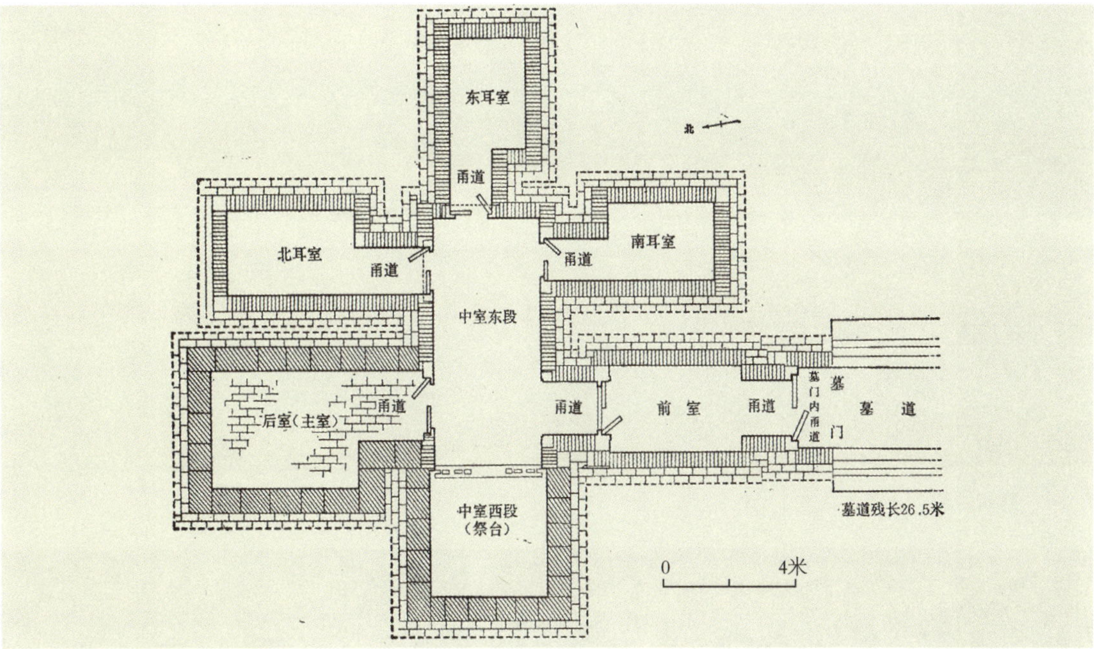


6.9 打虎亭二号墓平面图

6.10 二号墓内景

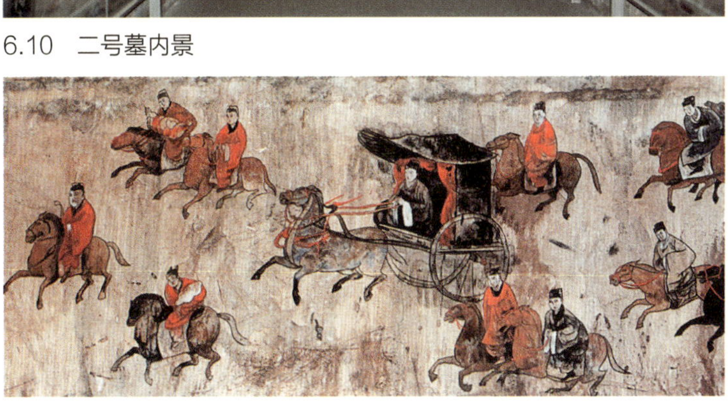

6.11 车马出行图（局部）

6.12 相扑图

6.13 猎骑图

6.14 宴饮百戏图（摹本）

6.15 宴饮百戏图（局部）

6.16 宴饮百戏图（局部）

客宴饮并观看舞乐杂技表演的盛大场景，这幅画从构图和内容上看，可分为宾主坐席和戏舞场地。尽管说场面宏大，人物众多且舞乐表演繁杂，但表现出宾主有序，层次分明，惟妙惟肖，淋漓尽致。靠画幅西中部，左方很显然是主人座位，古代宴会西席为尊，它的后上方绘制有长方形棚状帐幔，帐后竖有数根高大的旗杆，每根旗杆的顶部分别飘着红、绿、蓝不同颜色的彩旗，起着烘托气氛的作用。在撩起的围帘内，绘制有一个褐色拱腿形几案，几案后两个并肩列坐者就是女主人。她们仪态高贵，雍容大方，似在有礼貌地应酬宾客。女主人座旁两侧，这些穿着不同色彩衣服的男女，看上去像是宴会侍人，他们正在细心侍奉。这边显然是宾客位置。这两排席地而坐者，应该是应约而至的宾客。不同的服饰表明他们来自不同的阶层……我们对这些宾客大致数算，计有五十余人，由画面可以看出，宾主座前的几案上，摆放着满盛美味佳肴的盘、碗、杯、盏，宾主似在观戏作乐，开怀畅饮。

再来看宴会中间这个位置，这就是“百戏”作乐场地，乐师在击鼓、敲锣、拍镲；演员在踏盘、载歌、载舞；杂耍者正在展示他的拿手绝活；还有吹火者、掷丸者、执节者……如此优美逼真的巨幅画卷，无论历史价值还是艺术价值，都极其罕见，不可多得。它的发现和存在，真实地反映了我国古代劳动人民的聪明和才智，展示了汉代经济文化的风采。

## 苌村汉墓

苌村汉墓位于荥阳市王村乡苌村西，该墓为外石内砖结构，石壁厚0.7米，砖厚0.3米。墓道在北，有两石门，主室呈长方形。主室南有三耳室，皆有石门，东有一耳室。墓室东西长21.4米。绘有彩色壁画，内容信息丰富，车马出行，杂技表演，神话动物，亭台楼阁等。其中的车马出行图在四壁等高位置相互连接，形成一体，比较完整、全面地表现了一个气势宏大、浩浩荡荡的车马出行场面（图6.17～6.23）。

## 荥阳河王村汉墓

荥阳河王村汉墓出土的彩绘陶楼，正面绘有汉代地主庄园乐舞宴乐的场景（图6.24、6.25）。

纵观我国古代，凡国家统一，社会稳定，政治、经济情况较好的时期，往往也是丧葬礼俗发展的高潮期。在郑州地区所发掘的汉墓里大量的出土文物和墓室里精美的壁画，较为完整地记录了汉代人们世俗生活的同时，也向我们展示了汉代郑州地区经济的繁荣。

## 郑州的冶铁业

1788年12月29日生于丹麦哥本哈根的世界著名考古学家、博物学家和企业家C.J.Thomsen，首先在史前考古学中以石器时代—青铜时代—铁器时代分期法作为欧洲技术发展的3个阶段。

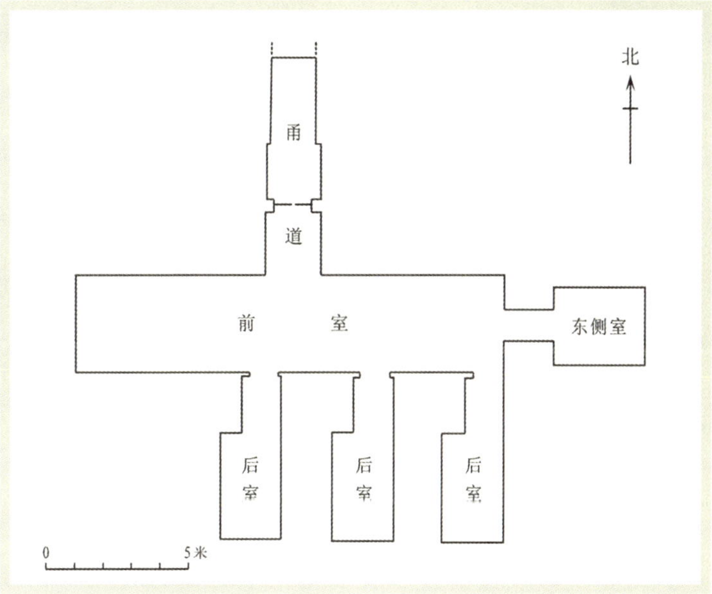


6.17　苌村汉墓平面图

6.18　墓葬前室壁画

6.19　车马出行图（局部）

6.20　伍伯

6.21　斧车

6.22　皂盖朱左幡轺车

6.23　翁妪论事图

6.24　彩绘陶楼（荥阳出土）

6.25　彩绘陶楼乐舞图

6.26 商代铁刃铜钺（藁城出土）

这一学说对欧洲及世界考古学界影响很大。汤姆森首创的3段分期法，通过生产工具和生活用具质料的演变，说明了原始社会的发展过程，具有较强的科学性和普遍适应性，为世界考古学者所接受并被实践证明是科学的。

铁器是推动人类历史前进的巨大动力，冶铁业的发展，为农业提供了非常适合农耕的先进的农业工具，如铁铲、犁、镐、锹、锄、镰、刀等，同时也节省了一部分劳动能力，大大地促进了农业的发展和社会分工的进一步加剧，使整个社会获得了全面进步。秦国当年就是采用了牛耕和铁农具等先进的生产手段和工具，最终实现了富国强兵和统一天下的梦想。

最先出现铁器使用的是古埃及与苏美尔，在公元前4000年已出现极少量的使用，但全是从陨石中得到的铁，而非由铁矿中提取。在公元前3000年至公元前2000年，在小亚细亚、埃及与美索不达米亚越来越多地由陨石矿中提炼铁，但大多用在礼仪上。而且当时铁是极昂贵的金属，比黄金还要昂贵。有些考古证据指出铁在当时是在提炼铜时生成的副产品，称为海绵铁，在当时的冶炼技术来说是不可进行大量生产的。最早大量生产铁并将其应用的是郝梯王国。赫梯王国公元前2000年兴起于小亚细亚这一古老的文明地区，其于公元前1400年已掌握了冶铁技术，但是由于炼铁炉过小，鼓风力弱，只能炼出海绵状的块炼铁。而到了公元前1200年，铁已在中东各地广泛运用，但在当时并未取代青铜在应用上的主要地位。

公元前1300～前1100年，冶铁术传入两河流域和古埃及，欧洲的部分地区于公元前1000年左右也进入铁器时代，但当时冶炼的都是块炼铁，一直到中世纪末欧洲发明水力鼓风炉以后，才出现冶炼生铁。

在西非，罗克族是最早掌握冶铁技术的民族。而在此后，铁及铜的冶炼技术不断向非洲内陆散播，直至在公元200年抵达好望角为止。铁器技术大量散播使罗克族得以改善其农耕技术，使得其脱离石器时代并将农业扩张至热带草原上。因为其掌握冶铁技术，所以其在南非具有支配地位，而且是极富有的民族，同时它们亦能制造铁质工具、武器。

中国最早发现的用铁是在商代（河北藁城商代中期墓出土的铁刃铜钺）（图6.26），不过那是天然的陨铁，中国的冶铁业是从春秋时正式开始的，在三门峡虢国墓地曾经发现过一柄铜柄嵌玉铁剑。战国时，中国境内用铁已逐渐普及起来（图6.27），到了汉代，随着农业经济的发展，冶铁的规模和技术都有了很大的发展。《盐铁论·水旱篇》云：“农，天下之大业也；铁器，民之大用也。器用使得，则用力少而得作多，农

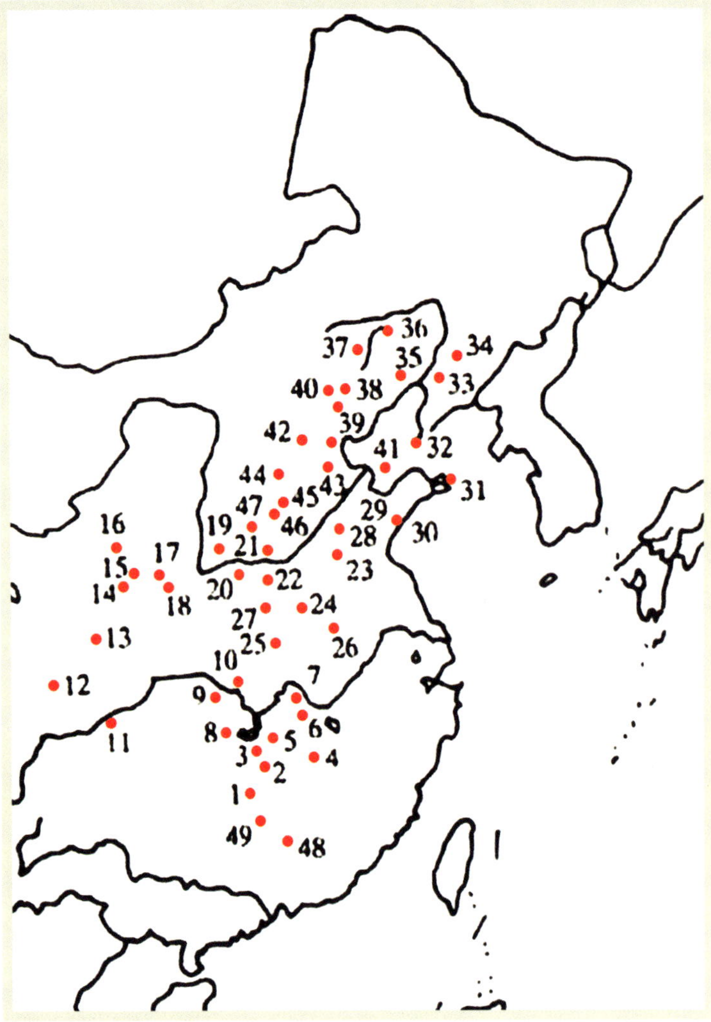

1. 衡阳 2. 株洲 3. 长沙 4. 清江 5. 平江 6. 大治 7. 鄂城 8. 常德 9. 宜都 10. 江陵 11. 巴县 12. 成都 13. 广元 14. 宝鸡 15. 凤翔 16. 平凉 17. 咸阳 18. 西安 19. 侯马 20. 洛阳 21. 辉县 22. 新郑 23. 滕县 24. 沈丘 25. 信阳 26. 寿县 27. 舞阳 28. 泰安 29. 临淄 30. 青岛 31. 荣城 32. 旅大 33. 鞍山 34. 抚顺 35. 锦州 36. 奈曼旗 37. 赤峰 38. 承德 39. 兴隆 40. 滦平 41. 天津 42. 易县 43. 沧县 44. 石家庄 45. 邢台 46. 武安 47. 长治 48. 郴县 49. 始兴

6.27 战国时期铁器出土分布示意图

夫乐事劝功。”元狩四年（前119年），汉武帝实行盐铁官营，在全国各地设立了49处冶铁基地，今郑州地区所在的河南郡是其中重要的冶铁基地之一。

郑州古荥冶铁遗址，位于郑州市西北20多千米的汉荥阳县城西墙外，是当时河南郡的一号冶铁作坊，是目前世界上发现的规模最大、时间最早的冶铁遗址（图6.28～6.33）。

其中1号炼炉呈椭圆形，炉缸长轴4米，短轴2.8米，面积约8.5平方米，复原高5.6米，炉身呈直筒状，有效容积约50立方米。长轴两侧各设2个风口，每个风口革橐。每分钟风量约 8 立方米。燃料用木炭。炼渣经检定分析,证实用石灰石作助熔剂。推测当时已经知道按比例配料。根据对古荥镇遗址的调查研究，古荥1号炼炉每生产一吨生铁，约需铁矿石2吨，石灰石130公斤，木炭7吨左右，渣量600多公斤，日产生铁约0.5～1吨。这在2000年前，是很杰出的技术成就，比美英等国迟到1850年才出现的椭圆形高炉，提早约2000年。

位于郑州巩县的铁生沟汉代冶铁遗址，是一处冶炼生铁、铸铁、退火脱碳的综合性工场，为汉代河南郡所辖的第3号制铁作坊。遗址总面积 2 万多平方米。是已知的汉代冶铁遗址中,发现最丰富的一处（图6.34～6.38）。遗址西南的罗汉寺、西边的金牛山、东北边的青龙山，都是铁矿石的产地，并有多处古矿坑道遗存。

退火脱碳炉在汉代冶铁遗址中时有发现，以铁生沟遗址所见整体作长方形、内部结构似陶窑的最为科学。

6.28　古荥一号炼铁炉

6.29　复原的古荥二号炼铁炉

6.30　“河一”铭文（古荥出土）

6.31　铁锄（古荥出土）

6.32　铁犁铧、双齿镢（古荥出土）

其整体作长方形，内部结构似陶窑，周壁分内外两层，这种空壁式的炉型，可使炉内热空气分布均匀，通过加热速度和空气的调节，获得韧性铸铁、铸铁脱碳钢等优质钢铁器件。以铁生沟退火脱碳炉现存炉内容积约1立方米计算，可容脱碳退火铁铲2000件左右，脱碳一炉约需3天，生产效率是比较高的。另铁生沟锻炉用白色铝土夯筑炉基，是目前世界已知的运用耐火材料的最早实例。

在铁生沟遗址中发现的一件汉代铁镬，石墨发育良好，有明显的核心和放射性结构，和现行国家球墨铸铁标准一类A级相当，是世界上发现的时代最早的球墨铸铁，比欧洲的球墨铸铁历史（英国H.Morrogh于1947年发现，美国A.P.Ganganebin等于1948年发现了这一重要技术）早了1400多年，为

6.33　汉代积铁（古荥出土）

6.34　铁生沟发掘的炼炉

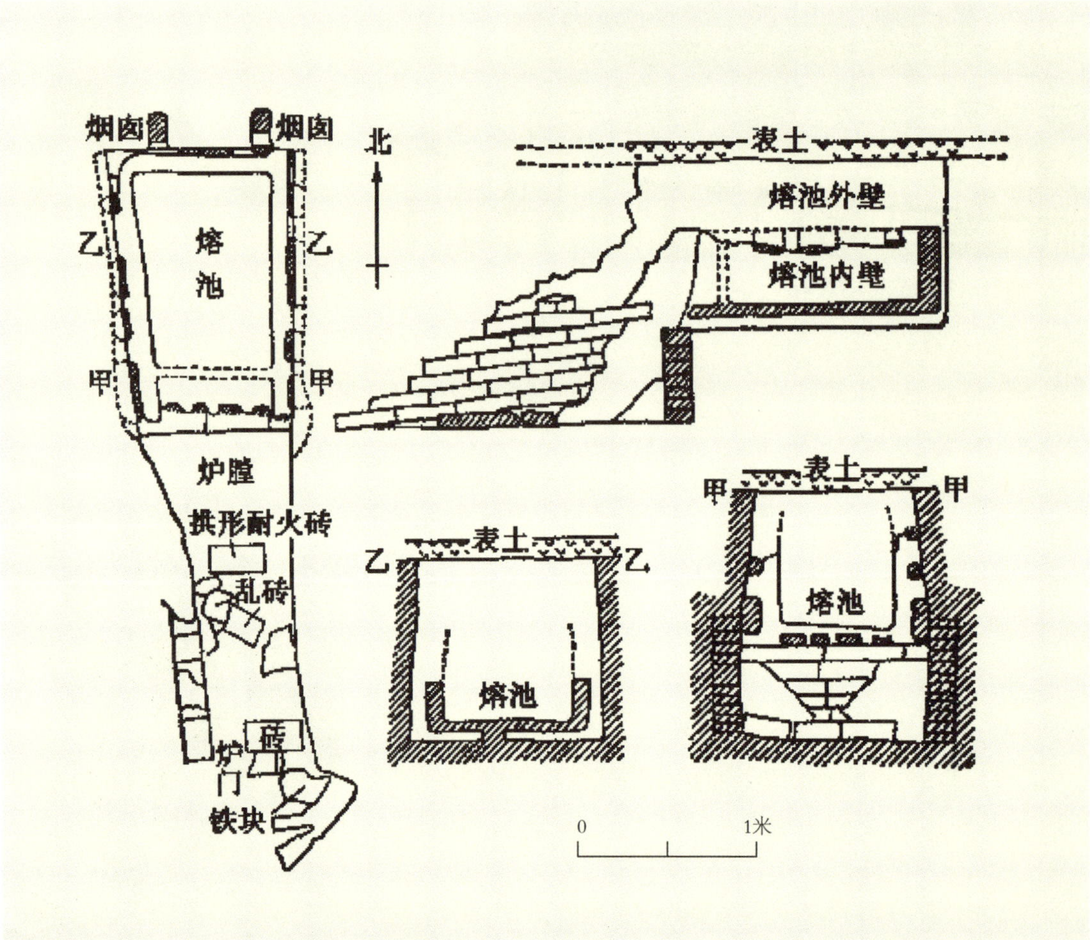


6.35　铁生沟15号地坑式加热炉平、剖面图

6.36　“河三”铭铁铲（铁生沟出土）　6.37　铁铲（铁生沟出土）　6.38　铁剪（铁生沟出土）

此，国际冶金界在1987年不得不宣布，西方学者声称“没有现代科技手段发明球墨铸铁是不可想象的”之神话已经破灭，古代中国已经摸索到了用铸铁柔化术制造球墨铸铁的规律，世界冶金史因为中国球墨铸铁技术的发现需要作重新分期划代。

在制钢技术方面，汉代一项重大的成就是炒钢(或炒铁)技术的发明。这项技术的具体做法就是在地面上挖出缶状坑作炉膛，膛内壁涂以耐火泥，上置顶盖，做成炒钢炉。冶炼时，将生铁料烧成熔融或半熔融状态，鼓风吹炼并加搅拌，使其成为熟铁，或在有控制的条件下成为低中碳钢以至高碳钢。流传至今的传统炼钢工艺仍沿用了这种方法。因为它以生铁为原料，价廉易得，生产率高，和其他方法相比，有极大的优越性。它的出现和推广改变了整个冶铁生产的面貌，是钢铁发展史上具有划时代意义的大事情。郑州铁生沟冶铁遗址出土有低温炒钢炉，表明炒钢技术在汉代已经发明，这也是继冶炼生铁和可锻铸铁之后世界冶金史上最光辉的成就之一。另外，铁生沟已采用煤来冶铁。用煤作燃料是冶铁技术提高的重要因素。

通过对郑州古荥冶铁遗址及巩县铁生沟冶铁遗址的考古发掘，证实了郑州地区古代主要的钢铁冶炼技术，绝大部分在汉代已经达到了成熟的程度。中国人的冶铁技术和产品从春秋晚期开始就在世界上开始独领风骚，竖式炼铁炉成了生铁冶炼的主要设备。特别是到了汉代，国家专营的冶铁作坊技艺精进，使生铁得以大量生产，这些独特的技术和产品从战国时期就经由朝鲜传入日本等国，可以说中国冶铁技术为世界都作出了重要贡献。

第七章

# 郑州历史上的商业

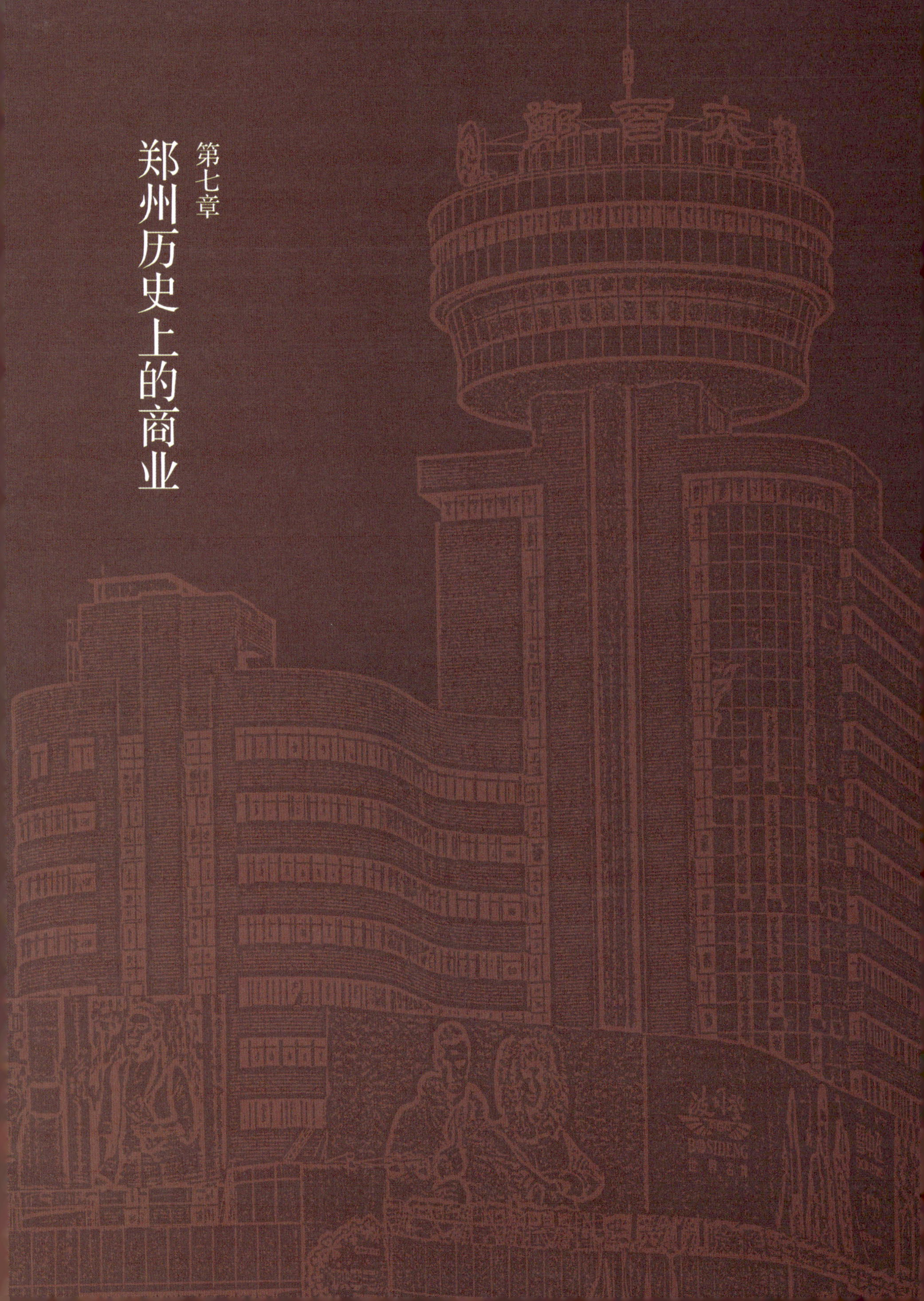

## 一、郑州历史上的商业竞争

商业经济最为重要的特征就是竞争，在郑州的经济史上，这一重要的经济现象并不少见。

（1）夏时，有两个最著名的商人：一个是商丘的王亥；另一个就是郑州的伊尹。商汤征得天下，伊尹功不可没。他多次侦察夏王朝，进行商业情报收集，还组织人力，动用大批牛车将织帛与绸缎运到夏换粮食，夏国库终于无粮，军中恐慌，兵将失去战斗力。这可谓是华夏大地的第一场“商战”。

（2）20世纪前半叶，中国尤其是中原地区战乱频仍，社会动荡，郑州商业艰难地前行，为获得更多的市场份额、更高的经济效益，众商家相互角逐较量，各出各的法宝。

华美工业社位于德化街北口，1933年开业，由南京人王履之创办，是郑州最早的化妆品专营店。创办人王履之打破当时所有郑州商铺都只用男性店员、伙计站柜台的陈规，并取得良好效果。该店是前店后作坊格局，有三间门面，整个店铺占据一座两层楼房，在当年是十分气派的建筑。该店经营范围主要是化妆品的制造和零售，产品包括生发油、头蜡、雪花膏、香水、香粉、肥皂等。为了促销产品，他在商界第一个起用女性站柜台。王老板让自己的女儿、儿媳身着旗袍，打扮得漂亮光鲜站柜迎宾，起到活广告的作用，引得不少人前去观看。自此，华美工业社生意兴隆，最畅销的雪花膏是论斤两用秤称着卖，每逢年节，店门口的顾客就排起了长队。此举对当时郑州商界是一个很大的冲击，不久，就有商店效法，聘用女性站柜台（图7.1～7.3）。

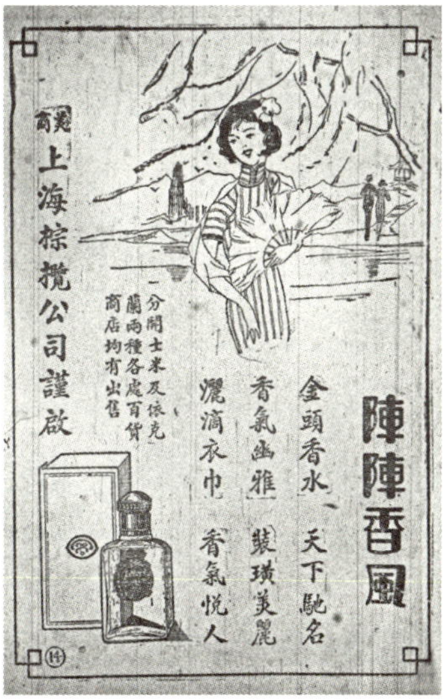


7.1　1931年《河南民报》刊登的香水广告

大同路上的瑞丰祥呢绒绸缎庄，则以敢于降价打折促销闻名。瑞丰祥是个老店，1910年开业，老板姓赵，是山西人。这个店资金雄厚，占了大同路西段路北的一座三层楼，水磨石门脸很是漂亮。瑞丰祥的特色就是不怕“挑事儿”，不惜下本钱挤对竞争对手。为了挤垮对面的盛豫绸缎庄，赵老板实行买一丈送三尺，量布时再放长的策略，而且，这种策略不是权宜之计，而是

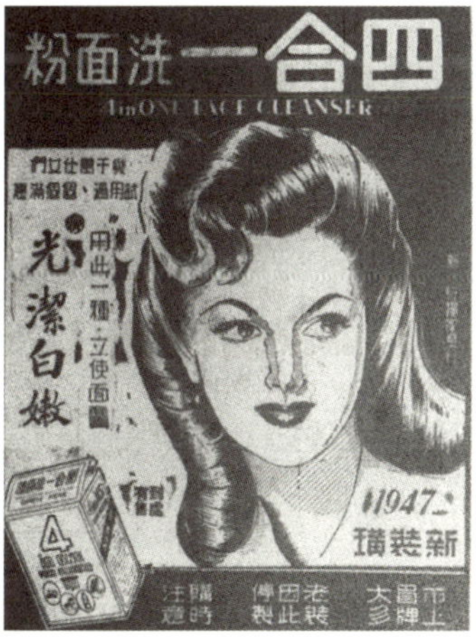


7.2　1947年《中报》刊登的化妆品广告

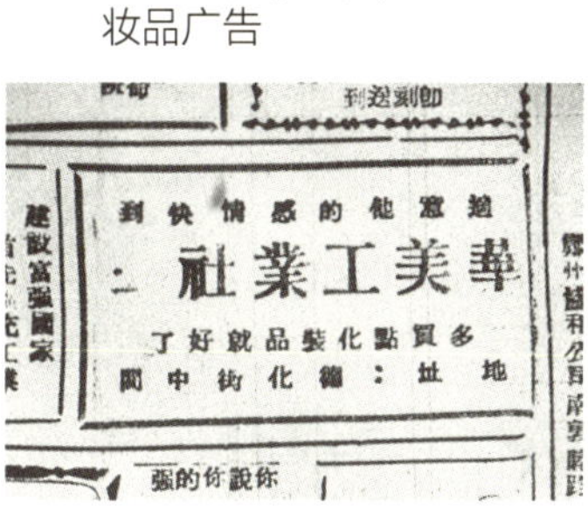


7.3　1946年《华北日报》华美工业社广告

7.4 旧时大同路上的瑞丰祥

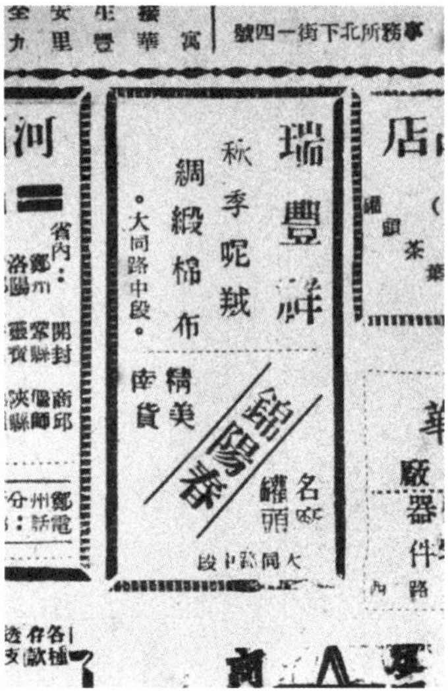


7.5 1947年《春秋时报》瑞丰祥广告

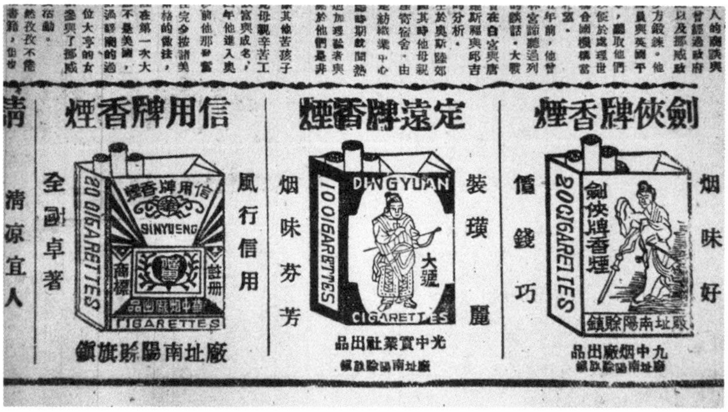


7.6 1946年《大河日报》刊登的香烟广告

有计划有目的地长期做下去，最终，挤垮了盛豫。这样的经营方式，对当时商界形成了激烈的冲击（图7.4～7.5）。

苑陵街上的裕永公商行，是专销“洋烟”的商店。裕永公原是家代销商行，主要靠从销货额提取佣金生存，经销商品的种类杂而多，哪种商品利大就经销哪种。1925年，见经销英美烟草公司和南洋兄弟公司的香烟利润可观，裕永公便迎风而上，开始主要经销“洋烟”，经销的香烟牌子有“大炮台”“哈德门”“老刀牌”“大英牌”等。当时郑州经销香烟的多达42家，竞争十分激烈（图7.6），裕永公的老板苦思冥想，拿出了自己的绝招：在每盒香烟里加入画片，有美人头，有《水浒传》《封神榜》《大八义》等书内的人物，然后张贴广告：凡凑齐香烟盒中某部书中的人物可以得奖，以此刺激消费。这招儿十分管用，裕永公销量大增。

（3）“中原之行哪里去？郑州亚细亚！”这句广告词在20世纪90年代初显赫一时，也许很多人还记忆犹新。

1989年以前，郑州市场基本上是郑州市百货大楼（图7.7、7.8）和紫荆山百货大楼（图7.9）两家平分秋色，但随着亚细亚商场（图7.10～7.12）的开业，郑州商界不再平静。亚细亚与中原国营商业大鳄掀起混战，面对国有百货的集体围攻，亚细亚狠招频出，而几家百货也不甘示弱，竞争进入白热化。

1993年，当国外连锁经营的理念刚刚传入中国时，亚细亚闻风而动，决心大举发展连锁霸业。它先是成立了郑州亚细亚集团股份有限公司，后又组建了专门的零售业管理公司——亚细亚商业经营总公司。它的触角伸向了全国各地的省会以上城市，以“野太阳”为标志的亚细亚商场飞快地组织选项和筹备，平均每4个月开业一家大型连锁店。亚细亚在

7.7　20世纪80年代的郑州市百货大楼

7.8　现在的郑州百货大楼

7.9　20世纪80年代的紫荆山百货大楼

7.10　20世纪90年代的亚细亚商场

7.11　亚细亚宣传广告

7.12　失去往日辉煌的亚细亚商场

7.13 20世纪90年代的华联商厦

7.14 20世纪90年代的商城大厦

河南省内和全国如北京、上海、广州、成都、西安等城市共建立和购买连锁网点15家。以资本金4000万元，扩张为近20亿的资产投资。

这次商战是郑州商业史上的最高峰，也是中国商业的一个经典。当时郑州商业企业的活力之强、竞争之激烈全国罕见。直到今天，再也没有哪次商战能有那么残酷地厮杀。

由亚细亚引起的中原商战已成为一个时代的记忆与符号。第一次商战之后，郑州零售业走向萧条。直至1997年，河南金博大购物中心及台资企业丹尼斯百货在郑开业，开启了郑州商业的第二个春天，郑州零售业进入民营和外资领军的时代。这个时候，外来资本在郑州商业也频频活跃起来。北京华联入驻，百盛赶场，紫荆山百货重新斥巨资豪华装修开业，随着沃尔玛、香港新世界百货、大润发、万千百货等国际和国内商业巨头的竞相入驻，中原商业又开始的一场商业战鼓声也渐行渐近（图7.13、7.14）。

## 二、郑州老字号

### 葛记焖饼

葛记焖饼是“京都老字号”葛记坛子肉焖饼馆独家经营的一种风味食品。

据《郑州饮食行业志》记载，葛记坛子肉焖饼馆的创业人葛明惠先生，是清朝满族镶黄旗人，生于1882年，10岁入北京珂王府做事，他勤奋好学，闲时常到王府膳食房帮厨，并因此熟谙了烹调技艺。有一天，王爷回到府中，甚感腹中饥饿，恰巧厨师不在，葛明惠便越俎代庖，把厨房里现成的千层饼切成条，加上坛子肉，为王爷焖了一盘饼，饼软肉香，王爷吃后大加赞赏，此后，更是经常点名要吃坛子肉焖饼。民国初年，战乱纷纷，葛明惠离开王府，携子来河南谋生，经朋友帮忙，在郑州火车站附近开了间“坛子肉焖饼馆”，并亲自主灶。葛明惠去世后，其长子葛云祥继续经营，他继承发扬了父亲的烹调技术，使烹制的坛子肉一开坛便香气四溢。经其多年苦心经营，终于使葛记焖饼成为闻名遐迩的美食。

葛记焖饼是用饼和特制的坛子肉加青菜焖制而成。其饼是用软面烙成千层饼，放凉后切成帘子棍形备用；坛子肉选用带皮五花猪肉，切成2厘米见方的方块，先放入锅内添水煮开，撇去浮沫杂质，捞出肉快装入坛内，下足八大料，外加香腐乳，倒入肉汤封口，大火烧开后，改用文火慢炖，煨至烂熟。开坛时浓香四溢，过往行人闻香止步，素有“开坛香”之美溢。焖饼时，锅内用青菜铺底，放上饼条和坛子肉，加高汤稍焖即成。其肉香醇厚，肥而不腻，其饼柔软适口，老少皆宜。焖饼时配菜除用豆芽外，更多是用四季鲜菜，如蒜薹、小白菜、四季梅、茭白等。焖饼用的汤，除猪肉汤外，还可用鸡汤、鸭骨汤，如此焖出的饼软香不腻，鲜美爽口。

葛记坛子肉焖饼馆几十年来历经沧桑，曾先后在一马路、乔家门、敦睦路、德化街、西太康路、大同路设点经营。1987年，在郑州市旧城改造中葛记全部店面都被占用。1989年，郑州市饮食公司决定恢复传统风味，创百年老店，由第三代传人葛永志在南乔家门恢复字号并开设门店（图7.15），关键的生产环节都由葛氏家族成员操作，保证并延续了葛记焖饼的风味。

1995年，葛记焖饼在郑州第四届美食月中荣获“中原名吃”称号。1997年12月，又在杭州全国首届名小吃认定中，摘取“中华名小吃”桂冠。

## 老蔡记蒸饺

老蔡记蒸饺的创始人是河南长垣县蔡士俊，其早年在北京皇宫里帮厨。辛亥革命爆发之后，蔡士俊从宫廷流落到京城街头，为了养家糊口，于1912年在北京前门外开一小饭店，专门经营蒸饺和鸡丝馄饨，凭他的一手绝艺，生意颇为兴隆，倒也能养家糊口。1919年，由于政局不稳，时局动乱，蔡士俊带着家人回到了河南，在郑州西二街找了个铺面重操旧业，起初，起名为“京都馄饨馆”（图7.16）。1930年正式起名为“京都老蔡记馄饨馆”。蔡士俊和妻子负责生产，家里其他人在前厅经营，每天只打15斤肉馅，卖完为止。收入除养家糊口外尚有节余。

1922年，蔡士俊长子蔡永泉跟父亲学艺，到了1939年正式挑起大梁，并花40块大洋购买了德化街100号半间小楼门面房，将店迁入。从此，“京都老蔡记馄饨馆”便在德化街扎下根来。1937年抗日战争爆发，“京都老蔡记馄饨馆”生意转淡。虽然如此，但到抗战胜利后，老蔡记蒸饺的生意已发展到三间餐厅、一间半小楼、一个大席棚，生产人员也增加到12人。能在战争中不仅能存活下来而且还有发展，老蔡家风味小吃强大的生命力可见一斑。

老蔡记蒸饺的制作颇为讲究，其肉馅始终坚持选用新鲜猪肉，按肥肉三成、瘦肉七成的比例，手工剁

7.15　葛记坛子肉焖饼馆

7.16　旧时的老蔡记招牌

碎，按一定比例加入各种调味品，边打边加水，使之久放不出水。蒸饺皮采用一半烫面、一半死面混合而成，经反复揉搓使面团筋韧后，再擀成薄皮，装馅提成柳叶褶，使蒸饺形如弯月，且每个蒸饺必须12到13摺，不足此数即为废品，在此要求下，老蔡记的蒸饺形状美观、皮薄色黄、味道鲜美、咬一口滴油，余香长久，没有哪家能比。老蔡记的鸡丝馄饨特别注重制汤，猪腿骨、肥母鸡坚持按比例下锅，馄饨形如灯笼，配以鸡丝、榨菜、紫菜、香菜等，皮薄肉香汤鲜。味道鲜美，与蔡记蒸饺配套经营，相得益彰。由于几十年如一日，坚持传统操作规程，群众对其质量有“出门百步外，余香留口中”之赞誉。

20世纪50年代末，郑州市饮食公司对“京都老蔡记馄饨馆”投资并进行改造，盖起了楼房，扩大了营业面积，增加了设备，使老蔡记业务得以更大发展。1958年中央在郑召开会议，老蔡记馄饨应召为参加会议的毛泽东主席和中央其他首长们制作蒸饺，受到与会首长的赞赏。朱德委员长、陈毅副总理还曾亲临该店品尝馄饨、蒸饺。

20世纪80年代末，老蔡记蒸饺被商业部授予优质产品“金鼎奖”。以后，老蔡记又在郑州开了多家分店，研制出虾仁、姜汁、芹香、木须、豆沙、麻辣等18种新型蒸饺，取名“蔡记蒸饺宴”，投入市场后，受到郑州市民的欢迎。

1990年之前，蔡和顺8个兄弟姐妹没人敢说开饭店的事儿。原因很简单，他们的父亲、老蔡记的老掌柜蔡永泉不允许。抗战时期，蔡永泉在郑州北郊买了十多亩地，想着万一在城里没法过日子，有块地就有碗饭吃，全家人饿不死。因为买了地自己没法种，就租给了当地人。后来划成分的时候，他被戴上了两顶“帽子”——资本家兼地主，1957年，又被加上了一顶右派“帽子”。因此，尽管改革开放给中国带来翻天覆地的变化，蔡永泉仍然坚决不允许儿女做生意，更不允许他们重操旧业，再打出老蔡记的旗号。

1990年，蔡永泉告别人世。一年后，商城路扩宽，把蔡和顺姐姐家的房子

7.17 老蔡记

露了出来，而这时，他姐姐因所在单位无线电厂的倒闭，已经下岗。亲戚们劝他们兄弟姐妹重拾祖业。姐弟几个一商量，就把这房子扒开个门，打出了老蔡记的招牌。因在这之前，老蔡记这块招牌已经归郑州市饮食公司所有，所以，蔡和顺和弟弟一起拿着老招牌去了省工商局商标所进行注册，最终的结果是皆大欢喜：主管部门经过协调，把“老蔡记”给了郑州市饮食公司，把“京都老蔡记”给了蔡家（图7.17）。

## 马豫兴桶子鸡

马豫兴桶子鸡，相传源于北宋都城（开封）市场上的卤鸡。宋室南迁后，流落到建康（今南京）的一户

7.18　马豫兴桶子鸡

马姓人家以经营此品为主。清咸丰五年（1855年），因时局动荡，南京商业凋敝，为维持生计，马姓后裔马永岑（回族）携家眷身背一桶卤鸡老汤迁回河南开封，在文殊寺街开设“豫盛永”商号，经营南北时货和禽类制品。针对中原鸡资源丰富的优势，马永岑苦心钻研，不断改进制作技术，将油鸡和桂花板鸭的制作工艺应用于鸡子的制作中，生产出风味别致的“桶子鸡”。产品一经推出，甚受欢迎，生意日渐兴隆。清同治三年（1864年），马家筹集资金，购置鼓楼街西口路北房产一座，将豫盛永连同作坊一并迁入，易名“马豫兴”，全称“金陵教门马豫兴鸡鸭店”。“马”取马永岑本姓，“豫”取河南之简称，“兴”取兴旺发达之意。1954年，省政府由开封迁郑，马豫兴第五代传人马福林在郑州德化街开设“马豫兴”鸡鸭店，至此，马豫兴落户郑州（图7.18）。

马豫兴桶子鸡之所以百年不衰，究其原因，与其选料严格，延用百年老汤，制作工艺精良是分不开的。首先，必须挑选生长期在一年以上、体重达到1.5千克的全膘母鸡。宰杀、褪毛后，为保持鸡体完整光滑，不开膛不破肚，在翅膀下开一小口，取出内脏，从脖子后开口，取出嗉囊，再从肛门拉出肠子，形成一个鸡桶子。卤制中，掌握火候，出锅先嫩后老。卤汤专用。所用葱、姜、花椒、大茴都经过严格挑选，以保证味道纯正。就连出售桶子鸡，下刀时也按鸡子的不同部位分软边、硬边，用切、片、剁等不同刀法依次进行。无怪乎，人们食毕，其香味浓厚，余香久长，顿觉山珍海味与其相比也平淡无味。

1989年，马豫兴桶子鸡获商业部“金鼎奖”，并于1997年12月，在杭州举办的“首届全国名小吃认定”中摘取“中华名小吃”桂冠。

## 利兴面包房

利兴面包房始创于1914年，是郑州西式糕点的“开山鼻祖”，是由河北保定人魏朝宗创办的。之前魏朝宗在郑州火车站附近开小卖铺，贩卖京式茶点小吃。由于进货的缘故，他时常往来于京津一带，看到面包很受人欢迎，遂筹资投入此业。

面包房是前店后作坊格局，魏朝宗自建烤炉，从上海、天津等地请来师傅，掌柜、师傅加工人共8人。从北京购进酒花，经过加工后用来制作面包。

利兴最初只生产甜、咸面包，每日供应几百个。当时的人没见过这种食品，十分好奇，因而店里每天都有不少看热闹的人。利兴的西式面包因现烤现卖，新鲜美味，颇受过往旅客和市民的欢迎，名气越做越大。魏朝宗就势增加产量，除专门为各酒店供应外，还为铁路陇海线定做面包。不过六七年时间，利兴已颇具规模，面包品种不断增加，如圆形面包及果脯面包、夹馅面包、奶油面包。因为新鲜出炉的热面包香气扑鼻，附近的市民就闻香尝鲜。慢慢地，人们逐渐接受了这种营养丰富、食用方便的新式食品。魏朝宗又开设了一间更大的作坊，大批量生产供应铁路列车餐车。

1933年，利兴除继续增加面包的品种外，开始销售啤酒、罐头食品、糖果等。作为郑州市面包食品业的领头人，利兴面包房已基本垄断了郑州市场。抗日战争爆发后，利兴面包房由于遭到日军飞机轰炸，被迫迁往宝鸡。

## 华阳春饭店

华阳春饭店1932年8月开工，1933年7月落成，由汉口“景明洋行”房屋设计事务所有名设计师绘图设计，汉协盛营造厂承建。当年在大同路西口接近火车站的饭店中，有两家颇具代表性的饭店：一家是正宗的老外开的“法国饭店”，另一家则是毛虞岑开的“华阳春”饭店。

毛虞岑幼年因家贫失学，没有文化，成年后，考入石家庄京汉铁路警务段当警察，后转入军阀任应岐部队当听差，升为副官。任应岐失败后，毛逃回郑州。他利用在任当差时积攒的钱在西大街开设了华兴代销店，经营上海金箭牌香烟和俄国生产的煤油。继而与回民古中峰等结为好友，他们邀集社会游资，开设了华阳春饭店，地址在今郑州火车站邮局转运大楼处。

华阳春饭店的经营管理规范有序，采取股份有限公司形式，合伙人古中锋任董事长，毛虞岑任总经理。下设分经理，分别管理中西餐厅、旅馆、浴池等部，自备水塔、锅炉，自己发电，虽是砖木结构四层楼房，但它广引博采，弃旧布新，终于以建筑新颖，设施时尚，住宿床位近千张，郑州第一高楼不同凡响的面貌出现在热闹的火车站附近。堪称当时郑州最具规模的大型饭店。当年开张之日，轰动郑州的一大新闻就是饭店大厅里那座悠悠徐上的电梯吸引着人们的眼光，这也是郑州有史以来的第一部电梯。饭店一经问世就成为当时玩乐的时髦去处，当时的达官贵人、商贾游客来到郑州也多下榻此处，生意极为兴隆。

1938年，日军飞机空袭郑州时，华阳春目标明显最先被炸，整座楼被摧毁，职工死伤惨重，饭店就此关门。

## 鸿兴源

鸿兴源是郑州市糕点行业中最著名的老字号，是由天津人赵晋三、宋海珊、牛俊山、王俊生、刘守起等集资合办的，1913年在大同路开业（图7.19）。

鸿兴源有八大作坊，分别生产加工酱油、醋、糕点、咸菜、小磨油等，销售以糕点、酱菜为主，同时兼营茶叶、山珍海味、杂货生意。一般市民家有红白喜事，在鸿兴源一家店里就能把所需物品买齐。

鸿兴源的糕点属于京味，外形精细美观，表面多有嫦娥奔月、花卉等富有民

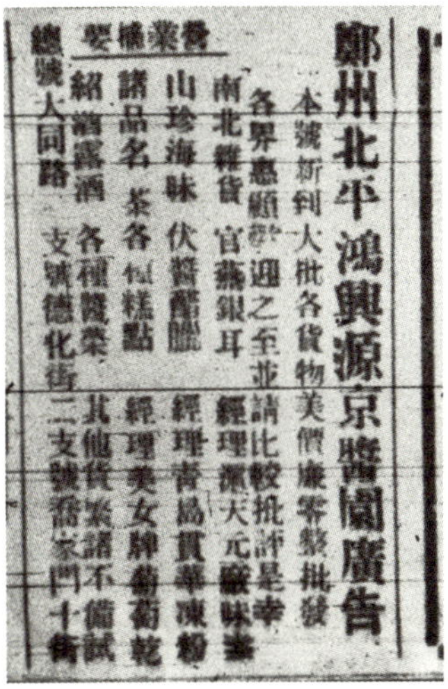


7.19　1936年《通俗日报》刊登的鸿兴源广告

族特色的传统模压图案，吃起来具有酥、松、香、甜等特点，其中以月饼最为有名，另外绿豆糕、桂花果、小京枣、江米条、鸡蛋糕等也是招牌产品。

许多人至今还惦记着鸿兴源的重阳花糕、芙蓉糕和鸡蛋糕。重阳花糕是节令糕点，每逢重阳节，人们出游登高，吃重阳花糕与饮菊花酒、插茱萸并重，以畅秋意。鸿兴源师傅结合郑州本地顾客的口味，反复研究改进，制出了人们喜欢的重阳花糕。它以面粉、白糖、植物油制成花糕坯，再包上特制的枣泥、豆沙馅，缀上翠绿的青梅，配上核桃仁、桂花、葡萄干、山楂糕等，使其色泽红绿分明，绵软酥松，具有浓郁的果香味。

鸿兴源的鸡蛋糕工艺精细，呈枣红色，皮薄松软、不易干缩，外观浑圆匀称，吃时满口鸡蛋的清香，油润而不腻口，深受中老年人的欢迎。还有主打的提糖月饼，用小磨油、冰糖和面加上青红丝、核桃仁、瓜子仁烤制而成。特点是光泽好、长期存放（一年以上），不走油不变味。

## 合记羊肉烩面

具体内容详见本章“烩面文化”一节。

## 三义长

始创于1930年，是河南孟县人李廷贤、李廷选、李廷忠三兄弟创办的，以三兄弟情义长久之美意，取名“三义长绸布庄”。

“三义长”经营的品种以货色齐全取胜。如棉布，除郑州产的各种土布外，还有不少洋布。各种洋布以英国的较多，如太太西缎、色羽缎、本色标布、日本产的三春白市布、三仪白市布、世乐鸟市布；绸缎全是国产货，如八丝缎、五色绫、宁绸以及省内的鲁山绸、南阳绸、汴绸等；呢绒，国产的有毛哔叽、羽绫，绝大多数是英国的礼服呢、毛华达呢、克罗丁、托丝棉等。

郑州解放前夕，三义长经营的绸、布、呢绒的品种已有200多个品种；各种白布、色布、花布、色织布已有130多个品种；各种绫、罗、绸、缎、纺、绢、绉、葛、绨、呢、被面等已有近70个花色品种；呢绒有毛华达呢、毛哔叽礼服呢、克罗丁等10多个花色品种。

“三义长”的经营很考究。商号中人员职责划分细致，有经理、副经理、前堂经理、柜头儿、柜先儿、外柜、采购、店员和学徒等，各负其责。每天早上天明开门，所有人员要验货、划码、卷布、上货架，整理商品陈列。柜头儿要领着业务熟悉的伙计逛市场、摸行情，捕捉各种信息，以备经理决策；每天晚上关门后，则要总结当天销售情况，分析畅、滞、行销的商品变化，以利于经理调整经营。

李氏三兄弟经过长期的实践，又对其他店铺的经营取长补短，创造了一套独特的经营哲学，如：“人弃我取，人取我与”。即在看准市场趋势的情况下，别人不敢进的货要大胆进；而别人向自己要的货，毫不惜售，决不奇货可居，待价而沽。“未曾入手，先看出手”，即进货时要先预测销路，量出而入。“要想多卖钱，就得商品全”，把扩大花色品种放在重要的位置。最多时，“三义长”经营品种千种以上。

“三义长”进货很严格，卖货的价格则十分灵活。采购一般由经理亲自经手，进货原则是“宁可小批量，不进隔夜愁”。商号设有外柜人员，专门外出推销商品。商品价格很灵活，一般是明码一个价格，暗码一个价格。商号门前经常可见“买尺放寸，买丈放尺”，“九折优惠”等招贴。

“三义长”的经营作风也令人称道。他们对店员的管理很规范，也很厚道。店员按年发放工资，每年有一个半月假期，店里每两年分红一次，拿出利润的40%分给店员。因此这个店上下齐心，经营稳步增长。

随着计划经济向市场经济转型，“三义长”每况愈下，20世纪80年代中期，为了生存，“三义长”从德化街旧址迁到二七路51号，改成了“国营三义长招待所”（图7.20）。

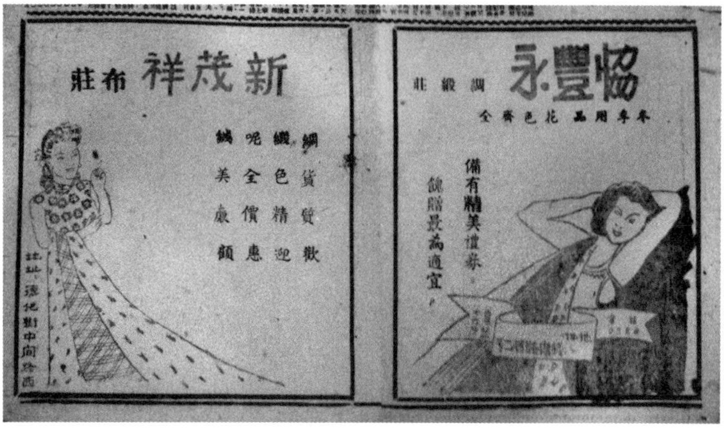

7.20　1947年《春秋时报》刊登的绸布庄广告

7.21　旧时的当铺招牌

## 恭和典当铺

恭和典当铺是黄弼臣（字理堂）于清宣统二年（1910年）创建的。黄弼臣是陕西白河县人。光绪年间，以举人大挑一等分到河南。光绪十六年（1890年）至光绪三十二年（1906年）间先后任邓州、长葛、商水、西平四地知县。

典当业在当时属于官商性质，只有与当地掌权者熟络，才有可能获得报批备案。一般人即便有钱，但没有当官的牵线搭桥，想涉足此业，也是不可能的（图7.21）。黄弼臣任职16年，积累了丰厚的资财。卸任后，通过对市面的考察，黄弼臣发现典当业是比较稳妥的行业，风险小、利润高。他利用自己任职多年结交的关系，找到当时在任的长葛知县潘守廉，靠他担保，很顺利地报批备案。同时他深入开封、禹县等地，对当地的老牌当铺如公茂典当铺、同茂典当铺等进行考察学习，摸清开当铺的路数，并请他们推荐对典当行业有经验的人，一切就绪，正大典当铺就在长葛县城内开始经营了，资金是八万三千串。

正大典当铺开业时间不长，黄弼臣便意识到这个当铺开错了地方。当时的长葛地界小，农民人少地肥，年景通常不错，一般农民家庭靠精打细算尚可维持基本生活，进当铺的需求不那么迫切。旧社会中，人们的传统观念认为，进当铺是山穷水尽时的选择，不到万不得已，谁愿意进当铺啊。正大典当铺面对的客人，主要就是这一层面的农民，因而生意清淡，收入连正常开支都维持不了。

当时典当业备案规定，有三年的试办期，试办期满后，要继续经营，应再申请正式备案。正大典当铺开了三年，没有好转的迹象，黄弼臣果断停业。

经过一番考察后，黄弼臣决定将当铺开设在郑州。郑州当时属于州治，地广人多，交通方便，经济繁荣。加之黄与郑州直隶州知州叶济（字作舟）是旧交，关系密切，开店之事很快定了下来。

据黄弼臣的孙子黄明远介绍，恭和典当铺开业之初设在郑州南大街南头路西（现中药制药厂地址），后黄弼臣以九千三百串钱（制钱一千文为一串，一串钱换一两纹银，清末一串钱换一块银元）购置了东大街西段路北的一处院落（后为中药材收购栈址）并将店迁了过去。

这是一处五进院子，有楼房44间、平房49间，占地约5亩。其中包括临街门面房9间，后面分东西两院，前后均为五进。店前临着东大街，店后院直抵法院东街，前厅后院，气势不凡，堪与当时豪门府邸相媲美。

恭和典当铺的营业室设在该处院落的西院大厅。柜台高约两米以上，当物人须仰面举手才能把当物送上柜台，店员向外递送物品，须俯身向下。柜内地面高，一是因为店里摆着许多现钱，防止坏人闯进；二是令店员有居高临下之势，典当之人要仰面才能与之交流，心里首先就有了畏怯之感。帐桌比柜台还高，置于柜台后中间部分，管帐先生可以看柜台内外，一切了然于胸。营业室里屋设有钱库，外屋住店员看管。为了安全起见，除平时雇有保标和巡警各一人外，存放金银首饰的立柜屋外间，经常有人住，每日夜间由学徒分班巡夜，直到天明。除了营业室，黄弼臣还在西院设了几个附属部门，二进为经理室，三进为厨房和餐厅，五进为马棚和磨房。恭和典当铺经营见好之后，又附设了恭和恒钱庄和恭和昶估衣店，分别占据了东院大厅和临街门面。

民国二年（1913年），恭和典试办三年期满时，虽经营状况良好，但黄弼臣没有再申请正式备案，黄明远称“祖父年事已高，精力不济”，但恭和典停业应该和时局的动荡有很大关系，凭黄弼臣的精明当然会选择见好就收。因为衣物当期一般为2年，所以恭和典当铺的业务直到民国4年（1915年）才完全结束。

## 老天成金店

老天成金店始于1932年，由何鸿祥创建。“老天成”开业时规模很小，店里只有何鸿祥一人，业务范围只限于应顾客要求加工一些金银饰品。后因手艺出众，为人诚实，打出的首饰色赤量足，款式新颖，工艺精良，每天慕名前来打制首饰的顾客络绎不绝，生意慢慢就做大了，

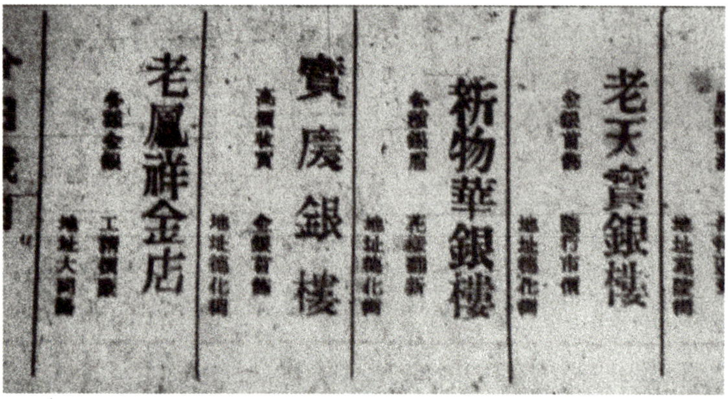


7.22　1945年《中报》刊登的银楼广告

7.23　1948年《中报》刊登的银钱业联合广告

由单纯的加工发展为产销经营，并增设了珠宝玉器的收购、寄卖，形成了前店后厂、工商合一的特色。

后来由于金银归银行独家购销，“老天成”的经营范围转变为珠宝、玉器、古董的收购寄卖，兼营服装、钟表、眼镜等。公私合营时，“老天成”更名为“德化街大众寄卖店”。

20世纪80年代初，这家老店进行了改造，把原来260平方米的小平房拆除，改建成650平方米营业面积的四层楼房。经营方向也作了调整，即重新把黄金珠宝业务作为主营，保留收购寄卖业务，增加家电经销。因企盼三项专营都得利，遂改名为郑州“三得利商场”。

在20世纪80年代后期到90年代中后期，三得利商场依凭其前身“老天成”的金字招牌、铺天盖地的广告及价码公道的商品，很快在郑州乃至全国打响名号（图7.22、7.23）。

## 精华眼镜店

精华眼镜店始建于民国1930年，创办人李竹轩，河南巩县人，位于老德化街北口，是郑、汴、洛三市钟表眼镜店的元老之一。

李竹轩原在开封“和鸣斋”经营眼镜生意，后听友人讲德化街是个经商的好地方，遂于1930年3月迁址郑州。李竹轩在开封的好友、河南著名书法家陈玉璋建议说：“店名取‘精华’二字为好，这是取其精华，去其糟粕的意思。”李竹轩欣然同意，陈玉璋即兴挥笔。就这样，李竹轩花费价值200袋面粉的钢洋，用红木做成一块“精华眼镜行”的金字匾，在德化街竖起来了，从那时起郑州有了第一家曲光验光眼镜行。

1944年，日军轰炸郑州时，“精华”也未能幸免。抗日战争胜利后，精华逐渐恢复老店模样，并提出了“货真价实树信誉，精工配制促盈利”的经营理念，精华眼镜店所配制的眼镜均采用当时最好的镜片，再加上精心验光，配出的眼镜度数准确，透光率强。出售的眼镜如有屈光不正和其他毛病的，凭保修单一律免费维修。完善的服务为精华赢来了更大的名声，来店购买和配制眼镜的人络绎不绝，日销售额高达300银元。

郑州解放后，市政府将市内“亨得利眼镜店”“三三眼镜店”“大宝华眼镜店”“宝三斋眼镜店”“精华眼镜行”等店合并为公私合营企业，取名“郑州市钟表眼镜中心店”，中心店“精华眼镜行”仍以“精华”为该店字号。

1975年，是郑州钟表眼镜专业店大发展的一年，精华眼镜店扩建成5层营业大楼，比兼营前的营业面积扩大了40倍。其配制的镜片精度在全国质量万里行活动中，经国内贸易部北京钟表眼镜商品质量监督检验测试中心检测，属省内唯一达到国家标准的单位。“精华眼镜店”被认证为“中华老字号”（图7.24、7.25）。

7.24 精华眼镜匾额

7.25 精华眼镜创始人李竹轩先生

## 玉庆长、豫中打包厂

20世纪20年代，随着铁路向四方延伸，在郑州，形成了大规模的棉花市场，来郑州进行棉花交易的客商络绎不绝。作为买卖双方交易中介和桥梁的花行，随着棉花业的繁荣，如雨后春笋般发展起来，它们为客商提供食宿，提供存放货物的场地，介绍买卖双方洽谈业务，为他们鉴定棉花等级、称量重量，也为其代办贷款和转运等手续，成为买卖双方都离不了的“拐杖”。

在郑州众多的花行中，经营良好的有36家，其中“玉庆长”“慎昌”“利兴长”三家规模和名气最大，而“玉庆长”更是行业中的佼佼者。

“玉庆长”位于郑州火车站北的二马路上，1922年开业，经理阴玉景。该花行内部管理严密，职责分工明确。业务人员精明练达，善于招揽客商，还能帮助客商解决交易中的各种问题，安排有专职人员为客商代办贷款、押汇、打包、转运等各项手续，这些都包含在佣金之中，并不另行收费。

“玉庆长”前院很大，有开阔的空地可供客商临时存放货物；后院有几十间客房，装修考究，装饰清雅，能接待众多客商。行内请有厨师，饮食颇为讲究。他们招聘了几十名仆人，对客商来接走送，客人来店后，先陪同洗澡、吃饭，再根据其喜好予以招待。对于大客商，花行免收伙食费，遇有大买主还由老板出面设宴招待。因此这个花行在业内名气很大，吸引了大批客商，日本最大的三井洋行就派人常驻该花行内。

阴玉景是个善于交际的人，尤其擅长结交官府人员和各种地方势力，他有十多个在县政府、警察局、治安方面的拜把子兄弟。在当时的郑州市面上算得是一个“吃得开、转得圆”的人，他每年寿辰时，筵席百余桌，贺客盈门，有千余人。

随着郑州市场棉花交易量的急剧增加，铁路方面出于安全考虑，规定郑州的棉花外运前必须轧成铁机包（每包250千克，花包轧得非常结实，不易被火点燃），这个规定造就了一个新的行业——打包厂。郑州先后有“豫中”“大中”“协和”三家打包厂，当时郑州靠从事拾花（把不够等级的棉花挑出来）、打包维持生活者有4500人之多。

三家打包厂中，以豫中打包厂规模最大，设备最为完善。豫中打包厂始建于1925年，坐落在西陈庄，距火车站不足500米。该厂资本雄厚，资金100万元，厂内有30间检花房，打包楼、办公楼各一幢，均系钢筋水泥结构，有200匹马力打包机一台，每日能轧棉花400多包。厂方每50公斤棉花收打包费1.6元，每包250公斤收费8元。由于营业状况好，成本低，利润很大，据统计豫中打包厂历年盈余积累达300万元之多。

豫中打包厂固定工占40%，多担任司机、机械工、看守人员等，其余人员根据业务量临时雇用。打包厂工作环境恶劣，检花房内尘土与飞絮弥漫，但为了生活，每天清晨都有成百上千的人在厂门外等候，厂门一开，人们就拼命挤到发签处争领工作签，拿到一张签就意味着可以挣到一天的工钱了。

20世纪30年代以后，郑州棉花业逐渐衰败，到30年代中期，“玉庆长”等花行、“豫中”等打包厂，及与棉花业关联紧密的转运业、货栈业生意一落千丈，几乎全部关门歇业。

### 三友鞋

字号初为“永发祥”，创建于1938年。两年之后改为“同心永”，1943年改名“三友”。这三友是王庆亭、王连堂兄弟及其师兄徐荣恩。

产品有全布鞋和皮底布鞋两种。布鞋底都是用新棉布黏合叠压，采用细针、精线的工艺密纳，再以细麻线缝绱成鞋。一般鞋底36层，千层底40多层，厚度分别为8毫米和10毫米，结实耐磨，软硬适中，耐折吸湿，鞋内配有软垫，能保持一定的湿度，对皮肤干燥或脚汗多的人各有其益。布鞋的款式各异，造型美观，鞍式棉鞋穿脱方便，穿上给人以稳重厚实之感；千层底小圆口布鞋，鞋底层次清楚，鞋面针工丰实，显得朴素整洁。

皮底布鞋选用色泽鲜亮、不怕油灰的礼服呢或贡布布料，以牛臀部的皮子作底料，鞋底前部厚5毫米，后跟加插掌增厚一倍，并烫蜡轧光增加硬度，以反绱成鞋后，突出轻盈整齐、美观大方的效果，能给人增添优雅的风度。

20世纪五六十年代，能穿上三友布鞋是一件很荣耀的事，就像是用上了上海货。一些侨居国外的华侨，回故乡指名购买三友牌布鞋，一些领导和社会名人，也找上门来购买或定做三友牌布鞋。

“三友牌”通风鞋、保暖鞋，在首届中国国际博览会上获得“银鞋奖”，在两次全国妇女儿童用品会上获“金鹿奖”。那时在德化街南段路东的郑州三友鞋厂门市部经常是顾客盈门，生意十分红火。别小看这个门面不大的店铺，月营业额在德化街商界中总是名列前茅，20世纪五六十年代的西大街，也因有三友鞋厂使之增色不少。

## 三、烩面文化

### （一）烩面简介

烩面是以优质高筋面粉为原料，辅以高汤及多种配菜，一种类似宽面条的面食。汤好面筋，营养高。

烩面的面是用优质精白面粉，兑以适量盐碱用温开水和成比饺子面还软的面团，反复揉搓，使其筋韧，放置一段时间，再擀成四指宽，二十公分长的面片，外边抹上植物油，一片片码好，用塑料纸覆上备用。

汤用羊骨（劈开，露出中间的骨髓）等煮五个小时以上，先用大火猛滚再用小火煲，其中下七八味中药，骨头油都熬出来了，煲出来的汤白白亮亮，犹如牛乳一样，所以又有人叫白汤。

辅料以海带丝、豆腐丝、粉条、香菜、鹌鹑蛋、海参、鱿鱼等，上桌时再外带香菜、辣椒油、糖蒜等小碟。

烩面按配料不同可分为：羊肉烩面，牛肉烩面，三鲜烩面，五鲜烩面等；烩面按是否带汤可分为：汤面和捞面两种。

## （二）郑州著名的烩面

郑州号称“烩面之城”，烩面馆遍布全市的华街冷巷。郑州烩面大概产生于20世纪40年代，兴盛于20世纪80年代，改革开放使得处于交通枢纽地位的郑州流动人口大量增加、餐饮业需求大增。先是老字号“合记”的羊肉烩面独领风骚，后是“萧记”的三鲜烩面异军突起。如今外地人来到郑州，首先想到的便是尝一尝地道的羊肉烩面；本地人款待亲朋的保留菜式也是香浓的烩面。烩面不仅成为郑州的餐饮标志，也成就了郑州的别味风情。

### 合记羊肉烩面

从确切的记忆史料看，“合记”应是郑州烩面的鼻祖，其前身是“老乡亲饭店”。1953年李少卿等4人接营，因是合伙经营，易名“合记饭店”。1967年起专门经营羊肉烩面，改名为“合记烩面馆”，俗称“合记”（图7.26）。

锅内放原汁肉汤，将面拉成薄条入锅，放上羊肉，配以黄花菜、木耳、水粉条等。烩熟后，再盛入蓝花白底的大瓷碗。上桌时外带香菜、辣椒油、糖蒜等小碟，其味更鲜。

合记烩面数十年坚持一锅一碗，在群众中享有很高的声誉。1996年，合记烩面馆走上连锁经营发展之路，先后在郑州市区开辟了南阳路、华山路、东明路8家连锁店，还在其他市地开设了近30家连锁企业，进入了它的全盛期。随着日益增长的物质和文化需要，为了适应客户用餐需求，合记烩面在配菜上也增添了几十个品种。

1994年5月合记烩面荣获“全国清真名牌风味食

7.26 合记羊肉烩面

7.27 萧记三鲜烩面美食城

7.28 惠丰源烩面馆

品”称号，1997年12月又摘取“中华名小吃”桂冠。

## 萧记三鲜烩面

萧记三鲜烩面创业于20世纪80年代中期，创始人萧鸿河原是郑州国营长春饭店做伊府面的师傅，他从自己拿手的伊府面中找到了灵感，将山珍海味（海参、鱿鱼、猴头）烩入面中，再加三道高汤（鸡汤、骨汤、羊肉汤)，以滋养不过补、味美不过鲜、油香不过腻的三大特点，首创了“三鲜烩面”。

萧记第一次创业时，挂的招牌是“三鲜萧记烩面馆”，随着名气越来越大，招牌改成了”萧记三鲜烩面馆”，而今天其总店的招牌已经改成了“萧记三鲜烩面美食城”（图7.27）。

## 惠丰源滋补烩面馆

惠丰源滋补烩面作为郑州烩面的三大流派之一，与合记烩面、萧记烩面形成了三足鼎立的局势。

20世纪90年代中期，惠丰园烩面馆在经七路上开业（图7.28）。明亮的店堂、豪华的装修、品种丰富的小菜，一出手就显得颇有气势。其烩面与众不同的是在汤中加入了当归、枸杞等滋补的中草药，烩面做得地道，面劲，肉多，汤浓，味美，为许多人所喜欢。

# （三）烩面人文

## 郑州烩面概况及产生的客观背景

天津的麻花，山西的醋，山东的煎饼，河南的面。又有人说，洛阳的水席、开封的包子、郑州的烩面，是河南著名的三大小吃。河南人爱吃面，原因大概与地理环境有关。河南沃野千里，一马平川，是全国农业大省，粮食主产区，小麦是河南的主要农作物。汤面，捞面，炒面，卤面，勤劳聪慧的河南人创造了很多面食。一天三餐不吃面，就跟丢了魂，缺了什么东西似的，没着没落，不踏实，感觉没吃饱似的。

烩面馆，在郑州满大街都是，基本已是餐馆的代名词。不过烩面馆不要以为只卖烩面，炒菜、主食、酒类等一应俱全，叫烩面馆只是为了引人注目、招揽顾客罢了！

看大师傅下面也是一种美好享受，倏忽间拉成长长的薄面条，像音乐家在指挥音乐，又似魔术师在玩高超的技艺。那白白的面片，上下翻飞，似游龙飞舞，像彩绸玩花，曲龙遒劲，瞬间下锅，眼还没看清怎么回事，面已下锅煮熟了。

烩面碗也很有讲究，都是陶瓷蓝花大碗，为什么要用这么大的碗呢？一来河南地处中原，以农业为主，需要体力劳动。从祖辈那里沿袭了大碗吃饭，大碗喝酒，大力气做事，大胸襟待人的习惯，这一点很像陕西人；二来河南人好客，不会花言巧语，唯恐来客害羞，吃不饱肚子，变着法地给你添饭。

## 烩面起源的民间传说

（1）据传河南郑州烩面是从西安泡馍中演变过来的，西安泡馍清朝年间传到河南，因为河南人不喜欢吃馍而喜欢吃面，就把它演变成了烩面。

（2）河南郑州烩面源于原阳烩面，原阳烩面又有神奇传说。

相传唐太宗李世民在登基前的一个隆冬雪天，患寒病落难于一回民农院。回民母子心地善良，将家养的角似鹿非鹿、头似马非马、身似羊非羊、蹄似牛非牛的四不像（亦称麋鹿）屠宰炖汤，又和面想做面条为李世民解饿。但追敌逼迫，情形紧急，老妇人草草将面团拉扯后直接下入汤锅，煮熟后端给李世民。李世民吃得满身冒汗、暖流涌身，不觉精神大振，寒疾痊愈。于是策马谢别。

李世民即位后，整日山珍海味倒觉不出什么滋味，就想起吃过的回民母子做的面，想到他们的救命之恩，便派人寻访回民母子，以厚加赏赐。还真是不负有心人，终于找到了那母子。太宗又命御厨向老人拜师学艺。从此，唐宫廷御膳谱上就多了这救命之面——麒麟面。

后来，因为四不像极其稀少，觅猎困难，宫里御厨只得取山羊代替四不像，麒麟面也因改称山羊烩面。因其口感滋味和医用价值都不亚于麒麟面，所以得以取代麒麟面成为宫廷名膳，长盛不衰。

清代八国联军打进北京城，慈禧太后逃到山西避难，仍牢记烩面补身祛寒，多次差总管李莲英诏贡山羊做烩面食用，及时解除了寒疾病险。直到清末，满汉全席宗师御厨庞恩福因不甘宫廷御膳房苛律束缚，逃出皇宫，隐居黄河河南段后，正宗的原阳烩面才传艺民间。

（3）合记烩面传说。

据说，抗日战争时期，日军飞机经常空袭郑州，当时有一位名厨叫赵荣光，特别喜欢吃面食。飞机来了，赵师傅就去躲飞机，回来后，就把剩下的面条加点羊肉汤烩烩再吃。久而久之，赵师傅发现重新烩过的面也很好吃，就潜心研究，在里面放些盐、碱，使之更筋，做出的面别有一番风味，后来就成了风靡一时的风味美食，所以合记羊肉烩面被友人戏称是“飞机轰炸出来的”。

（4）烩面与长葛及京城的传说。

据《清代职官年表》《大清德宗同天崇运大中至正经文纬武仁孝睿智端

俭宽勤景皇帝实录》（卷五十一）、《大清德宗同天崇运大中至正经文纬武仁孝睿智端俭宽勤景皇帝实录》（卷一百十二）及当地人口耳相传，有善地方志文者整理了杨佩璋、郭子兴的烩面素材。杨佩璋，今长葛市后河镇后河村人，字筱村，光绪二年中举人；次年登进士，授翰林院编修（后人尊称杨翰林）；二十七年升侍讲学士，旋补内阁学士兼礼部侍郎；二十九年署吏部右侍郎；三十二年署都察院副都御史。

光绪年间，天下客商，云集京城，当时有位同乡郭子兴，在京开一面馆，手艺不错，人称“天下第一锅”。繁华闹市，敲诈勒索时有发生，郭子兴为此类事情多次麻烦杨翰林，杨翰林义不容辞为同乡妥善处理，深得同乡称赞。一日，十数名地痞饭后找茬赖帐，郭子兴上前论理，不料众痞子拳脚相加，且将饭馆砸了个稀巴烂，杨翰林听说此事后，差人将郭子兴一家接到府上，说：“我正欲找一位厨房师傅，如果你愿意，可留下来，也免得日后再遭恶人刁难。”郭子兴看杨翰林诚心诚意，便答应下来。杨翰林生平喜欢清素面食，正是郭子兴拿手“好戏”，入府后侍奉杨翰林体贴入微，杨翰林十分满意，后来便一直跟随左右，成为杨佩璋的贴身厨师人称郭二爷。

辛亥革命爆发后，“中华民国”建立，杨翰林时任清廷都察院副都御史，由于年事已高，身体每况愈下，趁机辞程，告老还乡。秋日，杨翰林偶感风寒，便卧床不起，郭子兴照旧将早点呈上。杨翰林强打精神吃了几口油条，不多时，便呕吐起来，大夫看罢说：“并无大碍，只是体弱多时，鱼肉之类、油腻之物不宜进，应以清淡素食为主，可药疗、食补二者结合。”郭子兴闻言想到，老翰林既然爱吃面食，我不如将油条面用水煮熟一试，结果，煮熟的面片光滑透亮，看着就想吃，郭子兴觉得，面里再带些肉汤，既补养又能消化。于是，他将肉拍成肉茸，取腿骨砸碎，文火炖汤，汤炖好后，冲于面中，端到杨翰林面前，清香扑鼻而来，杨翰林精神一阵，问：“这是什么？”郭子兴灵机一动说：“烩面，此乃补养身体之物。”家人起汤让杨翰林品尝，杨翰林连说不错。即刻欠身，连汤带面吃完。杨翰林问郭子兴：“烩面是怎么回事？”郭子兴说：“大夫嘱咐：大鱼大肉及油腻之物，不易消化，您老身体弱，只能吃清素，可光吃面怎能补养身体？我就试着用大骨头、肉茸加一些入味的中草药炖汤，没想到这汤还真补，您老爱吃，以后我常给您做。”随后，郭子兴天天炖汤煮面给杨翰林吃，不几日，杨翰林身体恢复面如初，街坊邻居称杨翰林精神抖擞，似返老还童。

民国九年，杨翰林仙逝，临终前吩咐家人送郭子兴银两，让他再行开店，且叮嘱郭子兴不要将烩面失传。郭子兴深知其滋补、保健之功效，乃世上其他膳食所不及，早有意再度开店，专营烩面。不料，长葛当时寇匪猖獗，官兵不能剿办，时局不安，再无开店机会。郭子兴有一远房亲戚，于黄河岸边花园渡口附近，为了生存，只好投奔那里。新中国成立前，一直与杨府来往，新中国成立后，由于“三反、五反”运动，断绝音讯。时局稳定后，有长葛老乡碰到郭子兴在郑州集体食堂做活，再后来不知其下落。

## （四）一般制作方法

羊肉烩面是郑州著名的特色小吃，深受人们的喜爱。其主料为羊骨头（羊脊骨腿骨为上等）、羊腿肉、粉条、黄花菜、香菜、豆腐丝、海带（或选用木耳）、鹌鹑蛋、面粉；配料为八角、大料、草果、茴香、盐、味精、香油（南方称“芝麻油”）。

其制作方法：

（1）熬汤、煮肉

羊肉切成大块，羊肉和羊骨头用清水洗净，清水中浸泡约1小时，捞出，冲洗干净；

八角、大料、草果、茴香一起用纱布包裹，制成调料袋；

锅中填满水，将羊肉和羊骨头放入，大火煮开，撇去浮沫，放入调料袋，转小火慢炖2～3小时，熬至羊肉软烂，捞出调料袋，加入盐调味，待凉备用。

（2）制作面坯

面粉中加入一小勺盐，混合均匀，慢慢加入清水，揉成软硬适中的面团，蒙上保鲜膜醒20分钟，然后再揉10分钟后盖上保鲜膜醒20分钟，反复3～4次；

将揉好的面团搓成粗长条，分成剂子，将每个面剂擀成厚度约1厘米的长方形面片，在面片上抹上色拉油，盖上保鲜膜，醒20分钟即可。

（3）准备配料

粉丝用水泡软；

香菜洗净，切段儿；

黄花菜和木耳泡软，将木耳撕成小朵；

海带泡发后洗净，切丝；

鹌鹑蛋煮熟，去皮；

羊肉切片。

（4）抻面、煮面

锅中放入熬好的羊肉汤，煮开后依次放入羊肉片、黄花菜、木耳、海带、豆腐丝，搅拌均匀；

再次开锅，开始抻面。将面片抻成宽约1厘米的面条，下入锅中。如此反复，将所有面片抻好入锅。锅开后下入粉丝，加盐调味。面条煮熟即可出锅，搭配着糖蒜和辣椒酱食用。

## （五）烩面传播

在社旗、方城一带的烩面应属于清汤型面食，和郑州烩面相比，源于郑州，但是有所不同，香而不腻，带有羊肉的鲜香味道。

## （六）烩面的创新

### 烩面机的诞生

2003年12月4日央视国际曾经报道过一位烩面传奇女子，她就是发明烩面机的长葛人胡书玲。1996年3月，胡书玲女士在长葛市区烩面馆打工期间，发现师傅手工制作面坯费工、费时，于是在师傅话语的启发下萌发研制烩面机的想法。1996年7月，王朝民、胡书玲夫妇开始研制烩面机。历经三年多的艰辛，克服重重经济困难和技术难关，到1999年11月，第一台样机研制成功。烩面机的诞生，填补了食品加工机械行业的一项空白。随后，王朝民又先后研制出抻面、扯面、刀削面、拉条、棒棒面、手撕面、揪面片、馄饨皮、饺子皮等多种刀具，使烩面机成为能够生产多种面食制品的多功能型设备。1999年11月，多功能烩面机发明人王朝民先生，申请了国家发明专利，现在这种烩面机已在不少地方获得广泛应用。

### 方便速食烩面的出现

为了让河南烩面走出河南，让省外的河南人找回家乡人的河南情结，让热爱河南名吃的朋友们品尝到正宗的河南美食，郑州国华食品有限公司经过多年攻关，于2008年研制出了类似方便面包装的河南烩面速食食品。方便式“河南烩面”的创新性突破以及成功上市，对继承和发扬中原传统美食文化具有划时代的意义，对推动中国方便面产业的创新发展，具有创造性的贡献，对河南经济迈向全国，让更多的中国人了解河南文化是一项有力的促进。

## 四、郑州东亚第一商场

清末民初，京汉铁路、陇海铁路建成，郑州成为交通枢纽，市场日益繁荣，因此，引起了商界的有识之士对这里的关注，认为这块地方是聚宝之地，很有发展前途。

民国元年(1912年)，由发起人王兆丰兼总经理和经理人王晋卿等人筹资招股，在火车站对面的智仁里西(现今中原大厦、长途汽车站)购地二十余亩，由王延如招标建筑楼房四座，内有十字甬道，四周为门面，门脸一百余间，四周凡临马路之处均开有大门，人力马车可以自由出入，交通便利。该工程于民国五年(1916年)3月竣工，定名东亚第一商场，经营宗旨是“繁荣商务，畅销国货”。

为广招客商入场营业，商场在《河声日报》上大登广告，街头闹市遍贴布告，并给予免去前三个月房租的优惠，不几天商场店面被租赁一空。商场开张时，顾客川流不息，熙熙攘攘。经营品种有日用百货、棉花布匹、鞋帽、烟酒糖果、南北货、干鲜果品等，还设有饭店、酒馆、茶楼。商场周围卖零食小吃的商贩比比皆是，到处是叫卖的吆喝声。在当时，商场的开业在郑州城是件新鲜事，过往旅客、当地顾客都来商场看稀罕游玩、购买商品，生意兴隆，热闹非凡。一时间，盛名远播，与德化街、大同路并驾齐驱。

后来由于商场建筑基础薄弱，不甚坚固，屡屡出现险情，商户逐渐外迁，顾客望而生畏，1918年秋歇业。

## 五、郑州第一个商会

清末至民国年间，郑州地处交通枢纽，各地商人云集，经商建会馆的较为普遍，先后有10多座会馆建筑（部分称会所、老会）在郑建成。较大的会馆有湖北会馆、山陕会馆、河北安国会馆、山东会馆、江浙会馆、闽泉会馆、安徽会馆及绦带商的绦带会所，修鞋靴从业者的缝绽老会等。这些会馆是以行业为基础的社会团体，是同乡同行商人议事、联络乡谊及救济同乡人在旅居地所遇困难之地，并制定统一行动准则，互助合作，保护同业利益，共图发展。所以建会馆深受同乡同行的赞许和参与。

当时郑州辟为商埠城市后，来此做生意的湖北人开始多起来，起初以买卖南北货干果为主，后来看到郑州辐射面广，市场潜力大，先后吸引了更多的楚商来郑开店经商。商人推销货物过程中，各种中间机构如牙行、经纪等也与日俱增。封建时代的牙行是骑在商人头上的一霸，控制市场，垄断行情，向商人收取高额佣金。为制定统一行动准则，与牙行进行斗争，保护同业的利益，1914年，湖北同乡同行商人开始酝酿，捐资筹建湖北会馆。1915年，湖北会馆在南川街（后改叫乔家门）路东一条东西长的街上落成。

湖北会馆建成后，同乡同行的商人们觉得身在异乡有了依靠，来郑州做生意的楚商越来越多，经营范围扩大，品种繁多，除南北货干果行业越搞越大外，还有衣着鞋帽、帐子床单、竹木日用杂货、皮革箱包、雨伞雨衣胶鞋、钟表眼镜、文具纸张、理发用具、猪鬃收购加工、营造（建筑）业，服务行业中的旅馆、澡堂、饭馆、风味小吃等在郑州开店。20世纪20年代前，南川街及其周边的商业多为湖北商人所经营。一时有"老城东南楚商多"之说。

湖北会馆在郑为同乡同行做好生意发挥了重要的桥梁作用，也受到了商户们的拥戴。当时在郑的湖北籍商户在商业经营中守信用、讲礼貌，这与湖北会馆对楚商从严要求以及优秀商号的示范作用有很大关系。

后来，商会取代了会馆。湖北会馆原址在1920年初被改为铁路扶轮小学。1921年冬，会馆后院的议事厅辟为铁路工人夜校，中国共产党的创始人李大钊等先后来这里讲学，成为中国共产党在河南最早组织工人，启发其觉悟、组织团体进行革命活动的场所。2006年郑州铁路职工学校旧址被公布为河南省文物保护单位。

## 六、郑州果子市

果子是老郑州人对各种水果和干果的统称。早年郑州的果子销售环节是果农从四乡将果子运至果子市，零售商、杂货店及摊商去果子市趸货，回来销售。所以，果子市是果农与零售果商的一个中转环节。过去郑州的两家果子市，一是南门外的"南关市"，一是位于西陈庄北头的"北市"。南关市早于北市，而且生意兴旺，郑州西南部丘陵山区盛产的各种干鲜水果，基本都集中在南关市出售。北市大约出现在民国年间，它虽然距山区较远，但邙岭、荥阳、汜水的果农去北市比较方便，特别是铁路通车后，这里距火车站很近，生意盛极一时。带有字号的果子店有南菜市西口的恒兴店、大同路的公盛店、长春桥西侧的顺昌店、西大街的永盛店，都是各有特色，买卖鲜果、干果的名店。

郑州果子市一年四季最忙的时候始于农历五月，樱桃、桑葚、杏、李子、桃采摘上市，此后紧接着就是甜瓜、酥瓜、香瓜等先后上市；到六七月西瓜、打瓜上市，架子车、驴车、马车满载西瓜往果子市运。两大果子市忙过西瓜旺季后，紧接着就是八月中秋大批果子上市的季节，鲜枣、苹果、梨、石榴、葡萄、柿子、山楂从四乡山区、农村运到果子市。

20世纪三四十年代，郑州市场上已出现由南方运来的橘子、菠萝、香蕉等水果。因果子时令性强，果子市一般往外批售都定在上午，下午是果农和瓜农进城送瓜果的时间。

抗战爆发后，郑州的

果子市自动停市。日本投降后，果子市重新开市，但内战又起，果价不断上涨，经常市上无果，约在1948年前，郑州果子市即不存在，带字号的果子店也自动歇业改行了。

## 七、郑州德化街

郑州德化街始建于1905年。1901年京汉铁路建成通车后，带动了郑州商业的发展。当时的河南巡抚陈龙奏请清政府批准，将郑州辟为商埠，并在郑州周围着手规划道路建设，这才形成了德化街。当时的街道以苑陵街为界，南名天中里，北名惠人街。后因“惠”与“毁”谐音受商人忌讳，清末举人刘邦骥与众商合议，取“德化育人”之意，定名德化街，并沿用至今。

20世纪三四十年代，德化街是当时郑州的主要商业街道，十分繁荣，有近百个店铺。在这条老商业街上，最大的特点是老店荟萃。郑州近百年老字号不多，但均出自于这条街。如德茂祥酱菜园、协豫兴鸡鸭店（1921年）、同仁堂药铺（1917年）、魁祥花铺、俊泰钱庄、五洲派报社（发行报刊）、博济医院、华美工艺社（1933年）、鸿兴源第一分号、天一泉浴池（德化街浴池前身）、京都老蔡记馄饨馆、老张歪馄饨馆、三义长绸布庄、老天成金店（后改名为三得利商场前身）、精华眼镜店等名店相继在这条南起大同路，北至二七广场，长400米，宽10米，又短又窄的街道聚集。鼎盛时期，这里每天接送顾客达万人（图7.29、7.30）。

1948年10月郑州解放以后，经过工商业的改造，德化街越发繁荣。政府对该街大力整修，铺设柏油路面，店房、店面多次更新，楼房林立，德化街成为郑州市名副其实的商业中心，在郑州市的经济地也越来越高。毛泽东、刘伯承、陈毅等党和国家领导人、陈赓大将以及著名京剧大师梅兰芳等都曾先后光临过德化街，并到当时位于德化街北段的京都老蔡记馄饨馆就餐，对该店的蒸饺、馄饨给予了很高的评价。

20世纪90年代，德化街进行旧城改造，北端有亚细亚商场，中段有德化街百货大楼、三得利商场、德化街浴池、妇幼用品大楼、刘胡兰副食品大楼等。德化街的改造筑成就了一个新的商业巨头——亚细亚，随之而来的就是闻名全国的二七商战，郑州的现代化商业格局也逐渐形成。

90年代中后期，随着二七商战的硝烟渐退，郑州商业向多元化发展。随着金博大、丹尼斯等大型综合商场的出现，德化街这条百年老街也已风光不再。

2000年8月，郑州市人民政府下发《关于同意将德化街建成商业步行街的批复》，正式立项建设德化商业步行街，新的德化街于2002年12月28日正式开街。

新的德化街保留了钟表眼镜、珠宝首饰、餐饮小吃、乐器图书、百货等传统经营项目外，还增加了家电、通讯、洗化、娱乐、健身、名牌服装、西餐等项目，使这条街成为集购物、文化、娱乐、观光、休闲、美食功能为一体的更具现代气息的步行景观街（图7.31、7.32）。

2006年，在重庆召开的“2006中国商业街发展高峰论坛”上，郑州德化步行街被中国步行商业街工作委员

7.29　20世纪30年代的德化街

7.30　20世纪30年代的德化街

7.31　今日德化街

7.32　德化街雕塑

会授予“中国著名商业街”称号。同时入选“中国著名商业街”称号的还有北京王府井、上海南京路、南京新街口等10条商业路。这意味着郑州德化步行商业街已成为我国中部地区首条国家级步行街。

## 八、郑州大同路

郑州大同路在郑州火车站东部，位于郑州老城外西南。是郑州市的商业名街。

清光绪三十年（1904年）春，京汉铁路郑州车站建成，汴洛铁路工程局在郑州成立。当时的河南巡抚陈龙奏请清政府批准，将郑州辟为商埠。随着火车站地区人流、物流、商业开始多起来，在火车站通往老城区一带拥入大批筑路工和商人，并逐步形成一条街道，当时叫“马路大街”。后当地居民取“交通便利”之意，给这条“马路大街”命名为“大通路”。1927年，冯玉祥做河南督军时，将“大通路”改为“大同路”，取“世界大同”之意。1946年，刘峙做国民党郑州绥靖公署主任时，他以自己的别名“经扶”，把大同路改为“经扶路”。但老百姓不认账，还是把大同路叫“大同路”，“经扶路”这个名字很快就自生自灭。“文化大革命”中，大同路被改称为“反帝路”，1979年恢复原名至今。

不足千米长、20米宽

7.33　20世纪30年代的大同路

7.34　20世纪30年代大同路上的民丰布店

的大同路，占据郑州商业的5个最多、9个最早。5个最多是百货商场最多、旅馆最多、金融业的银行最多、中西大药房最多、五金交电商店最多。9个最早是：1905年大同路开设了郑州第一家旅馆——迎宾旅馆；1912年赵晋三在大同路开设了鸿源酱园，从天津、北京招来技工，产品有酱油、食醋、酱菜，从此北京风味的调味品进入郑州；1915年大同路开设了中西大药房，这是郑州有史以来的第一家西药房；1918年开封商人在大同路开设义盛祥五金商号；1919年万茂生在这条街上办起了步云车行，成为郑州最早的五金商店、自行车行；也是在1919年郑州第一家照相馆华光照相馆在这里开张；1921年郑州第一家呢绒绸缎店——瑞丰祥呢绒绸缎店开张，该店品种多，价格公道，1987年在旧城改造中拆除；1933年“中国国货公司”开业，是当时郑州贸易业最大的一家公司；1948年10月郑州解放后，郑州市人民政府立即在大同路成立了国营贸易公司（图7.33、7.34）。

1984年起，郑州市政府先后对大同路进行了扩建改造，建起了格林兰大酒店、黄和平商场、大同宾馆、市工商银行大楼、化工大楼、五交化大厦等在当时很有影响的建筑，使大同路再次焕发出了昔日风采（图7.35）。

7.35　今日大同路

## 九、郑州药材业

郑州药材业是在老城兴起的。19世纪初，郑州火车站建成后，郑州迅速繁荣起来，但热闹不属于老城，而属于原来的荒郊野外。从火车站到老城的野地上，商业街陆续形成，大街小巷连成一片，两三层的小洋楼结实漂亮。其中大同路、德化街最为繁华，多是经销绸缎布匹、日用百货的零售店铺，

7.36　民国初期的郑州街头

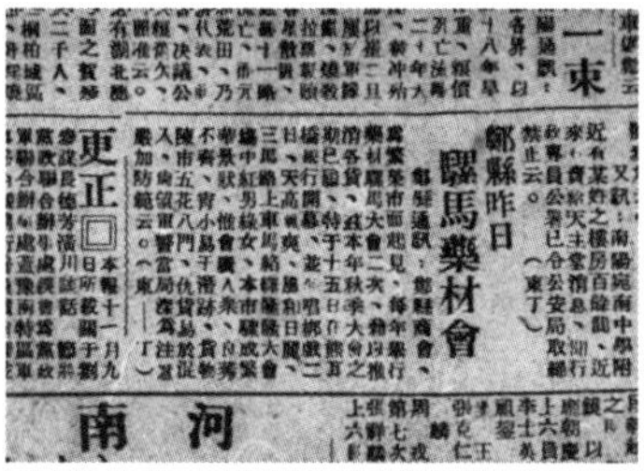

騾馬藥材會

7.37　1932年《河南民报》对骡马药材大会的报道

金碧白藥

驚人的功效

中西大藥房

7.38　1947年《春秋时报》中西大药房广告

每天从早到晚人流不断，是全市商业的中心地带。而老城景象完全不同，除西大街商店较多外，南大街、东大街仅寥寥数家店铺，塔湾、南关更是僻如乡村（图7.36）。

1928年3月，冯玉祥主政郑州，撤郑县设郑州市，同时下令拆掉老城墙墙砖，铺装大同路、德化街等商街路面，并举行“郑州药材骡马大会”（图7.37）。郑州药材骡马大会是从1933年开始兴办，由阴献庭、李桂荣、陈筱轩、宋少臣等人为振兴老城而筹划的。这些人各有各的主意，陈、宋是南大街人，主张在南关一带举办大会；阴、李是东大街人，主张在塔湾（今郑州市第一人民医院附近）、硝滩一带起会。双方争执不下，最终决定分两处起会：春季在塔湾，利用原有的奶奶庙会和城隍庙会，每年三月起会，会期一个月；秋季在南大街起会，整个十月为会期。

“药材骡马大会”一举成名，期间老城内人山人海，饭馆酒店、零食小吃、百货布匹、各种杂耍应有尽有。主角药商们划分市场，搭棚设摊，药材丸散堆积如山。据说当时来郑的药材行有数百家，许多禹州药商也来搭棚“赶趁”，生意十分红火。药业由此成为郑州支柱性行业。

在中药业风生水起之前，西药业已悄悄进入郑州，也在20世纪30年代获得长足的发展。

1906年，传教士们在城南吕祖庙附近买了30亩乱坟地，创设教会区。4年后，教会在这里建起两层26间燕子式洋楼一座，开办“美华医院”（后改名华美医院，郑州市第三人民医院前身）。美华医院后来虽然在战火中历经波折，但经营一向比较成功，赢得了郑州人对西医西药的信任。

1915年，商人田志斌在大同路路北开设郑州第一家西药房，有门面三间，店名为“中西大药房”。但因药品来源不易，西药品种很少，而且价格昂贵，前来登门的看者多买者少。田志斌选择药价适中，治疗头痛发烧，服后即可发汗祛病，疗效十分显著的“阿司匹林”打开局面，使郑州人认识了西药，并接受了西药店。到了20世纪30年代，已经是雄霸一方的名店了。

药业最盛的时候，郑州中药店、西药店加起来有200家左右。这么多药店并不只做本地人的生意，交通的便利，让郑州成为药品批发基地，周边很多县市药店、药贩来郑州进货。这些商业及集市的成功，除了注重产品质量外，还在于商家不惧怕竞争，并在竞争中悟出了高明的经商之道，规模经营、地区优势、降价竞销、优惠折扣、集齐画片获大奖等现在常用的营销手段当时已被老字号及诸多商家运用得炉火纯青（图7.38）。

## 一〇、郑州棉花产业

随着京汉、陇海两条铁路客货运输的快速发展，作为中枢站的郑州，逐渐形成了商贾云集的中原商都，带动了工农业的振兴。

20世纪初，棉种从美国传入河南。京汉、陇海铁路修通后，棉花运输变得极为便利，棉花生意活跃起来。当时，在河南，很多农民都种植起棉花，便形成了以郑州为中心的全省植棉区，年产量达到50万吨以上。在20世纪二三十年代，河南省的产棉量占全国的7.82%。

由于铁路带来的巨大交通便利，郑州很快成为中原地区大宗土产品的集散地，其中最重要、给郑州带来巨大益处的是棉花。

郑州原本没有棉花业。在火车通达之前，只由邻县或近郊的农民，推车挑担进城沿街叫卖絮棉。铁路通车之后，郑州以西棉产区的棉商和一些棉农，试探着携带棉花到郑州火车站附近出售。经过棉商几年的小试牛刀，上海、天津、青岛、济南的大纺织厂都派人来郑州大批收购棉花，河南灵宝、新乡及陕西、河北等棉花主产区来郑出售棉花的客商亦络绎不绝，郑州逐渐成为中部棉花交易市场。

大量的棉花远道而来，需要暂时的存放场地，也需要寻找买主。于是郑州本地原来小打小闹的经纪人就演变为有经营场地的花行，成为买卖双方交易的中介和桥梁。随着棉花业的繁荣，郑州花行如雨后春笋般发展起来，它们为客商提供食宿，提供存放货物的场地，介绍买卖双方洽谈业务，为他们鉴定棉花等级、称量重量，也为其代办贷款和转运等手续。

铁路通车后的十年间，郑州棉花市场初步形成，年成交量达到7万包。1916年，郑州花行同业公会成立，制定条款规范同业经营行为，约束所有花行讲求信用，不得受贿坑骗买卖双方。同业公会的成立，促使棉花业加速发展，到1920年年交易量上升到17万包（此时是虚包，每包重100公斤）。

此后郑州棉花业适逢历史机遇，发展更是迅猛。当时第一次世界大战结束，各国积极发展生产、贸易，对各种原料如棉花、皮毛等需求迫切，国内沿海城市如上海、青岛、天津等地也大举兴办新的纱厂，同样急需大量棉花。此时陇海铁路向东延伸，与津浦相接，沿海城市与内地的货物流转更为便捷，豫西灵宝、陕州，陕西泾阳、渭南，河北邯郸等处的棉花种植面积和产量大大增加，都以郑州为吞吐集散地。一时之间，郑州二马路、兴隆街、福寿街、苑陵街一带，棉花堆积如山，棉絮到处飞扬。

在1920年至1930年的10年间，郑州棉花业达到极盛。从1923年起，郑州棉花交易直线上升，到1928年达到顶峰，年成交量30余万包（此时已改为铁机包，每包重250公斤），交易额6000余万元，成为郑州支柱型行业。按照当时的行规，买卖双方成交后，花行抽取买方3%、卖方2%的佣金，依此估算，郑州花行的年收入在300万元左右。

随着郑州市场棉花交易量的急剧增加，铁路方面出于安全考虑，规定郑州的棉花外运前必须轧成铁机包（每包250公斤，花包轧得非常结实，不易被火点燃），这个规定造就了一个新的行业——打包厂。郑州先后有“豫中”“大中”“协和”三家打包厂，当时郑州靠从事拾花（把不够等级的棉花挑出来）、打包维持生活者有4500人之多。

同时兴起的还有货栈业。由于棉花交易的急剧增加，花行存放不下，就有人在火车站附近盖房充当棉花仓库，靠收取租金赚取厚利。

由于大批量的棉花需要外运，代棉商办理运输业务的转运公司也应运而生。棉花业在郑州的发展对民国时期郑州城市的发展产生了很大影响。它首先带动了郑州城市商业的发展，“每年棉花交易量约三千余万元以上……至于其他经济活动，则殊不足观矣”，棉花业在郑州整个城市商业中地位之重要可见一斑（图7.39）。并且，随着郑州棉业的发展和市场规模的扩大，也使与棉花贸易相关的行业得到了发展，并与棉花集散形成一种相互促进、互动共生的关系。

在棉花交易中，外来客商因为交易额的巨大而需要支付数量较多的款项，但携带现款危险性较高，因而金融业的介入就势为必要。况且，每年数千万元的棉花交易，不论是做押汇还是汇票，对金融业来说也都是有利可图的事情，这就推动了郑州银行业的发展，诚如《二十三年郑州银行业棉业概况》一文所言：“郑市贸易，因交通便利关系，首以棉业为大宗，每年由各棉产区集中于本市销售者，约三十万包，价值数千万金。沪汉青济等埠经营棉业者，多派专人坐庄收买，故各大银行，亦纷纷于郑市开设分行。”从1896年于郑州设豫泉官钱局郑州分局这一金融机构，直到1920年郑州棉花市场大规模兴起之前一共24年间，只开设3家银行；而从1921年郑州棉花业开始兴盛之后，到1936年郑州棉花业衰落之前共开设银行16家，平均每年一家还多，其中如创设于1929年的上海商业储蓄银行郑州分行，甚至专门从事以棉花为主的运销、仓库和抵押贷款等业务。当然，郑州银行业的较大发展，并不仅仅只是受棉花业发展的影响；可是，我们若依据《抗战前郑州银行业及其同业公会》一文中关于1933年、1935年郑州所有银行交易总额的统计数目来看，就会知道棉花交易在郑州银行业务中所占的比重是多么的大。

中華民國二十五年九月十日

鄭州爲豫陝晉
三省棉花集會之地
客歲三省棉收較前年減收四十萬担
預測今歲棉花可多收二百二十萬担

7.39　1936年《郑州日报》对郑州棉花业的报道

7.40　郑州火车站发现的“郑县鲁丰花行地界”桩

银行在办理棉花押汇、押款之时，为保证押品安全，中国银行首于1931年在郑设立仓库，此后兴业、上海、中国农民、河南农工等银行亦相继在郑设立仓库、货栈，当时郑县计有银行仓库5家，商办货栈6家。棉花堆栈则有通成、惠元、豫安、公济、新丰、公兴、永丰、古宏、豫茂、豫西等10家，其中金城银行创办通成规模最大，容量4万松包。

近代郑州棉花贸易业的发展，对郑州城市建设产生了较大的影响，使之有了一些对现代商业中心发展至为关键的“事物”，如银行、仓库、货栈等，它们也有力地推动了郑州棉花业的发展，使郑州在1930年以前即在城市内部空间中形成了棉花业市场的专业区域，各企业之间还设置有界桩（图7.40），诸多企业以饮马池为中心，花行、仓库、货栈主要集中在二马路、兴隆街、苑陵街西段、福寿街北段到西陈庄豫中打包厂这一地区，城市空间结构及面貌也随之发生了变化。

而棉花打包厂和豫丰纱厂虽然后来多因抗战的影响存在时间较短，但对郑州城市的发展所产生的意义却更为深远，它们增大了郑州城市的规模、推动了郑州城市文明性质的转化、促使城市社会结构发生变动，并由此产生了新的社会阶层。

在推动郑州城市规模发生变动的同时，打包工业和棉纺工业在郑州的发展也使郑州有了第一批近代机器大工业，轰鸣着的机器在创造出更多的物质产品，促使郑州由传统政治型、消费型城市转向近代工业生产型城市而实现城市文明性质转化的同时，也产生了一个新的社会阶层——依附于机器的近代产业工人。

20世纪30年代以后，郑州棉花业逐渐衰败，到30年代中期，“玉庆长”等花行几乎全部关门歇业。棉花业衰败的原因，首先是世界性的经济危机波及郑州，其次是陇海铁路延伸到西安，陕西棉花多在渭南一带设市交易。此后，全国铁路实行水陆空联运，各地货物可直接起运到达终点，中途不需要再办理托运手续，盛产棉花的灵宝等地，均先后设了打包厂，不需要再到郑州交易。因此，与棉花业关联紧密的转运业、货栈业也一落千丈，郑州不得不寻求新的支柱行业。

## 一一、郑州纺织服装产业

追溯郑州纺织业历史，最早应是1920年，豫丰纱厂建成投产。当时，曾是中国规模最大、设备最先进的纱厂，因政治局势不稳定等因素影响，1949年便迫不得已关闭（图7.41）。

20世纪50年代初，刚成立不久的新中国百废待兴。为了解决人民的吃穿问题，国家充分利用河南的棉花资

7.41　20世纪20年代的郑州豫丰纱厂

源和交通优势，把郑州确定为全国四大棉纺基地之一，并从上海、江苏、山东等工业基础较好的地区抽调大批技术工人援建郑州，从此郑州纺织行业以惊人的速度迅速成长起来。

1951年6月，国营郑州棉纺织厂在原郑州豫丰纱厂的旧址上改建成立。1953年，国营郑州第一棉纺织厂筹备兴建，原国营郑州棉纺织厂改组为国营郑州第二棉纺织厂，且两厂相继投产。到1958年，郑州市6个棉纺厂全都建成，郑州成为名副其实的纺织城（图7.42~7.45）。

20世纪60～80年代，郑州六大纺织厂峥嵘并立、飞速发展。纺织行业为国家创利税71亿元人民币，是当时投资的30倍，为郑州市的发展做出了巨大贡献（图7.46～7.47）。

但是，进入20世纪90年代后，随着市场经济的发展，计划体制下的棉纺厂越来越不能适应市场发展的需求。在失去了国家统一调配资金和生产任务的优惠条件后，更加步履维艰。雪上加霜的是，地县级纺织厂在这个时期也大量涌现，争夺市场。老牌国营棉纺厂开始一步步走向衰落。

1991年，经河南省政府批准在原有郑州一棉、三棉、四棉、五棉、六棉等企业基础上成立河南嵩岳集团。1997年，郑州市政府批准撤销郑州市纺织工业局，组建成立郑州市纺织控股(集团)公司，与河南嵩岳集团合并，统一管理市属纺织、印染、服装、化纤等国有资产。2002年，郑州市政府撤销市纺织国有控股(集团)公司，由河南嵩岳集团单独担

7.42　郑州国棉一厂

7.43　郑州国棉四厂

7.44　郑州国棉五厂

7.45　郑州国棉六厂

7.46　棉纺厂的粗纱车间

7.47　棉纺厂的细纱车间

负起市大型纺织企业的行政管理和改革重任。2005年，郑州市委、市政府通过招商引资对纺织行为进行战略重组。随后，郑州一棉、三棉、四棉整体产权被拍卖，二棉被收购，五棉与六棉被改组。

在经历过一系列的战略重组后，于2009年郑州纺织业终于掀开了新的一页，迎来了郑州第一纺织有限公司、郑州宏业纺织有限公司的全面投产。

历经几十年发展，郑州服装产业作为郑州市经济发展的六大支柱产业之一，已经成为郑州市工业经济格局中的优势产业和新的经济增长点。

根据《郑州服装产业发展专项规划》（2009～2015年）郑州服装产业的发展经历分五个阶段：

第一阶段：孕育期（“一五”时期至20世纪70年代）

在这一时期，郑州作为国家“一五”投资建设的四大纺织工业基地之一，纺织及配套产业比较发达，这为郑州服装产业的发展奠定了基础。这一时期郑州服装产业的主要特征是：以国营生产企业为主体，极少的个体工商户零散经营，服装产业处于孕育期。

第二阶段：萌发期（1978～1988年）

从20世纪70年代末开始，郑州服装产业进入萌发期，企业在所有制形式、规模等各个方面都出现了萌动。

这一时期郑州服装产业的主要特征是：服装企业和营销网点数量增加，规模开始扩大，火车站附近的敦睦路、银行街逐步形成规模不等的服装批零市场；非公有制经济发展迅速，私营企业数量增加。到20世纪80年代中后期，一批眼光敏锐、积累了一定实力的服装销售商开始转向上游产业，进行服装生产加工。

第三阶段：成长期（1989～2000年）

1989年，郑州服装厂发展到29个，全服装行业年利润达到800万元。1994年7月，银基商贸城建成并入驻服装商业，摊位使用权由千元增到数万元，但仍无法满足商户需求。服装商业激活和带动了郑州服装业的潜在优势，使整个行业快速成长起来。

第四阶段：发展磨合期（2001～2004年）

进入21世纪，在政府一系列产业政策的推动下，郑州服装产业步入发展磨合期。这一时期为郑州服装产业的加速发展起到了润滑与支撑的作用。尤其是在2003～2004年，每年递增20%～30%，年销量收入突破60亿元，呈现出蓬勃的发展生机。

这一时期，郑州服装产业的主要特征表现为：服装产业在郑州经济中的地位和作用不断壮大；企业经营规模和市场范围快速扩张，服装企业规模不断发展并逐步冲出市界、省界与国界，开始融入国内外大市场；发展趋势呈现出由分散经营向集群化经营转变的特点。

第五阶段：发展加速期（2005年至今）

从2005年开始至今，从服装生产到服装营销商贸等各个方面都呈现出加速发展的态势。2005年郑州市服装产销量比2004年增长51.37%，2006～2007年年均增长速度均在30%以上，2008年服装产业已成为郑州经济发展的六大支柱产业之一。2005年是郑州服装产业发展腾飞的一个重要转折期，在这一历史阶段，产业实现了"量"的积累。

这一时期，郑州服装产业的主要特征表现为：服装企业生产数量与效益增长迅猛，增长率为40%左右；企业品牌化与特色化发展明显，先后出现了一批知名的"郑州女裤"品牌。2005年8月，郑州市服装商会联合中央电视台组织多个郑州服装品牌在人民大会堂召开新闻发布会，打响了"中国女裤看郑州"的区域品牌，树立了郑州裤业的品牌形象，提高了郑州服装的知名度。2005年北京举办的第十三届中国国际服装博览会上，"郑州女裤"受到广泛关注，郑州服装产业开始大步腾飞。在这一时期，服装园区的建设迅速崛起，服装产业集中分布在二七路、友爱路、黄河路、太康路和曹砦、王湖砦、耿河、侯砦、新密曲梁乡等区域。

郑州服装产业的发展先后历经了一系列的变革，变革特征可概括为五点：一是服装产业的地位和作用由"拾遗补缺"向"鼎足而立"转变，并成为经济增长最具活力的拉动力量；二是服装生产实现了从手工作坊到机械化生产的跨越式发展；三是服装生产由分散经营向集群和规模经营转变；四是从改革开放初期的外加工、贴牌生产、微利经营到现在的自行设计、注册商标与创立品牌的转变；五是从低层次封闭式的本土区域生产经营向高层次开放的规模化的外界大市场跨越。

目前，中国的服装产业正经历着重要的转型。服装产业在全国的重心转移，为中西部地区服装产业的发展提供了难得的机遇与挑战，郑州就是我国中西部地区服装产业发展的一个代表。已拥有一批在国内具有一定影响力的品牌，像太可思、娅丽达、渡森、五朵云、德亿斯顿等。郑州服装产业，将通过规划带动，做好潜力巨大的内外销市场，加快推进产业链整合、不断提升科技创新等相关工作，到2015年，实现销售收入1050亿元，力争把郑州打造成现代化的中原纺织服装城以及全国著名的纺织服装生产基地和贸易中心。

## 一二、郑州商业历史上的集贸市场

郑州集贸市场的发展史，也是郑州城市经济和社会文明的进步史，能够清晰地反映郑州人优秀的创新精神和敏锐的市场意识。20世纪80年代，借助东西南北强大的交通网络，郑州成为了商品集散地，小商品城兴起，郑州变成了一座商贸城，周围乃至全国各地的商家会聚于此，各种货物在郑州集散。

随着人民生活条件日益改善，生活质量不断提高，市场交易也日趋活跃。在“退路进厅”的背景下，一批封闭式的大型集贸市场脱颖而出。老坟岗集贸市场、中原集贸市场、花园路集贸市场便是在这个时期建设的，曾是轰动全国的三大集贸市场。时任国家工商局局长任仲林等领导亲临现场为集贸市场剪彩，建设集贸市场的“郑州模式”还成为全国的典型，吸引着各地的取经人。

党的十一届三中全会后，中国改革的浪潮率先从农村兴起。当时推行的“家庭联产承包责任制”，大大激发了农民生产的积极性，农村生产力得到释放，创造的大量农副产品如激流一般汇向城市。但是，在那个一切经济活动均由计划严格指令的时代，在那个物质生活极度匮乏、经济体系不堪重负的时代，曾经活跃了几千年的商品市场基本消失，农副产品交换的商品交易只能在马路上进行。

为解决遇到的农副产品交换的问题，国家提出了“打开城门迎农民，市场繁荣靠农村”的口号。郑州市工商局经请示市委、市政府，同意占用马路为农民提供商品交换的场地，首批开放了友爱路、敦睦路等几十条街道，也就形成了“马路市场”。

虽然马路市场一时缓解了农民进城交易的紧张局面，但农民的地位依然很低下。农民进城交易，还存在遭社会白眼，遭监管部门驱赶的情况。而且，由于没有一个落脚地，农民都是早上拉着农副产品进城，晚上卖完回去，若是遇到恶劣天气，更是无处遮风挡雨。

1985年3月，郑州迎来集贸市场的春天：市委、市政府决定对市场进行大规模改（扩）建，并把改建工程列为当年八项重点建设工程之一：围绕劳动市场、新市场国营商业网点，改造、扩建友爱路市场、新市场集贸市场，并扩大到百花路、工人路、协作路，形成市区西部中心集贸市场；围绕紫荆山百货大楼、花园路商业网点，改建花园路集贸市场并扩展至经八路，形成市区北部中心集贸市场；改造、扩建老坟岗集贸市场，北至太康路、西至铭功路，南至解放路，东至中二七路，拆除违章，兴建摊点群，将路西覆盖，划行归市，形成市中心集贸市场。除了市区规划集贸市场外，当时的巩县、登封、新郑也兴建了综合性的商贸流通市场、商场。

在政府财政困难的情况下，市工商局另辟新径，大胆探索出一条新路：“借梯子上楼”。所谓的“借梯子上楼”，是指当时的筹建资金全部靠工商管理者、商户、农民集资，市场建成后，再将租金返还集资的人。

集资建市场的消息一出，商户、群众热情高涨，纷纷踊跃集资，短短两个月时间便募集数百万元。

中原集贸市场位于郑州市区西部，由商户集资540多万元，于1985年5月破土动工，1986年1月15日剪彩开业。改建后的中原集贸市场由文化宫路、协作路和市场街构成，南至中原路，北至建设路，西至桐柏南路，总长1370米，总建筑面积33290平方米，其中文化宫路封闭式工业品市场建筑面积28858平方米，系对称双层结构。整个集贸市场日上市摊位1000多个，顾客达5万余人次。

老坟岗集贸市场位于郑州市区中心。据记载，20世纪二三十年代的老坟岗是三教九流的聚集地，也是江湖艺人的竞技场。1932年，老坟岗附近，就有了聚仙、一品香、老贾等3个最早的茶馆。茶馆为招揽生意，让曲艺艺人前来演唱。所以，老坟岗也被称作“曲子窝”。1936年左右，先后出现了5个说书的茶棚，满座时有五六十人。1946年夏，有商人集资在老坟岗建成国民市场，当时有简易棚房500余间，此后这里逐渐成为流动人口聚散地、商品交易市场和平民游乐场所（图7.48～7.53）。

旧时老坟岗集贸市场东起西二街，西至东陈庄，南到金水桥，北抵富春里。市场内闪现着明显的旧社会的影子：以江湖杂耍多、茶园饭店多等闻名。因历史原因，老坟岗集贸市场几易其名。继1937年定名为“国民市场”，1951年初更名为“益民市场”，1979年11月市场在关闭15年之久后恢复开放。

老坟岗集贸市场商业繁荣由来已久。20世纪60年代，就曾多次作为省、市骡马百货药材大会、物资交流会、商品展览会的会址。其鼎盛时期在1962年秋冬，每天上市多达五六万人聚集于此，车水马龙、商品丰富，生意红火。当时的老坟岗集贸市场享誉全国，名列当时郑州市的五个自由市场之首。

大规模改建是在1985年，当年5月破土，11月12日竣工，总投资120多万元，筹建资金也是全由商户集资解决。改建后的老坟岗集贸市场范围扩大：东至民主路东口，西至铭功路，南至解放路，北至太康路，占地9560平方米。古色古香的建筑，极具民族传统风格，当时日成交约5万元，顾客流量达2万人（次）。全覆盖市场全长721米，有营业房194间，共安排固定工商户152家，经营的服装百货、五金交电、日用品旧杂货以及各种文具、果品、调料、肉食、粮油等应有尽有。市场西部建有售货棚，专供农民进城出售农副产品、家禽肉蛋、鱼虾之类使用。让老郑州人嘴馋的风味小吃荟萃，如王氏胡辣汤、苏家杂面花卷、古家黄焖鱼、陕西刀削面等。当时歌舞厅、曲艺厅、立体影院等群众娱乐项目也已出现（图7.54、7.55）。

花园路集贸市场位于郑州市区北部中心，由商户集资220余万元，于1985年5月动工改建，当年10月5日竣工开业。改建后的花园路集贸市场，东起花园路，西至经五路，全长350米，宽20米，占地面积8050平方米，建筑面积12313平方米。建筑面积共折合标准房间446间，两侧全部是两层建筑，楼上有外走廊与五座天桥相通。改建后场内共安排经营单位144户，有农副土特产品、风味小吃、百货针织、五交化、服务维修业。风味小吃有新疆的烤羊肉、浙江年糕、四川风味菜、洛阳甜牛肉、豫东狗肉等。市场西头底层专供出售鲜鱼、活鸡、肉蛋之类。

这三个大型覆盖式拱棚集贸市场，是郑州市集贸市场进入规范化建设的一个缩影，在方便居民生活，促进城乡农资交易，改善居民生活等方面发挥了积极的作用。

同时，郑州市“借着梯

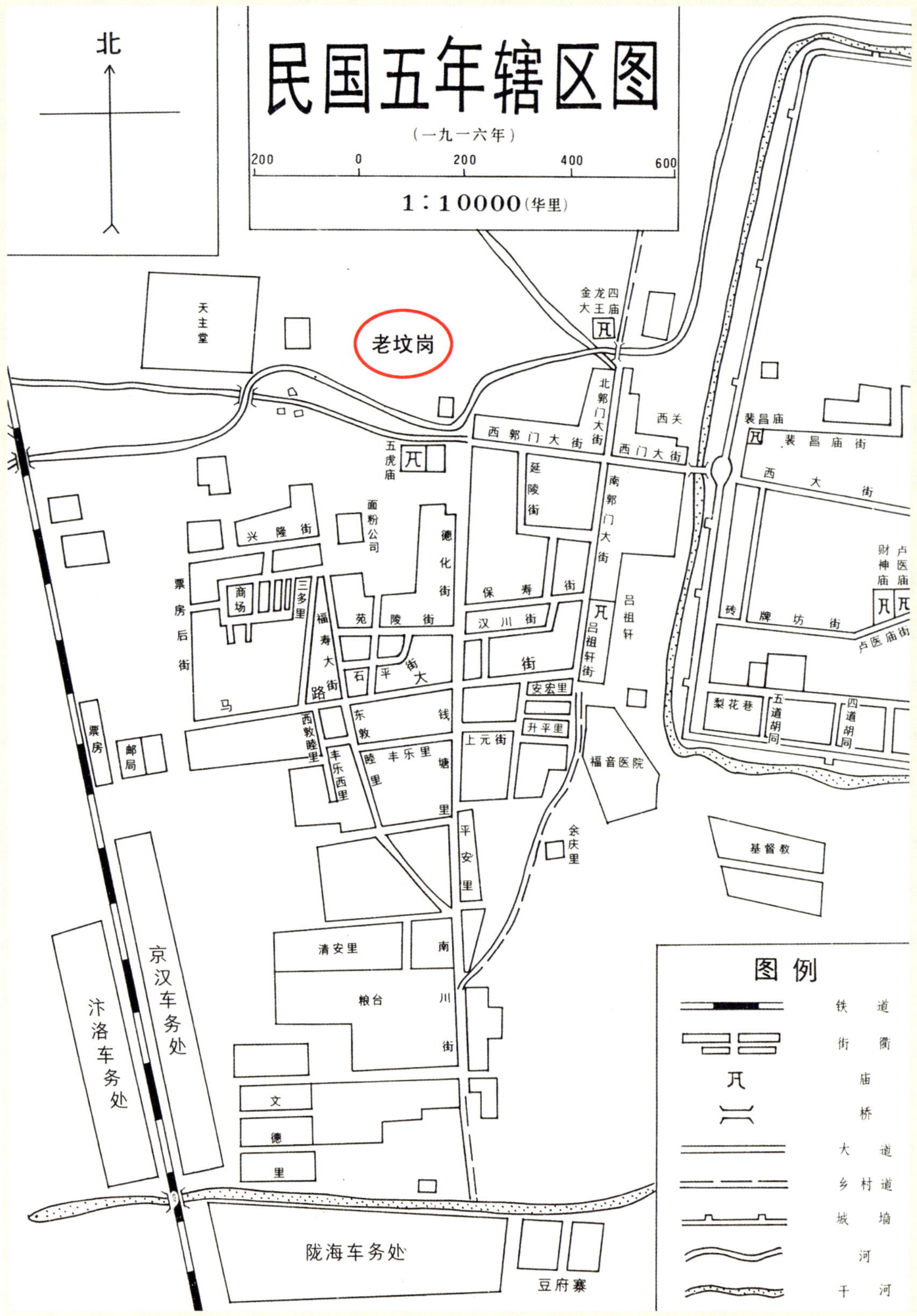


7.48　民国时期老坟岗在郑州的位置

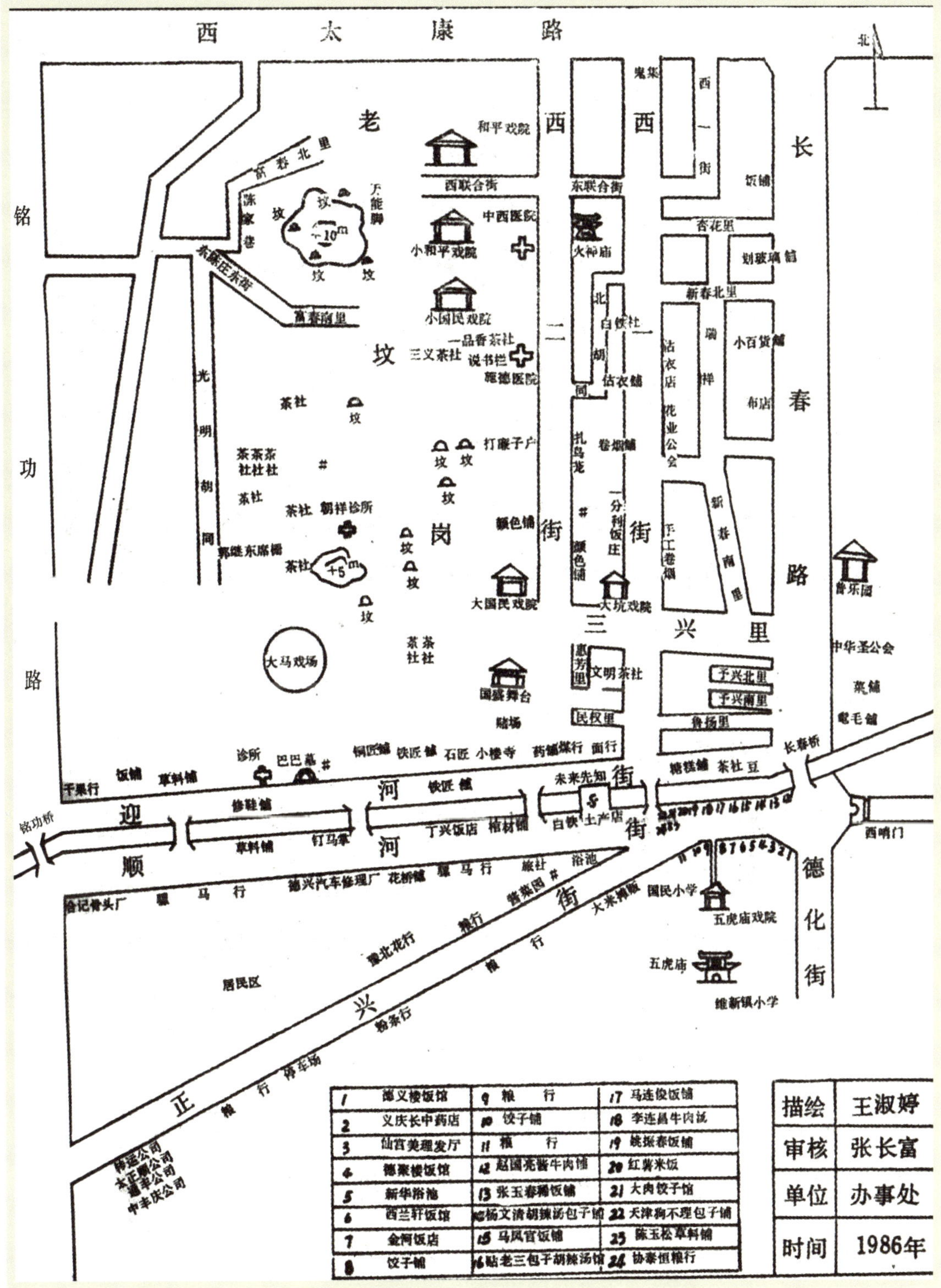


7.49　新中国成立前夕老坟岗周围街巷示意图

7.50　旧时老坟岗的杂耍艺人

7.51　旧时老坟岗的木偶戏表演

7.52　旧时老坟岗的农具摊

7.53　旧时老坟岗的鞋摊

7.54　20世纪50年代的老坟岗

7.55　20世纪80年代的老坟岗集贸市场

子上楼”建设集贸市场的做法，为郑州市以后市场的繁荣和发展探索出一条行之有效的道路，促进了郑州市市场发展，开创了全国集贸市场建设的先河。

## 一三、郑州的铁路交通枢纽地位

郑州是中国早期的全国运河枢纽、铁路枢纽、文化交流中心，天下之中。这里是陇海铁路和京广铁路交汇处，西安至徐州、北京至武昌高速铁路的交叉点；高铁客运专线“西安——徐州”和“北京——广州”的交叉点；国家主干公路京珠高速公路和连霍高速公路的交叉点；107国道、220国道和310国道的交汇处；西气东输和南水北调中线工程的交汇处，还是欧亚大陆桥东段极其重要的中心城市。

郑州的铁路建设始于清朝末期。1896年，清政府批准铁路督办盛宣怀兴建卢汉铁路，在郑州北部的黄河上架桥已迫在眉睫。这么大的工程对清政府本身来说是有难度的，所以当时委托了比利时公司。比方承建郑州黄河铁路桥的技术负责人是沙多。该桥为单线铁路桥，于1903年9月开工，1905年11月15日竣工，1906年4月1日通车，工程造价库平银265万两。桥长3015米，102孔，是中国第一座横跨黄河南北的钢体结构铁路大桥，也是中华人民共和国成立以前最长的桥。自此，贯穿郑州的京汉铁路通车。

京汉铁路通车后，迅速带动了沿线的经济。据《中国铁路发展史》记载：京汉铁路地处中原，为南北交通要道，沿线人口稠密，物产丰富，特别是山西、直隶（今河北）大量的煤炭和河南的大宗农产品都要经由该路运输，路成通车以来，客货运业务十分发达，营业盈余，逐年增加。

1913年1月，连接中国东部沿海与西部的陇海铁路开通，与京汉铁路交会于郑州，就此造就了郑州作为中国铁路中枢的地位（图7.56、7.57）。

当时，由于在郑县（今郑州）交汇的京汉铁路和陇海铁路所有权不一，两条铁路都建有各自的车站，两站相距仅几百米，人们习惯地把京汉铁路的火车站称为郑州南站，把陇海铁路的火车站称为郑州北站。

1948年10月，郑州解放。1949年3月，中央军委铁道部郑州铁路局正式成立。同年5月，郑州铁路局将京汉铁路、陇海铁路车站合二为一，称郑州火车总站，实行统一管理，统一运营。此后，东西南北铁路交通的修建、修复，尤其是京广线的贯通，给郑州带来了第二次大发展。

在郑州火车总站的发展建设史上，历经两次大的扩建改造：一次是1956年，国家拨专款对郑州站进行改造，盖起了当时全国一流的候车大厅，建成了售票楼、天桥、地道，旧中国留给郑州火车站的破旧面貌一扫而光；另一次是1987年后历时12年的扩建改造，真正使车站发生了脱胎换骨的变化（图7.58～7.60）。

1999年，车站改造全部完成，成为郑州市标志性建筑之一。两个63.3米高的塔楼耸立在火车站广场，气势恢宏，南北长190米、东西宽108.5米、跨越六个站台、覆盖11条股道的高架候车室，面积达到2.4万平方米，是改造前的3倍，从此结束了春运期间旅客在站外候车的历史；3000多平方米的售票大厅，是改建前的10倍，设有64个售票窗口。整个车站占地3000亩，站房面积10万平方米（图7.61）。

素有全国铁路路网“心脏”之称的郑州火车北站，是亚洲作业量最大的列车编组站（图7.62）。站型为双向纵列式三级六场，在下行调车场尾部设有辅助调车场。全站共有道岔898组，信号机828架，各种线路228条，线路总延长454千米。其中上发场五渡十交大型组合道岔是当时我国最为复杂的道岔，大大提高了列车编解能力。编组站规模庞大，布局紧凑，编解能力强，主要承担着南北京广线、东西陇海线四个方向货物列车和郑州枢纽地区小运转列车的到达、解体、编组及出发作业任务，是名副其实的巨型“铁路编组核心，物流中转站”。

另外，该站还担负着祖国向港澳地区运送鲜活货物

7.56　1911年的郑州火车站铁质天桥

7.57　20世纪20年代的郑州火车站

7.58 20世纪60年代的郑州火车站

7.59 20世纪70年代的郑州火车站

7.60 20世纪80年代的郑州火车站

7.61 现在的郑州火车站

的重任，从1962年该站开往香港、澳门地区的8755次专列已达1.2万多列1493辆。

位于二里岗货栈街的郑州火车东站，负责办理整车货物到发、零担货物到发、中转及货车洗刷消毒等业务，且以办理零担货物中转为主，零担货物中转量居全国铁路第一位。

此外，正在郑东新区建设的郑州东站，即郑州高铁站，是国家新规划的京港高铁、徐兰高铁（包括已开通的郑西高铁、郑徐高铁）郑渝高铁等设计时速350千米高速铁路客运专线“十字”交汇枢纽（图7.63、7.64）。郑州东站将与国家高速铁路网、国家客货运铁路网、城际铁路网、机场铁路专线、高速公路网、长途公路客运、城市轨道交通、城市公共交通一起组成一个集铁路客运、公路客运、城际交通、轨道交通、航空等为一体的现代化国家综合交通枢纽。是继上海虹桥综合交通枢纽之后的又一座现代化国家综合交通枢纽。郑州东站是国内首座、也是世界首座设计时速350千米及以上高速铁路综合交通枢纽，为国家综合交通要冲，具有重要的战略意义。

## 一四、新豫商

河南是一块具有数千年商业文化历史的古老土地，是中国商业文化的发源地。在中国早期的商帮文化中，豫商处于领袖地位，出现了商业奇才伊尹与爱国商人弦高、范蠡、吕不韦等，出现了我国第一部商业法典《质誓》与规范化商市：朝市、大市和夕市。历史上的冶铁

7.62　郑州北站——亚洲最大的铁路编组站

7.63　新建的郑州东站

7.64　郑州东站内等待出发的高铁列车

经济、棉花经济、大棚经济、亚细亚商贸、德化街、三义长、康百万等著名的商人、商号、商业模式等如雷贯耳，觅寻豫商的文字和影子，我们看到了一个又一个令人高山仰止的豫商文化符号，它们凝聚蕴涵了中国传统商业文化、传统商业精神、理念、魅力和气魄，至今影响着现代人和现代生活（图7.65）。是这些素养加上河南各地的商业基因再加上现代元素，成就了一批新的资金充裕、管理科学、技术先进、智力密集的现代河南商人——这就是新豫商，他们是助推郑州中原新崛起的澎湃力量。

随着改革开放和市场经济的飞速发展，河南涌现出许多像双汇、宇通、新飞、三全、思念这样的知名企业，成为河南人引以为荣的一张张新名片。如今，新一代豫商已经与粤商、晋商、潮商、沪商、闽商、苏商、鲁商、浙商并称为中国“九大商帮”。

2004年7月17日，国内第一家省名商会——河南商会在上海成立。此后，山西、新疆、辽宁、山东等地的河南商会相继诞生。

2006年8月28日，河南省政协主办的首届豫商大会在郑州举行，参会豫商超过500人。大会总结出了“艰苦创业、勇闯市场、诚信为本、造福社会”的新豫商精神，使“新豫商”的概念更加明确（图7.66）。

在激烈的市场竞争中，一大批懂市场、善经营的豫商，经受了锻炼和考验，成为行业中的佼佼者。据不完全统计，分布在全国各地的拥有上百万元资产的豫商有5万多人，上千万元资产的有数百人，上亿元资产的有近百人。

在上海，河南人创办的企业涉及金融、房地产、医药、运输等众多领域。河南人经营的运输企业，业务量占上海整个运输行业业务总量的1/4；上海60%～70%的海鲜生意由许昌人掌控着；金丝猴糖果的掌门人赵启三从河南周口来到上海后，将企业发展成为拥有16个分公司、辐射7省1市的全国三大糖果食品生产基地之一。

在珠江三角洲地区，有大批河南的“淘金”者。他们不安于现状，从务工开始，依靠一点一滴的原始积累艰苦创业、奋勇拼搏，寻找和抢抓发展机遇，创立了大批私营中小企业。在广东省的房地产、客运、物流、电子、食品、建材、医药、贸易和服务业等领域，河南人创办的企业有9200多家，其中超亿元的有10多家（图7.67）。原籍河南周口的豫商许家印，在广东经过多年打拼，麾下的恒大集团已发展成为中国500强企业之一。

不仅在上海、广东这些

7.65　豫商的精神家园——河洛康家

7.66　首届豫商大会

发达地区有成群的豫商在打拼，在内陆城市，豫商也占有一席之地。

如今，山西省的豫商约有10万人，资产在1亿元以上的不下50人。山西省河南商会会长彭家华自豪地说，仅在山西的建筑行业中，河南的建筑企业就有1000多家，每年创产值超过100亿元。湖北省武汉市的豫商也超过了10万人。

在世界各地，也不乏新一代豫商的身影。根据粗略统计，目前在海外的河南人有45万人，遍布60多个国家和地区，形成了一个庞大的海外豫商群体。

美国河南同乡会会长孙雄生刚到美国时，语言不通。面对挑战，他不畏难、不退缩，竭尽全力为自己“充电”，捕捉从身边闪过的每一个商机。如今，他在洛杉矶的海、陆、空运输生意已颇具规模。

在部分国家，豫商呈现出区域聚集的特点。在美国、英国、法国、西班牙、意大利、新西兰等国家，豫商都组建了河南同乡会。在罗马尼亚，70%的华侨是河南人，其中以郑州、开封籍的豫商居多。

ZHENGZHOU DAILY
特别报道
郑州日报
2009年1月8日 星期四
纪念改革开放30年“潮动中原”系列报道之三十四
一群闯天下的河南人与一个新豫商群体
核心提示
第三届豫商大会
豫商崛起折射中原巨变
海外豫商演绎商界神话

7.67 《郑州日报》对新豫商的报道

2007年5月24日，河南驻马店人庞玉良投资10亿元人民币，买下了德国帕希姆国际机场，成为中国航空史上首个购买海外机场永久经营权的标志性人物。此事当时曾轰动国内外，使豫商再度成为媒体关注的焦点。

2010年，以河南省为主体，包含豫鄂皖晋鲁冀6省25市组成的经济区域——中原经济区被明确提出。2011年十一国庆前夕，国务院正式出台《国务院关于支持河南省加快建设中原经济区的指导意见》，建设中原经济区正式上升为国家战略。战略定位为：国家重要的粮食生产和现代农业基地，全国工业化、城镇化和农业现代化协调发展示范区，全国重要的经济增长板块，全国区域协调发展的战略支点和重要的现代综合交通枢纽，华夏历史文明传承创新区。国务院批复的《郑州市城市总体规划(2010—2020年)》要求，到2020年要把郑州建设成为我国中部地区重要的中心城市。省委、省政府提出，郑州要思考和谋划在中原经济区建设中的龙头作用、重心作用和示范带动作用，着力建设郑州都市区，提升全国区域性中心城市的地位。按照中央和省委、省政府的指示精神，贯彻“四个重在”实践要领，深入研究谋划跨越式发展的新目标、新任务、新举措，力争到2015年，郑州经济总量占全省的比重从目前的18.2%提高到20%，到2020年达到

7.68 领舞中原崛起的郑东新区

或超过25%，建成千万人口甚至2000万人口的大都市，在全省的首位度进一步提高，城市辐射带动能力进一步增强，在支撑和引领中原经济区建设中更突出地发挥龙头、重心和示范带动作用。

郑州都市区是以中心城区、郑东新区等为核心，以发达的城市生态景观路网联系通道为依托，以一体化的规划为指导，以组团发展、产城融合、复合型、生态型为发展路径，辐射带动其他区域快速发展，促进各功能区间相互联系与协作，构筑功能布局合理、空间利用高效、产业特色突出、社会和谐友好、承载能力强、带动作用明显的现代化大都市，以“产业集聚区”为具体发展载体，打造中原经济区核心增长区和全国区域性中心城市（图7.68）。郑州都市区的建设显然为豫商提供了历史性的机遇。

新一代豫商是改革开放的大环境中催生的新群体。这个群体的逐渐形成和壮大，得益于近年来河南经济社会的快速发展。河南的崛起，使豫商群体的复兴有了雄厚的基础。

## 一五、郑州历史上的商业谚语

在郑州传统商业活动的长期发展过程中，从管理方法、经营风格等方面，传承或自然产生了不少言简意赅的商业习俗用语，在商界谓之“行话”，又叫“经商之道”，这些谚语见证了郑州商业的辉煌，可以说是商业文化的重要传承和载体是豫商具有特色的商业文化积淀。流传至今的主要有：

“火车一响，黄金万两”。意为得天独厚的地理位置。郑州火车站一带被经商者视为商风劲吹，聚宝之地。其周围街市人流熙攘，商号林立，生意兴隆，热闹非凡，要想财源滚滚，日进斗金，就必须占地利之光，选一个惹人注目的黄金地段开店。旧时郑州的主要商业，老字号，都集中选址在火车站附近的大同路、德化街、福寿街、兴隆街、乔家门等热闹街道上。

“货真价实，童叟无欺”，“人叫人累死人，货叫人挤满门”，“做生意三件宝，伙计、门面、货要好”，“要想多卖钱，就得商品全”等。这些实践中总结出的行语，一个核心问题，就是要以货取人，质优价廉，做到重质量，讲诚信，“货真”是第一位的，才能换取顾客的信誉，招来买主。如糕点名店鸿兴源的月饼、酱咸菜等，都有很高的美誉。亨得利的钟表以准，眼镜以磨制精良、矫配舒适闻名郑州城。“三友”鞋店的千层底布鞋坚固耐穿，软硬适宜，耐折吸湿，在同行业中独树一帜，回头客很多。

“和气能招千里客”，“美言成交易，信誉招千金”，“不怕卖不掉，就怕话不到”，“和气能生财”等，指不管生意大小，对待顾客服务态度十分重要。话说得好，笑脸相迎，顾客满意，就不好意思不买。过去有：“徒弟站柜台，买卖预先练口才，买主上门烟菜待”，“百问不烦，百挑不厌”之接待艺术。位于大同路上的瑞丰祥呢绒绸缎店实行的大宗购物，还专设有“送包”者，亲送府上，老主顾购买商品记账折，定期付款，这无疑也是一种长效的促销手段。

“泥人经不起雨打，劣货经不起检查”，“人要衣装，物要金装”，“货卖一张皮”等，指要重视商品的包装、装潢艺术，柜台陈设商品要美观雅致。同时，形象比喻劣货能骗人一时，好像雨打的泥塑，势必自垮，它告诫商家：生财要走正道，不能投机取巧，一定要对顾客负责，才能经得起时间的考验。如德化街同仁堂药店炮制的中成药疗效高，地道药材配方合理，遵古炮制，是出了名的。

“秤平、提满、尺码足”，“薄利多销，多中求利”等。上述几条优惠售货办法，在传统商界颇为响亮，公平交易，不欺不骗，不缺秤少两，顾客满意，买卖自然好。如位于德化街上的三义长布店门前经常可见“买尺放寸，买十放尺”，“九折优惠”等价格优惠的宣传，起到了很好的促销作用。

第八章

# 郑州是中国思想创新的沃土

思想是一个时代的高端代表，思想创新就是对这个时代的精神维系内容和形式的推陈出新和批判扬弃，是一个继承并有所超越传统理念，适应现时并着眼未来的一个思辨和实践过程，目的是创造一个具有较为普遍社会价值和稳定性的文化价值系统。地处中原中心的郑州，从来不乏文化创新，早在数千年前就已开始了这一历史步伐。

郑州是中华一统思想萌芽和实践的圣地：新石器时代很长一段时间内，中国各地出现了万邦林立、各自为政的局面，在这一时候，生活在郑州地区的黄帝及其部族通过一系列的征战和文化融合，最终创立较为稳固的部落联盟或军事民主制度，已经有了初步的中华一统思想。大禹为了巩固夏王朝，还特别重视恩威并济，加强教化。禹采取一边用兵征服，一边用德政教化。又把全国分为九州（即冀州、兖州、青州、徐州、扬州、荆州、豫州、梁州、雍州）进行管理，他还到全国各地巡视，在涂山（今安徽蚌埠市西）约请诸侯相会。禹为纪念这次盛会，把各方诸侯部落酋长们送来的青铜铸成九个鼎，象征统一天下九州，承载中华一统思想。商王朝建立后，同样采取了一系列措施，以至于昔有成汤，自彼氐羌，莫不敢来享，莫不敢来王。民族融合进一步加强，至于周代，郑州地区延续其地中的神圣地位，是各种民族和文化思想聚集融合之地， 多元一体的中华一统思想进一步得到实践。

郑州是中国易学思想的发端地：在中国文化史上被称为六经之首、六艺之源的《周易》（据文献记载，这一巨著商时称作《归藏》，夏时称作《连山》），是以八卦及相关解说史实为中心内容的经典，尽管带有某些巫筮文化的神秘色彩，但是其有关内容在商代青铜器和甲骨考古学中已得到证实，并且从新石器时代的考古材料看，其还有更早的源头。华夏先民以易学的形式表达思想和文化判断，是中国的独到创见，对人类思维产生的影响是极为深远的。

郑州地区与易学密切相关的神话传说非常丰富，像巩义河洛镇洛汭地带更是有诸多与伏羲画八卦（图8.1）、“河图”“洛书”（图8.2）相关联的传说，尤其重要的是，这一地区相对于别的地方而论，具有明显的文献学和考古学证据优势，诸多文献记载此地与易学有关，黄帝、尧、舜、禹、周王均在此地祭祀过；现在，我们在此地区发现有仰韶文化时期的面积140万平方米的古聚落，有传说是祭坛的白灰面建筑，同时还发现有用于北斗七星祭的埋有7条小猪的祭祀坑，这些都是只有当时的联盟首长才能所为的现象，所以从易学孕育的时代、文献记载的地望、易学创始者的身份等方面看，把郑州巩义河洛镇洛汭地带作为易学重要的发生地区是非常可信的。

郑州是道家思想发展创新的代表：道可道非常道，名可名非常名。作为中国古代最为高深莫测学问的道家，被称为是中国哲学之树的树根，是儒、墨、名、法、阴阳家的基础，它提出了本原、本体论和朴素的辩证法，并提出了道、德、太一、有无等哲学基本范畴。

道家发展到战国前期，今郑州人列子（名御寇）以“本于黄帝老子”之学，著书立说，从道家本质思想出

8.1 伏羲像

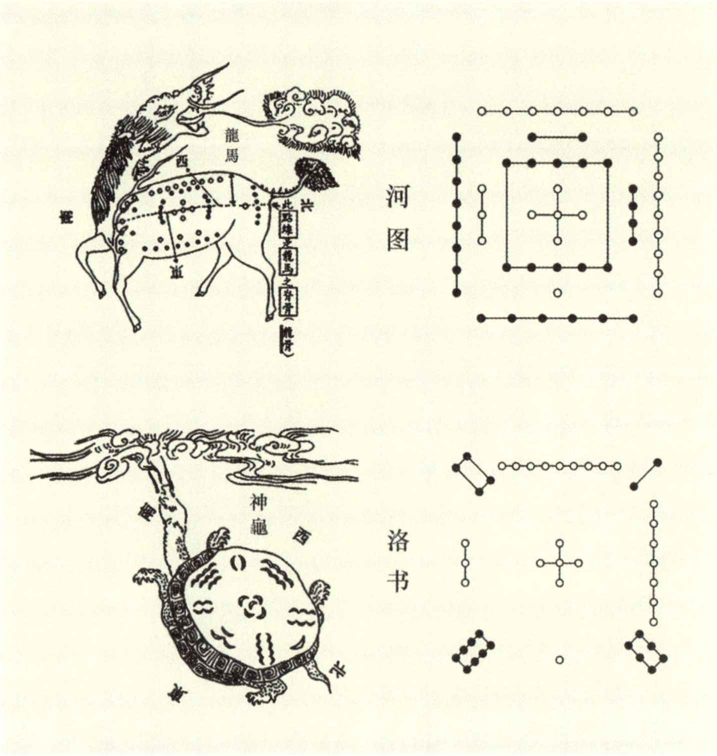


8.2 河图、洛书

8.3 列子像（取自元代《玄门十子图》）

8.4 列子祠

发，对道家思想中无为的人生观进行了可贵的改造。他主张，人在自然天地间并不是无所为的，人是有积极作用的，从而使道家学说更为完备并具有现实精神和人本主义色彩。同时他还认为人最好的生存状态，就是淡泊名利，清静修道，即“至人之用心若镜，不将不迎，应而不藏”（图8.3、8.4）。

同时，列子还在寓言这一奇特的文本形式方面具有重要的贡献，发扬了道家浪漫主义思想。由其著或由晚期学人整理的《列子》一书，其《说符》《汤问》《黄帝》等篇中的《纪昌学射》《承蜩犹掇》等都是著名的寓言，可以与古希腊《伊索寓言》(Aesop’s Fables，原书名为《埃索波斯故事集成》)中《赫耳墨斯和雕像者》《蚊子和狮子》等著名寓言相提并论。可以说列子是“东方寓言的开山鼻祖”，是“中国寓言之父”。

郑州是中国法家思想的诞生地：法家是先秦诸子中对法律最为重视的一派。他们详细讨论了法律起源、内涵、作用以及法律的社会性、历时性等问题；他们以主张“以法治国”和“法治”，为战国、秦及以后封土建邦集权社会的建立提供了法理依据和有效方法。

被清朝的王源推许为“春秋第一人”的法家代表——子产，是今郑州荥阳人，他的思想接近于孔子以前的儒家思想，又有新的创新，子产具有人本主义的思想，强调人事，但也不否认鬼神。提出“天道远，人道迩，非所及也”。郑简公十二年（前554年），郑人立子产为卿，子产从政后，在郑国进行了内政改革，铸刑鼎，行法治，宽猛相济（图8.5～8.7）。

法家思想的另一代表人物就是申不害，亦称申子，战国时期郑国京县（今河南荥阳）人，以“术”著称于世。韩灭郑后，他被韩昭侯起用为相，进行改革。

申不害的学术思想，明显地受到道家的影响，他的哲学思想与慎到有极相似之处，他们都遵循老子的大统一哲学，同时他又受到儒家

8.5 子产像（取自明《三才图会》）

学说的影响。

申不害思想的重要创新之处在于他把这些原则用于人事，进一步发挥《老子》“柔弱胜刚强”及孔子“正名”的思想，提出君”柔弱”仅仅是初始的政治态度，并不代表君主的无为，“正名”应包括责任、分工等具体的内涵，构成他的社会哲学思想。同时申不害虽

8.6 子产祠园

8.7 古之遗爱亭

8.8　程颢像（清殿藏本）

8.9　程颐像（清殿藏本）

然主张以法治国，但是其又提出以术治国，不过其所主张的“术”，是在执行法的前提下使用的。

郑州是程朱理学繁荣发扬的重要舞台，宋元明清时期的哲学思潮。又称道学。它产生于北宋，盛行于南宋与元、明时代，清中期以后逐渐衰落，但其影响一直延续到近代，作为地主阶级新的思想理论体系，理学一度对当时社会的发展起过好的作用。它在思辨哲学方面的发展，无疑是人类历史上的一大进步。对于日本、朝鲜的历史发展，理学也曾发生相当大的影响。理学在中国哲学史上占有特别重要的地位，它持续时间很长，社会影响很大，讨论的问题也十分广泛。程朱理学亦称程朱道学，是宋明理学的主要派别之一，也是理学各派中对后世影响最大的学派之一。其由北宋二程（程颢、程颐）（图8.8、8.9）兄弟开始创立标志着宋代理学思想体系的正式形成，二程曾同学于北宋理学开山大师周敦颐，著作被后人合编为《河南程氏遗书》。他们把“理”或“天理”视作哲学的最高范畴，认为理无所不在，不生不灭，不仅是世界的本原，也是社会生活的最高准则。在穷理方法上，程颢“主静”，强调“正心诚意”；程颐“主敬”，强调“格物致知”。在人性论上，二程主张“去人欲，存天理”，并深入阐释这一观点使之更加系统化。宋代理学的“洛学”创始人程颢、程颐兄弟都曾在嵩阳书院讲学（图8.10、8.11），各地学者纷纷慕名而来。此后，嵩阳书院继续以理学授徒，成为宋代理学的发源地之一。

8.10　嵩阳书院

8.11　嵩阳书院全图

第九章

# 郑州是中国汉字文化发展史上的里程碑

中国汉字是世界最古老的文字之一，是世界文字之林中独一无二的见形见音见意的文字。汉字是传承和弘扬中华文化的重要载体，是中华民族的基本标志，也是中华文明的显著标志，并对朝鲜、韩国、日本等国文字文化有巨大而深远的影响。

现在很多人误认为目前已发现的最早的确切汉字就是在河南安阳殷墟、山东大辛庄发现的商代晚期甲骨文和金文。其实不然，殷商时期刻在龟甲或兽骨上的甲骨文，只不过是我国“目前所能看到的较早而又比较完备的文字”。

近年来，在郑州先后发现了一系列较殷墟甲骨文更早、与汉字起源有关的刻划符号及确切的文字资料。其中，最为著名的应是在郑州二里岗发现的商代早期的有字甲骨（图9.1）。

首先是这一牛骨刻辞的时代问题。

赵全嘏先生《郑州二里岗的考古发现》一文首先介绍发现过程[1]，陈梦家先生《解放后甲骨的新资料和整理研究》一文认为可能是商代晚期的[2]，裴明相先生《略谈郑州商代前期的骨刻文字》一文认为其是商代早期的[3]，李学勤先生《郑州二里岗字骨的研究》一文从甲骨文字字体的时代特征等方面分析并认可裴明相先生的时代判断[4]，郑杰祥先生《二里岗甲骨卜辞的发现及其意义》一文认为其时代“接近于殷墟早期卜辞，由此推测，它很有可能属于二里岗文化三期的遗物”[5]。本人认为，虽然该刻辞牛骨是采集品，但是据发掘过程及相关研究，由于其出土地点附近没有更晚的文化层，同时从郑州出土的诸多有确切地层的朱书文字的时代，尤其是本人在二里岗附近的原郑州市木材公司附近发现的朱书文字的时代看，该甲骨刻辞是商代早期应没有疑问，确切地说应该是“白家庄期”的。

其次是这一牛肋骨上所刻文字的释文等学术问题。

赵全嘏先生1953年在《郑州二里岗的考古发现》

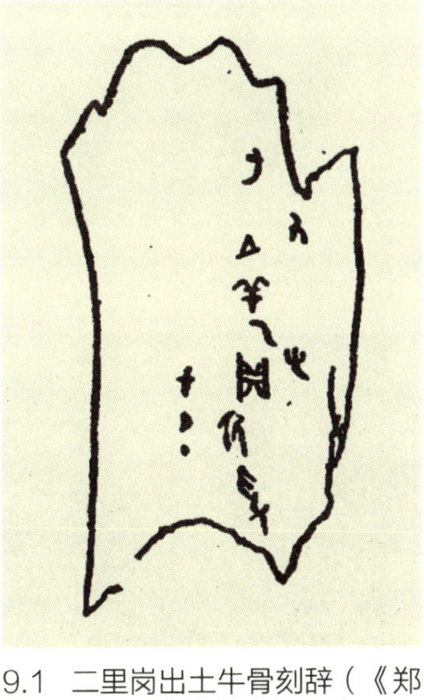

9.1　二里岗出土牛骨刻辞（《郑州二里岗》插图十二）

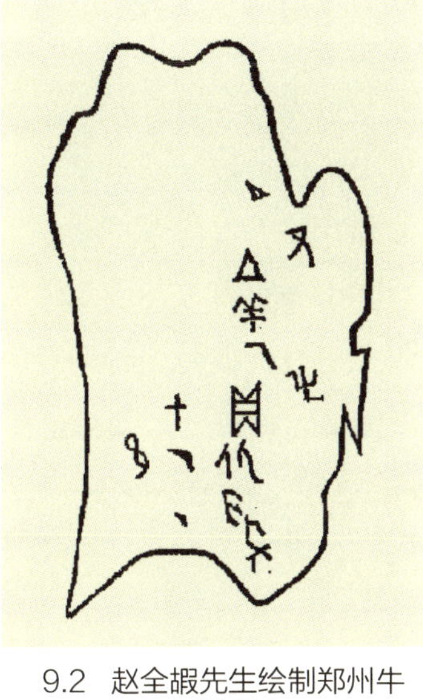

9.2　赵全嘏先生绘制郑州牛肋骨刻辞示意

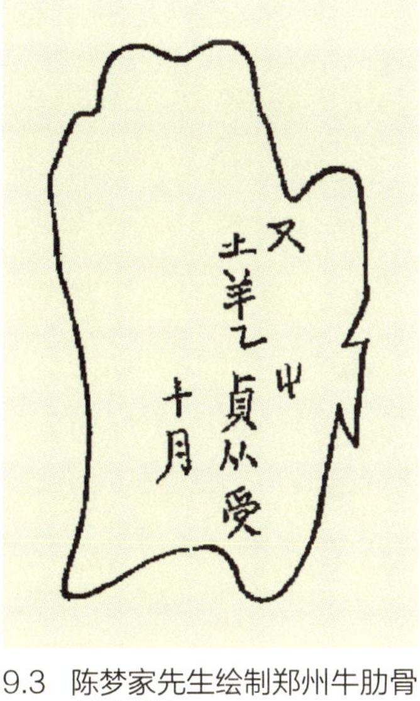

9.3　陈梦家先生绘制郑州牛肋骨刻辞释文

一文中的摹写（图9.2），其文中所附录陈梦家先生摹写释文（图9.3），李学勤先生在《谈安阳小屯以外出土的有字甲骨》一文中的释文：又土羊乙丑贞：从受……七月[6]，2001年李学勤先生发表《郑州二里岗字骨的研究》对原释文又作了调整，释文一辞为：乙丑贞，从受十月，另一辞为：又土羊。河南省文化局文物工作队在《郑州商代遗址发掘》中的释文：又土羊乙贞从受十月[7]，1959年出版《郑州二里岗》的摹写释文：又土羊乙贞从受十月[8]。李维明《郑州出土商代牛肋骨刻辞新识》释文：又乇土羊乙丑贞从受七月[9]，松丸道雄《对“郑州商城”命名的一点看法》一文认为卜辞中的前辞为：又亳土（社）羊[10]，李维明《“乇”辨》一文根据考古与古文字专家的提示释为：又乇土羊乙丑贞从（比）孚（俘）七月[11]，葛英会老师《读郑州出土商代牛肋刻辞的几种原始资料与释文》一文的释文：乙丑贞：从受……七月。又乇土羊。并认为第一款有前辞，命辞与占卜月份，第二款省略前辞，总的看是祭祀社神的卜辞[12]。常玉芝先生《郑州出土的商代牛肋骨刻辞与社祀遗迹》一文释文为：第一辞：乙丑贞：及孚。七月。第二辞：□□[贞]：又乇土羊[13]。

关于这一卜辞早期摹本缺失“乇”字的问题，只有少数学者像孙亚冰《对郑州出土商代牛肋骨刻辞的一点看法》一文表示了不同意见[14]，但是陈旭、徐昭峰《郑州出土商代牛肋骨刻辞释文漏字原因探究》一文已经就这一牛肋骨刻辞释文漏字的原因作了清晰的回答[15]，所以早期这个摹本缺失“乇”的问题基本成为结论，并且国内外学术界从这一补字的讨论中，已就郑州商城确实是商代的开国之君商汤之始都——亳都达成广泛共识。

虽然贾湖遗址在裴李岗文化中已发现了较为复杂的刻划符号，良渚文化陶文、龙虬庄陶文、丁公陶文等表明龙山时代或更早时期有的地方应该发明了文字，但是否属于汉字系统，尚有争论；可以推测夏代也应该有文字，但是尚未发现。

1995年宋国定等学者在郑州小双桥遗址朱书文字

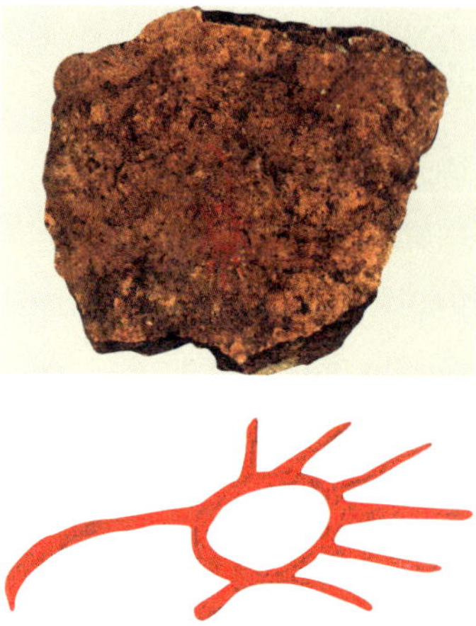
9.4 小双桥出土朱书

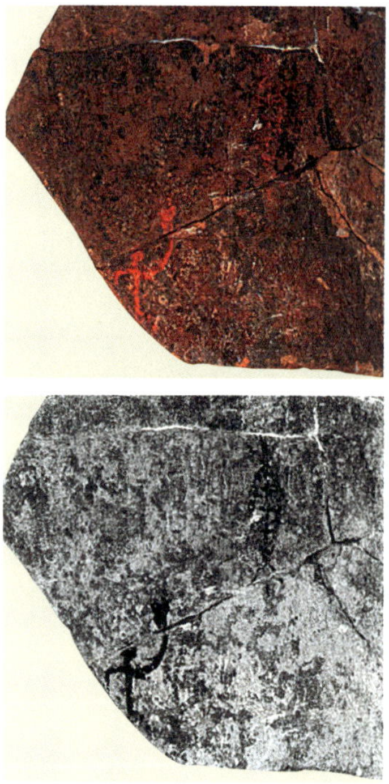
9.5 小双桥出土朱书

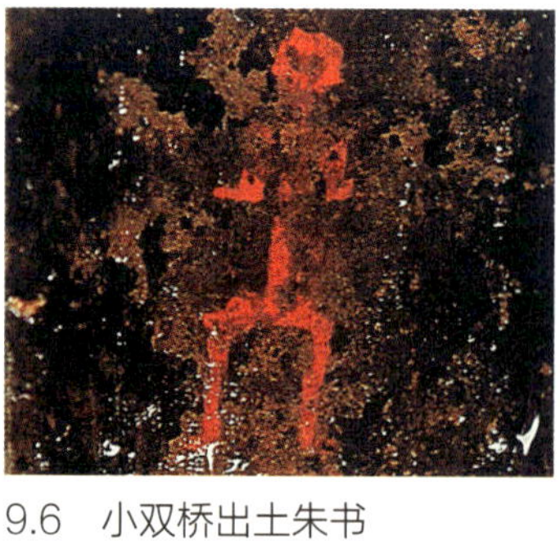
9.6 小双桥出土朱书

的发现[16]（图9.4～9.6），2007年笔者在郑州商城外郭城南城墙处发现的朱书文字（图9.7），不仅与甲骨文确属于同一个体系，而且其时代也早于殷墟甲骨文，这是目前发现的属于汉字系统的时代最早的成熟文字实物。

9.7　郑州商城出土朱书

[1] 赵全嘏：《郑州二里岗的考古发现》，《新史学通讯》1953年第6期。
[2] 陈梦家：《解放后甲骨的新资料和整理研究》，《文物参考资料》1954年第5期。
[3] 裴明相：《略谈郑州商代前期的骨刻文字》，《全国商史学术讨论会论文集》，1985年。
[4] 李学勤：《郑州二里岗字骨的研究》，《中国社会科学院历史研究所学刊（第一集）》，社会科学出版社，2001年。
[5] 郑杰祥：《二里岗甲骨卜辞的发现及其意义》，《史海侦迹——庆祝孟世凯先生七十岁文集》，香港新世纪出版社，2006年。
[6] 李学勤：《谈安阳小屯以外出土的有字甲骨》，《文物参考资料》1956年第11期。
[7] 河南省文化局文物工作队：《郑州商代遗址发掘》，《考古学报》1957年第1期。
[8] 河南省文化局文物工作队：《郑州二里岗》，科学出版社，1959年。
[9] 李维明：《郑州出土商代牛肋骨刻辞新识》，《中国文物报》2003年6月13日。
[10] 松丸道雄：《对“郑州商城”命名的一点看法》，《中国文物报》2005年12月2日。
[11] 李维明：《“乇”辨》，《中原文物》2006年第6期。
[12] 葛英会：《读郑州出土商代牛肋刻辞的几种原始资料与释文》，《中原文物 》2007年第4期。
[13] 常玉芝：《郑州出土的商代牛肋骨刻辞与社祀遗迹》，《中原文物》2007年第5期。
[14] 孙亚冰：《对郑州出土商代牛肋骨刻辞的一点看法》，《中国文物报》2006年1月6日。
[15] 陈旭、徐昭峰：《郑州出土商代牛肋骨刻辞释文漏字原因探究》，《中原文物》2006年第3期。
[16] 河南省文物考古研究所等：《1995年郑州小双桥遗址的发掘》，《华夏考古》1996年第3期。

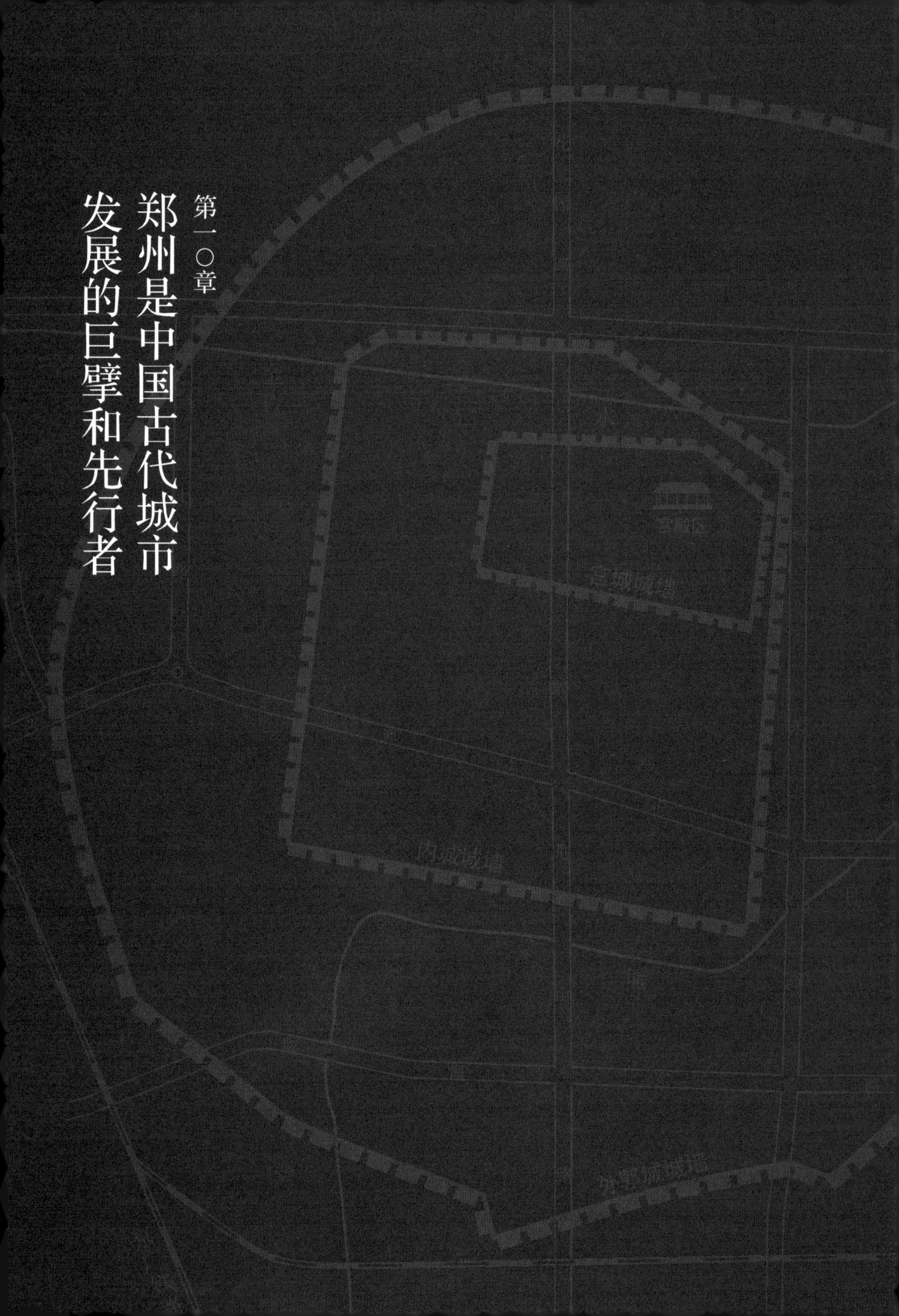


# 第一〇章 郑州是中国古代城市发展的巨擘和先行者

城市是人类社会的重要聚落形态，是文化元素表现的重要场所，城市文化是中华古代文明的重要组成部分，中国古代发达的城市文化，无论是理论上还是实践上均具有独特的价值和意义。

郑州地区在5000年前已出现了西山古城，它是中国时代最早的城市之一，其有着夯土的城垣建筑，城外环绕着类似护城河的壕沟（图10.1、10.2）。另外，位于荥阳的夏代大师姑古城，是二里头文化时期发现的第一座有城墙的较大型城址（图10.3～10.5）。

就城市建筑技术而论，郑州西山古城是我国目前发现的建造技术最为进步的古代城市，是中国最先采用版筑法建城的，大师姑夏代城更完善了城墙夯筑技术。

从城市布局和规划方面看，西山古城中间的南北向道路，显示其突出中轴线和左右对称布局，是中国古代都城和一般城市布局重要特征的最早发现。郑州商城宫城、内城可能是专为商王、贵族建造的，外城应是为普通民众建造的，故其具有“筑城以卫君”“造郭以守民”的性质，这在中国古代城市中是最早的，两周时代中国境内诸多古城包括郑州地区的古城多具有这一布局特点。

从城市的性质和重要性等方面看，郑州地区的西山古城可能是黄帝族之都或邑，王城岗古城是中国第一个王朝之都，新砦城址有可能太康、后羿、寒浞、少康曾都住过，花地嘴聚落有可能是与“五子之歌”相关的夏王临时之都，商城是商王朝立国都城，郑韩故城是战国七雄中郑、韩两国之都。

从城市功能方面看，郑州西山古城是中国最早出现雏形“马面”的城，郑韩故城（图10.6、10.7）的“马面”则已非常完备。

从郑州地区城市尤其是王都选址的思想看，王城应位于天下之中的思想影响中国人几千年，直到南宋由于客观原因，才有所改变。

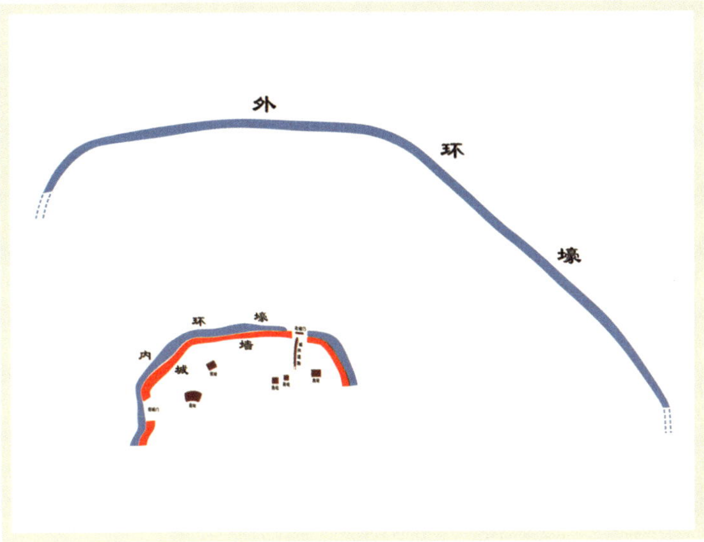


10.1 西山古城平面图

10.2 西山古城城墙夯层

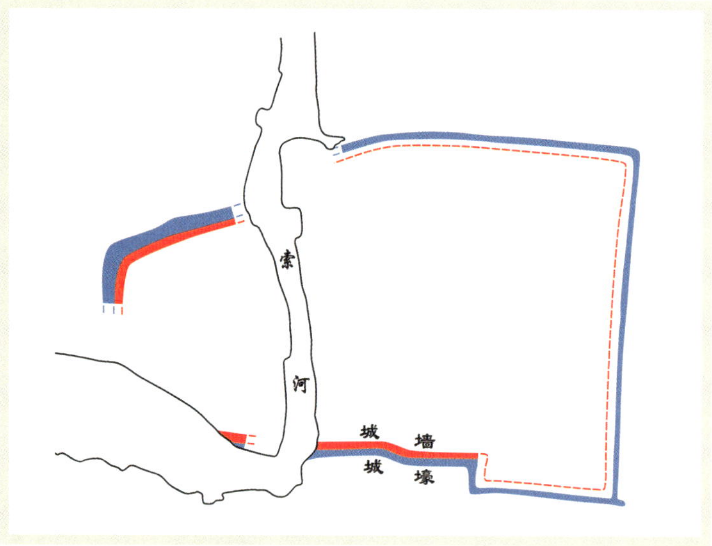

10.3　大师姑城址平面图

城为三重的思想最早在聚落建筑上的表现是郑州民主路的仰韶文化三重环壕（图10.8～10.12），真正运用到大型都邑类城市中的最早个案可能是新砦古城（图10.13、10.14），郑州商城（图10.15）继续运用了这一思想。这一思想随即在中国古代都城建筑中几乎成为了一个没有特殊原因从未改变的规制。

10.4　大师姑城墙及壕沟

10.5　大师姑城墙及外侧地层剖面

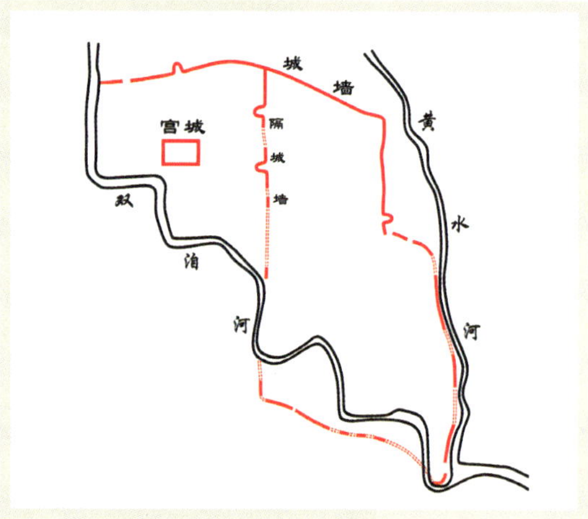

10.6　郑韩故城平面图

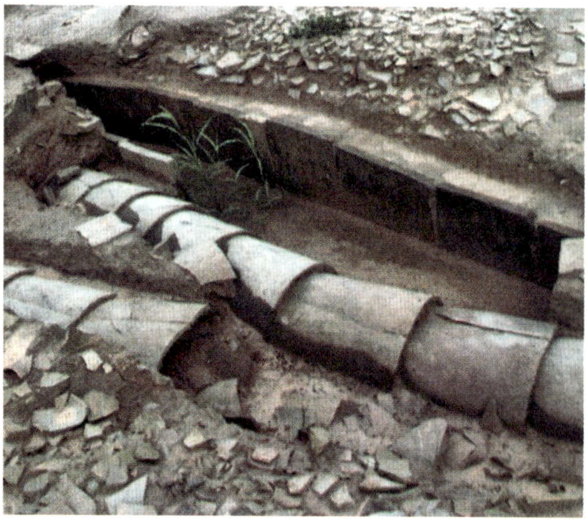
10.7　郑韩故城排水设施

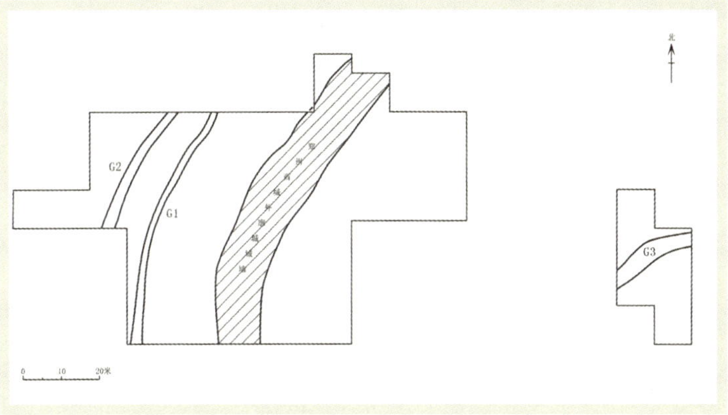


10.8 民主路仰韶文化三重环壕聚落发掘平面图

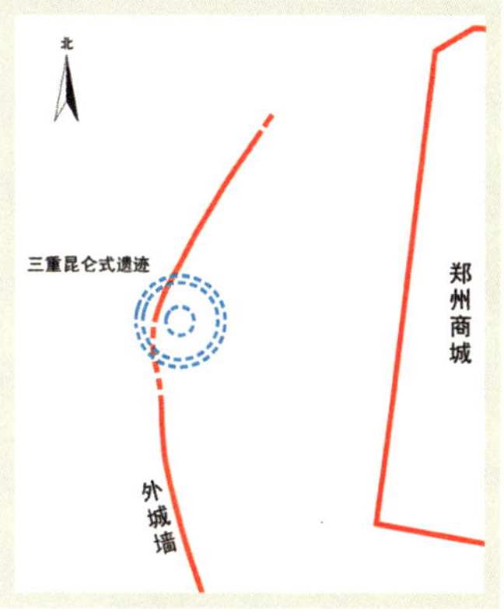


10.9 民主路仰韶文化三重环壕聚落位置示意图

10.10 民主路仰韶时期环壕（G1）

10.11 民主路仰韶时期环壕（G2）

10.12 民主路仰韶时期环壕（G3）

汉代郑州地区的城市多具有南密北疏的分布格。城、郭的合而为一，城市内部功能分区的细化，完善的交通与排水系统的大规模建设，均反映了这一时期全国城市发展的水平与趋势。

从世界的角度看，郑州地区的古代城市起源与两河流域和印度河流域近似，就东亚地区而论，时代也是最早者之一。就城市的功能看，郑州地区的城市更注重人文建筑，而不仅仅是宗教建筑。就城市规模看，郑州地区汉代以前的城市现在发现的有近70处。在商代时，郑州地区的商城可以与两河流域的巴比伦古王国相媲美，它们可以说是亚洲区域内最耀眼的两颗明珠。就城市人文的延续性来看，古

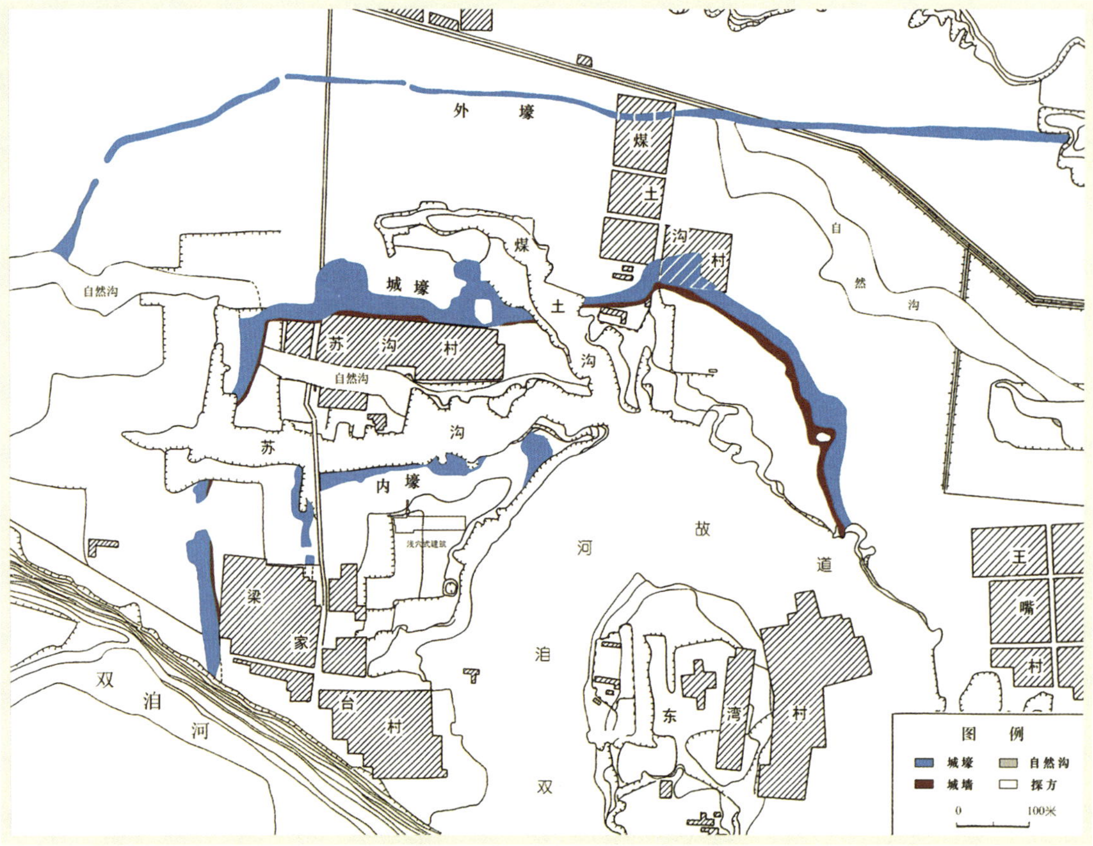


10.13 新砦城址平面图

代印度河流域的哈拉帕、摩亨佐·达罗，两河流域的乌尔城、巴比伦城、尼罗河流域的孟斐斯、底比斯等著名古城，都早已灰飞烟灭，而郑州商城从建都之始直至今天，历代都有人们在这里生活，人文气息延续了3600多年。

综上所述，郑州地区的古代城市起源早、数量多、特征独特、性质重要、脉络清晰，是中国早期古城中可代表当时整体城市发展水平

10.14 新砦城址城墙剖面及城墙夯窝

的且可与世界古城相提并论的代表者，同时，他们承上启下，既具有早期环壕等建筑和其他文化的特点，又创制了以后古城古都的诸多建筑规范和理念，称其是中国古代城市发展的佼佼者和先行者，名副其实。

10.15　郑州商城三重城郭示意图

中国·郑州考古（十五）
CHINA ZHENGZHOU ARCHAEOLOGY(XV)

# 文明之光

## ——古都郑州探索与研究

（下　册）

顾万发　编著

科学出版社
北　京

# 内容简介

本书以学术并结合通俗的视角，以郑州历史上已公布的文化素材和近年来的重要文物调研及田野考古新发现为研究对象，对郑州史前到近现代文明史作了较为全面的基本梳理，尤其就其重要文化特征之代表者作了较为详实的专题化研究，对“商”字内涵、唐青花塔形罐净土变图像、郑州柴瓷“出北地”、中国大运河郑州段走向等具体问题作了较全面地阐释。全书内容丰富，素材广泛，既具有一定通俗性，又具有较强的学术性，是从多角度观察、了解、认知古都郑州系列人文景观和历史沉淀的一部专著。

本书适合历史学、考古学等专业师生和对郑州历史感兴趣的人士阅读。

**图书在版编目（CIP）数据**

文明之光：古都郑州探索与研究 / 顾万发编著. —北京：科学出版社，2016. 4
（中国·郑州考古；15）

ISBN 978-7-03-045838-4

I. ①文… II. ①顾… III. ①文化史－郑州市 ②郑州市－地方史 IV. ①K296.11

中国版本图书馆CIP数据核字（2015）第230200号

责任编辑：张亚娜　范雯静 / 责任印制：肖　兴
书籍设计：北京美光制版有限公司

科学出版社出版
北京东黄城根北街16号
邮政编码：100717
http://www.sciencep.com

北京利丰雅高长城印刷有限公司　印刷
科学出版社发行　各地新华书店经销

*

2016年4月第　一　版　开本：787×1092　1/16
2016年4月第一次印刷　印张：27　3/4
字数：637 000

**定价：420.00元**

（如有印装质量问题，我社负责调换）

第二章

# 郑州是佛法东传的『释源』和中国佛教的『禅宗祖庭』

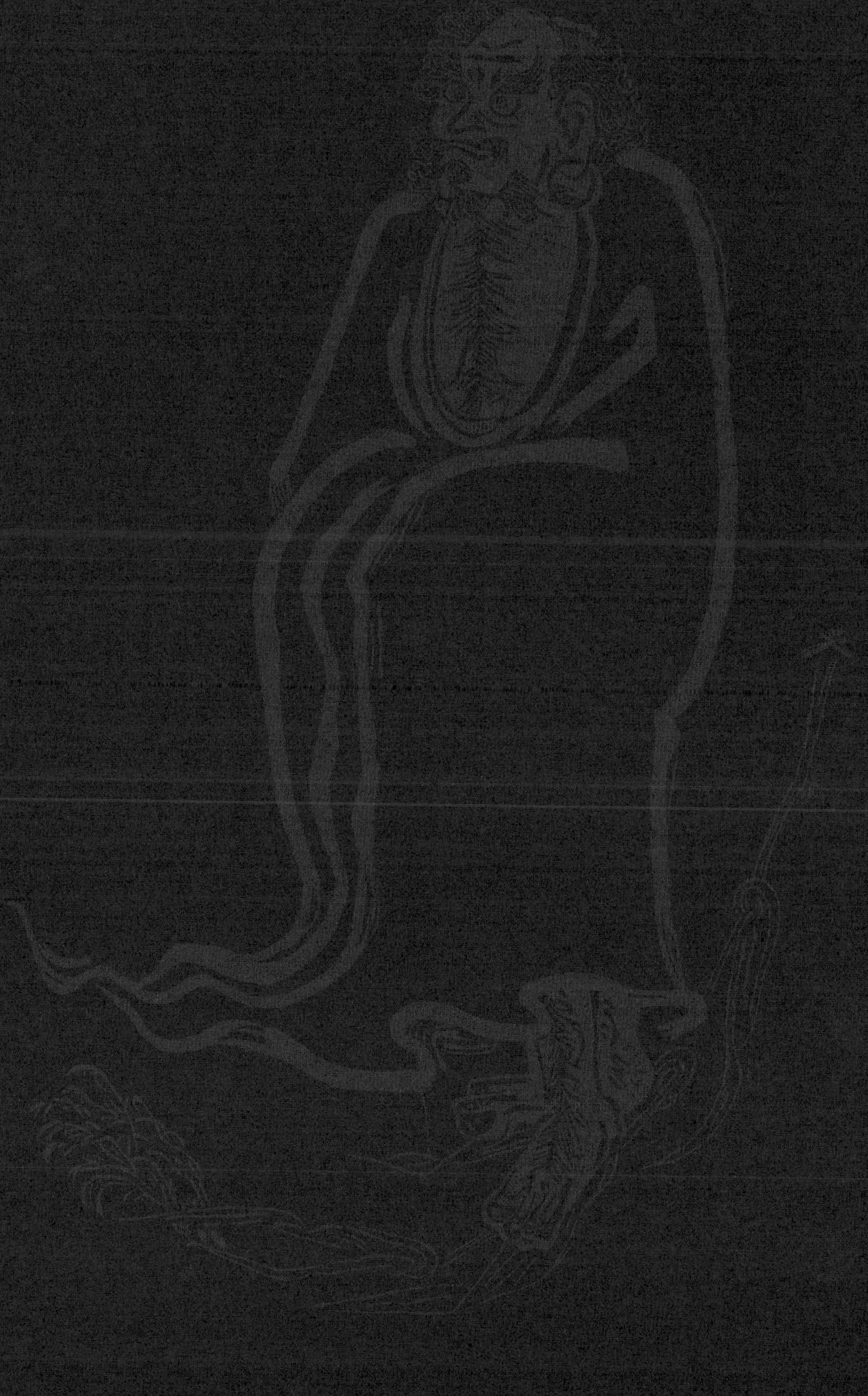

11.1 慈云寺山门

在郑州巩义市东南15千米有一大峪沟镇，其中的山名为霍山或天陵山，它东连五指岭，西接石人山，南瞻中岳嵩山，北揽黄河、洛水，青龙山慈云寺就位于这里。慈云寺建筑优美，环境优雅，蕴含“天圆地方”的建筑理念以及其“山形满月”的人文环境思维（图11.1、11.2）。

11.2 慈云寺华严阁

据寺内碑文记载，东汉明帝永平七年（64年），有西域佛僧摩腾、竺法兰从洛阳城西来此云游其山，因其山月之秀，遂开慈云禅寺以传佛法。唐贞观元年至三年(627～629年)，唐三藏玄奘奉敕重修此寺，至于宋代香火仍然很盛。到了元代，由于战乱和灾荒，曾一度荒废。从明正统九年(1444年)开始，直到清同治五年(1866年)，历代都有修葺。极盛时期殿堂栉比，金碧辉煌，僧五六百人，香客如云，纷至沓来。有人称赞其形胜之雄，兼之制度之

11.3　青龙山慈云寺五十三峰胜境之图碑

11.4　付嘱南宗顺禅师绍继慧命碑

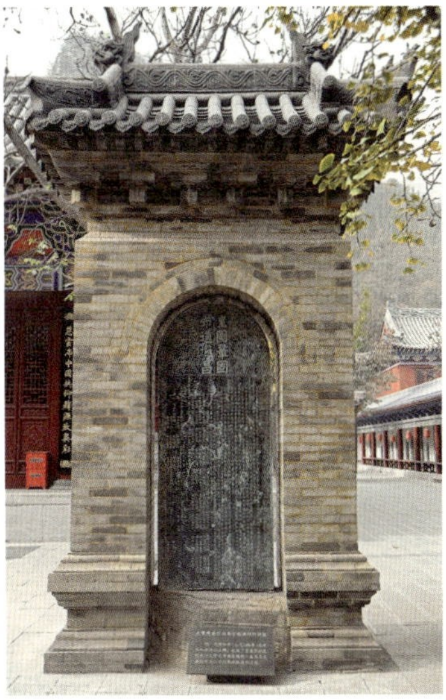

11.5　庆赞慈云住持南宗顺禅师行状铭碑

美，即元公之庐山，达摩之少林，无喻此地。

该寺院的始建年代，从其一殿内地面的汉代画像砖看，确实有可能早到汉代。寺中留下大量的各朝代佛教遗迹和碑刻资料（图11.3～11.5），碑刻中的许多记载填补了中国佛教发展的空白，特别是寺中的《释迦如来双迹灵相图》碑和《青龙山慈云寺五十三峰圣境之图》碑，更是具有极其珍贵的研究价值。

近年来，很多佛法高僧开始关注这一寺院，渐渐认同了其中国“释源”、中国佛教“祖庭”和中国佛教“最初的丛林”的地位。有些学者认为吴承恩《西游记》就是依据僧摩腾、竺法兰及唐僧以及周围的环境传说所写成的。2003年《西游记》国际学术研讨会在慈云寺召开，专家认为“青龙山是《西游记》的载体，慈云寺是《西游记》的灵魂”。

自三国至魏晋南北朝，中国社会长期陷于动荡不安之中，不仅民不聊生，连豪门士族也常常觉得世事多变，岁月无常。在这种社会环境下，佛教作为一种出世宗教，因其教义提倡“人世皆苦”“诸行无常”以及其独特的解脱之道和缜密的逻辑思辨力量，而得以在中国广泛传播。但另一方面，佛教的教义与强大的中国本土文化尤其是主干儒家思想在很多方面发生了冲突，在这些背景下，产生了简便易行、注重体悟、在现世中达到超凡入佛界的中国式佛教——禅宗。

佛教传入中国后，禅学或修禅思想一直获得广泛的流传，在东汉至南北朝时曾译出多种禅经，禅学成为相当重要的流派。相传菩提达摩于六朝齐、梁间从印度渡海东来（图11.6），梁普通(520～526年)前后到洛阳弘扬禅法。因其禅法不为当时佛教界所重，乃入少林寺安心壁观，以“二入四行”，成为中国禅宗初祖图（图11.7）。神光（慧可）立雪断臂，志求佛法，终得达摩所传心印，为中国禅宗第二祖（图11.8）。经三祖僧璨、四祖道信、五祖弘忍、六祖慧能等大力弘扬，终于一花五叶，成为中国佛教最大宗门。后人尊达摩为中国禅宗初祖，尊少林寺为中国禅宗祖庭。

禅宗的诸多观点和理论，对中国的哲学思想有着重要的影响。宋、明理学的代表人物如周敦颐、朱熹、程颢、陆九渊、王守仁都从禅宗中汲取营养。禅宗思想也是近代资产阶级思想家如谭嗣同、章太炎建立他们思想体系的渊源之一。对外传播亦甚广。8世纪，新罗僧信行入唐从神秀受法，将北宗禅传至朝鲜。道义从马祖弟子智藏受法，回国传入南宗禅，称禅寂宗，后改称曹溪宗，为朝鲜禅宗主流。12世纪末，日僧荣西入宋，受法于临济宗黄龙派虚庵怀敞，将此宗传入日本，称千光派。俊荷受杨岐派禅法。13世纪初，日僧道元入宋，从洞山第十三代弟子天童如净受法，将曹洞宗传入日本。17世纪，福建黄檗山万福寺隐元隆琦应邀赴日弘法，设坛传授禅戒，成为与曹洞、临济并列的黄檗宗，至今不衰。

11.7 禅宗祖庭少林寺

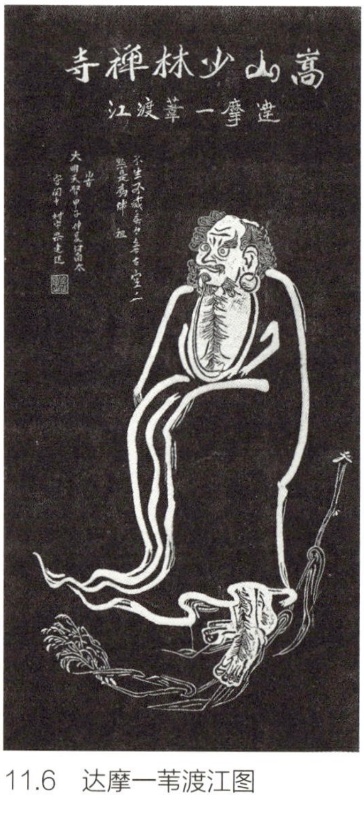

11.6 达摩一苇渡江图

11.8 立雪亭

# 第一二章

# 郑州是中国武术文化之乡

中华武术源远流长，博大精深，是中华民族独有的传统体育项目，是中华民族传统文化的精华。它以内外兼修、术道并重为鲜明特点，在其源远流长的发展过程中，摄养生之精髓，集技击之大成，形成了众多门派和较为传统的技术体系。郑州的武术内涵丰富，文化积淀深厚，最具代表性的是少林功夫和苌家拳。

## 一、少林功夫

天下功夫出少林。少林功夫是我国著名的武术流派之一，其历史悠久，影响深广，是中国传统武术的一个重要组成部分。

少林功夫发源于嵩山少室山下的少林寺，并因而得名。据史料记载，北魏太和十九年（495年），北魏孝文帝为印度高僧跋陀禅师建造少林寺。少林功夫信仰的最初形态——禅定，正是少林寺创始人印度高僧跋陀带来的。隋文帝崇佛，隋朝初年，由于皇帝的赏赐，少林寺成为拥有众多农田和庞大寺产的大寺院。至隋朝末年（618年），朝廷失政，群雄蜂起，天下大乱，拥有庞大寺产的少林寺，成为“山贼”攻劫的目标，为了保证寺产安全，少林寺僧人组织起武装力量与山贼官兵作战，少林功夫作为少林寺的武装力量初步形成。唐武德年间，少林寺僧13人在李世民讨伐王世充的征战中助战解围，立下了汗马功劳。唐太宗登基后，重赏少林寺僧，赐少林寺大量庄田银两，扩建少林寺，准许少林寺成立僧兵队伍。少林寺自此以武勇闻名于世。少林僧众习武蔚然成风，代代相传。

少林功夫的要旨是禅武合一，以禅入武，习武修禅；进则护寺报国救众生，退可参禅养性修道行，故少林功夫又称“武术禅”。

少林功夫是一个庞大的技术体系，不是一般意义上的“门派”或“拳种”。根据少林寺流传下来的拳谱记载，历代传习的少林功夫套路有数百套之多，其中流传有序的拳械代表有数十种。另有七十二绝技，以及擒拿、格斗、卸骨、点穴、气功等门类独特的功法。这些内容，按不同的类别和难易程度，有机地组合成一个庞大有序的技术体系。

少林功夫具体表现是以攻防格斗的人体动作为核心、以套路为基本单位的武术体系。套路是由一组动作组合起来的，每个动作的设计和套路的组合，都是建立在中国古代人体医学知识之上，合乎人体运动的规律。动作和套路讲究动静结合、阴阳平衡、刚柔相济、神形兼备，其中最著名的是“六合”原则：手与足合、肘与膝合、肩与胯合、心与意合、意与气合、气与力合。中国古代“天人合一”的思想认为：最合自然规律的，才是最合理的。少林功夫就是以此为理念，不断地去芜存精，创新发展，形成了最为合乎人体自然结构的运动，使人体潜能得到了高度发挥。

佛教僧人的生活受佛教戒律的约束。戒律体现佛教“慈悲为怀，普度众生”的宗旨，是教徒的生活准则。佛教最基本戒律为五戒。在少林寺特定环境中，佛教戒律又演化为习武戒律。戒律在习武者身上，又表现为武德。所

12.1　少林寺白衣殿壁画

12.2　千佛殿内站桩坑

以少林功夫时时表现出节制谦和、内敛、含蓄和讲究内劲、短小精悍、后发制人的风格和特点。

少林寺的不少文物是少林拳起源的历史见证，特别引人注目的是白衣殿内的“少林拳谱”壁画（图12.1），描绘了当年少林寺和尚练拳习武的真实情景，除了行拳图外，殿内还有寺僧演练器械、挥舞棍棒的壁画，南北两壁有少林武术的“锤谱”；千佛殿是当年少林寺的练功房，地堂上还有四十八个寺僧“站柱”的遗迹，只见砖铺的地面上留下两行直径约四五十厘米的锅底状圆坑，是众僧苦心学艺，两脚踏踩而成（图12.2）。

如今，少林弟子遍布全球。人们一提中国功夫，言必称少林。少林功夫在某种程度上俨然已成了中华武术的象征，也是目前中国对外文化交流的重要文化符号之一。

12.3 苌乃周画像

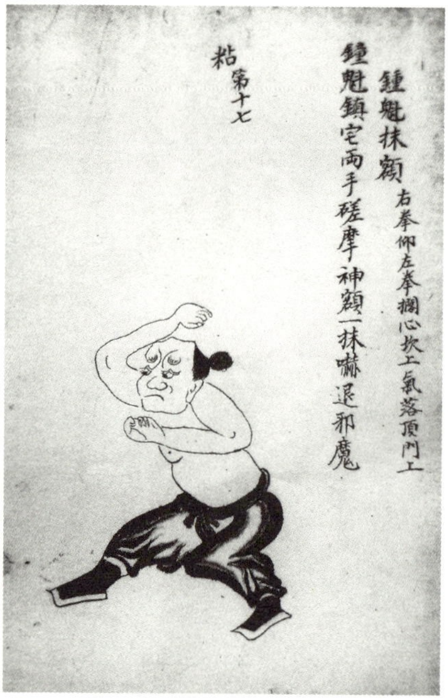


12.4 苌乃周著《二十四字拳谱》

## 二、苌家拳

苌家拳，又称苌门拳、苌家锤，由清朝乾隆年间原汜水县苌乃周先生所创。曾与少林、太极并称为河南三大拳派。

苌家拳是内家拳的代表，讲究文武并重，动静互根，不偏不倚，形以寓气，气以摧形，形合气利，气利形捷。挥舞该拳，头如蜻蜓点水，拳似山羊抵头，腰如鸡鸣卷尾，脚似紫燕穿林，刚柔相济，阴阳相生，对太极、形意等拳派影响颇深。

苌乃周（1724～1783年)，河南汜水(今属荥阳市)苌村人，字洛臣，号纯诚，又名苌三。幼承家学，与兄仕周俱以文名显乡里，20岁即参与《汜水县志》编修。因笃习拳棒，抛弃富贵功名，精研各派武功，博采众长，集易理、医理、拳理之大成，熔内气、外形、技法与一炉，创立苌家拳派于世，成为技术精湛的武术实战家和著名的武术理论家，被誉为“中国武术史上旷古罕见之通才”（图12.3）。

苌乃周武功根基于汜水张八(明末武术家)之术，得力于名师闫圣道指点，后得“字拳”秘传，由此创七十二势拳法(上、中、下各二十四势)，后又归结为偏、正(势)“二十四字拳”（图12.4），其棒法则师承四川梁道，剑道学于古随（今湖北随州）王新象。

苌乃周所著专门论述武术技法与学理的《培养中气论》和《武备参考》两部著作，即后来经过武术学者徐震整理编辑的《苌氏武技书》。其内容丰富，论理独特，是最早的系统论述拳法为何进行内外兼修，以及如何进行”形气合练”的拳学文献。其内容已经构成了比较系统完整的、以内练精气神为主体的拳学体系。

第一三章

# 郑州是中国科技创新的圣地

人类真正的文明史自制造工具始，制造工具就需要科学技术，因而科学技术的历史和人类的历史同样久远。从人类发展的最初阶段起，科学技术就对人类的生产活动和社会进步起着重要的支撑作用。

古都郑州，从史前文明到五代十国，不仅引领了中国科技发展的先河，而且在中国科技发展史上独领风骚。在长期不断地进行文明积累与文化嬗变的过程中，逐步形成了这座城市独有的个性与特色。

新密李家沟文化遗址中发现的不少陶器及石器，足以说明郑州在万年前已有了较高的陶器、石器制作技术。

新郑裴李岗文化遗址中出土的粟、枣、猪和犬骨，以及农具遗存，则表明早在8000年前，郑州先民就已经掌握了原始农业和畜牧业技术，是中国最早掌握这一技术的农业部落之一。

中国丝绸，源远流长。至少在距今5000年的新石器时代，我国长江流域和黄河流域就已经出现了丝绸的曙光。浙江湖州钱三漾遗址出土的绢片距今4750年，为长江流域出土最早、最完整的丝织品。在荥阳青台仰韶文化遗址发现的两个婴幼儿瓮棺中婴幼儿骨骼上黏附有碳化丝织物及块状织物结块（图13.1），经上海纺织科学研究院鉴定，这些丝织物残片是平纹织的纱和绞纹织的罗，属于典型的桑蚕丝。青台遗址出土的浅绛色罗距今5500年左右，是迄今史前考古发掘中发现时代最早、唯一带有色泽的丝织物（图13.2）。

郑州大河村遗址出土的诸多彩陶，造型之美观，令人叹为观止（图13.3～13.6）！

青铜冶炼、铸造技术是中国早期最为先进的技术。经考古发掘，在半坡文化、马家窑文化、龙山文化和齐家文化等多处遗址中都发现有冶炼、铸造铜制品的迹象。但是，在其他地区发现的多为刀、锥、钻等器形简单的小件工具或环、铜镜、牌等装饰品，锻、铸均有，红铜、黄铜、砷铜和锡铅青铜互见，而不见容器和兵器。制造工艺处于初级阶段，尚未熟练掌握合金比例，不懂得复合范铸造技术。而在郑州地区牛砦、石灰务、花地嘴、古城寨等龙山文化遗迹中，发现的全是代表更高技术的青铜制品。其中，在王城岗遗址发现的青铜容器残片（图13.7）是在中原地区迄今发现最早的用复合范法

13.1　青台遗址发现丝织物的W164瓮棺

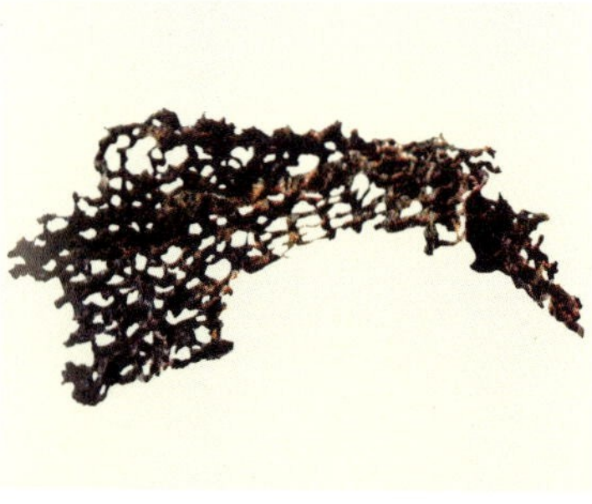

13.2　青台出土丝织品残片

13.3　大河村出土彩陶

13.4　大河村出土彩陶

13.5　大河村出土彩陶

13.6　大河村出土彩陶

13.7　王城岗出土青铜容器残片

13.8　安阳殷墟大司空出土金饰品

13.9　三星堆出土虎形金箔饰

13.10　三星堆出土金杖

铸造的青铜容器。

金箔工艺是中国传统的黄金加工工艺，在中国和世界有着悠久的历史。中国著名的殷商都城遗址——殷墟曾出土过经过锤锻加工和退火处理的金箔（图13.8）；河北省藁城商代遗址出土的漆器残片，有的纹饰上贴有錾花的金箔；广汉市三星堆等遗址也都出现过贴金箔的“金杖”、金虎形饰件、面具、太阳神鸟等（图13.9、13.10）。而郑州商代遗址出土的金箔（见图4.17），则是我国目前发现的金箔制品中时代最早的。

在以农业经济为主的古代中国，天文历法在授时务农方面起着非常重要的作用。与此同时，在中国的人文政治传统中，统治者往往直接掌控天文历法，以神化知识和自己的政权。所以，历朝

13.11 周公测景台

历代，无论民间还是上层政权，对天文历法都十分重视。中国古代的天文历法在世界天文学历史方面具有崇高的地位，而郑州地区，又堪称是中国古代天文学的圣地。

人类进入畜牧农业社会以后，发现播种与收获都有很强的季节性，早晚相差几天，收成就大不相同。人们希望收获更多更好的粮食，就产生了立竿见影的观测季节的方法。利用土圭观测日影，就能比较准确地测定二至二分（冬至、夏至，春分、秋分），测定出太阳年的长度，这为历法的制定提供了可靠的依据。周公测景台（图13.11），即是利用土圭法测太阳影长的，比建于公元前二世纪的希腊亚历山大天文台和罗得斯观星台早800余年。

能说明郑州地区古代天文学高度发达的另一历史见证则是在周公测景台北约20米处建造的观星台（图13.12、13.13）。

观星台由元代天文学家郭守敬创建，是我国现存最古老的天文台，也是世界上最著名的天文科学建筑物之一。是元代郭守敬进行“四海测量”时，从北纬15° 的南海到北纬65° 的地方所建立的27个天文观测台中的一个，是中心和最重要的一个观测台，同时也是唯一保留至今的一个观测台。目前观星台还具有测量功能（最近一次测量在1975年）。郭守敬利用观星台坚持测量了4年，最终于1280年制定了当时世界上最为先进的历法《授时历》。《授时历》比罗马教皇格里高利制定的格列历，即通称的公历早了300年。其所确定的一个太阳回归年的长度为365天5小时49分12秒，与当今公历完全相同，与现代天文学推算的回归年周期365天5小时48分46秒相比，仅差26秒。

13.12 观星台

13.13 观星台量天尺注水池

## 第一四章

# 郑州是中国建筑文化的中脊

建筑是人为的人类生活空间，是人为建造的为保障人类生息、躲避灾难及为满足人类物质生活与精神生活需要而创造的空间。建筑是凝固的历史，通过考古发掘及研究这些空间的形成以及不同时期的发展状况，我们发现，郑州早期建筑的历史脉络，也就是中国早期建筑文化的历史中脊。

在世界古代历史上，建筑学体系主要有七个，但是有的已中断，有的范围较小，真正为大家所熟知的和较有影响的主要有三大建筑体系，这就是中国建筑、欧洲建筑、伊斯兰建筑。其中又以中国建筑和欧洲建筑延续时间最长，流域最广，成就也就更为辉煌。郑州地区，作为中华文明起源的中心地区，在早期建筑学方面亦具有技术的先进性和艺术的代表性。

郑州地区的历史建筑，可以西汉为界分为两个阶段，西汉以前主要以地下考古发现方面的建筑为主，西汉以后以地上建筑为主。

追述郑州地区西汉以前的建筑，至少可以从8000年前的裴李岗文化时期开始。

郑州地区裴李岗文化时期的建筑，以唐户遗址的发现作为代表。在唐户遗址的遗存中，已发现房屋63座，占地6000多平方米，分三组分布，每组中的房址基本为20座左右，每组间隔50～100米，具有向心结构的半地穴式单间或联间有灶房屋，在每一组房址中心区域，有的为“双间式”房址（图14.1）。双间式样的房边上多出的小间可能用于保管整个族群的重要财产、生产工具所用。这些房址形状呈椭圆形、不规则形和圆角长方形，面积多在3～5平方米，土穴周围一圈小圆坑是土屋的木桩基，表明房屋的立面应是木骨泥墙。

在房址周围还发现分布着完备的排水设施（图14.2），这在全国裴李岗文化遗址考古中属首次发现，是刻意设计的排水系统。同时在中央居住区周围还发现有半人工半自然的环壕，开仰韶文化遗址人工环壕之先河。

这一时期，高庙文化和河姆渡文化发现有干栏式建筑，大地湾文化、磁山文化发现有圆形或椭圆形的半地穴式建筑，与唐户遗址建筑技术近似，但是承前所述，“双间式”房址、完备的排水设施却是同时期其他文化所不具备的先进特征。

郑州地区仰韶文化时期，早期形式的房屋建筑仍然存在，新出现了整体烘塑

14.1　唐户裴李岗时期房址

14.2　唐户裴李岗时期排水设施

的红烧土房子，郑州大河村遗址的发现可以作为代表（图14.3、14.4）。房址平地起建多，单多间都有，火塘多出地面成为灶台，且多安置于门右墙下。木骨泥墙技术发达。火烧整体墙主要方法是：在建房子时先打好地基，然后在地基上竖起木骨并用芦苇束、草绳或藤类的东西加以固定，同时在空隙间，塞满草类等易燃的东西，此后在木骨内外附上约30厘米厚的黏黏的草拌红土泥，再在表面涂一层细沙泥后，就在房内房外放满可燃烧的物质，放火烧房，大火熄灭后，盖房顶。如此，“木骨整塑陶房”就建成了。这样一来，既可防潮，又有冬暖夏凉之效，且火烧过的房子很坚固，经久耐用。

以红烧土作为房屋建筑材料起源很早，早在大溪文化就有出现，不过那时主要是以之铺地面等，不似大河村遗址的这种建筑，是整体烘塑的，类似者仅在安徽蒙城尉迟寺遗址发现过，但尉迟寺遗址房屋保存欠好。大河村遗址的这种建筑，是全国这一时期保存最好的。

郑州地区仰韶文化时期的高端建筑，是1995年发现的规模宏伟的西山古城，距今约5300～4800年，是我国建筑技术最为先进的早期城址。城内建筑有道路、房子、瞭望哨所等，其突出特点是城墙建筑技术为版筑，可能还出现了雏形马面，这在中国古代建筑发展史上，是一件具有里程碑意义的大事，它开启了后代大规模城垣建筑规制的先河。与其时代近似的山东、内蒙古、湖南古城则用的是堆筑法或一般的夯筑法。

同时我们还在郑州民主路等地发现了具有礼制意义和天文学崇拜意义的三重环壕建筑，这在全国是目前所知时期最早的、面积最大的三重环壕，同时期的东北红山文化、山东大汶口文化仍然是一重环壕。此外，除了西安市鱼化寨仰韶文化时期发现有两条环壕聚落遗址，其他仰韶文化范围内多是一条环壕。

龙山文化时期，郑州地区仰韶文化时代整体烘塑的房子已不存在，新出现了不少平地起建的木骨泥墙的房子，同时城墙夯筑技术进一步完善。这时候的重要建筑成果是出现了宫殿建筑和其他大型礼制建筑。像古城寨遗址发现的具有封闭特征的带回廊宫殿（图14.5）。其位于城东北部，经过复原，推测其有可能是重檐的大型建筑，这种宫殿建筑及其布

14.3　大河村仰韶时期房址

14.4　大河村房基内烧火台挡火墙

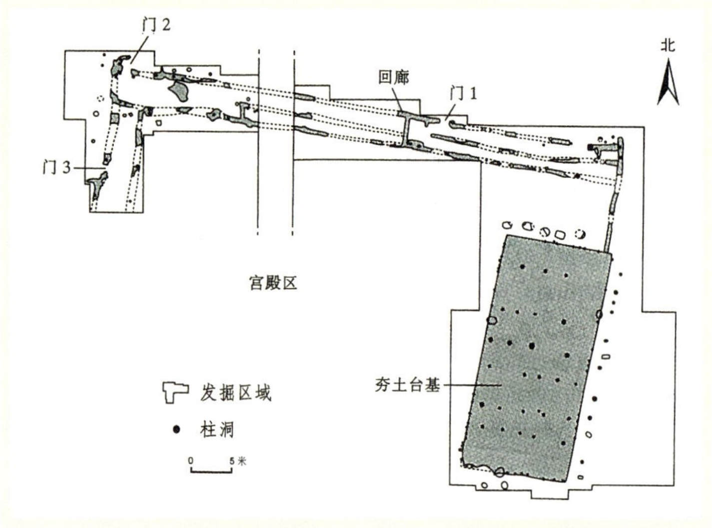


14.5　古城寨宫殿区基址平面图

14.6　新砦半地穴式建筑基址

局特征现在看在全国都是最早的。二里头遗址的2号宫殿与其近似，但是比其晚了近200年。

新砦遗址发现了露天的半地穴式建筑（图14.6），其平面大体为长方形。其东西长50余米，南北宽14.5米。墙体皆为夯筑而成，墙内侧涂白灰，墙南侧为散水。地面下为若干层包含大量红烧土粒的垫土层，有明显的踩踏而成的薄层。大型建筑的东部，还建有附属建筑。学术界初步认为它是中国最早的礼制建筑“单”。

夏禹之都王城岗古城里的小城西城内的中西部较高处和东北部一带，曾发现多处夯土基址，有长方形的，也有方形的。

二里头文化时期，郑州地区的建筑以大师姑夏代城址为代表，筑城技术有了更进一步的提高。城垣现存顶部宽度为7米，底部宽约16米，残存高度为3.75米。夯土城垣的结构较为复杂，经过多次的续建和修补。修筑方法为平地起建，倾斜堆筑，水平夯打。夯层的厚度不匀，约在0.1～0.4米，夯窝不甚清晰。城址中部发掘出土有成片倒塌的夯土墙体和大量的陶制排水管道，显示在城址内部存在有规格较高的大型建筑（图14.7～14.9）。

到了商代，郑州地区一般建筑形式技术变化不大，高端建筑则更为宏伟完善。城墙采用分段版筑法逐段夯筑而成，每段长3.8米左右，夯层较薄，夯窝密集，相当坚固。在城墙内侧或内外两侧往往发现有夯土结构的护城坡。

在郑州商城和小双桥遗址发现诸多宫殿、工业作坊、基础设施、高台建筑等，这类建筑的规模、技术都是当时最为进步的，其中的高台建筑是目前发现的时

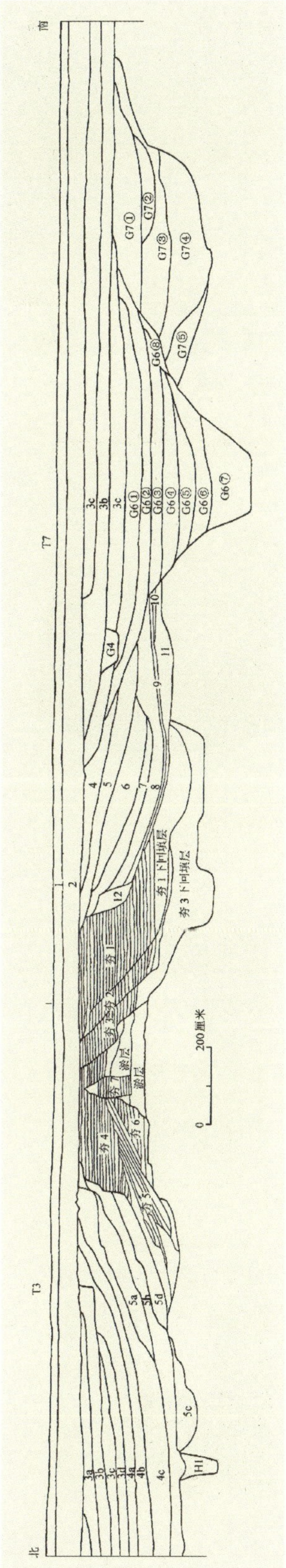


14.7　大师姑城墙与城壕剖面图

14.8　大师姑坍塌的夯土墙

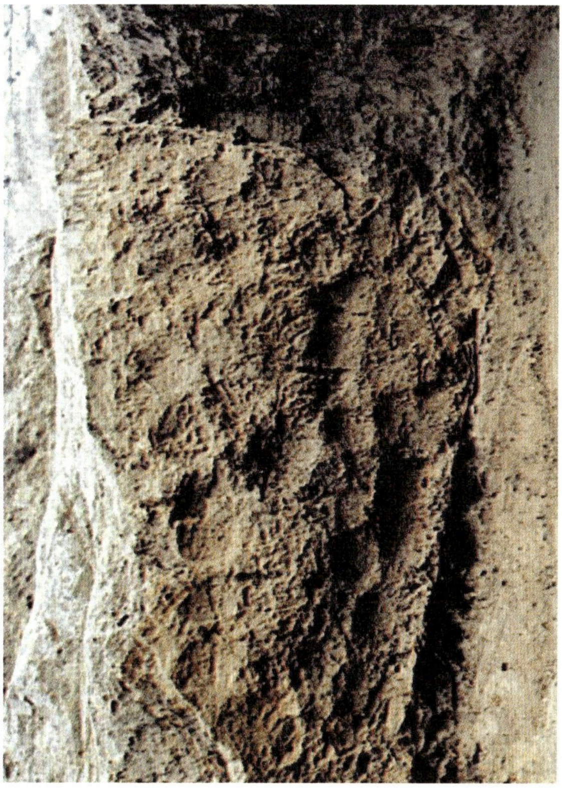

14.9　大师姑坍塌的夯土墙体夯窝

14.10　小双桥遗址高台建筑

14.11　小双桥遗址高台建筑剖面

14.12　石柱础

14.13　青铜建筑饰件

14.15　青铜建筑饰件

14.14　青铜建筑饰件纹饰拓片

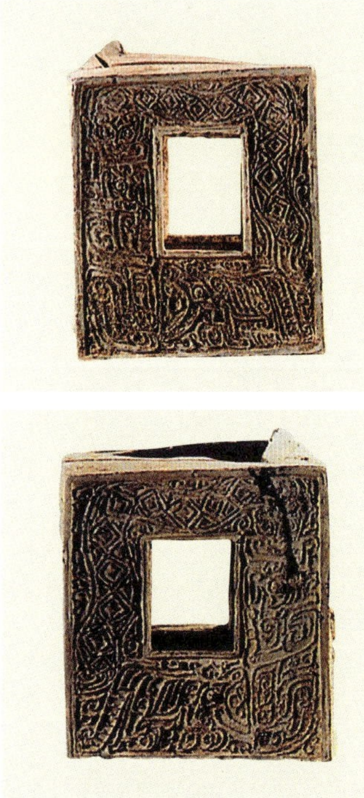

14.16　青铜建筑饰件侧面

代最早的高台建筑，比巴蜀地区的高台建筑早400年，高台建筑中发现的石柱础和青铜华美屋饰，是目前商代发现仅有的两件（图14.10～14.16）。

其中宫殿基址方向多为北偏东，是商代发现最早的方向制度化的建筑，这种风格甚而影响到后世的周王朝，像召陈、凤雏建筑基址。同时在商城内发现的封

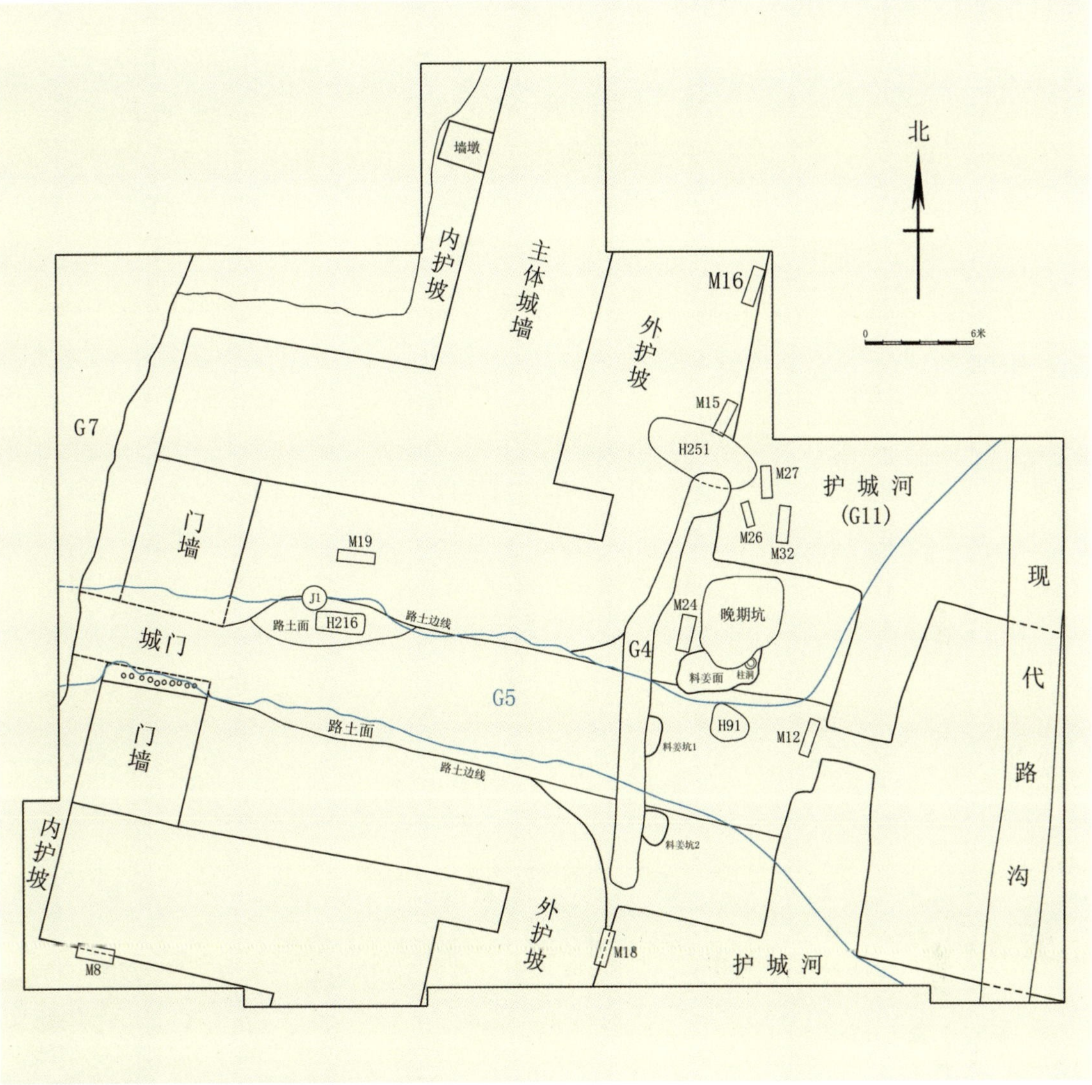


14.17　望京楼商城东一城门平面图

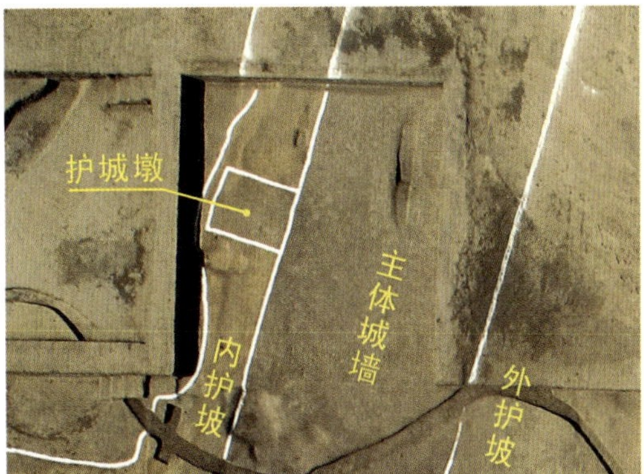


14.18　望京楼商城护城墩

14.19　东周故城城墙加固墩

闭四合院式建筑，为这一建筑样式发现时代最早的，之后的商代晚期及周代大量采用了这一建筑样式。

尤为重要的是郑州望京楼商城在我国最早采用了护城墩技术，并且城门已开始具有早期瓮城的明显特征（图14.17、14.18）。望京楼商城城墙加固的这一方法到郑州东周故城的时候，发展为对城墙的横向加固墩（图14.19）。

到了两周和汉晋时期，郑州地区的城市建筑增多，建筑技术由圜底夯向平夯技术发展，建筑布局更为严谨，规划更为有序，当时的祭伯城、东周故城、郑韩故城、古荥阳城，大型宫殿遗址、缫丝作坊、凌阴、大墓、宗庙遗址、巨型无字石碑、民居、军营等建筑，宏伟奇丽，富有中原特色（图14.20、14.21）。

唐宋时期，郑州的建筑文化非常发达，从当时的各种塔、寺等建筑可以看到当时郑州的建筑水平在全国的重要地位（图14.22、14.23）。尤其是在理论方面，郑州人李诫编于熙宁年间(1068～1077年)，成书于元符三年(1100年)，刊行于宋崇宁二年（1103年）的《营造法式》代表了中国古代建筑理论的最高端（图14.24、14.25）。

该书在元祐六年（1091年）编成《元祐法式》的基础上，参照中国五代末、北宋初擅长造塔的南方著名建筑工匠喻皓的《木经》及当时其他建筑设计与施工经验与总结编成。全书34卷，357篇，3555条，是北宋官方颁布的一部建筑设计、施工的规范书，也是我国古代最完整的建筑技术书籍，标志着中国古代建筑已经发展到了最高阶段。

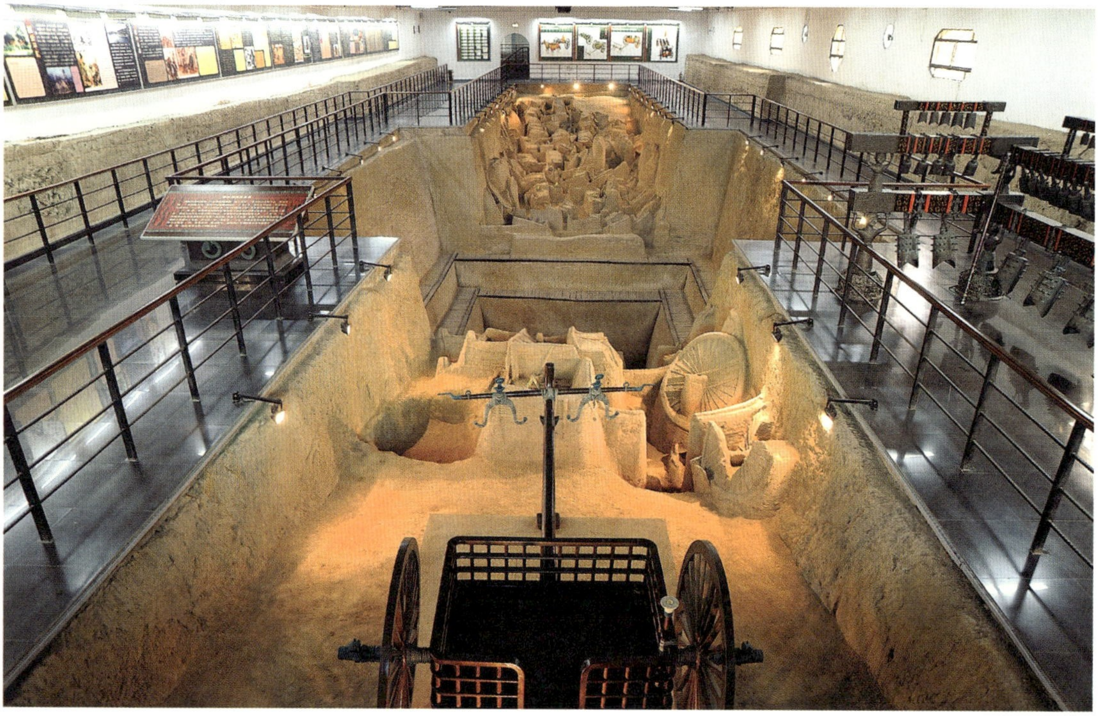

14.20　郑公大墓

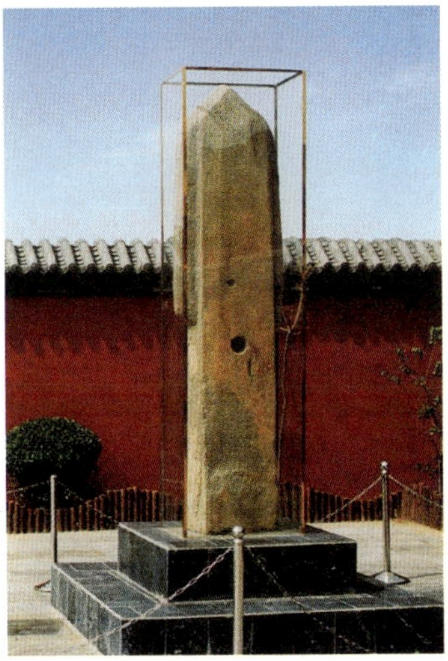

14.21　宫城遗址出土的韩国宗庙碑

14.22　巩义石窟寺唐塔

14.23　新郑凤台寺宋塔

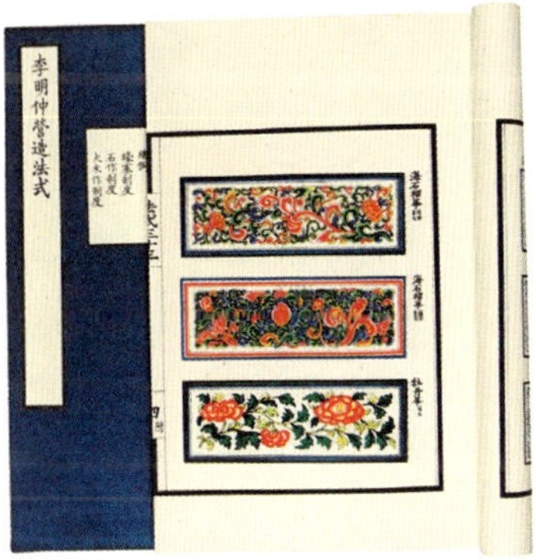


14.24　《李明仲营造法式》民国十四年石印本

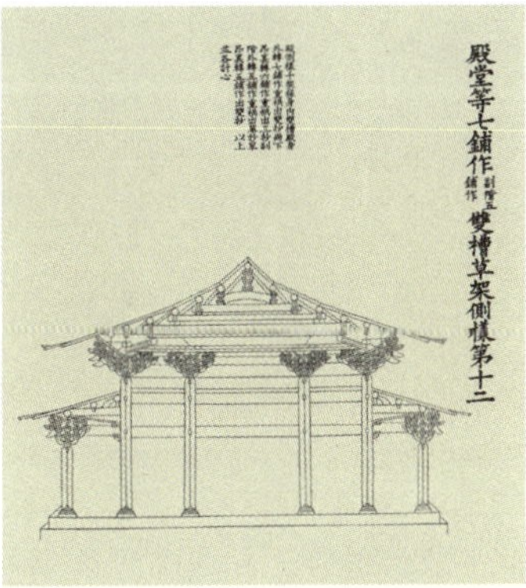

14.25　营造法式之殿堂铺作

第一五章

# 郑州是中国古代陶瓷业的重镇

## 一、原始青瓷烧制技术的代表，中国商代瓷业的“景德镇”

原始青瓷是瓷器初创阶段的产物，是在制陶技术的基础上发展而来的。至迟在青铜时代中期，人们就已经发现了瓷土并逐渐在制陶生产中对其加以应用，通过对原料选择和加工处理过程进行不断改进，提高烧制温度，在器物的表面增添釉料，从而烧制出基本具备瓷器条件，但在本质上与陶器已经产生明显区别的原始青瓷。为瓷器（到了东汉时期，原始青瓷逐渐被成熟的青瓷取代）的出现奠定了工艺模式的基础。

在河南郑州等地多处遗址，发现大量原始瓷尊、瓷罍和瓷罐等器物及器物碎片（图15.1、15.2），其胎骨细腻坚硬，烧成温度在千度以上，叩之有金属声，质量明显优于早期原始青瓷和当时南方地区的原始青瓷。据考古发现，最早的原始青瓷发现于二里头遗址的二里头文化二期，随后在我国的黄河和长江流域都发现了原始青瓷。商代早期，原始青瓷分布很广，而蕴藏着丰富的制瓷原料和技术、财力、文化等资源的郑州商都，凭借着历经几千年并已高度发展的制陶工艺，成为当时原始青瓷的生产技术的核心区和最高级别和质量原始青瓷的生产消费和输出地区，堪称当时瓷业中的“景德镇”。

## 二、五大名窑之首柴窑与郑州

多年来，学术界有不少关于柴窑的研究成果[1]，从古至今，柴窑被不少人认为是中国古时五大瓷窑（柴窑、汝窑、官窑、哥窑、定窑）之首，为后周皇帝柴荣烧制瓷器的官窑，是中国历代唯一以君主姓氏命名的瓷窑，程村居士在光绪三年所撰写的《柴窑考证》一书称之为“瓷皇”。当然也有人认为柴窑作为柴荣烧制瓷器的官窑是不存在的，柴字的含义就是柴木的意思，还有人认为柴窑就是汝窑、钧窑，等等，我们是不赞成的。

### （一）柴窑是否存在

学术界认为柴窑的存在是有充分的客观证据的。其理由如下：

（1）历史文献上有记载。如明洪武二十年曹昭撰写的《格古要论》，其中记述柴窑“出北地河南郑州，世传柴世宗时烧者，故谓之柴窑。天青色，滋润细媚，有细纹，多足麄黄土，近世少见”。又如明宣德三年吕震所撰之《宣德鼎彝谱》，其中有“内库所藏柴、汝、官、哥、钧、定”的记载，把柴排在第一位。再如，明万历十九年黄一正著之《事物绀珠》一书，对柴窑的评价是“柴窑制精、色异，为诸窑之冠”。到了清代，仍有许多著述中有记载。最值

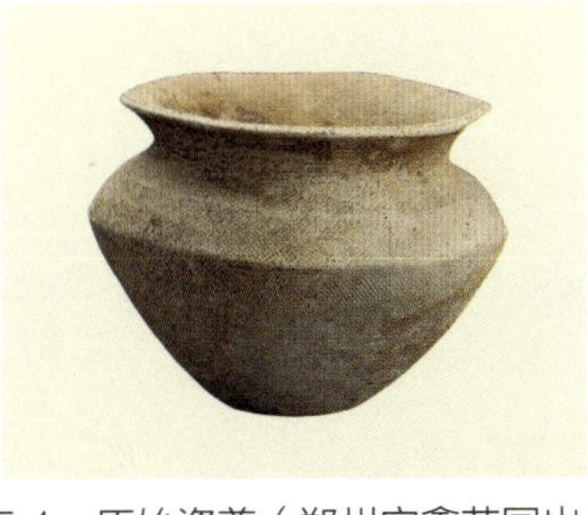

15.1　原始瓷尊（郑州宏鑫花园出土）

15.2　原始瓷尊（望京楼出土）

15.3 白釉镂雕殿宇人物枕（上海博物馆藏）

15.4 青百合花瓶（日本对中如云藏）

得一提的是，乾隆皇帝有数首咏柴诗，其中有一首《咏柴窑碗》是这样写的："色如海玳瑁，青异《八笺》遗。土性承足在，铜非箍口为。千年火气隐，一片水光披。未若永宣巧，龙艘落叶斯。"这表明清代乾隆时宫中还有柴窑瓷器收藏。这些古文献中的记述，可使我们做出一个明确的推断：中国历史上曾经有柴窑存在。

（2）近年来，有传世品亮相。上海博物馆发现的产于五代的"白瓷镂雕殿宇人物枕"（图15.3）和在北京发现的产于五代的"白釉刻花碗"，经专家综合分析认为：除柴窑外，不可能有别的窑口能烧出如此精美的器物。2009年年底，在日本九州佐贺县武雄市的阳光美术馆举办的一个名为"至宝——千年之旅"的展览里，有一件有着天空般青色的青百合花瓶（图15.4）被日本学者认定为柴窑作品[2]。据日本收藏名家对中如云先生介绍，经过他12年的潜心研究，遍访世界各地的许多文物专家学者，多方求证，最终得以认定"青百合花瓶"为柴窑之作。牛津大学亦于2005年根据热致冷光法对"青百合花瓶"进行了年代测定，证实其为公元700年至1100年间烧制，这与后周皇帝柴荣，即柴窑存在的时间基本一致。不过著名的柴瓷研究学者田培杰等先生对于这件器物有不同看法。

（3）近年来在郑州东西大街（图15.5、15.6）及全国其他地方的考古发掘中，发现有五代前后的青瓷，多与古文献中对柴窑瓷器所具特征的记载基本符合。这为寻找柴窑提供了很好的线索。不过柴瓷的颜色应该有不同种类，不一定只是青瓷。

## （二）柴窑"出北地"问题

关于柴窑的研究，有一重要问题，那就是其中的"出北地"问题。曹昭《格古要论》中云："柴窑出北地"，但是这一"北地"的具体所指，学术界争论不休。

明代王佐曾给以具体所指，他在《新增格古要论》中说："柴窑器，出北地河南郑州"。清代梁同书在《古窑器考》中也从之认为："柴窑后周柴世宗所

15.5 瓷碗（郑州东西大街出土）

15.6 瓷碗（郑州东西大街出土）

烧，以其姓柴故名。后周都汴，出北地河南郑州，其地本宜陶也。”清代宣统三年时的程村居士在《柴窑考证》里也写道：“考柴窑，乃后周显德初年所烧窑，在河南郑州。”《柴窑考证》中还说：“柴窑乃后周显德初年所烧，窑在河南郑州，以世宗姓柴故名。然当时只称御窑，至宋始以柴窑别之。”

著名古陶瓷学者赵自强先生在《柴窑与湖田窑》一书中认为“北地”为江西的“北地”——即景德镇，因此“湖田窑就是柴窑”。

王升虎在《谁见柴窑色，雨过天青时——关于追寻柴窑的历程断想》一文中认为柴窑的窑址应在汝州[3]。

考古学者禚振西在《柴窑探微》文章中认为，曹昭《格古要论》中“柴窑出北地”之“北地”是古代的“北地郡”，古代耀州又曾属于古北地郡，因而耀州窑就应是柴窑[4]。有学者认为明时已无“北地郡”设置，所以否认这一观点[5]，但是王长启在《从唐田君墓志看柴窑出“北地”之地望》一文中认为，虽然唐代虽已不设置“北地郡”了，但是从“唐代田君墓志铭”来看，唐以后，人们还是习惯用旧的“北地（郡）”设置名作以称谓，因此曹昭《格古要论》中“柴窑出北地”之“北地”确实应为“北地郡”，继而耀州窑就是所谓的柴窑[6]。

关于这一问题，我想谈几点：

## “出北地”方面的文献

北宋徐兢《宣和奉使高丽图经》卷三十一：“陶器色之青者，丽人谓之翡。近年已来制作工巧，色泽尤佳。酒尊之状如瓜，上有小盖，而为荷花、伏鸭之形。复能作碗、碟、桮（杯）、瓯、花瓶、汤琖（盏），皆窃仿定器制度。故略而不图。以酒尊异于他器，特著之。陶炉狻猊出香亦翡色也，上有蹲兽，下有仰莲以承之。诸器惟此物最精绝。其余则越州古秘色，汝州新窑器，大概相类。”这是目前所能见到最早的有关汝窑的记载，并且称汝窑器称“汝州新窑器”。据徐兢所撰写这一书知，北宋宣和四年（1122年），路允迪奉命出使高丽，宣和五年成行，福建人徐兢掌书记之职随行。宣和六年回来后，写成《宣和奉使高丽图经》（北宋末战火毁图，文存），所以记叙应较为清晰（约成书于1200年）。

又，南宋有无名氏撰有《百宝总珍集》一书，其中有“青器”一项，于“青器”词条其诗云：“汝窑上脉偏滋媚，高丽新窑皆相类，高庙在日煞直钱，今时押眼看价例。”又云：“汝窑土脉滋润，与高丽器物相类，有鸡爪纹者认真。无纹者尤好。此物出北地新窑，修内司自烧者。自后伪者皆是龙泉烧造者。”在此，撰写者明确说明汝窑相对其他越窑、柴窑、定窑而言，是新窑。并且从其“高丽新窑皆相类”与《宣和奉使高丽图经》“汝州新窑器，大概相类”的相似描述看，显然是宗北宋徐兢《宣和奉使高丽图经》的。尤其是，依据《四库全书》提要考证，南宋《百宝总珍集》书中所记，乃南宋临安古文物之市，所撰者应为当地市贾，又当时汝窑仍然在烧瓷器，如此，则此人应阅览过《宣和奉使高丽图经》，并知道汝窑地域所在。所以其在书中言明汝窑这一新窑的方位应是较为可信的，这一地方位于“北地”。

明初曹昭《格古要论》有“柴窑出北地”记载，又有“汝窑，出北地”记载，显然应是遵循《百宝总珍集》的说法。这说明曹昭撰写《格古要论》时，对于“北地”的含义应是较为了解的或是有所依据的。若此，则言明“柴窑出北地”亦有可能不是随意一说的。

## “北地郡”方面的文献

（1）《史记·匈奴传》记载：“秦昭王时……宣太后诈而杀义渠戎王于甘泉……于是秦有陇西、北地、上郡，筑长城以拒胡。”其时郡治盖在义渠县（甘肃庆阳市西南）。据谭其骧《中国历史地图集》，秦朝统一后的“北地郡”的地望应位于今甘肃、陕西、内蒙古三省有关地带，下辖义渠，泥阳（今甘肃正宁西）、朝那（今宁夏固原东南）、乌氏（今宁夏泾源北）、泾阳（今甘肃平凉西北）、富平（今宁夏吴忠西南）六县。《括地志》亦云：“宁、原、庆三州，秦北地郡，战国及春秋时为义渠戎国之地，周先公刘、不窋居之，古西戎也。”有学者考证，秦时北地郡治义渠城，在今庆阳市宁县焦村乡西沟村。

(2)西汉时北地郡治，依据《汉书》记载，治所北移，应在今庆城县及环县附近。《汉书》记载在汉平帝元始二年时，其领有马领县、直路、灵武、富平、灵州、眗衍、方渠、除道、五街、鹑孤、归、回获、略畔道、泥阳、郁郅、义渠道、弋居、大要、廉等十九县。

(3)东汉时期，据《后汉书》记载，汉顺帝永和五年，领有富平、泥阳、弋居、廉、参、灵州等六县。安帝永初五年，北地郡又内迁，至于池阳，顺帝永建四年，归于旧治；永和六年，治徙寄冯翊郡。汉灵帝中平十五年，治所徙至彭阳县，东汉末年又迁徙至于怀德。

张小虎《东汉北地郡治富平考》通过现场实地调查，结合历代史志资料，同时对前人研究成果作了梳理之后认为，东汉时的北地郡郡治富平城，即是今庆阳市西峰区彭原乡境内的彭原古城[7]。

（4）《后汉书·郡国志》是以永和五年的情况作依据的，当时的北地郡在“雒阳西千一百里”。

（5）《三国志》卷三十五提到轲比能之“故北地”，据《三国会要》载：“轲比能本小种鲜卑，延康初，遣使献马，文帝立为附义王，强盛，诸部皆敬惮之。”又载“黄初二年，轲比能出诸魏人在鲜卑者五百余家，还居代郡。明年，轲比能率部落大人、小子、代郡乌丸修武卢等三千余骑，驱牛马七万余口交市，遣魏人千余家居上谷。后与东部鲜卑大人素利及步度根三部争斗，更相攻击。田豫和合，使不得相侵。五年，轲比能复击素利。豫帅轻骑径进，掎其后，比能使别小帅琐奴拒豫。豫进讨，破走之，由是怀贰。”由之论述看，轲比能为小种鲜卑，其所到“故北地”亦显然应在今西北地区。

据《三国会要》记载，曹魏时，北地郡领有今耀县、富平等地。

（6）《晋书·地理志上》载：北地郡“统县二，户二千六百”。所统二县为泥阳、富平，泥阳为郡治所在，即今陕西耀县东南；富平即今陕西富平县。泥阳、富平均属以旧名称新地。

(7)《隋书·地理志》记载，隋代曾改宁州为北地郡，又改北地郡为豳州，又改豳州为北地郡。据《隋书·地理志》记载“北地郡”曾辖有襄乐、彭原等县。

(8)又《元史·地理志三》记载：“宁州，唐初改北地郡为宁州。宋、金因之。”以后就没有“北地郡”的设置了。

从这些文献看，历史上的“北地郡”均在今西北地区，与今河南地域不相关。

## 含义与“北地郡”有关的“北地”文献

历史上确实存在有“北地”称谓与“北地郡”有关的，不过地望亦均在西北。

《三国志》卷三十五曾言：“亮围祁山，招鲜卑轲比能，比能等至故北地石城以应亮。”唐长孺在《魏晋杂胡考》一书中认为，史书中所见“北地羌”“北地胡”所指为种族名，而并不是说居于其时的“北地郡”[8]。魏明安、赵以武《傅玄评传》认为：“‘北地羌’于魏晋时以马兰山为聚集地，南与冯翊、北地二郡连接；‘北地胡’是指流动于两汉时北地境内的卢水胡、鲜卑族等。一旦反叛侵扰，‘北地羌’‘北地胡’就会混成一体，并引起北地郡内杂居的羌胡响应，共同起事作乱。汉末、魏晋时所称‘北地羌’‘北地胡’，与当时的北地郡有关系，但不是一回事。”[9]

另，魏明安、赵以武《傅玄评传》介绍傅氏郡望的时候，介绍说傅氏后代有以“北地”名之的，这显然是因为“北地郡”能够代表傅氏家族曾有的辉煌，在历史上这属于郡望表述中的常见现象。

## “北地”明确为“北方”含义的文献

柴瓷研究学者青山竹海先生找出了一些文献中“北地”有用为“北方”的用法：

(1)《史记·燕召公世家》：“王（齐王）因章子（匡章）将五都之兵，以因北地之众以伐燕。”唐司马贞索引：“北地，既齐之北边也。”

(2)汉枚乘《上书重谏吴王》：“张朝将北地，弓高宿左右，兵不得下壁，军不得太息，巨窃哀之。”李善注：“将北地，谓将兵在吴军之北也。”

(3)清俞樾《茶香室四钞》卷二引用元陆友仁《研北杂志》：“政和中，丹阳县北地，名石羊子，有盗发古冢，云是梁宏偃将军墓。”注解：“政和”，宋徽宗年号。丹羊县北面，有一个叫石羊子的地方。

这样看来，参照其他有关“北地“的文献记载，曹昭《格古要论》之“柴窑出北地”之“北地”的含义为北方的含义是明确的。结合其语境，这一“北地”实际可能是“北地河南郑州”的省略。

## 郑州固城村的传说值得提及

据该村的艺人讲，柴家窑后来应该分为三家，其中一家在郑州。在并不清晰的记忆中他们多少知道一点有关柴窑的历史。不过他们烧造的一种所谓的柴家窑瓷器，呈现略淡的酱色，乌光发亮，与传统大家认为“雨过天晴云破处”为青色的颜色不怎么相符，至多应为酱青色。

据清史部郎中刘体仁撰写的《七颂堂小录》记

载，刘体仁曾亲见的一件柴窑器，但是该柴瓷洗釉色为“黝然深沉，光色不定，‘雨后青天’未足形容，布庵曰‘予目之为绛青’”。清乾隆皇帝见到柴窑器物之后的御题诗曾形容柴瓷的颜色，除了1781年的柴窑如意枕为“过雨天青色”，还曾在诗作中认为一件柴窑枕是“色如海玳瑁”（作于1766年），还在1787年作诗认为柴窑“都为黑色无青色”。

高祥云等人认为“色如海玳瑁”就是“如同那即将冲破乌云的霞光，就如同‘雨过天晴云破处’般的霞光透出乌云般”的颜色[10]。

另，郑州固城村的艺人有的还会柴氏同备拳，据说这是柴氏家族独传的与宋赵周柴结为兄弟故事有关的一种拳术。

同时郑州固城村的艺人对于“北地”的认识大概是“位于北方位的地下窑”，这一认识较为特殊。

综合地看，郑州固城村的一些有关柴家窑和赵家窑的传说值得学术界予以关注。

## 关于烧造汝瓷所用的玛瑙原料分布区域问题

中国实用玛瑙的历史悠久，但是多是零星的。三国时期魏文帝曹丕的《玛瑙勒赋》，其序中说：“玛瑙，玉属也。出自西域，文理交错，有似马脑，故其方人因以名之。或以系颈，或以饰勒。余有斯勒，美而赋之。”唐代，西域，吐火罗、波斯等玛瑙多产国向唐王朝进献玛瑙。这期间，没有“北地郡”附近生产和应用玛瑙的记载。至宋末元初，周辉《清波杂志·定器》记载：“又，汝窑宫中禁烧，内有玛瑙末为油（釉），唯供御拣退，方许出卖，近尤难得。”又载“政和三四年间，府畿汝蔡之间所出玛瑙，尚方因多作宝带器玩之属。至宣和以后，御府所藏往往变而为石成白骨色，悉为弃物。民间有得之者竟莫测所以。”“玛瑙，政和三四年间，府畿、汝蔡之间所出玛瑙，尚方因多作宝带、器玩之属。”

中国历史上曾有“赤县”设置，以指天子直辖之地。唐李白《赠宣城赵太守悦》诗：“赤县扬雷声，强项闻至尊。”王琦注：“《通典》：‘大唐县有赤、畿、望、紧、上、中、下七等之差。京都所治为赤县，京之旁邑为畿县，其余则以户口多少、资地美恶为差。’”《旧唐书·德宗纪上》：“癸丑，诏以梁州为兴元府，南郑县为赤畿。”宋代有“赤县”“畿县”这一设置，宋陆游《仁和县重修先圣庙记》：“学校之设，方自两赤县始。”宋吴自牧《梦粱录·两赤县市镇》：“杭州有县者九，独钱塘、仁和附郭名曰赤县。”《宋史·河渠》载：“京畿赤县，密迩都城。”宋太祖诏令编纂的官修史书《旧五代史》卷七十七（晋书）记载：“仍升开封、浚仪两县为赤县，其余升为畿县。”宋王溥《唐会要·州县分望道》：“新升次赤县，江陵府陵县，贞元元年九月升为畿县。兴元府南郑县，兴元元年六月升。”又依据宋神宗元丰年间由王存、曾肇、李德刍同撰的《元丰九域志》的记载，当时的“府畿”应包括开封府及其赤县和畿县。

《元丰九域志》卷一记载，东京有开封府，下辖开封、祥符二赤县，又辖尉氏、陈留、雍丘、中牟、长垣、东明等15畿。蔡州属于京西北路重要之州，辖上蔡、新蔡、新息、汝阳、平舆、遂平、褒信、确山、真阳、西平等十县，汝州，亦属于京西北路重要之州，辖叶、襄城、郏城、鲁山、梁等五县。《元丰九域志》中明确记载有这些地点与东京的距离和方位，并记载有各地的水系、风物，所以可以较为准确地判断这些地点的范围。

北宋政和三、四年，属于徽宗时期，依据所述这些文献，并结合其时的府畿、汝州、蔡州范围可以判断，当时玛瑙产地主要在今郑州、开封、周口、濮阳、平顶山、驻马店、南阳一带范围内，到不了所谓的“北地郡”地域。又烧造瓷器一般不太可能远离这些主要原料产地太远，在这些原料分布范围附近应是最为合理的选址地，自然汝瓷所出的“北地”分布范围也不大可能会到达古代的耀州或“北地郡”地域。

明初曹昭《格古要论》有“汝窑，出北地”记载，又有“柴窑出北地”记载，若汝窑所出之“北地”与柴窑所出“北地”地理背景和语境相类的话，则又由于柴窑作为柴氏官窑，会选址离当时首都较近的地方等原因，则柴窑所出之“北地”分布范围也不大可能会到达古代的耀州或“北地郡”地域。

## （三）《新增格古要论》中“柴窑出北地河南郑州”中的“河南郑州”问题

### 是否是曹昭原作的问题

有学者认为，“河南郑州”四字是曹昭《格古要论》中的原作。柴瓷学者母智德先生在《“柴窑出北地”再辨——致藏友“西高弟里”》一文中云：“在《新增格古要论凡例》中，王佐除了对增补的内容、编排体例一一加以说明外，还特别强调：‘增者注曰后增，其新增者注曰新增、或只注增字，旧本则不注。’也就是说，在他所依据的版本里，是别人增补的内容，他就标明‘后增’二字；若是他自己新增的内容，就注明‘新增’或‘增’；如果是曹昭的原版内容，则不加标注。王佐的这几点说明，特别是‘旧本则不注’，应当引起我们研究者的特别重视。”[11]又云：“在《新增格古要论·卷之七·古窑器论》的正文里，列在第一位的是柴窑”，其所载原文为：“‘柴窑器出北地河南郑州世传周世宗姓柴氏时所烧者故谓之柴窑天青色滋润细腻有细纹多是粗黄土足近世少见’(为保持原文风貌，笔者未按常规断句)。这就是《新增格古要论》有关柴窑记载的全部文字，既没有‘后增’‘新增’‘增’之类的注文，也没有别的任何说辞，所以可以肯定：第一，《新增格古要论》中有关‘柴窑’的记载，不是王佐新增的；第二，‘柴窑器出北地河南郑州’，是曹昭《格古要论》的原文，‘河南郑州’四字也绝非王佐或先前的其他增补者所加。”

关于这一点，我们认为：从《新增格古要论》和《格古要论》有关文献记载对比看，没有写“后增”“新增”“增”之类注文的，实际仍然属于“后增”“新增”“增”的现象是存在的。据孟召《曹昭〈格古要论〉与王佐〈新增格古要论〉的比较》一文，在王佐《新增格古要论》一书中，也有“未作标注，但有续增内容，也有的略作校勘和改动，实为‘后增’的文字：《古画论》中士夫画、没骨画、题跋画，《珍宝论》之硝子、珊瑚树、红猪牙、金刚钻、天生圣像，《古砚论》之银星旧坑新坑、类端石、洮溪砚。”[12]所以，单从有否写“后增”“新增”“增”之类注文，还不能完全肯定这“河南郑州”就一定是曹昭《格古要论》原文。自然由于我们不能像王佐一样看到最早的曹昭原本，所以也无法否认就一定不是曹昭原本的，只是说，单依据这一理由尚无法得出肯定结论。既使我们依据曹昭《格古要论》“论窑器”原文与王佐《新增格古要论》“论窑器”的记载比较，亦无法得出定论。

## 若是新增的，那是谁先增的问题

“河南郑州”有可能是曹昭的原文，但是也可能是其他人新增的。不少人都认为是王佐新增的，我们认为这是有失偏颇的。

从文献看，曾为曹昭著《格古要论》校对的学者不少。现在能见到的最早版本是（明）周履靖辑刊《夷门广牍》本，明万历二十六年（1598年）刊，卷首题有“云间宝古生曹昭明仲著、嘉禾梅癫道人周履靖校、金陵荆山书林梓行”。由此可知嘉禾梅癫道人周履靖曾校对过此书。曹昭《格古要论》的《文渊阁四库全书》本，据《四库全书总目》提要记载，是袭孔子嫡派后裔衍圣公封号的孔子第七十一代孙清代藏书家孔昭焕家藏本编修的。显然，这一版对孔昭焕家藏本亦曾有过编校。中国书店于1987年影印出版《新增格古要论》明刻本，书前有遂州郑朴题序。有学者据《四库存目》、遂州郑朴曾编《扬子云集》原序等，判断此本当是明万历年间的刻本，晚于王佐。《新增格古要论》（中国书店于1987年影印出版的刻本）有郑朴所题之序，其中谈到其曾重校《博古图》，又《四库存目》中记载，郑朴曾重刊《别本考古图十卷》。郑朴在其题序中又言“故再校而梓之，其中若王之所增，大有可汰，而且仍其旧，则顾览者各从所好，为所入也”。显然，郑朴曾校勘过。另，王佐在其《新增格古要论凡例》中写道：“《格古要论》创始于云间曹明仲，编校于云间舒志学，是编合旧本二本而录之，亦格物致知之事也”；王佐在《新增格古要论凡例》中还写道：“是编自景泰七年丙子夏四月中旬得李、孙二公旧本，至其秋七月考校增完，又至天顺三年己卯夏四月上旬，欲命工锓梓，点校始完”，并且“一本得之前栾成侯公子李庄，篇目颇多而脱误殊甚；一本得之同寅主事常熟孙纪，篇目略于前本而脱误亦多”。显然，其所依据的两个本字有不少错误和缺失。这些都说明王佐所用本子是经过云间舒志学编校增加的，又经过李、孙二公作为的脱误殊甚之旧本。《新增格古要论》明淑躳堂刊本云：“云间曹昭明仲著，云间舒敏志学编校，吉水王佐功载校增，新都黄正位黄叔重校。”据《阳春奏序》等知，黄正位是明万历时人。《新增格古要论》明万历刊本云：“云间曹昭明仲著，云间舒敬志学编，吉水王佐功载增，钱塘胡文焕德父选。”依据《格致丛书》等知，胡文焕，字德甫，一号抱琴居士，钱塘人。明万历、天启年间藏书家，撰有《文会堂琴谱》《古器具名》《古器总说》《名物法言》等，是博物学家。从这些文献看，于《新增格古要论》，云间舒敏志学、钱塘胡文焕、新都黄正位确是校或编校过的。尤其是云间舒敏志学，依据《新增格古要论》（中国书店于1987年影印出版的刻本）的云间舒敏志学序，他曾“窃观而爱之，颇为增、校，订其次第，叙其篇端，亦可谓格物致知之一助也。”其序又云：“君子观之，更能以辨物之玉、石，辨人之玉、石，使卞和止泣，宋愚免笑，庶有以发明于世，岂小补哉。”由之可知，云间舒敏增文于《格古要论》一书是确切的，并且云间舒敏志学不仅仅是一般的编校，还是早于王佐“增、校”的。

## 若是王佐之增，是否可信

王佐为《格古要论》增添诸多文字和实物信息是明确的，不过，依据王佐在《新增格古要论凡例》中的话“各随所见闻以类增入”，可知王佐所增有的有文献依据，有的应该是非征之文献的，可能有听闻的成分。又从曹昭《格古要论》“论窑器”原文与王佐《新增格古要论》“论窑器”的记载比较可知，王佐对于瓷器的专业术语使用得并不是特别娴熟。又据明王直《抑庵文集》卷一《世德堂记》条及《抑庵文集后集》卷十五《送王主事诗序》知，王佐学养丰富，学行甚高，以勤慎著称，所以若是王佐增加的“河南郑州”，亦有可能是经过慎重考虑的。并且王佐修订《格古要论》时，距曹昭成书时间很短，应该有传世曹昭版本为据，从《新增格古要论》看，王佐修订得十分认真，所以应有一定的可信度。又根据郑朴所题之序，其言：“故再校而梓之，其中若王之所增，大有可汰，而且仍其旧，则顾览者各从所好，为所入也”。据郑朴所题之序知，其曾重校《博古图》，据《四库存目》所记，郑朴曾重刊《别本考古图十卷》，他是明万历中人，与王佐时代一致。这样一位博古的学者，其对王佐所增内容颇有微词。我们认为，博物学者郑朴在专业方面应盖过官员出身的王佐，所以其所言“王之所增，大有可汰”之内容应属于学术内容，所以，若“河南郑州”是王佐所增，则由于这个生产地不是什么特别的专业问题，如同他在《新增格古要论》（中国书店于1987年影印出版的刻本）中正确叙述“汝窑器出汝州”“官窑器宋修内司烧者”“古定器俱出北直隶定州”“吉州窑出今吉安府庐陵县永和镇”“古磁窑出河南彰德府磁州”“建磁器出福建”“古龙泉窑在今浙江处州府龙泉县”等关于瓷器的产地一样，“柴窑器出北地河南郑州”亦应亦应是比较可信的。

## 柴窑瓷有可能是一种青瓷

从相关文献记载看，柴窑瓷是一种青瓷，估计是很有可能的。对于“九秋风露越窑开，夺得千峰翠色来”的越窑，有学者认为虽然在五代时期发展到了一个全盛时期，但同时也跌入衰落的门槛。有越国有向柴荣进贡瓷的记载，但没有进贡柴窑的记述。那时的龙泉窑还处于起步阶段，应不是柴窑。

虽然这一时期的北方地区的“耀州窑”（图15.7）及“湖田窑”（图15.8）青瓷较为有名，不过，诸多学者认为这些都不太可能是柴窑[13]。如所述，明文献中论及柴窑“出北地河南郑州”，其后尚有不少文献支持此说法。成书于清乾隆年间却颇具考据之风我国第一部古陶瓷专著《陶说》在谈及柴窑时按语说：“后周都汴京，唐属河南道。考《唐书·地理志》，河南道贡瓷石之器，是其地本宜于陶也。宋政和，官窑亦起于汴，汝亦河南道所辖之州，柴窑当在其内。”

又，据明正德《汝州志》和清道光《汝州志》记载，有明一朝，郑州地名未变，并且不辖其时的汝州地界，在从其地当时的瓷器特征看，说“柴窑”在汝州

15.7　青瓷杯（耀州窑出土）

市、平顶山市、禹州市一带是不太可能的[14]。综合历史文献和已见到的可能为柴瓷文物的互相印证，再次说明，柴窑在历史上是确实可能存在过，并且现今郑州就很可能是柴窑一个重要的接近京畿的烧造地。

## 三、郑州是唐三彩的发源地

唐代，中国的陶瓷以斑斓的神韵出现在世人面前，这就是举世闻名的“唐三彩”。唐三彩的美，来自它所用的釉。黄、绿、蓝等多种颜色的釉，在加热烧制过程中向四周扩散流淌，颜色之间相互浸润，浑然一体，焕发出具有生机的浪漫色彩。用这种方法烧制的人像和马、骆驼等动物，造型生动，色彩鲜丽，是我国古代艺术中的珍品。

唐三彩的烧制采用的是二次烧成法。从原料上来看，它的胎体是用白色的黏土制成，在窑内经过1000～1100摄氏度的素烧，将焙烧过的素胎经过冷却，再施以配制好的各种釉料入窑釉烧，其烧成温度为850～950摄氏度。在釉色上，利用各种氧化金属为呈色剂，经煅烧后呈现出各种色彩。据考古发掘，在丝绸之路、地中海沿岸和西亚的一些国家都曾经出土过唐代三彩的器物碎片。日本奈良时期曾经仿制中国的三彩制作出奈良三彩，朝鲜的新罗时期也仿造中国的三彩制作新罗三彩，伊朗也发现有“波斯三彩”。

15.8　瓷盘（湖田窑出土）

目前可知烧制唐三彩的有陕西耀州窑、西安市老机场、河北邢窑、巩义黄冶窑等窑址，前三处面积都不太大，巩义黄冶窑址要比它们的规模大得多，大概分布在南北长5千米，东西至河两岸山脚约1千米的范围内。

巩义黄冶唐三彩窑址，是我国国内目前发现的生产唐三彩时间最早、持续时间最长、窑址面积最大、产品数量最多的一处窑址，是唐三彩制作工艺的发源地，在唐代墓葬中随葬的唐三彩，大部分都来自巩义黄冶。巩义黄冶唐三彩制品，在中原大

地上独树一帜，为郑州赢得了“唐三彩故乡”的美誉。

黄冶唐三彩窑址所产唐三彩种类繁多，有盆、碗、盘、豆、碟、盂、杯、罐、钵、炉、灯、水注、净瓶和三彩俑类陶塑、范模制品兔、龟、蛙、马、羊、狗、狮、虎、象、骆驼、子母猴、车等（图15.9～15.16）。黄冶唐三彩窑所产的产品具有华美、高雅的艺术风格。它的制品，特别是器皿和俑类的造型都富于个性、富于变化。三彩器皿的装饰艺术，明快、洗练、生动、形象，在思想性和艺术性方面都开创了新境界，大大丰富了陶瓷制品的装饰手段。另外，黄冶窑址内出土的范模和单釉器物、三彩器物，多是其他地方所罕见的，这为研究唐三彩的产生、发展、衰落等过程提

15.9 三彩男坐俑

15.10 三彩马俑

15.11 三彩灯

15.12 三彩人物俑

15.13 三彩盂

15.14 三彩水注

15.15 人物俑与三彩马俑

15.16 三足盘

供了重要资料。

## 四、郑州是唐青花的故乡

陶瓷考古界对青花瓷的定义基于三点：①必须是在白瓷上；②用氧化钴作彩料；③作为釉下彩在高温下一次烧成，这显然需要比三彩更高的技术或更新的创意。

青花又称白地青花瓷器，它是用含氧化钴的钴矿为原料，在陶瓷坯体上描绘纹饰，再罩上一层透明釉，经高温还原焰一次烧成。钴料烧成后呈蓝色，具有着色力强、发色鲜艳、烧成率高、呈色稳定的特点。目前发现最早的青花瓷标本是唐代的；成熟的青花瓷器一般认为出现在元代；明代青花成为瓷器的主流；清康熙时发展到了顶峰。明清时期，还创烧了青花红彩、孔雀绿釉青花、豆青釉青花、黄地青花、哥釉青花等品种。

目前考古仅在扬州的唐城遗址（图15.17~15.22）和巩义黄冶窑址（图15.23~15.27），发现过唐青花瓷片，并且有学者证明扬州唐城遗址发现的唐青花瓷片系巩义黄冶窑址烧造。就目前材料所知，巩义黄冶窑址是中国烧造唐青花的唯一一个古窑址。郑州是唐代青花瓷器的发源地应属无疑。

另外，现在确认为唐青花的完整无缺的器物很少，其中，郑州市文物考古研究院现存大型青花瓷2件（图15.28～15.31），河南省文物考古研究所存小型青花瓷数件，印度尼西亚附近海域打捞上来的一条唐代黑石号沉船曾经出水了3件（图15.32～15.34），中国、伊朗的官方博物馆等地各有1件。郑州现存2件唐青花瓷罐出土地点在巩义黄冶窑址范围内，是一对塔形罐，造

15.17 碗残片（扬州出土）

15.18 盘残片（扬州出土）

15.20 执壶残片（扬州出土）

15.19 碗残片（扬州出土）

15.21 樽残片（扬州出土）

15.22 枕残片（扬州出土）

15.23　碗残片
（巩义出土）

15.24　碗残片
（巩义出土）

15.25　碗残片
（巩义出土）

15.26　碗残片
（巩义出土）

15.27　三足炉残片
（巩义出土）

15.28　青花罐（上街出土M7：3）

15.29　青花罐线图（M7：3）

15.30 青花罐（上街出土M7：4）

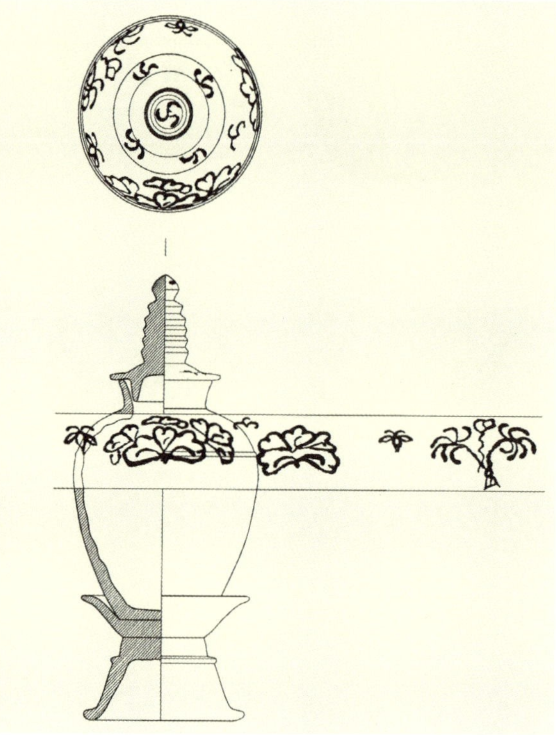

15.31 青花罐线图（M7：4）

15.32 “黑石号”沉船中发现的青花盘

15.33 “黑石号”沉船中发现的青花盘

15.34 “黑石号”沉船中发现的青花盘

型是七件唐青花中最大的，罐身所饰人物及花卉、万字纹等图案，是目前所见唐青花中图案最为丰富的，瓷器鉴定专家耿宝昌先生、王莉英先生均认为这两件唐代青花塔形罐是国宝级的文物。

其中儿童步打图案由相关文献可以获得明确阐释。元代记录捶丸（即唐代的步打球）的专门著作《丸经》记载，“有立者、蹲者、行者、飞者。远者立，近者蹲，无阻则行，有阻则飞”。立着打和行着打用的叫“撺棒”，蹲着打用的叫“朴棒”或曰“杓棒”(单手使用的叫“杓棒”)、鹰嘴，飞着打用的仅叫“朴棒”。由于球棒可以多至十数种，所以场上有“伴当”（球

15.35　（宋）童子捶丸图（取自陈万里《陶枕》）

15.36　（南宋）蕉荫击球图

童）帮助，“朴棒”盛于革囊，“撺棒”盛于提篮。

唐宋时期有很多儿童打“步打球”，宋代文献中又称其为“击角球”。记载“击角球”的文献——北宋名相范仲淹的曾孙范公偁所著《过庭录》一书中记载：范仲淹的外甥滕元发少时聪明，但是非常调皮，“爱击角球”，范仲淹屡次告诫他不听，最后让人拿铁锤将球打碎，碎渣四溅。陈万里著录的《陶枕》一书中，收录有两件宋代陶枕。一件枕面绘一儿童举杖，只是略短，应该就是“击角球”所用之杖（图15.35）。另一件存于故宫博物院的宋代册页《蕉荫击球图》（图15.36），绘儿童以杖击球，其杖略小，也是“击角球”。

元代张昊《辇下曲》中对玩法和规则做了详细记录。如开球设“基”，“纵不盈尺，横不盈尺”。球在基上放好就不能再动，如果被风吹动，应当声明“风落”，如果不声明“风落”，或自行挪动，那就算已经击球了，这叫“因动为击”。选定球棒上位后，不可换易球棒，如果换易，就算输一筹，这叫“对权不易”。由所述文献可以考证出郑州唐青花塔形罐上蹲立的儿童用的是“朴棒”，其单手执之，又可称为“杓棒”，同时参照日本古都奈良东大寺佛殿西北的正仓院的北仓花毡中央的左手拿着曲棍（应称为“朴棒”）作接球状儿童的种种特征，郑州唐青花塔形站立的儿童绘画风格，时代应与其接近，而不同于宋代时的这类题材造型。

不过郑州唐青花塔形罐“儿童步打图案”中的儿童应视为佛教中的“化生”，即是可以视为死者的灵魂还。

唐代青花塔形罐上的图案蕴涵着丰富多彩的历史信息，通过对这些图案的阐释，我们可以对唐代时期人们的体育文化生活有更进一步的了解。

## （一）唐青花塔形罐为何所绘不是佛教中常见的莲花而是牡丹

（1）佛教经典提到诸多植物，东华大学植物学教授张惠珠认为佛教传闻佛陀诞生后，步步生莲，在华南地区我们当然知道是睡莲或荷花；可是藏传佛教的流传地区，没有这种植物，于是在唐卡当中，佛陀足下步步生莲变成了牡丹花。

（2）佛事供花源于给佛供养的花卉，是随着印度佛教一同传入我国的。起初，佛事插花多用莲花，但随着佛教的中国化与世俗化，自唐代始，牡丹也逐渐应用于佛事插花中，且形成两种不同的风格。

佛教仪式与佛前供奉的“佛花”，多选用大朵艳丽之花，花器亦较华美、醒目，花枝多严谨对称，体现佛教的庄严与光明。故宫博物院内保存的元代山西稷山县兴化寺内一壁画《七佛说法图》（图15.37）中，绘庄严说法情景：七位佛前遍设器皿，皿中盛大朵牡丹，下承莲座，佛边有珊瑚枝、灵芝等宝物。四川省博物馆藏有宋代《柳枝观音图》（图15.38），绘美丽的观音闲坐，手执柳枝，旁边有一只大花盆，盆中插放大朵牡丹，山茶和萱草相衬于一旁。明代法海寺壁画（图15.39）中天女捧瓶插牡丹，一旁天女手捧寿石，象征富足、长寿。

在佛家禅僧日常起居处陈设花卉，则选用色彩淡雅之花材，花器以肃静、古朴的竹、木、陶、瓷、古铜等为佳，配以佛珠、拂尘等，表达了空寂、绝尘、无我、纯净、慈悲的境界。正所谓“一花一世界，一叶一菩提”。唐代卢楞迦绘《六尊者像图》（图15.40）中，绘一罗汉旁，置一竹制花几，上有花缸插大小两朵牡丹，花色纯白清洁，于寂然中体悟禅意。再如《芥子园画谱·人物》中，绘释迦牟尼佛、马鸣尊者两幅，均以小瓶中插牡丹、配以香炉放于

15.37 （元）七佛说法图（稷山县兴化寺壁画）

15.38 （宋）柳枝观音像图（局部）

15.39 法海寺壁画（局部）

15.40 （唐）六尊者像图（局部）

几上，花仅一朵，却衬托出空寂、超然的禅心。

不少佛教寺院都有牡丹左右，武定县狮子山金蝉寺，金华寺佛教圣地彭州等等，明代著名戏剧家汤显祖的代表作《牡丹亭》竟有不少禅学意义。

（3）武氏曾亲听华严宗贤首大师讲华严大意；又曾请禅宗的神秀、老安、智侁等大师谈禅，而且能够有“悟”。又据《中华佛学》第186页所记载，法藏大师曾为武则天讲“十玄门”(属于华严宗)。

（4）民间传说唐代武则天曾贬牡丹，故事核心是一首诗。《全唐诗》所收武氏作《腊日宣诏幸上苑》：“明朝游上苑，火速报春知。花须连夜放，莫待晓风吹。”这首诗后来被演化成一个民间故事：说武则天某年冬游上苑，令花神催开百花。花神奉旨，百花齐放，唯牡丹傲骨，独不奉诏。武后大怒，把牡丹由长安贬到了洛阳，所以才有了“洛阳牡丹甲天下”。有学者认为：此诗写于691年，此时已是武则天在洛阳建立“大周”的第二年。《全唐诗》于此诗题解曰：“天授二年，腊，卿相欲诈称花发，请幸上苑，有所谋也。许之。寻，疑有异图，乃遣使宣诏云云。于是，凌晨名花布苑。群臣咸服其异……”这一说法表明，武则天以其睿智才干，不仅挫败了一场欲图颠覆大周王朝的政治阴谋，还将计就计，一面宣诏“花须连夜放”，一面“名花布苑”……结果，自然是唬得群臣目瞪口呆。而作诗《腊日宣诏幸上苑》，那纯粹是政治宣传的手段——看我武则天宣诏，大自然，也就是“天”，都要听命，你们这些凡夫臣子，还闹腾什么呀。况且《腊日宣诏幸上苑》就是武则天在洛阳所作，她已经称帝，何谈什么“武后大怒”？何谈什么幸长安上苑呢？更谈不上什么把牡丹贬除长安，安家洛阳了。其实，长安有上苑，洛阳也有上苑。所以，《腊日宣诏幸上苑》作于洛阳，也是没有什么疑问的。

（5）天授二年(691年)四月，武则天唯一心爱的女儿太平公主患了病，御医们治疗无效。忽于梦中见一仙女，告诉则天说：“可速往忠州之西，那里有昔年姚皇王庆祝大战胜利而大摆太平宴的太平铺，太平铺的西山中遍地牡丹芍药，此二花之根一名丹皮，一名赤芍，可疗女疾也。”武氏急问：“汝何神耶？”仙女笑曰：“陛下曾击鼓将我贬出洛阳，尚能记否！往事不提也罢，姑念陛下潜心礼佛、素念虔诚，夙缘因果，皆系前定，可速派人往太平取药，以太平之药而治太平公主之疾，公主当太平矣。”武氏感慨惊讶之余，自信奉佛虔诚乃有牡丹仙女之报，遂下令：“于忠州太平铺之西山建牡丹仙子庙以祀之”。

文献中记载，唐时佛画佛仪式中出现很多牡丹，多在唐代早期以后，所以可能还与武则天的崇拜而非贬低牡丹有关。

## （二）唐青花塔形罐上神秘的卍、牡丹纹图演化图案内涵阐释

（1）卍和卐是从古印度婆罗门教中代表比太阳还要明亮很多的某种物体的标志，后来婆罗门教就用这个标记卍来表示大觉者的智慧了，而后来的释迦牟尼创立了佛教，于是卍被继承下来！然而这个卍最早是在古

希腊发现的，这个标记在当时古希腊的某种宗教也被用来代表神至高无上的智慧——神的智慧好比太阳一样普照万物！后来古代西亚的一支有这种古希腊宗教信仰的游牧民族“古代亚力安人（和英国人一样都属于日耳曼人）”东征征服了古印度，在古印度建立了殖民统治的宝法拉帝国，并且诞生了婆罗门教。婆罗门原教旨主义者继承了这种古希腊的代表神的智慧的标记卍，用它作为婆罗门教之神的标记。再后来宝法拉帝国中的一个小国家（就是佛祖释迦牟尼所处的国家）的国王的儿子（释迦牟尼）在一棵碧波罗树下坐了49天后来大彻大悟了，创立了比婆罗门教更加高明的佛教：教旨为戒定慧！

（2）关于“卍”字之写法，《佛光大辞典》云：“卍”字自古即有左右旋之别，于印度教，男性神多用卐表示，女性神多用卍表示，于佛教，现存于鹿野苑之古塔，其上之卍字全为“卍”，该塔系阿育王时代之建筑物，为纪念佛陀昔时于此入定而建者。在西藏，喇嘛教徒多用，苯教徒则用卍。我国历代左右旋混用各半，《慧琳音义》与高丽《大藏经》皆主张，日本《大正藏》亦准之而采用；然宋、元、明三版藏经均用卍。《佛光大辞典》接着又载：卍字产生左右旋之分歧，主要系由于“立场”之差异。盖经中多处有“右旋”之说，且佛眉间白毫亦以右旋宛转；又如礼敬佛菩萨时亦须右绕而行，故“右旋”一词已成定说；唯究竟以“卍”字为右旋，抑或以“卐”为右旋，则是争论之关键。若以卍字置于吾人之前，而以吾人之立场观望卍字，右旋则成；然若以卍字本身之立场言，则卍乃符右旋之方向。此字应为右旋，亦即“顺时针”，则只有卍是正的，其他则为误写，何以故？正如《佛光大辞典》中所说，此字写法之所以分歧之因，为由于立场的不同，看是站在我们观看者的立场，还是卍字的立场——这就对了！须知，在佛像、及佛堂的摆设方向，所称的左与右，都是以佛的右手边为右，不是以我们瞻仰者的右手为右，所以：第一，在佛殿上排班时，男左女右的左边即是指佛的左手那边，非我们瞻礼者的左边；第二，经行佛塔、及佛殿上绕佛时，右绕，亦是以佛之右手为右；第三，佛的眉间之白毫相为右旋，当然是以佛之右手为右方，循此而绕，当然不是以我们观者的右手为右——别忘了，那白毫相是他的，不是我们的！既是他的，怎会依我们的右方为右？否则我们的方向若改变了，怎么办？第四，同理，那卍字也是佛身上的吉祥相，不是我们观者的，其左右方向怎能以我们为准？

（3）美国《韦氏第三版大辞典》：此卍字为从梵文而来，梵文原文Svastika是从Svasti（福祉、幸福）而来，而此字则为两个字拼起来的：Su-(好、幸)加上asti（存在），且自古素有此信仰，即见此卍字者，皆获吉祥、幸运。又，西洋人对此字之读音为“怯悉底迦”，此在古代及现代之西洋人皆然，这正好与中土传统所读的音一样。

（4）后来佛教传入华夏大地，卍和卐也便传到了中国，并且卍和卐也融入华夏文化之中，从那以后汉字中有了卐和卍！其实这个卐和卍是一个字“万”，而且是对称的，卐是右旋（代表胸前十字向自己右手旋转），卍为左旋（代表胸前的十字向自己左手旋转）！《慧琳音义》与高丽《大藏经》皆主张卍，日本《大正藏》亦准之而采用卍，然宋、元、明三版藏经均用卐。卍字，意译为吉祥海云，吉祥喜旋，为佛三十二相之一，也是八十种好之一；此为显现于佛及十地菩萨胸臆等处之德相。《长阿含经卷一大本经》、《大萨遮尼乾子所说经》卷六、《大般若经》卷三八一等均记载佛之胸前、手足、腰间等处有卍字。于今印度阿摩罗婆提（Ama-ravati）出土之佛足石，亦刻有数个卍字。鸠摩罗什、玄奘等诸师译为“德”字，菩提流支则译为“万”字，表功德圆满，万德具足之意。武则天长寿二年（693年）始制定此字读为“万”，而谓其乃“吉祥万德之所集”。另于宋《高僧传》卷三则谓，卍字译为“万”并非取其意译，而系准其音。

（5）用卍字四端向外延伸，又可演化成各种锦纹，这种连锁花纹常用来寓意绵长不断和万福万寿不断头之意，也叫“万寿锦”。从考古发现的文物看，隋唐时期，卍字已经走出了佛经，成为日常器物的装饰性主题。在铜镜的演化史上，从唐德宗到晚唐时期，流行过卍字镜。唐代武则天长寿二年（693年）采用汉字，读作“万”，又据佛光大辞典称，《华严经》中卍字共有17处。元代统治者崇信佛教，在福建德化屈斗官窑遗址，就出土了不少以卍为装饰的粉盒。清代卍字锦大边几何纹栽绒地毯。

（6）德国纳粹党即“国家社会党”出现，由于“国家”和“社会党”的德文字头均为“S”，两个“S”斜交而成卐字形。纳粹头目希特勒认为卐字象征“争取雅利安人胜利的斗争的使命”，因而于1920年用作纳粹党党徽，与佛教的意旨没有丝毫的关系。纳粹党徒的标志是其党全称两个缩写S字母的交叉。中间相交部分为“×”形，连其周边空缺，整体呈菱形。佛教此字中间相交部分为“+”形，连其周边空缺，整体呈正方形。

我们认为，郑州唐青花中的“卍”字（图15.41）显然是由牡丹似宝相花的变体，

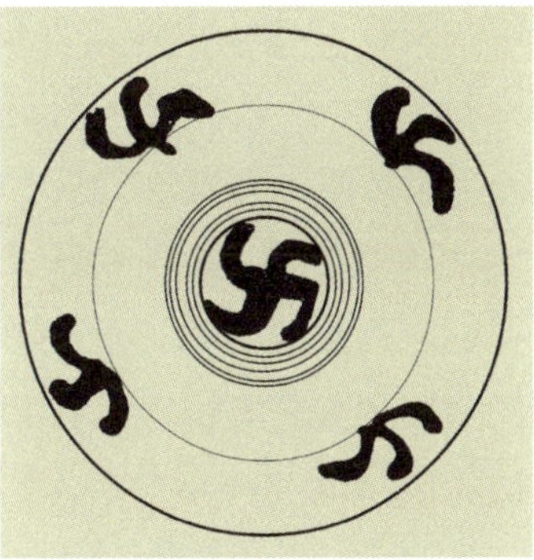

15.41　青花罐纹饰(M7：3)

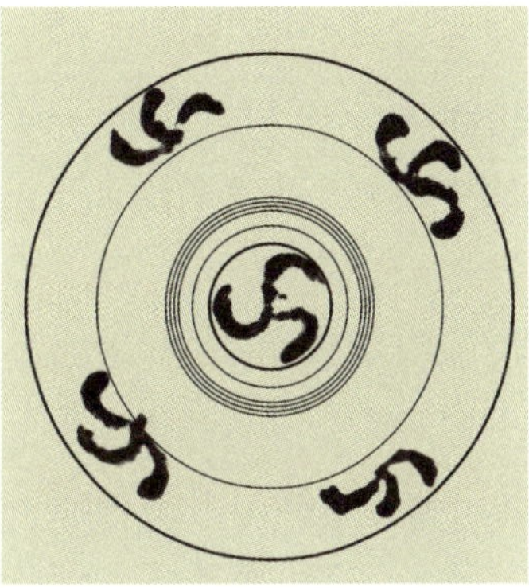

15.42　青花罐纹饰（M7：4）

这与宝相花可以象征佛是一致的。同时郑州唐青花中的“卍”字只有一个，另一件唐青花盖顶并不是“卍”字（图15.42），仍然是变化中的“宝相花”，这可能是希望说明佛可万方有，但是佛性是唯一的佛理。

## （三）步打球诗意的历史

步打球又称“步打”，是一种徒步以杖击球的球类运动，类似于今天的曲棍

球。步打是从马球活动演变发展而来的，除了不骑马之外，跟马球运动大体相似。

以参加人数的多寡又有相应的不同名称，多人参加的叫“大会”，七八人参加的为“中会”，五六人的则为“小会”，而三四人的称为“一朋”。最少的是两人，叫“单对”。比赛根据筹之多少，可分为大筹（20）、中筹（15）、小筹（10）。

有关步打球运动的最早记载，见于唐朝代宗大历十年（775年）考中进士的王建（一说花蕊夫人）所作的一首宫词中：“殿前铺设两边楼，寒食宫人步打毬。一半走来争跪拜，上棚先谢得头筹”。这首宫词的内容是专门描写寒食节这天宫女们进行步打球活动的，可见唐代寒食节步打球活动的盛行。“一半走来争跪拜，上棚先谢得头筹”两句，证明当时的步打球是两队竞赛的，每队人数相等，所以称“一半”。“得头筹”的“一半走来争跪拜”，就是胜第一个球的一队要走到皇帝面前去跪拜，然后继续竞赛。最后谁进球多，谁就获胜，胜者有赏。

据明末清初人胡震亨的《唐音癸签》记载，唐时有一种“打球乐”舞，是贞观初魏郑公奉诏而作。其中有“舞衣四色，窄绣罗襦。银带，簇在折上巾，顺风脚”、手中“执球杖”而舞等记载。实际上，“打球乐”是“步打球乐”的简称，只是省去一个“步”字。而作为“打球乐”伴奏的舞曲，到唐玄宗李隆基时，被李隆基改为“羯鼓曲”，其调宋时犹存。

唐代的女诗人鱼玄机还作有一首名为《咏球作》的词，词中这样讲道：“坚圆净滑一星流，月杖争敲未拟休。无滞碍时从拨弄，有遮拦处任勾留。不辞宛转长随手，却恐相将不到头。毕竟入门应始了，顾君争取最前筹”。鱼玄机的词，则着重写了“球”。因为词中没有涉及马，当是写步打的“球”。从词的描写中可以了解到步打用的球是硬木制成的，在杖击之下像流星一样飞蹿；不过，它的弹性比气球差得多，一遇到阻碍往往会停下来。步打的球杖是“月杖”，即杖头弯曲。作者把“球”当做一个有生命的女性来描写：一个倾心而又不能自主的女子，既为自己的爱情而忧愁，又为自己的爱人而祝愿，更为自己的命运而操心。这样，整首词多有一语双关的意思。

王建的宫词写的是女子步打，鱼玄机的词写的是男子步打。反映出唐代宫廷中男、女步打都是盛行的。

“步打”曾在唐以后很长一段时间流行，妇女、儿童多喜此项活动。到了宋代，又称为“步击”。《宋史·礼志》曾有一段描述当时步打球的情况，在记述了宫廷的马球竞赛情况之后，接着就记述“又有步击者，时令供奉朋戏以为乐”。这里的“供奉”指男子而言，“分朋”指两队竞赛而言。反映出步打球是当时宫廷中一种经常性的表演。这种球戏直到清末，还在民间流传。

步打球的源流还要从我国古代的马球运动说起。马球古称“击鞠”，也叫“打毬”或“击毬”。关于“击鞠”的起源，众说纷纭，有“波斯说”“西藏说”等，更有人认为我国东汉末期已经出现了“击鞠”。

向达先生在《长安打球小考》[15]，罗香林先生在《唐代波罗球戏考》[16]中指出，自唐以后，中国开始流行打马球运动，才有了“球”字，中国典籍中的“球”字，是古波斯语guy字的音译，而古波斯语guy就是波罗球，也就是今天的马球，由此推论出马球是在唐太宗时期由波斯传入中国的。

西藏起源说的主要代表人物是阴法鲁先生，他在《唐代西藏马球戏传入长安》[17]一文中，从语音学着手，指出波斯语中的“guy”是“球”，而不是“波罗球”，查古波斯语中并无“波罗球”一词，就连整个古阿拉伯语中也没有这个词。“Guy”在波斯语中是极为稀少的单音词之一，也找不到它取得球字意义的语根，可能是借用汉字的球字。于是阴先生得出了一个与向先生相反的结论：波斯语中的“guy”字是汉语“球”字的音译。他还进一步分析波罗一词出于英语Polo（马球），其发音来源于藏语的“波郎”（polon）或藏语的pulu，而藏语的“波郎”就是线绳绕成的球。故阴先生得出结论，马球运动产生于西藏。

黄河流域起源说的主要代表是成都体育学院体育史研究所。他们从汉魏时期著名的文学家曹植所写的诗歌《名都篇》中，找到了最早见于典籍中的所谓古代马球，其中写道：“名都多妖女，京洛出少年……斗鸡东郊道，走马长楸间……连骑击鞠壤，巧捷惟万端”，诗中的“击鞠壤”即“击鞠”“击壤”这两项中国古代游戏，“击鞠”即中国古代马球活动的专称。因此他们认为，中国古代马球活动，并非如向达先生所说的那样，始于唐代而渐次流行。波斯古代称打马球为“chaugan”，其发音近似于中国古代鞠杆，有可能是中国古代马球传到波斯后的译音。成都体育学院体育研究所的专家们据此分析，得出马球运动为居住在黄河流域的汉民族所创造发明，再经丝绸之路而传往世界各地的结论。

对以上三种起源说，一些学者还有异议。如有的学者指出，阴法鲁先生从语音学的角度研究英语“polo”起源于西藏，就认为西藏是马球运动的发祥之地，其实“波罗”是拉萨藏语对一切球和球形物体的统称。拉萨的“波罗”来源于西藏有关牧区的“扒罗”，扒指皮革，罗指圆形物体，“扒罗”指用皮革制成的圆形物体。“扒罗”一词又来源于西部西藏的拉达克地区，而拉达克的首府列城又在今天的巴基斯坦境内。

马球的起源有多种观点，关于唐代马球的兴起，我国学术界看法亦不一。乾陵博物馆马文廷先生《从〈马球图〉谈唐代的马球运动》[18]说：有的学者根据唐朝人封演的《封氏闻见记·打球篇》所说“太宗常御安福门，谓侍世曰：‘闻西蕃人好为打球，比亦令习’”，认为唐代马球兴起于唐太宗时期。向达在《长安打球小考》一文就说：“波罗球（即马球）传入中国当始于唐太宗时。唐以前书只有蹴鞠，不及打球，至唐太宗，始令人习此”。罗香林于前述论著中支持了向达的观点，认为“唐代打球之戏，其风气肇开于太宗时之‘比亦令习’”。20世纪50年代，苏竞存在研究了向氏、罗氏的论说以及其他有关文献之后，对马球起源提出了异议，但也认为“我国古代的马球，似乎是唐代从当时的西蕃各国（波斯、吐蕃等）学来的”[19]。此外，阴法鲁的《唐代西藏马球戏传入长安》，徐寿彭、王尧合写的《唐代马球考》[20]，韩国磐的《唐朝时汉族和少数民族的经济文化交流》[21]，都认为马球兴起于唐初，只不过认为马球不起源于波斯，而是起源于吐蕃（今西藏）或汉人从吐蕃学来的。并据文献记载认为，唐代马球兴起的时间当在贞观十五年（641年）前后，因为贞观八年（634年）以前，吐蕃"未尝通中国"，"贞观八年（吐蕃）始遣使来朝"。唐太宗提倡打马球，主要出自于对马球运动功能的认识，他认为通过打马球，能有效地提高骑马技术，有利于加强军队的战斗力，正如大文学家韩愈所说"此诚为战非为戏"，同时也是唐太宗对外来文化采取兼收并蓄这一正确政策的必然结果。

马球、步打盛行，在中国的考古和文物学方面有很多发现：

（1）在甘肃敦煌马圈湾汉代烽隧遗址发现的西汉中期的球形实物，"内填丝绵外用细麻绳和白绢搓成的绳捆扎成球形"，与文献记载马球基本符合。宋元时期的"步打"或"捶丸"从相关记载和发现看，球多瘿木制成（《丸经》记载）。击角球之"球"，在出土和传世文物中发现不少（图15.43），多为外表无釉，有绞胎的、彩绘的和光素白瓷的三种，直径大者4～5厘米，小者2～3厘米。河北、河南、山西、陕西等地的宋、金窑址以及扬州、泰州的唐宋遗址中均有出土。扬州出土的绞胎球，应该就是击角球所用之球。绞胎的纹理极类瘿木，彩绘球纹理则完全仿绞胎球纹理。唐代蔡孚的《打球篇》写道："金锤玉蓥千金地，宝杖雕文七宝球。……奔星乱下花场里，初月飞来画杖头"，也写到球和球杖的外形。

（2）江苏省扬州市博物馆收藏有一面珍贵的唐代打马球菱花铜镜（图15.44）。此镜出土于江苏邗江金湾镇，八瓣菱花形，镜背正中置圆钮，直径18.5厘米，浮雕图案，外区为蜂及折枝花各4幅，每瓣1幅，相间排列；内区为4人打马球图，每人骑一骏马，挥舞前端呈钩状的球棒奋力击球，4人姿态各异，活跃灵动，图案空隙处点缀折枝花等。

（3）唐代打马球铜镜，直径19.3厘米，现藏故宫博物院（图15.45）。外形为八瓣菱花，镜背面饰有4个连续动作的马球手，工艺精湛，是研究古代马球运动的可贵资料。

（4）1972年，陕西乾县唐章怀太子李贤墓出

15.43　宋代的绞胎釉捶丸

15.44　（唐）打马球图铜镜（扬州市博物馆藏）

15.45　（唐）打马球图铜镜（故宫博物院藏）

15.46　（唐）马球图（乾陵章怀太子墓摹本）

土的《马球图》壁画（图15.46）。1971年7月至1972年2月，陕西考古工作者在发掘陪葬乾陵的章怀太子李贤墓时，在墓道西壁发现了一幅反映唐代马球运动的《马球图》。《马球图》全长8.2米，南端高1.7米，北面高2.4米，画面共有20多匹马，骑马人身着各色窄袖袍，着黑靴，戴幞头。最精彩的画面有5位骑者，打马球者左手执缰，右手执偃月形鞠杖（唐代打马球也称之为“击鞠”）。这幅《马球图》是国内罕见的反映唐代马球比赛实况的艺术品，为我们进一步研究唐代马球运动提供了翔实的实物资料。

乾陵博物馆马文廷先生《从〈马球图〉谈唐代的马球运动》说：要想弄清《马球图》绘制的时间，首先必须弄清墓主人的基本情况和当时的社会情况。墓主人——章怀太子李贤是武则天的第二个儿子，李贤生于公元654年，公元682年由太子废为庶人，并流放巴州化城县（今重庆巴州），公元684年死。公元705年十一月武则天病死后，其弟中宗李显重新登上帝位，公元706年将李贤迁葬于乾陵。李贤墓共出土了两块墓志铭，一块是《大唐故雍王墓志之铭》，另一块为《大唐故章怀太子并妃清河房氏墓志铭》，同为一人墓葬，出现了两块墓志，两块墓志前后相差5年时间，也就是说，公元706年，由巴州迁葬李贤时，是以雍王身份陪葬乾陵，公元711年，其妻清河房氏病逝后又重启墓穴进行夫妻合葬。章怀太子墓墓道全长只有71米，宽度平均3.3米，这说明章怀墓的形制是王者墓葬。又从永泰、懿德两座墓道壁画来看，都在入穴两侧墙壁绘有左青龙、右白虎壁画，唯章怀墓壁画绘制的是狩猎出行图和马球图。从这一情况推断《马球图》绘制的时间当在公元705年之后唐中宗在位期间（705～709年）。从发掘出土的章怀墓室所有壁画看，有些壁画有二次复制的现象，也就是说，公元711年，重启墓穴时对有些壁画曾进行二次复制，唯《狩猎出行图》和《马球图》虽有缺损，但未见重笔迹象。由此说明，《马球图》是在迁葬雍王时已经绘制完成，也就是说《马球图》绘制的时间当在公元706年。

（5）新疆吐鲁番出土的唐代彩绘打马球泥俑，都反映了当时马球运动的普及情况。

15.47　（明）宣宗宫中行乐图（局部）

15.48　白陶彩绘打马球俑（临潼唐墓出土）

15.49　白陶彩绘打马球俑（临潼唐墓出土）

15.50　（唐）童子捶丸图花毡（日本奈良正仓院藏）

15.51　（唐）步打球图（榆林窟第15窟壁画）

（6）北京故宫博物院收藏的一幅《宣宗行乐图》（图15.47）。

（7）1981年9月，在陕西临潼发掘的一座唐墓里，出土了四尊白陶彩绘击球女俑。她们分别骑在飞奔的骏马上，俯身向前作击球状，栩栩如生（图15.48、15.49）。

（8）大约在公元8世纪，步打球东传到了日本。现存日本古都奈良正仓院北仓的一条隋唐时期的花毡上，就织有一儿童在作步打球的形象（图15.50）。这条花毡长236厘米，宽124厘米，花毡的图案由花朵和一作击球状的童子组成，击球的童子右手执一弯月形球杖，正在弓身屈腿作击球状，在其左方绘有一球。整个图案生动地表现了唐代“童子击球”的生动场景。与郑州唐青花图案类似，属于一类。

（9）甘肃安西榆林窟唐第15窟、16窟均绘有步打球图（图15.51、15.52）。其中第15窟南壁壁画绘一个化生童子站在莲花座上，身子前倾，眼睛看着前方，左手拿着一枚圆球，右手拿着一把弯曲的木杖，似乎正要

15.52　（唐）步打球图（榆林窟第16窟壁画）

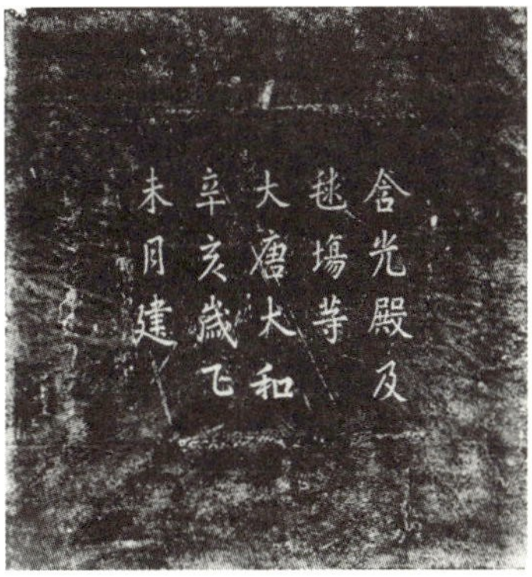


15.53　西安唐长安城含元殿石碑拓片

15.54　内蒙古敖汉旗辽代墓马球图壁画（摹本）

15.55　（元）捶丸图（山西洪洞水神庙明应王殿壁画）

15.56　（明）捶丸画（上海博物馆藏）

把球击出去。这类步打球图，与郑州唐青花图案类似，也应属于一类。

（10）1956年，考古工作者在西安唐长安城含元殿遗址中，掘出一块方形石碑（图15.53），上刻“含元殿及球场等，大唐太和辛亥岁乙未月建”，说明唐代宫城或禁苑中筑有马球场。

（11）1990年秋，考古工作者在内蒙古敖汉旗宝国吐乡丰山村皮匠沟1号辽代墓内发现一幅“马球图”（图15.54）。壁画现存宽

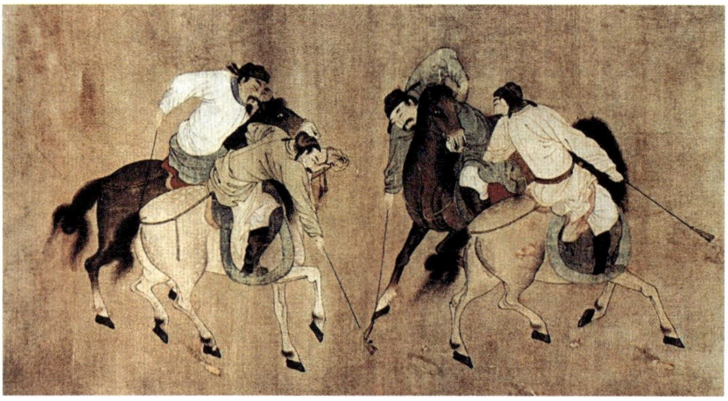

15.57 （明）马球图（英国维多利亚·阿尔贝蒂博物馆藏）

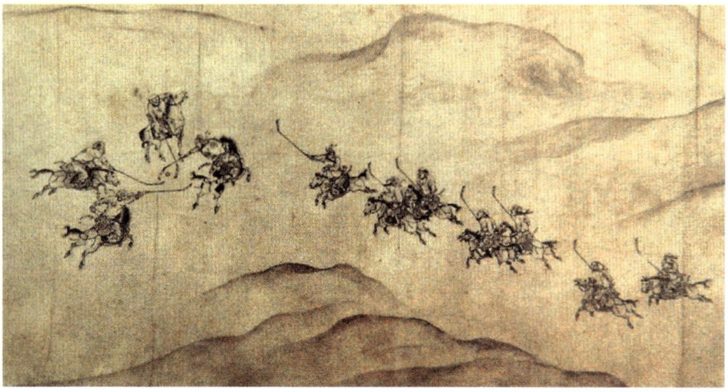

15.58 （元）便桥会盟图（故宫博物院藏）

1.5米，高0.5米。画面上共有5名契丹人，他们神态各异，有的身穿红袍，有的身穿白袍，骑在马上，手执球杆，正在进行马球比赛。

（12）尚有不少马球、步打及捶丸的材料（图15.55～15.57）。

## （四）马球及步打的文化传播

打马球，古称击鞠，不仅是唐代帝王和贵族阶层健身强体的体育运动，在对外文化交流中也发挥了重要作用。

根据文献记述和考古资料证实，这项运动可能早在中国的东汉时期就已经流行于中原地区。经过长期的演变和发展，成为了中国古代球类运动中主要的运动形式之一。马球尤其兴盛于我国的唐朝，因为在整个唐王朝300年间的22个皇帝中，居然有18个是马球运动的爱好者。那时的马球经常是一场百人以上男女同场竞技，规模之大，影响之广，可想而知。天宝六年（747年），唐玄宗更是颁诏规定军队须练马球，由此马球与军事体育结缘。

据文献记载，当时与中国相邻的高丽、日本等国都有与唐王朝进行马球竞技的内容。现藏故宫博物院的《便桥会盟图》（图15.58），就描绘了唐、辽两国进行马球比赛的场面。画面以唐太宗李世民与突厥颉利可汗在武德九年(626年)于长安城西渭水便桥会盟之事实为背景，数名骑士策马持杖争击一球，场面颇为热烈、壮观。直至宋、辽、金时期，朝廷还将马球运动作为隆重的“军礼”之一，甚至为此制定了详细的仪式与规则。

## （五）马球及步打：帝王将相的艺能

马球或步打在唐朝风靡一时，帝王将相争相为之。

（1）官员：唐德宗时的司徒兼中书令李晟、唐文宗时的户部尚书王源中等，都喜好打球，而且显名于时，他们分别在靖茶坊、永崇坊、太平坊各自的住宅区内自筑球场。

（2）将军：《旧唐书·郭英乂传》唐代宗时，剑南节度使郭英乂曾“聚女人骑驴击鞠”，从而开始了“驴鞠之风气”。《旧唐书·敬宗纪》敬宗时，宫中教坊也组织伎女“分朋驴鞠”，以供皇帝观看取乐。王建的《宫词》之七十三提到“步打球”：“新调白马怕鞭声，隔门摧进打球名”，宫女们玩步打球也具有比赛性质，且多在寒食时节进行。唐代军队有不少勤于打球的将帅，天宝六年（747年）十月，唐玄宗李隆基以马球为“用兵之技”，诏令全国军队开展马球活动。唐德宗时期的徐、泗、濠三州节度使张建封就特别突出，他本是文官出身，担任节度使后，也积极参与军事训练（包括骑马打球）。他说：“仆本修文技笔者，今来帅领红旌下不能无事习蛇矛，闲就平场学使马。”军队打球速度快，场面大，对抗性强。韩愈在徐州观看了张建封参加的马球赛后：“深感习战非为剧”。

（3）军队球场：唐代军队马球场都宽广、平坦，就像韩愈诗中所说：“筑场千步平如削”，陈、许二州节度使薛能在河南许昌修的球场接待了从徐州开往殷州（在今河南境内）的过境部队三千人；泗州（今江苏盱眙北）刺史杜妥也曾在球场接待庞勋的士卒四千人，这都反映出当时军队球场之大。唐太宗的进士，也投身马球运动。引人注目的“月灯阁球会”就是吏部为经过殿试之后的新科进士举行的庆祝活动，用球赛的方式庆祝进士及第，以后成了唐代惯例，为史所罕见。在唐代，一场马球赛，观众动辄数千，这在我国体育史上也不多见，这种盛况，与唐代社会经济的发展和文化的繁荣是分不开的。

在敦煌遗书中还有许多关于归义军马球场管理中所支出的账目单。《温汤球赋》记述唐玄宗在诏令中充分肯定马球运动所具有国防和治安的双重意义，《汴泗交流赠张仆射》一诗说：武宁节度使张建封率军驻守徐州，每天黎明时分，组织好士兵的百来匹军马，在方圆千里、平坦如砥的球场上进行马球比赛，场面惊心动魄。唐代诗人杨巨源《观球有作》一诗对军队中马球活动作了肯定，说“亲扫球场平如砥”“动地三军唱好声”。

（4）技术：王建的《宫词》之十五写道：“对御难争第一筹，殿前不打背身球。内人唱好龟兹急，天子鞘回过玉楼”。“背身球”类似反手抽击，是一种难度较高的动作。唐代军队有不少击球能手，他们或“侧身转臂著马腹”或“俯身仰击复旁击”或“未拂地而还起，乍从空而侧迴”。曾任神策军将的泾原节度使同宝在润州（今江苏镇江市）为李相同公即席表演打球时，“不换公服，驰聚于绥场中”“挥击应手”。宣宗李儇的球技数一数二，据说他击球时：“每持鞠仗乘势奔跃，运鞠于空中，连击数百而马驰不止，迅若雷电，两年老手咸服其能”。

（5）帝王：在唐代的球迷皇帝中，唐玄宗李隆基算得上是个铁杆球迷，唐人封演所写的《封氏闻见记》中记载了李隆基二十四岁时参加的一次与吐蕃的马球赛。那时唐中宗在位，李隆基还是临淄王。他往来奔驰如风驰电掣，挥动球杖，所向无敌，连连洞穿对手大门，大获全胜，为唐王朝第一次外交球赛赢得了胜利，使得唐中宗大喜。712年，唐玄宗开元元年八月，31岁的李隆基即位。《题明皇打球图诗》中说："宫殿千门白昼开，三郎沉醉打球回，九龄已老韩休死，明日应无谏疏来。"直到花甲高龄，他还同羽林军将士在骊山华清宫北绣门外舞马台旁的球场上驱马争夺。

唐玄宗后，穆宗李恒也是个超级马球迷，后因打球受伤而丧命。原因是他有一次在禁中与宦官内臣等打马球时发生了意外，游玩中有一位内官突然坠马，如同遭到外物打击一样。由于事发紧急，穆宗十分恐慌，遂停下来到大殿休息。就在这一当口，穆宗突然双脚不能履地，一阵头晕目眩，结果是中风，卧病在床。

穆宗死了，敬宗李湛继位后，对马球的迷恋有增无减，从各地招来一些马球选手，不分昼夜地打球，不理朝政。宝历三年，敬宗与马球将苏佐明等28人一起喝酒时，被苏佐明杀掉，时年仅18岁。

唐僖宗还玩出了"击球赌三川"。把三川节度使的职位输给了大臣敬瑄，甚是荒唐。曾还很自负地对身边的优伶石野猪说："朕若参加击球进士科考试，应该中个状元。"

唐代最末一个皇帝唐昭宗李晔，一生忙于与宦官、节度使、沙陀突厥的斗争，但是甚至在被逼迁都洛阳，六军都已逃散的情况下，仍将十几个马球选手带在身边，不忍舍弃。由此可见，打马球在唐代发展到了何等狂热的程度。

## （六）郑州唐青花塔形罐中的蜜蜂及整个图案内涵

佛教、犹太教、基督教和伊斯兰教中都提及到蜜蜂，都被看做神物备受尊崇。在佛典中，曾有一个有关德乐止与精进辨听法的故事。其中的精进辨曾变成一只蜜蜂，教诲帮助德乐止好好听法，德乐止逐渐心中智慧大放光明，知道蜜蜂是精进辨菩萨的化身，马上证得无生无灭的菩萨境界。这位精进辨就是后来的佛陀，德乐止则是弥勒菩萨。藏传佛教文献中也有菩萨可变蜜蜂的记载，不过时代晚于唐代。

若认为该画面中的"蜜蜂"（图15.59）在此代表菩萨，中间的宝相花卉又可代表佛，似乎是一佛二菩萨的西方三圣。这样的话，把死者和两个塔形罐图案看成一个图像系统，结合日本、俄罗斯、敦煌等所见的"来迎图"，则似可综合地认为郑州出土的唐青花塔形罐整个图案可以解释为：一佛二菩萨的西方三圣来迎死者的灵魂——"'步打'化生"，在"天花乱坠"的场景下，前往西方净土世界。但是，这一解释不符合佛画构图的常规模式，"菩萨——蜜蜂"也不是一般佛画构图内容。

青州博物馆藏龙兴寺发掘的北齐造像（图15.60）冠中有一图案，有学者认为是蜜蜂，但是从其造型及蝉冠的历史看，其不是蜜蜂而应是蝉更为可信。又山东省博兴县出土的北魏菩萨造像（图15.61），菩萨所戴花冠的正前方，雕饰着一只形态极为写实的"蝉"。那么，郑州唐青花塔形罐中的"蜜蜂"是否可能是蝉呢？综合

15.59　青花罐纹饰展开图

15.60　菩萨造像（山东青州龙兴寺）

15.61　菩萨造像（山东博兴）

15.62　吐鲁番阿斯塔那217号唐墓壁画

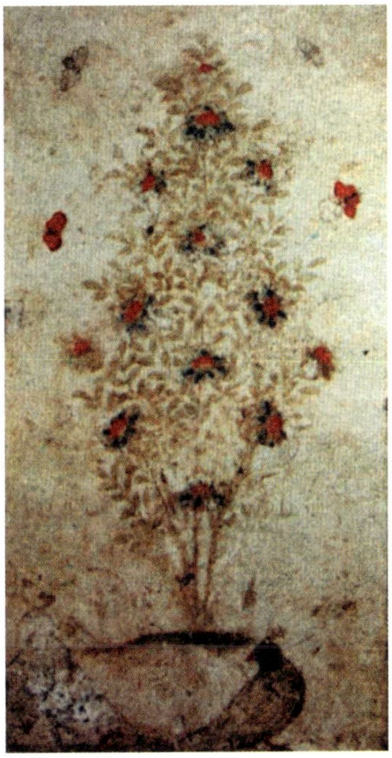

15.63　曲阳五代王处直墓壁画

唐宋时期有关蝉、蜜蜂、蝴蝶的诸多绘画材料看，蜜蜂的典型绘画特征是翅膀与身体的比例与蝉、蝴蝶等不同，所以综合地看，郑州出土唐代青花塔形罐中的这一造型还应该是蜜蜂。

“两只蜜蜂”对称于宝相花分布，应不是表现一佛二菩萨，这是在中国古代很早就出现过的对称构图模式，汉代摇钱树树座、陶灯雕塑中就曾出现过对称蝉的构图方式。当然，在汉代摇钱树上曾经发现过“一佛二蝉”的构图，这主要应是“一佛二菩萨”构图对中国佛教艺术构图的影响，其中的蝉与佛教中的菩萨只是在神奇这一属性方面有所关联，并不代表菩萨。

“一佛二蝉”的这一构图模式在汉代以后佛教逐渐成熟的过程中再没有出现过，又由于唐代、五代、宋代花鸟绘画中花鸟对称于植物的构图模式很是常见（图15.62、15.63），并且蜜蜂与绶带、宝相花或莲花的组合是唐代铜镜的常见构图内容（图15.64、15.65），所以该唐青花塔形罐中的蜜蜂和宝相花组合应视为佛画中的宗教画并世俗花鸟画成分。由于蜜蜂和蝴蝶是在中国绘画、铸造艺术中流行的题材，所以唐青花塔形罐中的这一题材的出现更增添了佛国净土的中国式生活和艺术格调。当然鸟兽对称神树构图方式，在两河流域起源甚早，中国魏晋以来的这类图像设计，也应是受到了本土和一定的域外文化影响而渐次出现和演化的。

后秦鸠摩罗什译《妙

15.64 （唐）双鸾衔绶纹铜镜（郑州市出土）

15.65 （唐）双鸾衔绶纹铜镜（郑州市出土）

法莲华经·序品》曰："尔时世尊，四众围绕，供养恭敬尊重赞叹，为诸菩萨说大乘经……佛说此经已，结加趺坐，入于无量义处三昧，身心不动。是时天雨曼陀罗华、摩诃曼陀罗华、曼殊沙华、摩诃曼殊沙华，而散佛上及诸大众。"唐般若译《大乘本生心地观经》之《序品》曰："六欲诸天来供养，天华乱坠遍虚空。"传说梁武帝时云光法师讲经，感动了上天，天上也纷纷落下花来。诸多佛教典籍中记载的"九品往生"中，有的品中也有天花散落的现象。据有关学者研究，"天花乱坠"应是从宋代《景德传灯录》之后才演变出贬义的用法，延续至今。从这些文献和相关材料可知，郑州唐青花塔形罐画面中的宝相花应是天花漫天坠的情景。

该唐青花塔形罐画面中还有一"蝴蝶结"似构图（图15.66），这实际是唐代艺术品中常见的绶带。绶带文化在中西可谓源远流长（图15.67～15.81）。从许新国先生在《都兰吐蕃墓出土含绶鸟织锦研究》[22]及马尔沙克先生《粟特美术中的神话、传说与寓言》[23]一书的研究看，中国本土对于神鸟的认知和对于绶带的认识与萨珊、粟特式含绶鸟所蕴含的吉祥、长寿、光荣、不死和地位等内涵有非常相契合的地方。这一题材的含义与佛教的净土信仰、"往生"思想是明显一致的。由之可知，该唐青花塔形罐画面中的"蝴蝶结"是具有中西文化特征的特殊符号，是象征长寿不死的吉祥结，也可以说是具有佛教净土世界象征的符号。

甘肃榆林石窟第15、16窟的"童子步打图"及日本正仓北院所藏"莲花化生步打"织锦中的童子，与郑州出土唐代青花塔形罐步打图中的童子应是一回事。在敦煌绘画中这类童子很多，有的还与绶带状物组合，与郑州出土唐代青花塔形罐中的童子、绶带组合类似。唐代青花塔形罐中的童子，与佛画中一般的世戏儿童的角色不同，而是属于化生，尤其是站在莲花上或位于宝相花或莲花丛中的童子或游戏童子（图15.82～15.84），显然是到达净土世界获得"往生"的死者的灵魂，就时间而言，其与一般来迎图中的童子有联系但是又多有不同，因为一般来迎图中的童子尚未成就"往生"。郑州出土唐代青花塔形罐"步打图"中的童子是佛教中以游戏童子表现"化生"的一种常见方法，具有表明化生的无忧无虑、具有佛的心灵和状态的意思。

我们可以综合地认为这一图像系统是一幅带有中西文化特征（以蜂蝶纷飞鸟语花香象征美好环境和世界，表达时人的审美特征和人文气息）的化生净土和"天花乱坠"的净土世界场景，即这两件塔形罐图案整

15.66　青花罐纹饰（M7：4）

15.69　山东嘉祥蔡氏园出土

15.67　秦陵1号车御俑

15.70　山东嘉祥蔡氏园出土

15.68　山东嘉祥蔡氏园出土

15.71　山东嘉祥蔡氏园出土

15.72 汉画（河南博物院藏）

15.76 粟特古国遗址片治肯特28号房间壁画

15.73 汉画（河南博物院藏）

15.77 6～7世纪新疆克孜尔石窟60窟壁画（柏林印度艺术博物馆）

15.74 敦煌莫高窟158窟

15.75 敦煌莫高窟361窟西龛内

15.78 青海都兰吐蕃墓出土丝织物残片

体实际应是一幅“净土变”佛画，至于是何净土变，可参照榆林第15、16窟相应佛画。

## 五、郑州是唐王朝宫廷御瓷重地

在唐代，我国的陶瓷烧制已经形成了“南青北白”的格局，位于郑州地区的巩县窑在这个格局中有着“拱柱”之功。

15.79　（唐）四鸾衔绶纹金银平脱镜（西安韩森寨）

15.80　（唐）四鸾衔绶纹金银平脱镜（局部）

15.81　尊胜幢华盖兽首衔绶雕饰

15.82　（初唐）游戏化生（敦煌220窟南壁的“阿弥陀经净土变”）

15.83　敦煌捧花带绶化生

15.84　敦煌莲池化生（日本有邻博物馆藏）

巩县窑所生产的白瓷，无论从胎釉质量，抑或丰美的形制，绝不亚于当时的邢窑，甚或大大超过邢窑。但是，由于我国当今文博界的专业机构、专业研究人士醉心于对明清瓷器，特别是“清三代”瓷器的追捧，而对具有相当文物价值、艺术价值、文化内涵的唐代及其之前的陶瓷器的研究、宣传和重视不够，因此使大量的高古瓷珍品、精品源源不断地流入境外，给国家、给民族造成了永远无法弥补的巨大损失。

唐宪宗时宰相李吉甫在其所著《元和郡县志》里也曾提到：“开元中，河南贡白瓷，领登封、新安、巩县……三十县”。除文献记载外，西安唐代大明宫遗址和巩县有关遗址的考古发掘亦发现了巩县窑所产浑厚自然和薄如蝉翼的精美白瓷残片，从而进一步证实了郑州地区巩县窑在唐王朝时的御白瓷重地地位。


[1] （清）程村居士：《柴窑考证》，宣统三年（1911年）版；赵自强：《柴窑与湖田窑》，广西美术出版社，2004年；〔日〕对中如云：《至宝·千年之旅——发现绝迹千年的柴窑》，台海出版社，2007年；南辛：《南辛赏柴》，百花文艺出版社，2010年；苗文兴：《柴瓷》，中州古籍出版社，2010年；田培杰：《郑州柴窑》，河南人民出版社，2011年；母智德的新浪博客：《探谜：逝去的辉煌——柴窑》，2012年6月13日。

[2] 〔日〕对中如云：《至宝·千年之旅——发现绝迹千年的柴窑》，台海出版社，2007年。关于此件“百合花瓶”，也有学者认为其并非柴瓷，至于确切性质还有待进一步考证。

[3] 王升虎：《谁见柴窑色，雨过天青时——关于追寻柴窑的历程断想》，《景德镇陶瓷》第20卷第1期，2010年。

[4] 禚振西：《柴窑探微》，《收藏家》2001年第8期。

[5] 陈建平：《柴窑不在耀州》，《收藏家》2001年第8期。

[6] 王长启：《从唐田君墓志看柴窑出“北地”之地望》，《收藏界》2010年第11期。

[7] 张小虎：《东汉北地郡治富平考》，《丝绸之路》2010年第8期。

[8] 唐长孺：《魏晋杂胡考》，《魏晋南北朝史论丛》，生活·读书·新知三联书店，1955年。

[9] 魏明安、赵以武：《傅玄评传》，南京大学出版社，1996年。

[10] 高祥云、郭祥霞、高祥宇、郭炜、郭烜：《论大清帝国乾隆皇帝咏柴窑碗诗词之：“色如海玳瑁”》，复兴论坛，CCTV-10科教频道论坛，2012年12月20日。

[11] 母智德的新浪博客：《“柴窑出北地”再辨——致藏友“西高弟里”》，2010年12月13日。

[12] 孟召：《曹昭〈格古要论〉与王佐〈新增格古要论〉的比较》，《故宫博物院院刊》2006年第6期。

[13] 陈建平：《柴窑不在耀州》，《收藏家》2002年第5期；孙乐琪：《学者解密柴窑：不是单一品种，烧造地在耀州》，《北京日报》2012年11月16日。

[14] 拜陶教第一教徒：《“柴窑”也在汝州市和平顶山市一带——再读湖田玉〈《格古要论》中“柴窑，出北地”的思考〉》，藏龙论坛，2012年3月1日。

[15] 向达：《长安打球小考》，《燕京学报》（专号之二），1933年。

[16] 罗香林：《唐代文化史研究》，人民体育出版社，1955年。

[17] 阴法鲁：《唐代西藏马球戏传入长安》，《历史研究》1959年第6期。

[18] 马文廷：《从〈马球图〉谈唐代的马球运动》，《乾陵文化研究（一）》，三秦出版社，2005年。

[19] 苏竞存：《中国古代马球运动的研究》，《中国体育史参考资料》第七、八辑，1959年。

[20] 徐寿彭、王尧：《唐代马球考》，《中央民族学院学报》1982年第2期。

[21] 韩国磐：《唐朝时汉族和少数民族的经济文化交流》，《隋唐五代史论集》，生活·读书·新知三联书店，1979年。

[22] 许新国：《都兰吐蕃墓出土含绶鸟织锦研究》，《中国藏学》1996年第1期。

[23] 〔俄〕马尔沙克：《粟特美术中的神话、传说与寓言》，美国波斯文献出版社，2002年。

# 第一六章 文化古城

## 西山古城址

位于郑州市惠济区古荥镇孙庄村西，枯河北岸台地上。遗址面积约31万平方米，文化层厚3米左右。1983年文物普查时发现，1993～1996年经多次发掘，共揭露面积6000多平方米。清理墓葬143座，房基200余座，窖穴、灰坑近2000个，并出土一批陶、石、骨、蚌器等遗物。其中，最重要的是发现仰韶文化时期城址一座，古城平面为不规则的圆形，直径约180米，现存西墙北段、北墙和东墙北端，共计残长约265米，现存高度1.75～2.5米，宽3～5米，黄褐土夯筑而成。城墙采用方块版筑法建造，城址现存面积1.9万平方米，估计原有面积为2.5万平方米，如果将环壕计算在内，面积会超过10万平方米，并有西门、北门遗存。文化内涵以仰韶文化中晚期为主。

西山城址距今5300～4800年，是我国迄今为止发现的年代最早的城址之一。运用方块版筑法来大规模建造城垣是西山城址的一个创举，它代表了一种较为成熟的夯筑方法（图16.1~16.10）。

16.1　城墙平面

16.2　城墙及收分情况

16.3　城墙局部板块排列情况

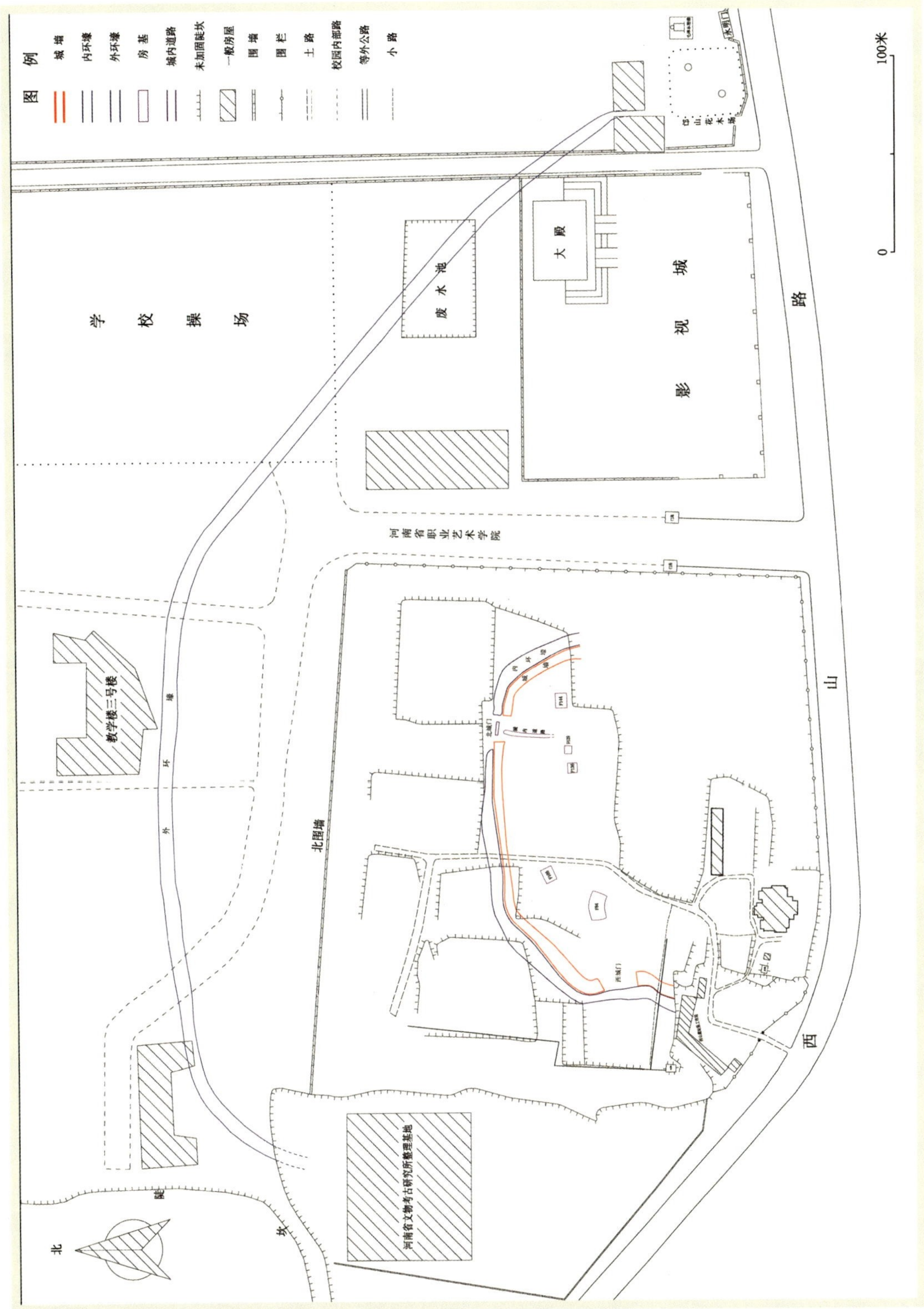
图例
城墙
内环壕
外环壕
房基
城内道路
未加固陡坎
一般房屋
围墙
围栏
土路
校园内部路
等外公路
小路
100米
0
学校操场
废水池
大殿
影视城
路
河南省职业艺术学院
教学楼三号楼
外环壕
北围墙
山
西
河南省文物考古研究所整理基地
北
陡坎

16.4 西山城址平面图

16.5　北门城台埋设的几组瓮棺

16.6　瓮棺葬

16.7　红陶鼎

16.8　灰陶甑

16.9　灰陶鼎

16.10　彩陶钵

## 古城寨城址

位于新密市东南35千米曲梁乡大樊庄古城寨村，溱水、洧水交汇处北1.5千米，溱水东岸台地上。1997～2003年河南省文物考古研究所对其进行勘探发掘，发掘面积1000平方米，发掘有仰韶、龙山、二里头、二里岗、殷商、汉及北宋时期灰坑163个，墓葬11座，陶窑4座，房基4座，出土一批重要文化遗物。

城址面积17万平方米，

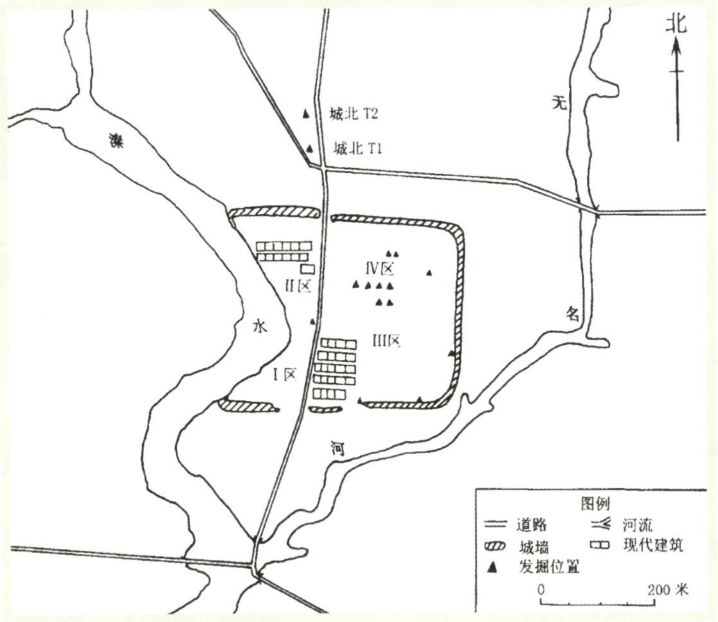

16.11　古城寨城址平面图

16.12　古城寨城址

16.13　古城寨城墙

现存东、南、北三面城墙和南北相对2座城门缺口。地上城墙总长1265米，底宽9.4～40米，高5～16米。建筑方法为分块版筑。墙高沟深。在城址的东南部，还发现了大面积的龙山时代夯筑建筑群，其中已清出一座大型宫殿基址和大型廊庑式建筑，且与城墙的方向一致，为南北长方形，长28.4米，宽13米，面阔7间，南、北、东三面有回廊。

古城寨城址是目前发现的龙山文化时期面积最大、结构最复杂的宫殿式建筑，同时也是我国城墙保存最好的龙山时代晚期城址。该城的建造是事先经过统一规划和精心设计的，反映出当时城建规划、夯筑技术和土木建筑技术的进步（图16.11～16.16）。

## 人和寨城址

位于新郑市辛店镇人和寨村西部。

2003年6月，为配合中华文明探源预研究课题，河南省文物考古研究所对人和寨遗址进行调查，在遗址中北部发现地面上保留一段夯土遗存，东西残长90米，南北残宽15米，高3米左右。

16.14　廊庑基址

16.15　竹编的版筑横挡头痕迹

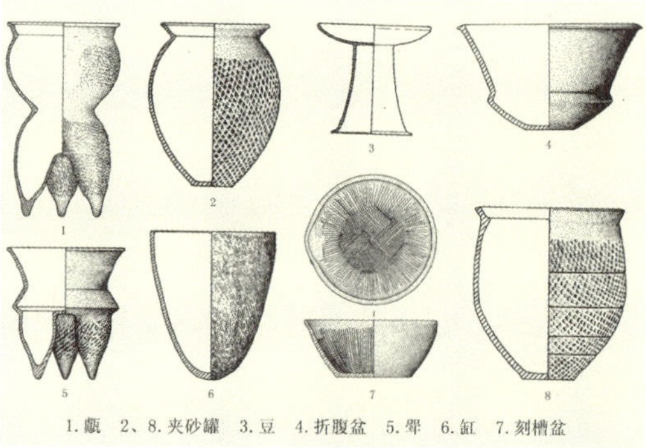


16.16　古城寨城址出土陶器

经钻探调查，并对地上部分夯土遗存进行试掘，确认是一座古城址。

城址面积约7万平方米，呈不规则长方形，北临双洎河(古洧水)，东部被人和寨村庄所压，中心区域位于人和寨西沟。地面残存城墙为北城墙的东段，其向西延伸的地下墙基长98米，北墙总长188米。西墙墙基残长260米，宽26～50米。东墙被村庄破坏，墙基残长约270米，可复原长度490米。南墙墙基残长110米，宽30米。该城址时代有学者认为属于龙山文化晚期，我们认为至多属新砦二期晚段城址（图16.17、16.18）。

## 王城岗城址

位于登封市告成镇八方村东北，俗称“王城岗”的岗地上。

1975年发现。1975～1982年河南省文物考古部门对此进行了考古发掘，发现龙山文化晚期的东西并列的小城堡2座，以及大型房基、奠基坑、窑穴、灰坑等遗迹，出土有大量陶器、石器、骨器、铜器等生产工具和生活用具。2000～2005年国家启动的人类文明探源等工程又对该遗址进行了大规模的调查及发掘，在小城堡的西面发现了一座龙山文化晚期的大城，由夯土城墙和城壕组成，总面积约34.8万平方米。

王城岗遗址分前期、后期。前期的遗迹以小城址、奠基坑为代表等；后期的遗迹以大城址（城墙、城壕）、祭祀坑等为代表。（图16.19～16.27）学术界

16.17　人和寨城址

16.18　城墙夯土

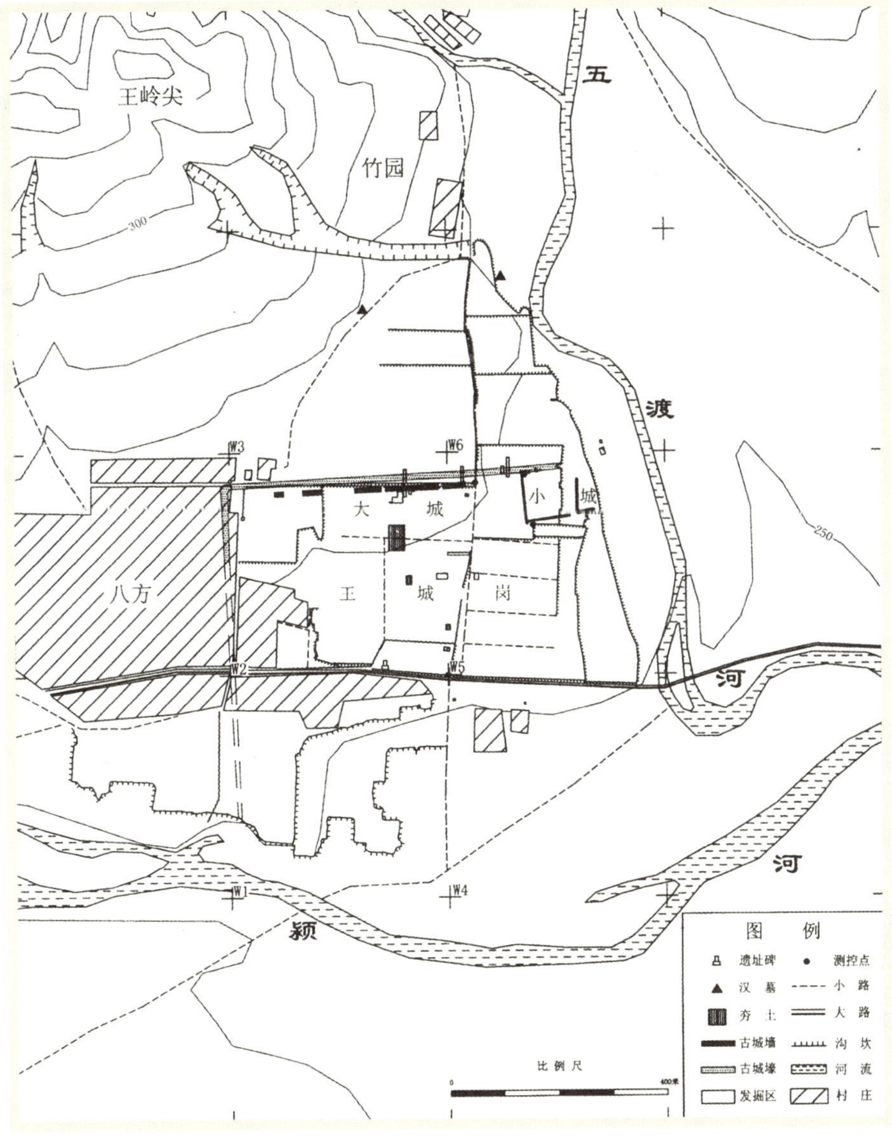


16.19　王城岗城址平面图

16.20 王城岗城址

16.21 王城岗大城北城壕

16.22 大城夯土墙和城壕

16.23 王城岗小城夯土墙

16.24 陶盉

16.25 陶盉

16.26 陶豆

16.27　陶大口尊

基本确认王城岗遗址为文献记载“禹都阳城”的夏代初期都城，始建年代为公元前2070年左右。

## 花地嘴遗址

位于巩义市站街镇北瑶湾村南面的黄土塬上，东、南远望猴山等嵩山余脉，西临伊洛河，北为断崖，远眺黄河。遗址总面积约35万平方米，是由4条环壕围成的夏代早期城址。

1992年河南省社会科学研究院河洛文化研究所、巩义市文管所在对洛汭地区进行文物普查时发现。2001年6月，郑州市文物考古研究所进行复查，确认遗址；2001年，郑州市文物考古研究所配合基本建设对花地嘴遗址进行试掘；2003～2004年，郑州市文物考古研究所与北京大学考古文博学院联合对花地嘴遗址进行正式发掘，同年列入“中华文明探源工程”项目；2005～2008年，相继对该遗址进行勘探、发掘。经过多年的文物勘探及发掘，发现的遗迹有环壕、城门、夯土、房址、陶窑、祭祀坑、窖穴、墓葬、灰坑等，出土了一批重要遗物。

**环壕**　4条环壕均为圆角方形。3条内环壕（由外到内分别为：G2、G3、G4）宽度不一，相距颇近。G2：口宽约9.3米，底宽约1.7米，深4.2米。G3：口宽约3.9米，底宽约1.9米，深1.7米。G4：口宽约15米，底宽约2.2米，深4.5米。外环壕（G1），距内环壕150米左右，口宽约9.3米，底宽约1.7米，深4.2米。4条壕沟内均出土有少量碎陶片、蚌片及兽骨等遗物。4条环壕与外界的连接通道均在东南部位，并且处于一条西北—东南方向的直线上。

**大型祭祀坑**　2个，分别位于内环壕门道外两侧。其中，H162位于内环壕门道外右侧，平面为不规则的近圆形，坑口长约8.5、宽约7.7，深约4.7米。沿坑壁周边形成6个大小不一、近似圆形的小坑，底部高低不同，坑内填土系多次堆积而成。出土有数具人骨与动物牺牲骨骼，以及青铜残片、陶器、石器、蚌壳等遗物。

**房址**　10余座。主要集中在遗址中南部，多为地穴式，无明确门道，少数是在地穴式房基基础上填土之后再建的，另外还发现有连间的地穴式房屋。

“新砦期”考古学遗存过去的发现主要分布在嵩山、万安山以南，目前花地嘴遗址是在嵩山以北发现的第一个“新砦期”遗存，它的发现将使学界对嵩山、万安山以北增加重视，继而会使“新砦期”的地域性和类型学研究取得新的进展，同时由于这一地区正好位于诸多文献中记载的与夏代早期“五子之歌”有关的“洛汭”地区，所以它的发现为早期夏史中的有关问题的研究提供了资料（图16.28～16.40）。

## 新砦城址

位于新密市东23千米刘寨镇新砦村西部，包括今梁家台、苏沟、东湾和煤土沟共4个自然村的大部分区

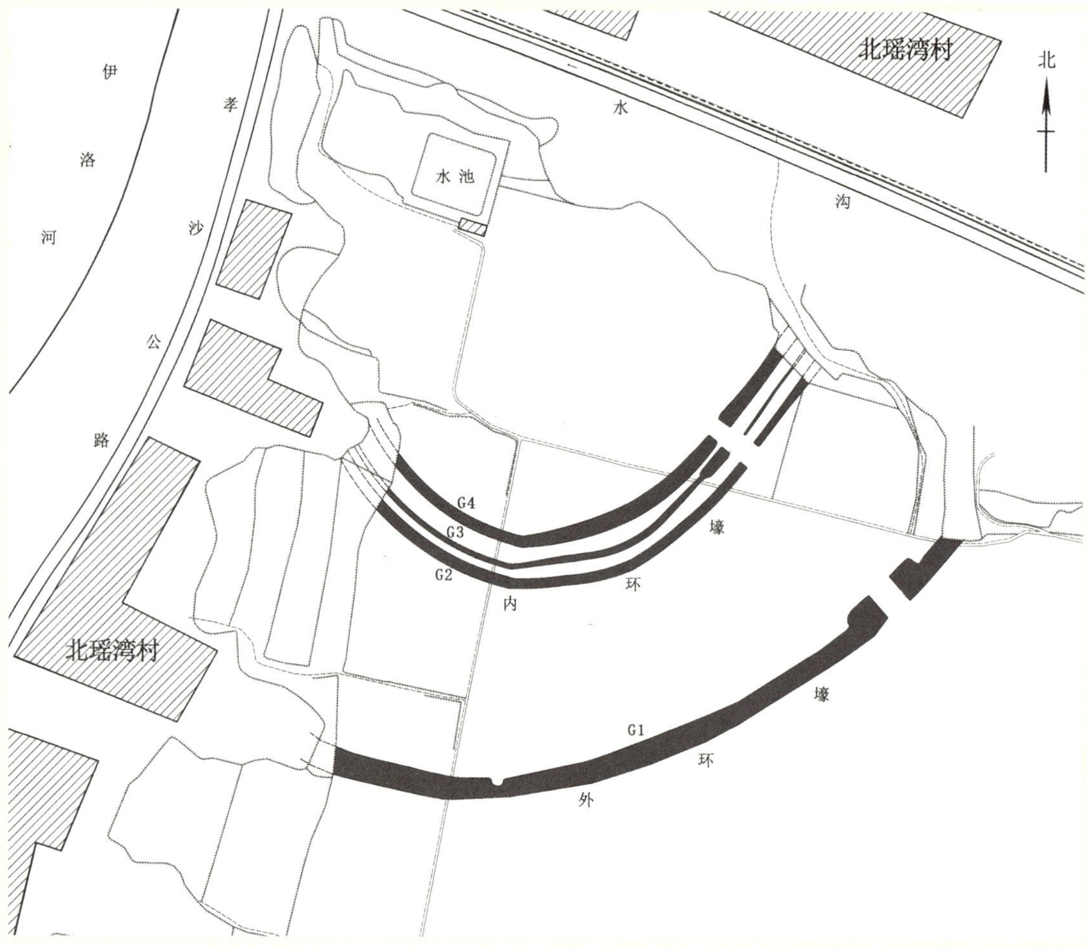


16.28 花地嘴遗址平面示意图

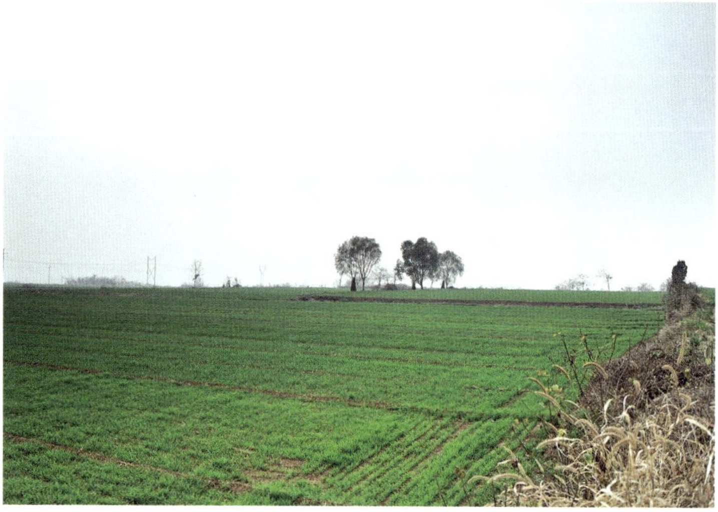

16.29 花地嘴遗址

域。南临洧水，东部是洧水故道，西部和北部为开阔的平原。

遗址面积约100万平方米，主要遗存为河南龙山文化晚期、新砦二期和二里头文化早期。1979年3～4月、1999年、2000年对该遗址进行多次发掘，取得了“新砦期文化”确认的学术成果。2002～2005年，又继续对新

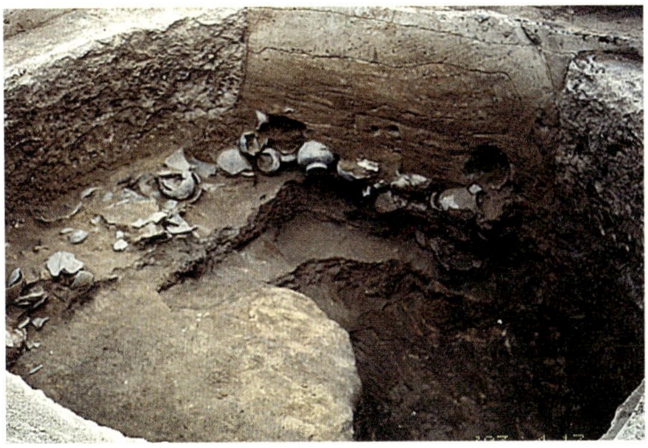

16.30　房址

16.31　祭祀坑

16.32　陶瓮

16.33　陶瓮纹饰复原

16.34　陶瓮

16.35　陶瓮纹饰复原

16.36　陶盉

16.37　陶杯

16.38　玉钺

16.39　玉铲

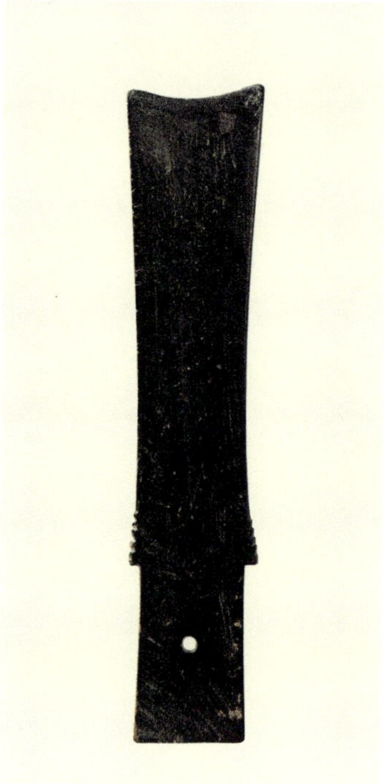

16.40　玉璋

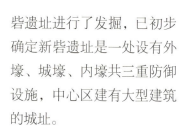

砦遗址进行了发掘，已初步确定新砦遗址是一处设有外壕、城壕、内壕共三重防御设施，中心区建有大型建筑的城址。

整座城址均湮埋在地表以下，城址平面基本为方形，南以洧水河为自然屏障，现存东、北、西三面环壕。东墙南北残长160米，深4米。北墙东西长924米，深5～6米。西墙南北长470米，深2.5米。北墙以外220米有一条人工与自然冲沟相结合而成的壕沟，为外壕，东西长1500米，南北宽6～14米，深3～4米。城址的西南部地势较高设有内壕，现存西、北和东三面内壕。北内壕东西长约300米，东、西内壕的南部均遭破坏，长度不明。另外，在城址中心区中央偏北处坐落一座东西长92.6米、南北宽14.5米的大型建筑基址，已经清理出部分夯筑墙体、柱洞、红烧土和活动面等重要遗迹，为新砦期晚段多次使用的大型浅穴式露天活动场所。

新砦遗址发现的“三叠层”，证明了龙山文化与二里头文化之间确实存在新砦期，填补了龙山文化晚期与二里头文化早期缺环的空白。不过我认为新砦遗址的“新砦二期早段”应属于龙山文化和二里头文化的过渡期，即新砦期，至于新砦二期晚段，从现有的发现看，应与二里头一期同时，这些称谓同时有利于对原有学术文献中有关夏文化文化区系分期等称谓的理解（图16.41～16.52）。

## 大师姑城址

位于荥阳市广武镇大师姑村和杨寨村南地的索河二级台地上。今索河河道从城

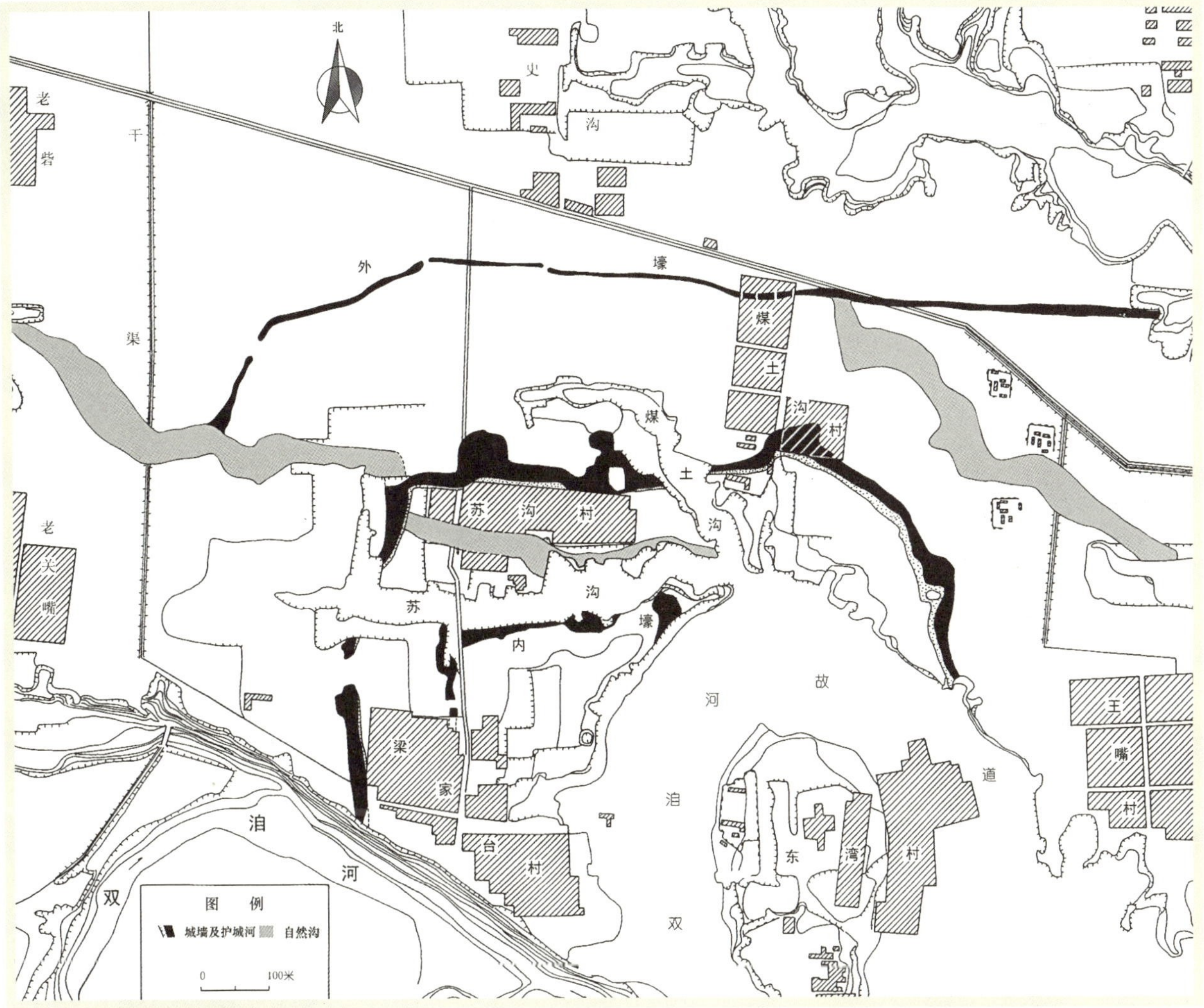


16.41　新砦城址平面图

16.42　新砦城址

16.43　大型建筑平面

南向东于城址南偏西部位折向北流，将城址分为东西两部分，大部分在河东岸，少部分在河西岸。

城址呈东西长、南北窄的扁长方形，所发现的二里头文化遗存全部集中在城垣和城壕以内，总面积约51万平方米。由城垣和城壕两

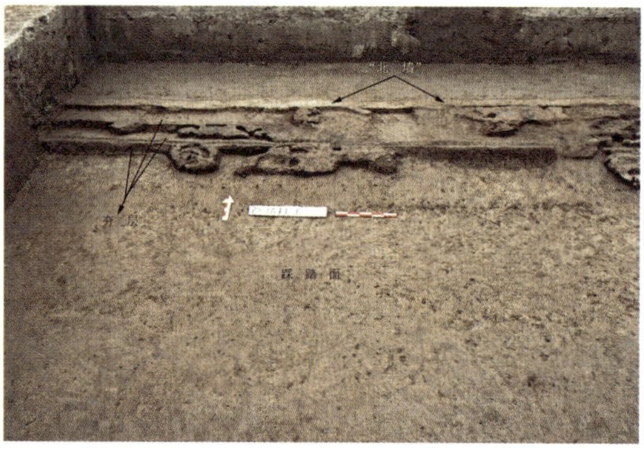
16.44　大型建筑北墙及夯层

16.45　北城墙剖面

16.46　城墙夯窝

16.47　尊形瓮

16.48　大口双耳罐

16.49　器盖（新砦出土）

16.50　铜容器残片

16.51 玉凿

16.52　骨锯

部分组成。城垣距现地表深度不一，一般在1米左右。已发现的部分为南墙西段、南墙东段的部分地段、东墙北段、西墙北段和北墙西段。城垣南墙西段长480米，西墙北段长80米，北墙西段长220米，其他地段暂未发现。城垣现存顶部宽度为7米，底部宽约16米，残存高度为3.75米。夯土城垣的结构较为复杂，经过多次的续建和修补。修筑方法为平地起建，倾斜堆筑，水平夯打。夯层的厚度不匀，在0.1～0.4米，夯窝不甚清晰。

城壕和发现的城垣平行，除北壕西段因索河河道间隔和城址西南角暂未发现外，其余地段均已封闭。城址的范围依据城壕计算，东壕南北长620米，北壕长980米，西壕已发现长度为80米，复原长度应为300米，南壕长度已发现770米，复原长度为950米。城垣总周长已发现长度为2450米，复原长度为2900米。城壕位于夯土城垣外侧，距夯土城垣约6米左右。现存深度在2～2.8米，壕沟内侧因被早商环壕打破，原始宽度已不知，现存宽度在5～9米。形状为斜壁平底或圜底。

城址内部二里头文化遗存十分丰富，文化层厚度一般在2～2.5米。发掘有夯土房址、灰坑、窖穴、灰沟等多处遗迹，尤其是在城址中部发掘出土有成片倒塌的夯土墙体和大量的陶制排水管道，显示在城址内部存在有规格较高的大型建筑。二里头文化遗物以陶器为大宗，另外出土有少量的铜、石、骨、蚌器。陶器主要有深腹罐、大口尊、豆、瓮、甑、刻槽盆等，分泥质和夹砂两大类，以灰陶为主，褐色陶次之，黑皮褐陶占一定比例，红陶少见。城址内早商文化遗存也很丰富，尤其是发现有早商时期的大型环壕，说明这里在早商时期仍是一处重要的聚落遗址。在城址的东北角还发现有早商文化的墓地。

城址始建于二里头文化二、三期之交，在二里头文化三期早段之前进行过大规模续建，约在二里头文化四期偏晚阶段至二里岗下层偏早阶段之间被废弃（图16.53～16.61）。

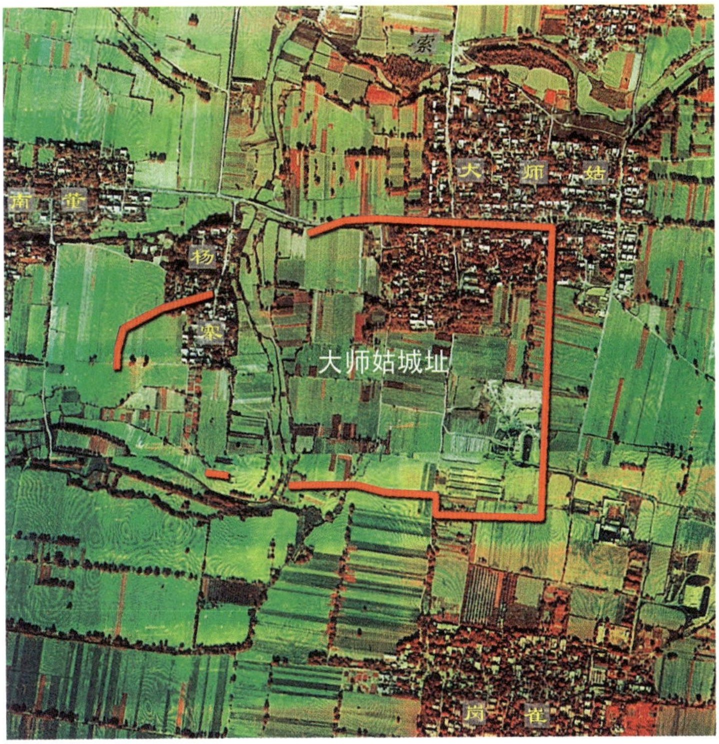


16.53 大师姑城址航拍

16.54 大师姑城址

16.55 城墙与城壕

16.56 房址与墓葬

16.57 陶盆

16.58 玉琮

16.59 铜凿

16.60 陶鬲

16.61 陶排水管

## 望京楼城址

位于新郑市新村镇杜村和孟家沟村以西及周边区域。2010～2011年，郑州市文物考古研究院结合郑州市重点工程，对遗址进行考古发掘并全面调查、钻探。发现了二里岗文化城址、二里头文化城址，并寻找到了二城址外郭城的线索。

二里岗文化城址保存较为完整，城墙均掩埋于地表之下，平面近方形，方向为北偏东15°，总面积约为37万平方米。城墙由主体城墙及护坡组成。护城河紧贴城墙。东城墙长约590米，现存厚1.5～2米，宽约20米，北城墙长约602米，现存厚1.3～1.5米，宽10～20米，南城墙长约630米，现存厚0.5～1.5米，宽7～20米，西城墙长约560米，现存厚0.5米，宽7～10米。目前发现城门3座，东城墙2座，南城墙1座。

东一城门距南城墙约190米处，保存完整，布局合理、结构严谨，由城墙、两侧护坡、门墙、城门洞及附属建筑组成，占地面积2000余平方米。城门平面形状为“凹”字形，以城门洞为核心，东城墙在城门处向西转折15.5米，两侧对称，之后修筑门墙，门墙靠近道路的两端又特别夯筑，以挖柱洞立柱修筑城门洞。门墙长7.7米，宽5.8米，夯筑方法与主体城墙相同，南门墙北侧有一排10个柱洞，直径为米，底部均有柱础石，北门墙南侧被G5破坏殆尽。城门洞宽3.3米。城墙向西拐折处护坡内南北对称发现两处突出部分，土质土色与主体城墙相同，长3.3米，宽2.5米。对应城门洞略偏南有两处遗迹，距城门洞24米，其中包含物为细碎料姜石及石子，被G4打破。靠近护城河处发现有一处用料姜石及碎石子铺底的遗迹，且上发现有柱洞，推测其为城门附属建筑设施。

护城河在对应城门处南北两端分别向东转折15米，对应门墙及城门洞处有两道水域，均窄于护城河，且对应城门洞处最窄。里面的一道中部偏北被一条宽1.5米的生土梁隔开；外面的一道将护城河之内水流贯通，但上部被破坏较为严重。

大型夯土建筑基址位于城址中部偏南，平面为长方形，方向为5°，遭后期破坏较为严重，仅存基槽部分，现存厚0.8～1.2米，占地面积近950平方米。北、东、南、西四面均有夯土建筑，中部为庭院。

二里头文化城址位于二里岗文化城址外侧。目前已发现了城址东城墙及东南、东北拐角处，城墙的方向为北偏东13°。东城墙长625米、残宽3～3.5米，南城墙残长41米、残宽5.8～6.6米，北城墙残长32米、残宽1.1米。城墙墙体被破坏较为严重，仅存基槽部分。经勘探在城址东城墙外保存有较为完整的护城河，长约645米，北护城河残长约180米，南护城河残长约220米，其余部分被压在公路和民房下。

在二里头文化城址和二里岗文化城址之北300米处发现一条壕沟，长约1100米、宽20米、深约2.5米，系人工开凿。此壕沟东接黄沟水，西连黄水河，壕沟与两水形成一个封闭的区域。所见二里头文化和二里岗文化时期遗存仅见于该区域之内。

望京楼二里岗文化城址和二里头文化城址位于同一地点，为国内首次发现，对于探讨二里头文化晚期与二里岗文化早期两种文化更替及王朝更迭，对于研究夏代晚期与商代早期的社会政治、经济、文化交流等方面均具有重要学术意义（图16.62～16.73）。

## 东赵城址

位于郑州市高新区沟赵乡东赵村南、中原区须水镇董岗村西北，处于丘陵与平原的接触地带。第二次全国文物普查时发现，被命名为东赵遗址。2011年北京大学考古文博学院与郑州市文物考古研究院合作研究“中原腹心地区早期国家的形成与发展”课题，对东赵遗址进

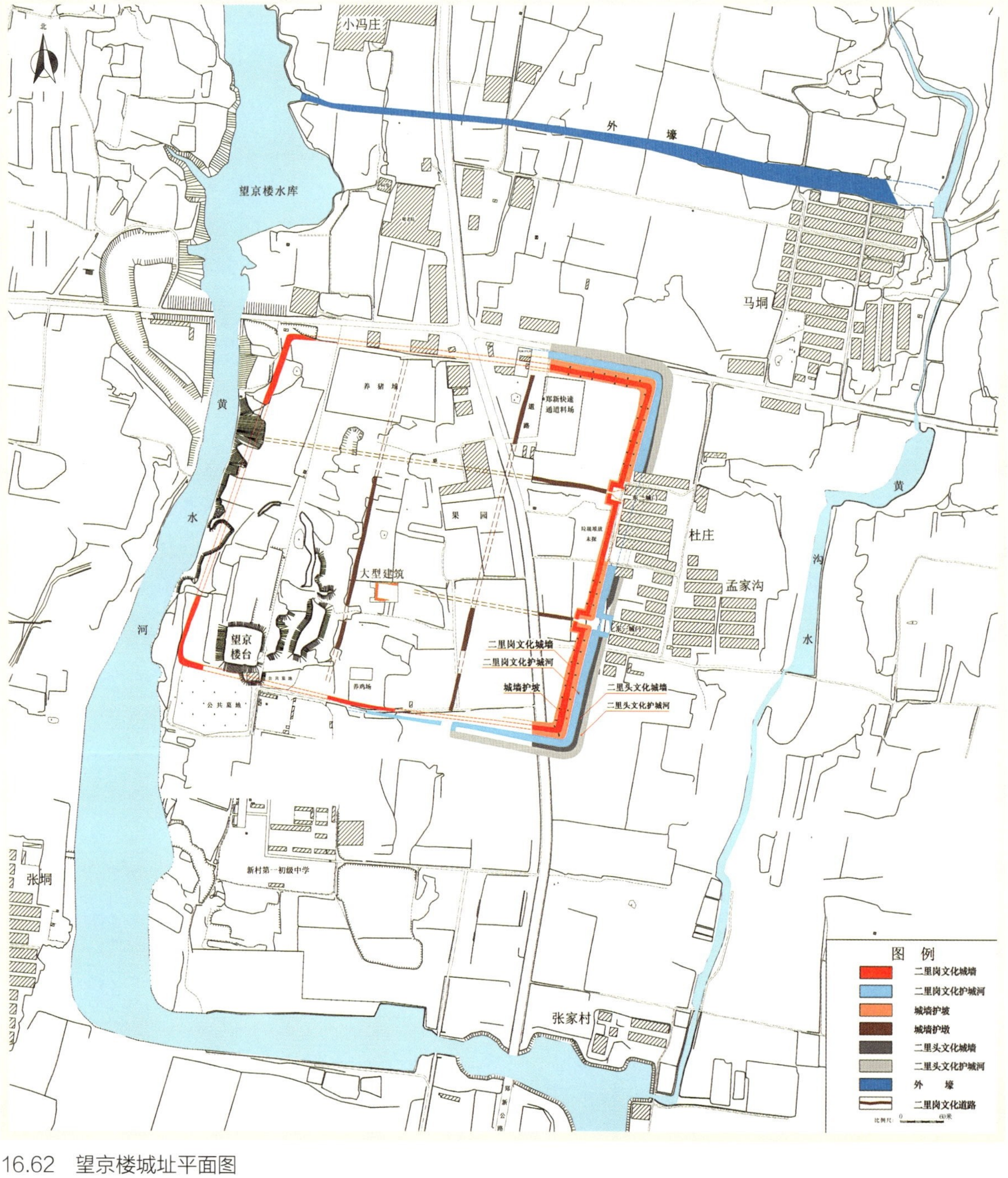


16.62 望京楼城址平面图

16.63　望京楼夯土台基远景

16.65　东城墙发掘现场

16.64　东一城门俯瞰

16.66　祭祀坑

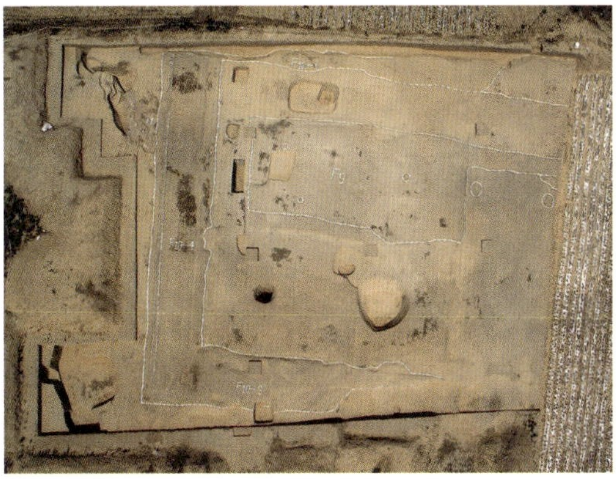

16.67　二里岗文化房址（F10）

16.68　二里头文化蓄水池及坑内出土牛头骨和人骨

16.69 铜盉

16.70 铜盘

16.71 铜刀

16.72 卜骨

16.73 刻画有巫术符号的陶豆

行了复查。自2012年至今，郑州市文物考古研究院与北京大学考古文博学院联合组成考古队对该遗址进行了勘探与发掘，发现龙山文化晚期、新砦期、二里头时期、早商二里岗期、两周时期文化遗存。尤其发现了新砦期城址（小城）1座、二里头时期城址（中城）1座、东周时期城址（大城）1座。

（1）新砦期城址

平面基本为方形，长150米，面积约2.2万平方米。因受土地平整影响，城址城墙仅存有基槽部分，墙体破坏殆尽，城壕尚大多存在，城址东北角被现代取土全部破坏。经在城址东、北以及南墙三处解剖，可知墙基宽4米左右，保留最深处近1.5米；基槽内夯土土质较为紧密，土色均为浅黄色，夯层较为清晰，层厚为5～8厘米，但夯窝较为模糊；城壕宽5～6米，深3～5米，壕沟底部均为淤土堆积。三处解剖沟城墙基槽均被二里头一期沟打破，同时，在城址墙基槽内出土陶片年代为龙山晚期和新砦期早段，与城址同期的壕沟内出土陶片均为新砦期，据此判定该城址始建年代为新砦期，于二里头一期时废弃。

在该城址南墙外，集中发现了40余座较特殊的灰坑，这些灰坑直接打破生土，相互之间无打破关系。灰坑口部均为圆形，大小相若，五六座为一组，分布规律；残存坑口部填土多为质地紧密的红黏土。已解剖的18座，均为袋状、平底，少数坑底再另挖小坑，出土陶片年代皆为新砦期晚段。在部分坑内发现有完整猪骨架、龟壳、人骨等。关于此类遗存的性质，专家或认为是仓储类遗存，或认为与祭祀有关。

（2）二里头时期城址

位于东赵遗址中部，方向为北偏东10°，平面基本呈梯形，南城墙东西长260米，北城墙长150米，南北长360米，面积约9万平方米。据解剖可知中城当时是依地势而建，城墙基槽呈现南浅北深状况，城墙墙体部分多被破坏，仅残存墙基槽部分；墙基宽4～7米，基槽内夯土土质较为紧密，土色均为浅黄色，夯层较为清晰，层厚为6～8厘米，部分剖面尚可见到清晰的寰底夯窝。城壕宽3～6米，深2～3米，壕内均为淤土堆积。解剖可知墙基被二里头四期沟打破，城址当在二里头四期时废弃；东、南、北墙基基槽内包含的陶片年代均为二里头二期，同时，城址使用时期的壕沟底部出土陶片年代亦为二里头二期。此外，城垣内外分布有大量二里头二期、三期早段的遗存，综上判定该城址始建于二里头二期，废弃于二里头四期。

城址内发现1座二里头二期的卜骨坑，卜骨均系牛肩胛骨，未去臼角与岗脊，只灼未钻，灼痕排列整齐；卜骨个体较大，多长约30多厘米，应为完整放置，分属近20个个体。另在二里头时期城墙基槽内发现一具婴儿骨架，应与祭祀活动相关，这一现象系同时期遗址首见。

在中城东南角，发现一座二里岗时期大型回廊式夯土建筑基址。该基址东西长75米，南北长约40米，总面积3000平方米，建筑方向为北偏东10°。其东部为取土坑，东廊尚保留宽1.5米，长约40米，不过从断崖剖面可知东廊基础约10米宽；南廊保存较多，长约70米，宽10米，尚保留夯土基础厚1米。南廊打破二里头时期城址南墙。在南廊中部偏东的位置有一近2米的缺口，应该为门道。西廊揭露长约20米，宽10米，北廊大部分被西周和二里岗上层文化遗存破坏。建筑年代上限为二里岗下层早段，下限为二里岗下层晚段。

（3）东周时期城址

城址破坏较严重，其北城垣保留较少，东城墙北段被破坏，南段为现代厂区；西城墙北段为现代厂区；南城墙东端被董岗西北的养殖场所占压，南城墙西端被赵村西南的砖厂取土破坏，取土坑现在属于南水北调干渠东侧的垫方范围，被全部垫平，取土坑东断崖暴露少量夯土残余，其走向为北向，推测此取土坑断崖残余夯土为残存的西城墙。结合勘探确定城址整体形状呈横长方形，方向为北偏东15°，东西长约1000米，南北宽600多米，面积60多万平方米。经过解剖，城墙多残存基槽部分，基槽形状为倒梯形，槽深约1米，上口宽1米，底宽约0.4米。夯土质量较高，基槽内出土陶片为东周战国时期。大城城壕宽3～6米，深2～3米，城壕部分地方被汉代沟渠破坏，壕内包含物较少。在大城外东北部，发现了大面积两周时期遗存。

东赵遗址包含从龙山到东周多个时代，延续时间长，年代序列非常完整，无论对夏商时期年代谱系抑或区域聚落研究，都可提供新的材料及视角；尤其是以往郑州地区夏商周时期的区域聚落形态与政治地理结构研究甚为薄弱，东赵遗址三座先秦时期城址的发现，必将有力推动这一重大学术课题研究（图16.74～16.78）。

## 郑州商城

郑州商代遗址位于郑州市区，其分布范围东到凤凰台，西到西沙口，北至花园路，南到二里岗，面积达25平方千米。发现有商代房

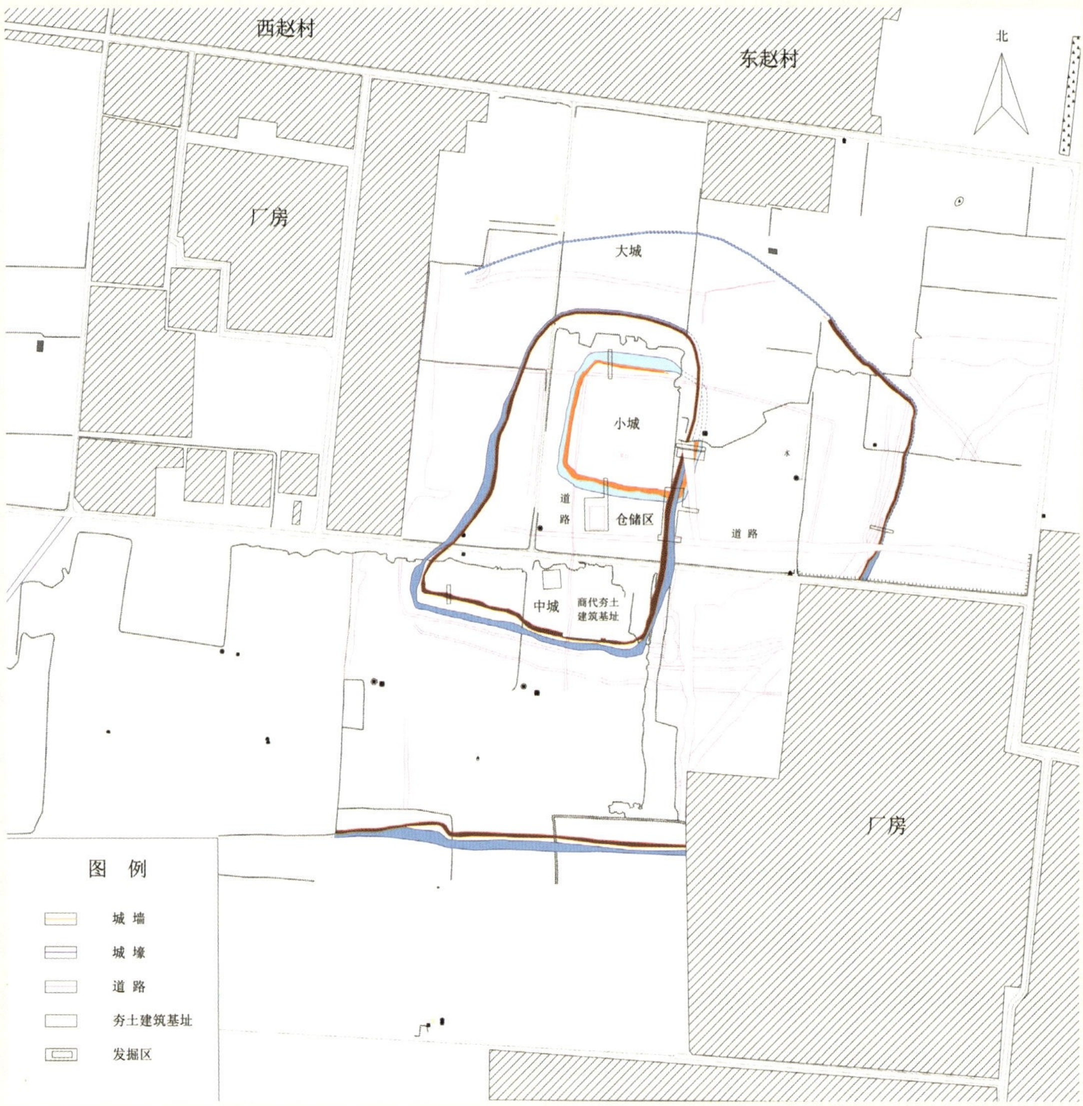


16.74 东赵城址平面示意图

16.75 东赵小城北城墙解剖沟

16.76 二里岗时期建筑基址剖面

16.77　二里头时期卜骨坑

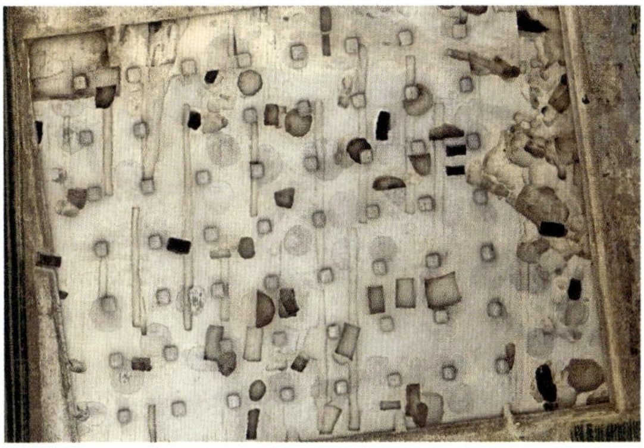

16.78　二里头时期仓储遗迹

基、窖穴、灰坑、壕沟、水井、陶窑、墓葬等遗迹，出土遗物有铜器、陶器、原始瓷器、玉器、石器、骨器、角器和印纹硬陶以及习刻字骨和陶文符号等。

郑州商城位于商代遗址中部（即郑州市管城区老城一带），是一座商代前期都城遗址，目前大多数专家认为是商王汤所建的“亳都”。由宫城、内城和外郭城组成。

（1）宫城

位于郑州商城内城的东北部一带，约占郑州商城1/6的范围。平面略呈东西长方形，东西长约800米，南北宽约500米，面积总计约40万平方米。其范围大体是：东至郑州商城内城的东城墙北段内侧，西至工人新村的工一街东侧，北临顺河路，南到郑县旧城（即汉代及其以后的管城县和郑县旧城）北城墙东段北侧。

宫城内遗存有各类高低不平的夯土台基，台基排列不甚规整，但靠近东北隅的较密，而西南部则较为稀疏。东北隅先后共发现了20多处商代夯土建筑基址，其中大的面积达2000多平方米，小的约150平方米。有的夯土基面上还保存有柱洞、柱基槽和石柱础。根据诸多迹象判断，这里是商城的宫殿区。

在宫殿区的西部和北部发现有两段夯土墙基，应为宫城城墙。夯土墙基宽3～7米，筑法和郑州商城夯土城墙的筑法基本相同，也是在夯土墙基的底部先挖出口宽底窄的基础槽，然后由基础槽底开始向上分层填土夯筑。夯土的颜色多呈灰黄色，每层夯土的厚度一般为8～10厘米。在每层夯土之上也布满有圆口尖底或圜底的夯杵窝印痕。夯窝大小一般是口径2～4、窝深1～2厘米。

在宫城墙外侧还发现有石筑水管道遗址、石筑水槽遗址和深壕沟遗迹，这些与商代夯土墙共同构成了宫城的防御设施。

关于宫城，现在面貌并不完整，可能学术界会认为其是宫城证据较少，但是从郑州近年的发现和原有相关资料论证，宫城应是存在的。

（2）内城

郑州商城内城近似长方形，北城墙长约1692米，西墙长约1700米，南墙和东墙长度均为1870米，周长约6960米。城墙四周共发现大小不等的缺口11处，有的可能与城门有关。西墙和北墙西段破坏较重，残墙大部分被埋在地面以下；北墙东段、东墙和南墙的大部分还保留在地面上。由于战国及其以后各代曾利用商代城墙作基础，进行修补仍作城墙使用，所以现存城墙多被后期城墙或扰土所覆盖。城墙底宽20米左右，顶宽5米多，复原后其高度约10米。

城墙采取版筑法分段分层夯筑而成，依有关区段的城墙为例，每段长约3.8米，每层夯土厚度8~10厘米。每层夯土面上，布满密集的圆形尖底或圜底夯窝，是用集束圆木棍作为夯具夯打的。夯窝直径2~4厘米，深1~2厘米。城墙的横断面呈梯形，中间层层平夯，是城墙的主体，是为“主城墙”；两侧为夯筑倾斜面，被称为“护城坡”。墙内侧比外侧坡缓。在平夯和斜面接缝处保存着近于平直的版筑壁面，壁面上遗留有横列木板的痕迹，木板长3米左右，宽0.15~0.3米。这种倾斜面夯筑结构应是加固城墙的措施。

在城址外，还发现一批按一定布局建立起的手工业作坊遗址。北城墙外300多米处，为铸铜作坊遗址，在铸铜作坊遗址北部发现1处制骨作坊遗址。南城墙外的约600米处发现1处铸铜作坊遗址，西城墙外约1300米处发现一处制陶作坊遗址。城外还发现商代遗址中一些小型房屋、窖穴等。

商代墓葬区也多分布在城外，城东北角的白家庄附近、城东南隅的杨庄一带、城南的郑州卷烟厂、城西的北二七路、人民公园和铭功路等处，都是比较集中的墓葬区。

郑州商城内出土数以万计的文物，其中最珍贵者如玉戈、玉铲、玛瑙等玉石器，光泽晶莹，反映了制玉工艺有相当高的水平。城址内东北角一个祭祀坑内出土1件夔龙纹金箔，十分罕见；城址西墙外出土两件大型铜方鼎，通高分别为一米和0.87米；城址西墙外1座商代墓内出土一件完整的原始青釉瓷尊，高27厘米，轮制，饰席纹和篮纹，胎质呈灰白色，细腻坚硬，器表遍施光亮晶莹的黄绿色釉；在商代墓内还出土有制作精致的象牙觚和象牙梳；还出土460多枚穿孔贝，这是当时使用的货币；出土的吹奏乐器——石埙和陶埙，展示了我国古代音乐源远流长。

（3）外郭城

1953年首次在郑州二里岗附近发现一段东西向的夯土墙，20世纪80年代考古工作者在不同地段进行了多次调查和试掘，证实了外郭城墙的存在，为全面了解郑州商城外郭城墙的结构、形状、范围等提供了线索。1993年在福寿街和兴隆街交汇处的郑州饭店扩建工程中，曾发现一段呈南北向的夯土墙穿过基建区中部。2008年，在距福寿街和兴隆街交汇处约300米的郑州市旧城改造工程中，发现一段呈东北—西南走向的夯土墙。近年来，在紧邻此地北部的自由路北侧的深国投和太康路与北二七路交叉口西北区域的丹尼斯百货两建设工地发现两段夯土墙基。深国投工地发现的夯土城墙呈东北—西南走向。北二七路与太康路之间的一段，与深国投发掘的一段相距约150米，中间隔太康路。

结合以往发表资料和近年考古新发现，可知外郭城形制大致呈圆形，东起凤凰台，南部穿过货栈街，折过城东路再向西南延伸新郑路与陇海铁路交叉口折向北，向西北穿过陇海路折向福寿街、解放路、太康路、北二七路，北部从金水路穿过至纬五路一带折向东，穿过花园路、经三路，东部与古湖泊、沼泽地相接。外郭城墙现均湮没于地表以下，残存高度在1～3.5米、基宽16～20米不等。外郭城墙的建筑方法和结构与内城大致相同，也是平地下挖基槽分段筑成。城墙夯土与基槽内填土相同，多为灰黄色细沙质土掺褐色黏土、料姜末逐层夯打而成，质地坚硬，结构紧密。层厚8～15厘米，夯窝直径5～8厘米，圆形圜底状。

现将近年发现的外郭城和有关重要遗迹做一详细叙述。

①2007年7月，郑州市文物考古研究院在郑州市西太康路与北二七路交汇处西北区域进行考古发掘，清理龙山、商、战国、汉、唐、宋、明、清不同时期遗迹552个，包括灰坑、夯土墙、古墓葬等。

商代夯土墙，由于后期的破坏，保存状况不甚良好，仅存墙基部分。夯土墙呈东北—西南走向，发掘部分长约250米，最宽处约30米，最深处约3米，夯层、夯窝明显，夯土结构不是特别紧密。夯土内包含有少量二里岗时期碎陶片。打破夯土墙的两座墓葬，从出土物判断，一座为商代二里岗上层，另一座出土青铜斝和陶鬲各一件，为二里岗下层稍早于H17阶段的器物。在夯土墙下发现有二里岗下层稍早于H17的灰坑。从地层叠压和打破关系看，夯土墙的修筑应不早于二里岗下层H17阶段，不晚于二里岗上层。该夯土墙的走向与西南方向新华街幼儿园发现的商代夯土墙走向基本一致，推测该段夯土墙为商代外夯土墙的一部分。

②2008年8月，郑州市文物考古研究院对老坟岗商代遗址进行了考古发掘。其范围为：郑州市铭功路东、民主路西、白由路南、解放路北的区域，发掘面积6000平方米，发现仰韶、商文化遗存及汉、唐宋墓葬群。遗址以仰韶时期遗存为主，发现有文化层、灰坑、窖穴、灰沟、房基、瓮棺葬遗物，出土遗物有陶钵、盆、罐、瓮、小口尖底瓶以及少量的兽骨等。其中灰坑及窖穴共138座、灰沟7条、瓮棺葬6座、房基1座。

商代遗存主要有文化层、灰坑及夯土墙基，文化层厚约0.4～1.2米，从北到南呈倾斜状堆积。发现的商代夯土墙贯穿发掘区，仅存基槽部分。夯土墙呈东北—西南走向，长度130米，在发掘区的中部略靠北向外弧。剖面形状呈倒梯形，上口东西宽约12～14.8米、下口宽约10.2～12.5米，现存深度约为1.5～2.5米。城墙为分段夯筑，夯土平面上有十分明显的分界线，在发掘区域内可分为8段，且在有些夯土段之间发现有夹板的痕迹。夯土城墙叠压在仰韶时期遗址上，并打破仰韶时期遗址，夯土内包含陶片均属仰韶时期。城墙夯层明显，每层土色较为接近，土质坚硬，厚0.05～0.1米。夯窝每层均很密集，呈圆锥形，直径0.02～0.06米，深0.03～0.1米。另，在本段夯土墙基西侧向西60米内布方发掘，未发现城壕的迹象。

从夯土墙所处地理位置、走向及夯筑特征等方面判断，该夯土墙应是郑州商城外郭城墙的一部分。

③2008年5月，郑州市文物考古研究院在郑州市经五路与纬三路交汇处的河南省委文印中心综合楼工程考古发掘中，清理有商代灰沟、灰坑、陶窑、墓葬、房址、夯土建筑基址及汉代墓葬、战国水井等遗迹。出土大量商代遗物，陶器有鬲、盘、豆、大口尊、甗以及圆陶片等，另有铜爵、玉戈、石铲、蚌刀、骨镞、骨针等。

商代夯土建筑基址分别位于发掘区北侧及东南侧，延伸出探方外。发掘部分长约50.5米，宽7.25～12.4米，厚约1.2米，由红褐色黏土夯筑而成。夯层清晰，夯窝密集，十分坚固，厚5～8厘米。探方内夯土建筑台基及夯土建筑基槽边线清晰。另在夯土建筑基槽南侧清理出大面积砂礓石粉及红褐色杂土铺垫而成的地坪，质地坚硬，范围较大，厚10～20厘米，其西、南部均延伸出探方外。在夯土台基南部边缘，发现一组东西向排列的圆形柱洞，直径约35厘米，内填砂礓石及碎陶片。该夯土建筑基址的发现，为寻找外郭城提供了重要线索。

郑州商城的布局，体现了中国古城址布局中最常见的城郭之制。内城之内主要为宫殿分布区，少见或不见手工业作坊、一般居住遗址以及集中的墓葬区。外城不见大规模的夯土建筑基址，主要是铸铜、制骨、制陶等手工业作坊和一般居民点以及各种类型的墓葬。而在外城墙之外，商代遗址分布已很少，而其内侧商代遗存分布密集，这说明普通民众为保障自身安全而选定居住在外城之内的，这些考古材料充分证实了“筑城以卫君，造郭以守民”的记载。

郑州商城的城郭之制还体现着“外圆内方”的建造理念。这一建造理念的出现应是中原地区早期城址的发展趋势：由仰韶文化时期的圆形发展至龙山时期的方形再到多道城垣的“外圆内方”，这与古人根深蒂固的“天圆地方”的观念联系密切（图16.79～16.95）。

## 小双桥遗址

位于郑州市西北约20千米的石佛镇小双桥村西南部，分布于小双桥、岳岗、于庄三个自然村之间。遗址于1989年确认，1990年河南省文物考古研究所对其进行了调查和试掘，当时确认面积为15万平方米。1995～2000年，河南省文物考古研究所对小双桥遗址进行了多次发掘（郑州大学考古系、南开大学博物馆系等单位参加了部分发掘工

16.79　郑州商城俯瞰

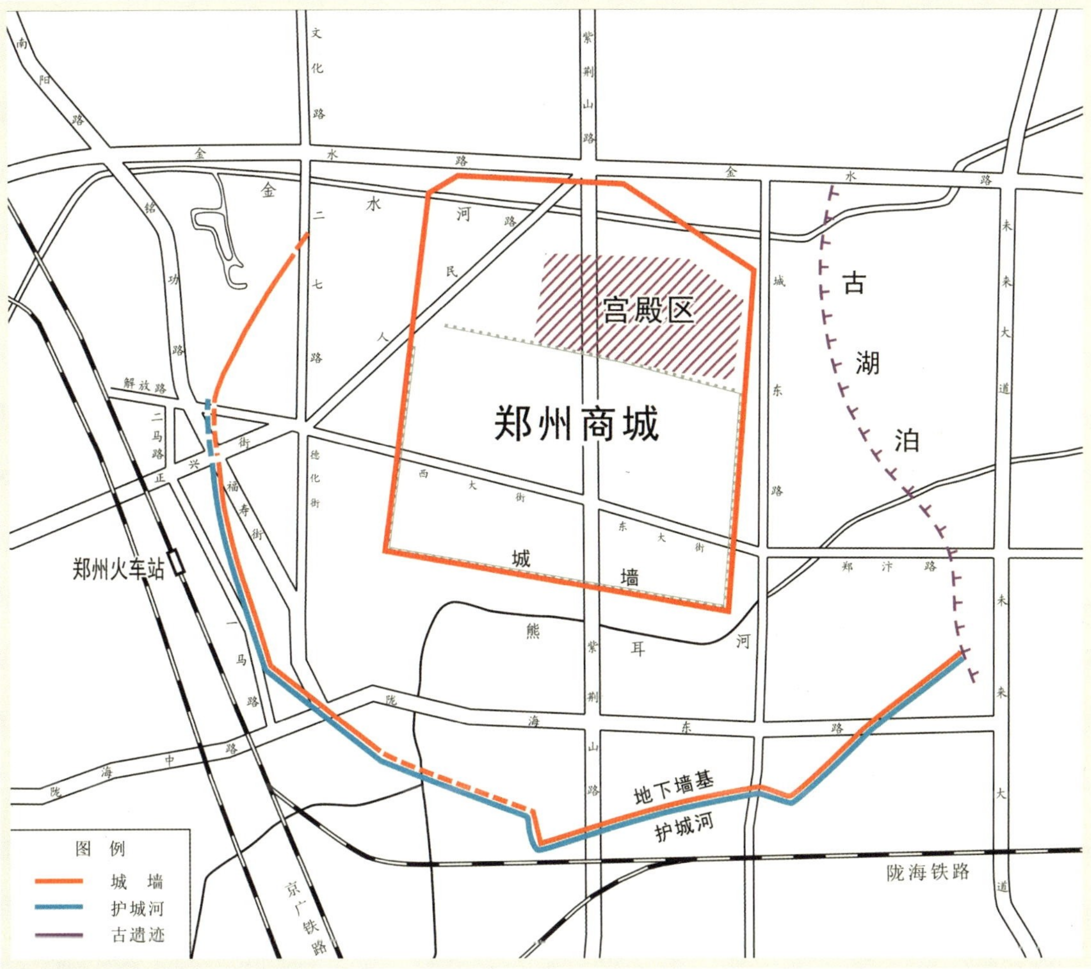


16.80　郑州商城平面示意图

16.81　城墙顶部

16.82　商城南城墙剖面

16.83 城墙的夯窝

16.84 郑州商城宫殿区内石砌输水管道

16.85 宫殿区发掘现场

16.86 向阳食品厂窖藏坑

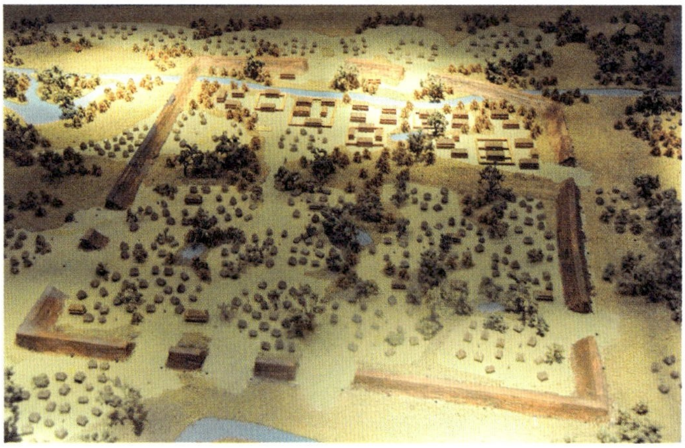

16.87 郑州商城（模型）

16.88 扁足圆铜鼎

16.89　牛首饕餮纹铜尊

16.90　提梁铜卣

16.91　铜罍

16.92　铜斝

16.94　玉戈

16.93　原始瓷尊

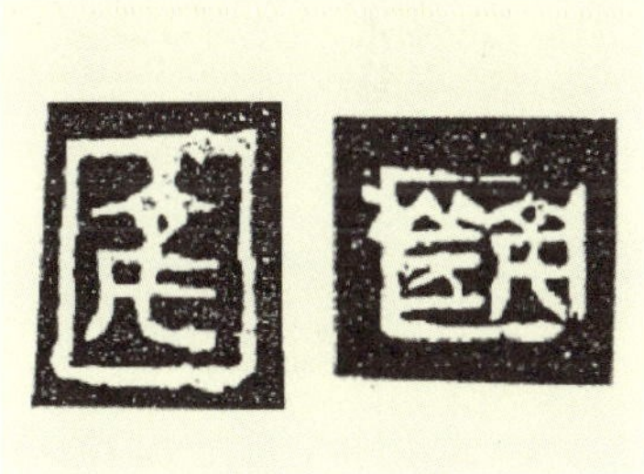

16.95　郑州出土东周陶文

作）。经过发掘，小双桥遗址取得了一系列重大发现，发现了多处大规模夯土建筑基址、多处祭祀遗存和青铜冶铸遗存以及手工业作坊遗存。还发现了青铜器、玉器、原始瓷器、朱书陶文等一系列高规格遗物。此外发现了丰富的商代白家庄时期的陶器。当时小双桥遗址公布面积为144万平方米。

2003年，本人曾在夯土台基附近发掘，清理出水井、巨型柱础和原始青瓷等，并对夯土台基四周坡面予以了实地测绘。

2009年底，郑州市文物考古研究院再次对小双桥遗址进行调查和勘探，在遗址的南部，仍广泛分布有白家庄期商代文化层，在东南部还分布有陶窑等重要遗迹。在岳岗村西引黄入郑干渠西侧勘探发现有一条宽约3米的小路，该小路南端与东西向的大路相接，往北断续发现100余米。村东北约300米，经勘探确认为一处古湖泊，可能是古荥泽。2011年11月至2012年3月，郑州市文物考古研究院再次对小双桥遗址又进行调查和勘探，发现建筑宫殿一座，并新发现不少其他遗迹，同时对于其原始地貌亦有了较为详细的了解。经过多次调查和勘探，确认小双桥遗址面积达400多万平方米。

经过多年的考古调查、发掘确认，小双桥遗址面积大，文化内涵丰富而重要，具有都邑遗址的规模和性质；遗址地处黄河南岸古敖地范围内，其文化年代属白家庄期，接郑州商城而繁荣，历时较短。有的学者认为合于仲丁迁隞的历史记载，遗址中大量岳石文化因素的出现，可以和“仲丁征蓝夷”的历史相对应。不过亦有学者认为与殷都或别的商都有关联。小双桥遗址是目前所发现的处于郑州商城和安阳洹北商城之间的唯一一个白家庄期的、具有都邑规模和性质的遗址（图16.96～16.109）。

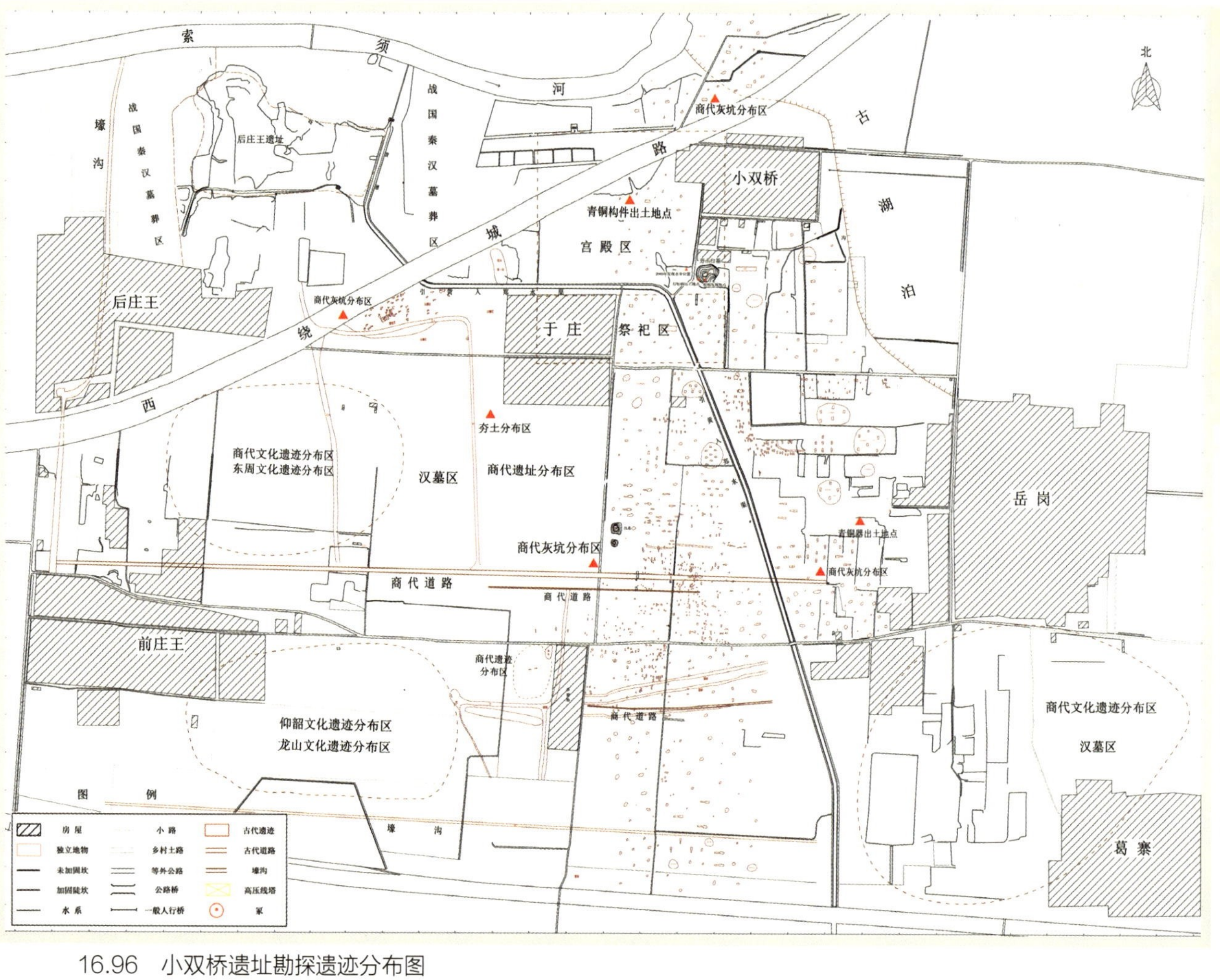

16.96 小双桥遗址勘探遗迹分布图

16.97　小双桥遗址发掘场景

16.98　古代车辙

16.99　夯土台基剖面

16.100　宫殿建筑基址

16.101　燎祭坑

16.102　牛头祭祀坑

16.103　石柱础出土现场

16.104　商代水井

16.105 羊形陶尊

16.106 石磬

16.107 小双桥出土朱书

16.108 小双桥出土朱书

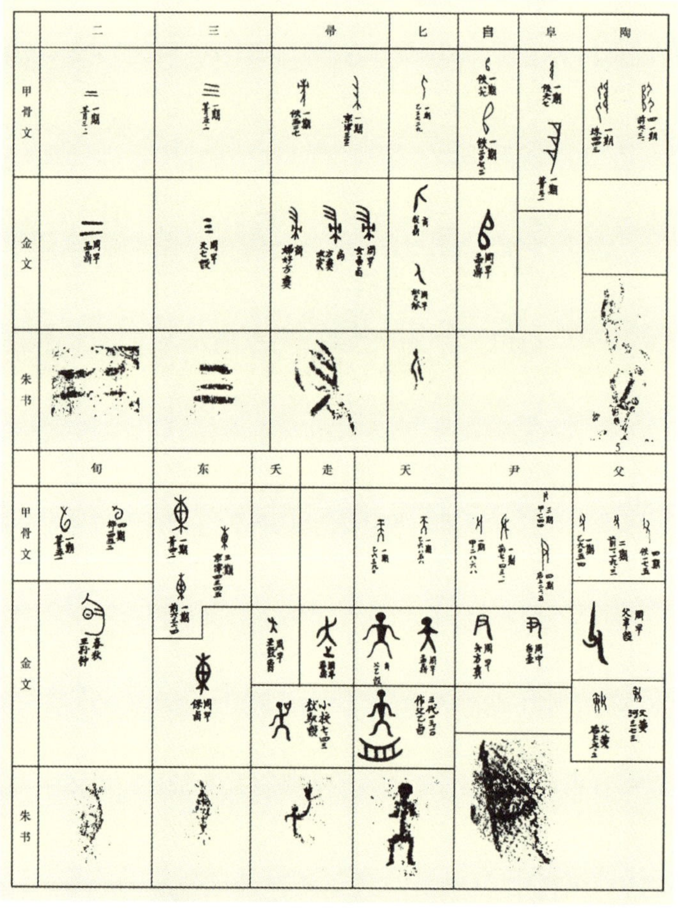


16.109 小双桥朱书文字与甲骨文、金文对照表（取自《郑州小双桥 1990—2000年考古发掘报告》）

## 东虢城

位于荥阳市大伾山顶，具体是否是东虢城址性质尚存疑。至今北墙已沦于黄河，东墙沦于汜水；南、西城墙仅剩数段，残垣约长1500米；墙体最高处10余米，城基最宽处60余米；夯筑水平较高，夯层约8厘米，仍清晰可见。从目前的考古材料看，该城时代早不到西周时期（图16.110）。

16.110 东虢城

## 密国故城

密国，是西周初分封的诸侯国，姬姓，周王室同姓贵族。据《潞史》载，西周国人暴动后，国势日衰，周宣王姬静继位，励精图治，先后对趁周王室衰落而反抗的诸侯进行讨伐，并把他们消灭，密国就是其中之一。公元前769年，郑国灭郐国而并其地，将属于郐国的原密国故城命名为新密邑。《左传·僖公六年》记载："夏，诸侯伐郑，以其逃首止之盟故也，围新密，郑所以不时城也。"从春秋战国到秦朝灭亡，均沿用此名。

位于新密市大隗镇大隗村，有一座古城，具体是何性质尚存疑。城址东西长1500米，南北宽500米，现仅存城墙一段，俗称"擂鼓台"，台高约7米，台顶面积约100平方米。地面发现有西周至汉代文化遗存（图16.111）。

16.111 密国故城

## 娘娘寨城址

位于荥阳市豫龙镇寨杨村西北，北临索河，地面尚残存部分寨墙，相传为北朝时期一个叫武威娘娘的军寨，娘娘寨因此得名。2004～2009年，郑州市文物考古研究院对该遗址进行了勘探发掘，发现有城墙、城门、房址、夯土基址、墓葬、道路、排水设施、陶窑、灰坑、水井、灰沟、土灶等。出土遗物多为陶器，还有石器、骨器、蚌器、小型铜器和玉器等。

城址由内城、外郭城及护城河组成。

（1）内城

平面近方形，面积16万平方米。保存有部分城墙，东西两面城墙破坏严重，南北两面城墙保存稍好。经解剖，南北城墙墙体结构基本相同，夯土墙夯层明显，夯层厚8~10厘米，圜底夯窝非常清晰，夯窝直径2~4厘米。内城的四角被破坏，四面城墙中段尚断续存在。南城墙上部破坏严重，仅残存墙基。

在内城四面城墙中部均发现有城门，南城门宽4.5米，上部被晚期坑打破，周围尚分布有城门奠基石。城门与城内的南北向道路（L1）相通；在城门内侧发现有一组陶水管道，陶水管道口端较高，另一端通向一深井，根据陶水管道自身的结构分析，其功用为蓄水。北城墙缺口处为一唐宋时期的大灰坑，其位置正处于城内南北向道路的北端，此处应为内城北门。西城门保存较好，城门上部为唐宋时期的夯土，下部为城门缺口，西城门宽4米，城门缺口处有两层路土，上层道路为城内东西向的道路( L2)，下层道路（L3）为该城门最早使用的道路。在西城门内侧，为一直径约10米，深4米的战国时期圆形祭祀坑，祭祀坑打破L2、L3。

内城目前共发现4条道路，其中南北向道路1条，编号L1，L1两端通向南北城门，宽3~4米，路土厚度为8厘米。东西向道路2条，编号L2、L3，L2、 L3宽3~5米，L2部分叠压L3，这两条道路均通向东西城门，L2被战国时期夯土基址和第④层叠压，战国时期遗存对其破坏严重，残存路土厚度为5厘米。L3被L2叠压，在西城门内侧L3路土厚度达40厘米。其中L2为春秋时期城内道路。L4是围绕中部夯土建筑外围而修的一条道路，宽3~5米，路土厚10厘米，时代为战国时期。

内城外勘探发现有护城河，围绕内城一周。护城河现存宽48米、深12米。解剖发现该护城河上部坡度较缓，下部为宽约4米、深约3米的陡直的窄沟，护城河内填土均为淤土层，包含物较少。

（2）外城

平面为长方形，东西长1200多米，南北宽850米，城址总面积102万平方米。因内城西、北部为索河，外城主要分布于内城的东、南部。南墙向西进入龙泉寺冲沟和索河，东墙北与索河相接。

外城墙墙体破坏较严重，外城墙仅残存墙基部分。外城东墙现存宽约7~9米；外城南墙现存宽度为2~8米不等；夯层厚8~12厘米，圜底夯窝直径4~5厘米。目前尚未发现外城门。对外城东、南城墙解剖知，两面城墙结构相同，均为先挖基槽再夯筑墙体，基槽宽约5米，墙体出地表加宽。外城墙曾两次修建，第二次修建是在第一次建筑的基础上进行加宽。解剖确认外城墙始建年代为春秋初期，战国时期对城墙进行扩建，外城在春秋、战国两个时期使用。

在南城墙外发现有外城壕，现存外城壕壕口宽约20米，深6米。东墙外为一条宽40米的冲沟，外城壕被该冲沟破坏殆尽。

该城址确切年代似应为两周时期，对寻找两周之际发生的郑桓公东迁其民于虢、郐间提供了一定参照和线索（图16.112~16.120）。

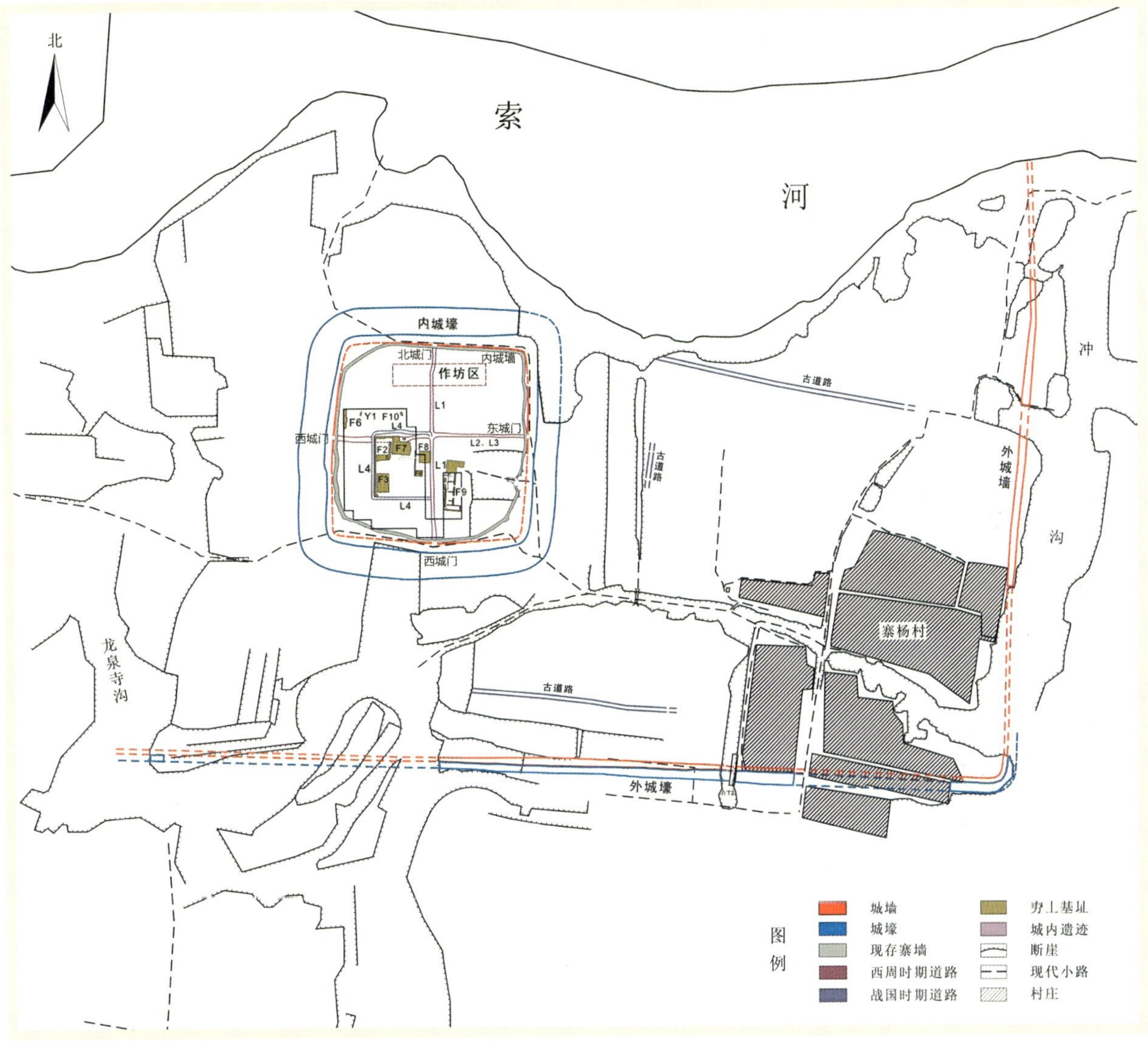


16.112　娘娘寨城址平面示意图

16.113　发掘现场

16.114　内城北城墙剖面

16.115　祭祀坑

16.116　陶窑

16.117　外城壕

16.118　玉玦

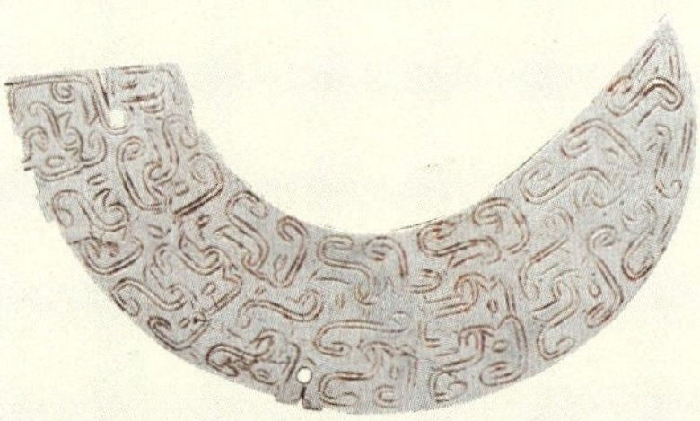

16.119　玉觽

16.120　玉圭

## 官庄城址

位于荥阳市高村乡官庄村西部。遗址东西长约1300米，南北宽约1000米，总面积超过130万平方米。1984年发现，2004年郑州市文物考古研究院对遗址进行了复查和试掘。2010～2011年，郑州大学考古专业配合南水北调中线工程建设，对遗址进行了勘探和发掘，发现了遗址的南、东侧外壕，并清理一批两周时期墓葬；2011～2012年，郑州大学历史学院与郑州市文物考古研究院组成联合考古队对遗址进行了科学系统的勘探和发掘工作，确认了遗址的外壕，发现了位于外壕内的大城、小城，揭露了小城南门，清理了一批两周时期的灰坑、墓葬、窖穴、水井、蓄水池、殉马坑等遗迹，出土了包括青铜器、玉石器、陶器和骨蚌制品等重要遗物。出土的东周时期陶豆上发现有“左司工格氏”“右司工格氏”“格氏”等陶文。

城址外壕仅存南、东外壕及北外壕的东段。南外壕长约1300米；东外壕长约900米；北外壕东段长540米，其西段稍向北折，与小城外壕相接。外壕宽2～6.5米，深2.7～4.2米。

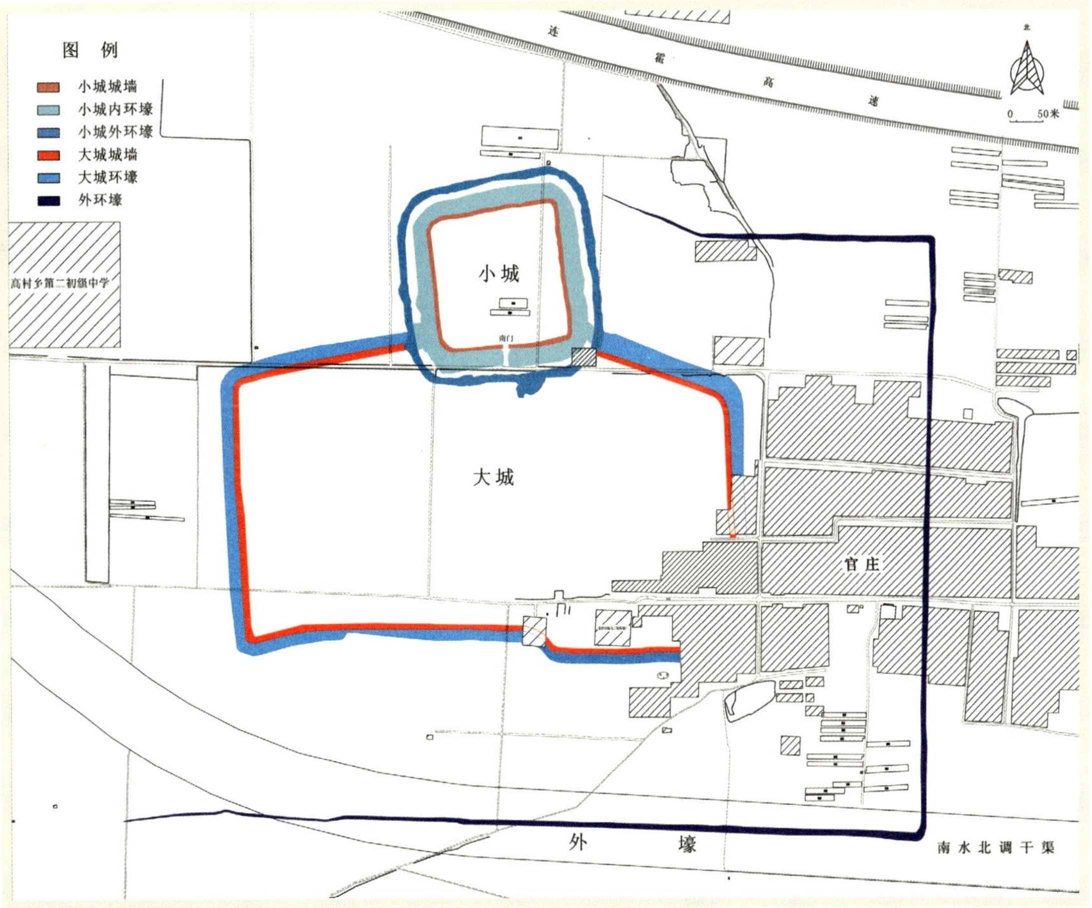


16.121　官庄城址平面图

大城位于外壕内中部，平面呈东西长方形，东、西壕长约420米，南、北壕长约750米，围合面积超过30万平方米。大城环壕与小城外壕相通，宽约19米，深约5米。

小城位于外壕内北中部，大城之北，平面近方形，由两重环壕环绕。以外环壕计，北、南、西三面长265～270米，东壕长约310米。包括环壕在内的小城总面积约11.5万平方米。小城外环壕宽10～12米，内环壕宽16～23米，内、外环壕之间为宽10～16米的生土带。外环壕与大城环壕相通，深约5.5米；内环壕深约7米。在小城内环壕的内侧发现红褐色的生土条带，宽8～10米，绕城一周，其上局部发现有残存的夯土层，分析应为小城城墙的墙基遗存。

在小城南壕中部发现一处出入口遗迹，呈舌状突出，从内壕内侧的红褐色生土带向南延伸，伸入内壕中，东西宽约9米，其上发现有柱洞及建筑基槽，应存在城门建筑。

官庄城址外壕及大、小城环壕的始建年代均不晚于西周晚期，大、小城的环壕至战国早期方被填平，小城的内、外环壕还被战国时期的道路所叠压。综合分析，官庄城址的始建年代不晚于西周晚期（图16.121～16.128）。

16.122 官庄城址远景

16.123 南外壕

16.124 大城南墙及环壕

16.125　小城西墙及内、外环壕

16.127　陶簋

16.126　小城南门及出入口遗迹

16.128　陶文

## 祭伯城

位于郑州市金水区祭城镇祭城村（现郑东新区CBD商务区的东北部，东风渠以南，农业东路以东，熊耳河北岸，东风渠与熊耳河交汇处的夹角地带）。这里地势平坦而且低洼，距古代的圃田泽较近。

1984年郑州市文物工作队（今郑州市文物考古研究院）在河南省第四次全省文物普查中发现了明清时期的城墙。2004年7月在郑东新区文物古迹专项规划调查中进一步发现了两周城址。两周时期城址南北总长约1260米，东西宽约1380米，总面积约174万平方米。分明清时期和春秋战国时期两座城址，南北交错叠压。

明清时期城址　位于熊耳河的北岸，春秋战国时期城址的中部以南区域，南墙部分被熊耳河冲毁。形状略呈椭圆形，东西长约770米，南北宽约680米，面积52万平方米左右。经勘探及局部发掘后，可以确认地下墙体与环壕能断续环绕一周，城址内有丰富的明清时期房基与道路等遗迹，冲积形成的堆积层亦较厚。环状城墙墙体上顶距地表深0.6～1米，墙高约3.6米，上顶宽约18.5米，下底宽约22米，夯层厚0.08～0.2米，平夯，土质为浅黄褐色沙土，质地较硬，较纯净，含炭粒、料姜颗粒等，出土有较多陶、瓷器残片及兽骨等遗物。

两周时期城址 位于东风渠以南，形状呈长方形，中部有一南北向夯土墙体相隔，可分东西两座小城，整体呈现“曰”字状。城址东西长约1380米，南北宽约1000米，面积约138万平方米。城址上部由于冲积形成的堆积层较厚，地下水位较高等原因，经勘探与局部发掘，仅可确认地下断续的一周墙体。城墙墙体上顶距地表深浅不一，最浅处距地表0.5米，最深处达7米，上顶宽15.5米左右，底宽约25米，夯层厚0.05～0.15米，圜底夯窝或平底夯窝，夯窝直径0.03～0.15米，深0.03～0.05米。夯筑方法为先起墙心，再在两坡起夯。土色为黄褐灰花，质地较硬，结构紧密，含炭粒、烧土颗粒、料姜颗粒、蜗牛壳等。出土遗物多为残陶片与兽骨等，可辨认的器形有陶盆、釜、罐、豆、缸等。

据《左传》《春秋·穀

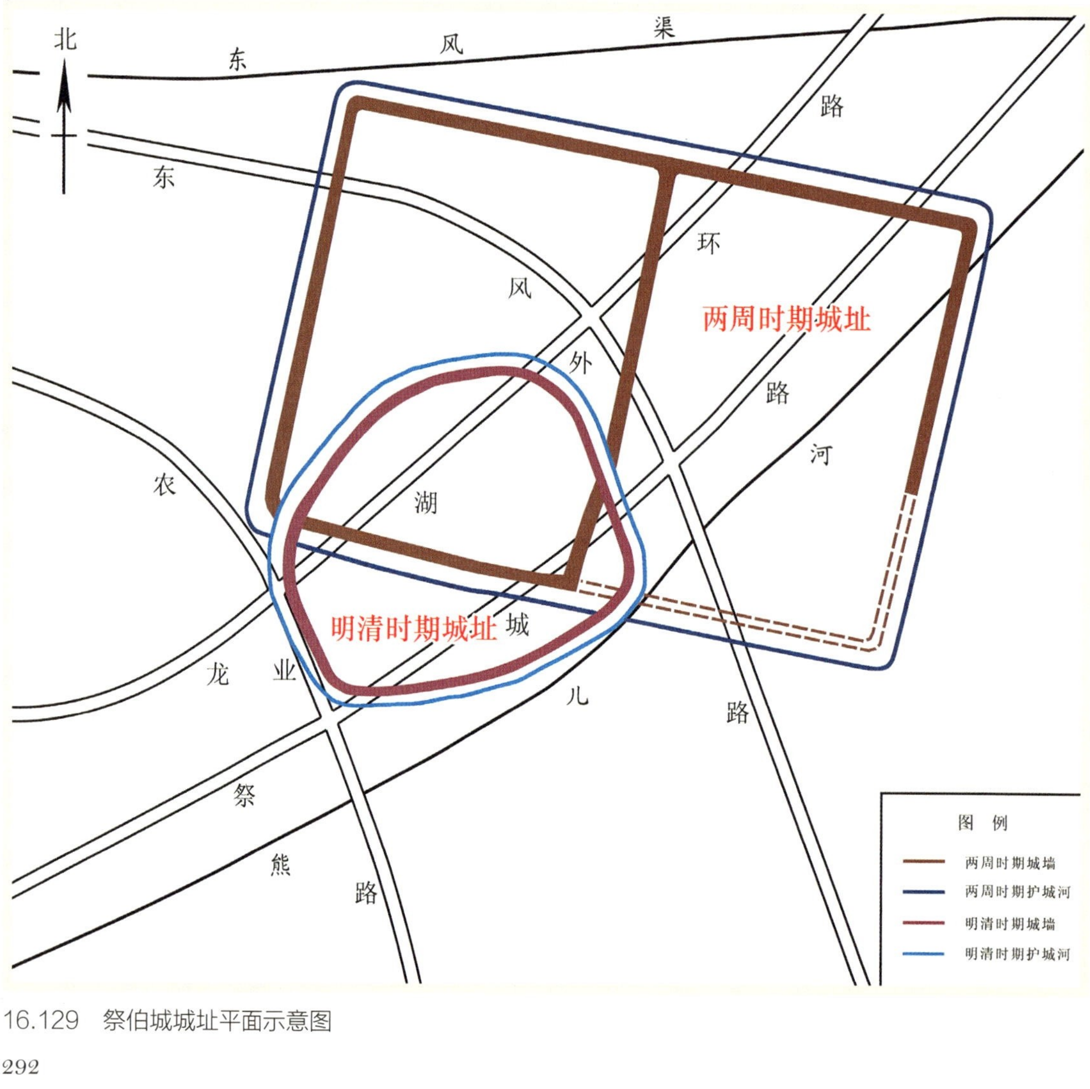


16.129 祭伯城城址平面示意图

16.130　城墙剖面

16.132　城墙墙体夯层

16.133　城墙墙体夯窝

梁传》《史记》等记载，公元前1046年，西周圣主武王去世，其弟周公继而辅政，不久周公将其第五子分封至管城，历史上称为祭伯，其所建都城即为祭伯城。《括地志》载：“故祭城在管城县东北十五里，郑大夫祭仲邑也”（图16.129～16.134）。

16.131　城墙墙体

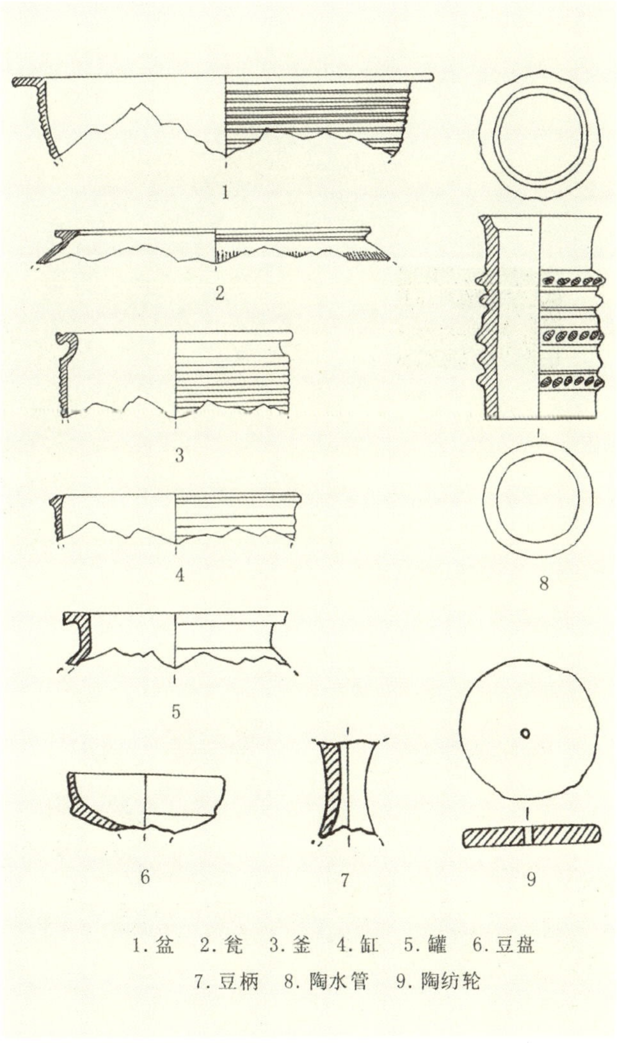


16.134　祭伯城出土陶器

## 京城城址

位于荥阳市京襄城村周围，为春秋战国时期的重要城池。周襄王十六年（前636年），周有“叔带之乱”，襄王出避，郑文公迎襄王居于京，后亦称“襄城”，清朝合京、襄二字，称“京襄城”。《括地志》曰：“京县城在郑州荥阳县东南二十里，郑之京邑也。”《开封府志》载：“京城在荥阳县东南二十里，郑庄公封弟于此，《左传》所谓京城大叔是也。”

城址平面呈南北纵长方形，城垣的修建，似依靠当时这一带的自然地形略加取直，夯筑而成。北墙长1529.5米，东墙长1814.6米，南墙长1469.5米，西墙长1805.9米，周长6620.5米，面积272万平方米。地面上夯土城墙部分损毁严重，现存部分有东南城角，其他三个城角均被破坏；地面上现残存高低长短不同的城墙16段，长度为2884.05米。残存的夯土城墙高2～3米的居多，极少部分高6～8米，城墙底部宽20～40米。现存城墙上夯层、木棍架孔清晰可见，圆形夯窝，直径约8厘米，夯层较薄，一般厚5～12厘米。南墙和东墙外有宽大的深沟，应为护城壕。城址内文化层堆积较厚，一般在1～3米，最厚处可达4米以上，文化遗迹、遗物较为丰富。

2012年，郑州市文物考古研究院组织业务人员对该城进行了调查与勘探，确认城垣和护城壕各1周，发现城门7处，城内发现网状道路5条，沟5条，墓葬和灰坑分布区5处，汉墓2座，灰坑5处，窑址1座，房址1座。本次勘探的重要收获是发现了规模巨大的环壕。

外环壕位于城址的北部与东部，其南外壕与西外壕基本于城址的南护城壕和西护城壕相贯通连接，形状呈长方形，南北长2582

16.135 京城古城址

16.136 城墙

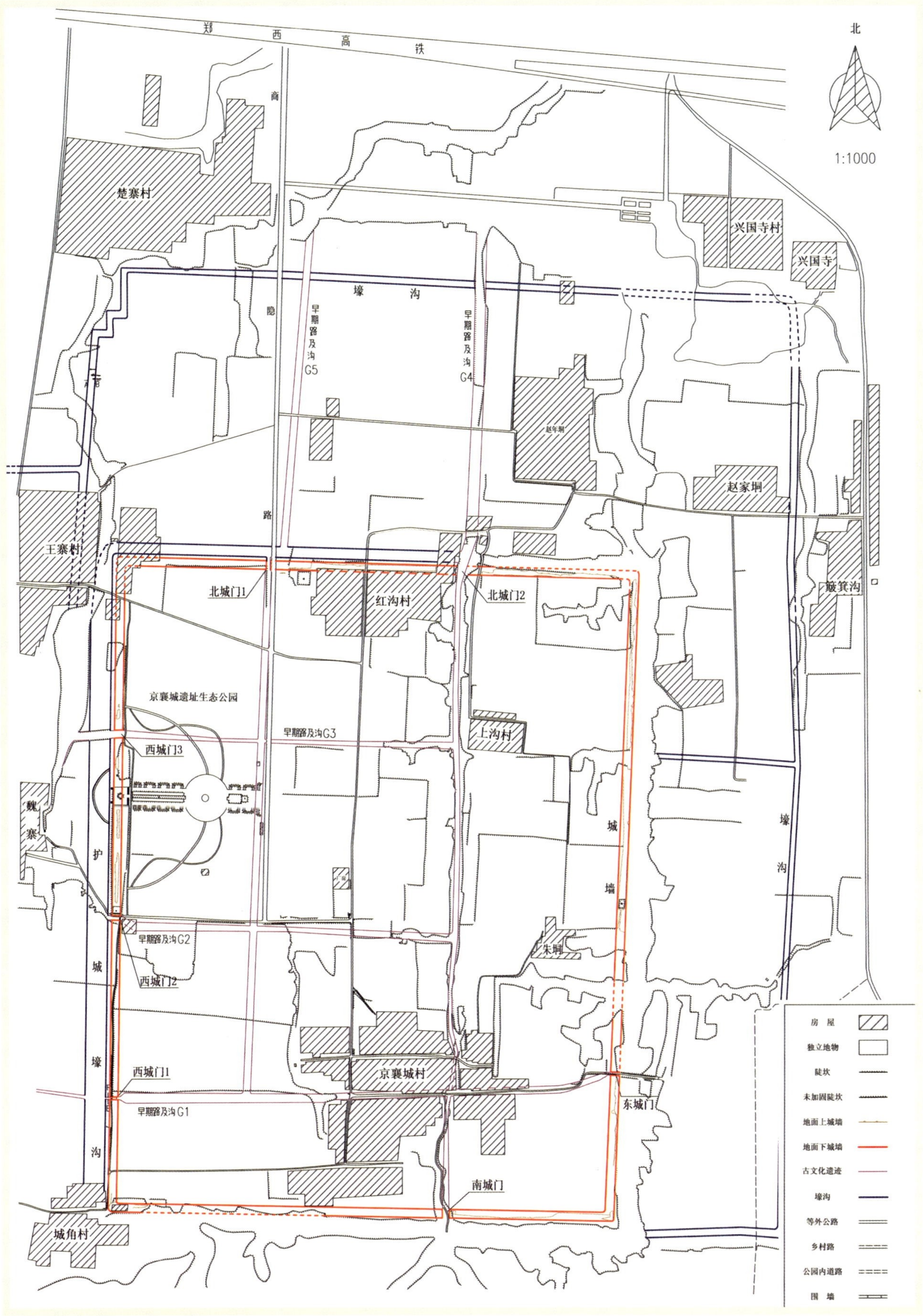
北
1:1000
郑 西 高 铁
商
隐
路
楚寨村
兴国寺村
兴国寺
壕 沟
早期路及沟G5
早期路及沟G4
赵家垌
王寨村
簸箕沟
北城门1
红沟村
北城门2
京襄城遗址生态公园
早期路及沟G3
西城门3
上沟村
魏寨
护城壕沟
城墙
壕沟
早期路及沟G2
朱垌
西城门2
西城门1
早期路及沟G1
京襄城村
东城门
南城门
城角村
房屋
独立地物
陡坎
未加固陡坎
地面上城墙
地面下城墙
古文化遗迹
壕沟
等外公路
乡村路
公园内道路
围墙

16.137 京城城址平面图

16.138 城墙夯层

米，东西宽2003米，环壕口宽18 米，深5～6米。填土为黄褐色淤土，包含有春秋战国时期陶器残片。外环壕内侧暂未发现有夯土城垣。道路呈网状布局，南北向2条，东西向3条，道路两端均直通城门，说明城址早期已有规划功能分区。这些新的发现为研究京城的整体布局结构以及社会文化面貌提供了珍贵资料（图16.135～16.142）。

16.139 南城壕

16.140 南城墙解剖发掘现场

16.141 夯窝

16.142 解剖沟中部的夯土槽

16.143　负黍城

16.144　南城墙夯土

## 负黍城

位于登封市东南15千米大金店镇南城子村附近颍河南岸台地上，东有安庙河，西有段村河，两河交汇向北流入颍河。城南靠青红山岭，南高北低，一面靠山，三面环水，地势险要。

城址平面略呈正方形，东西长650米，南北宽约600米，尚存部分夯土城垣，残高1～2米，夯层厚4～10厘米。城址内发现铜箭头及绳纹、方格纹、篮纹陶片，可看出器形的有豆、罐、鼎等。陶质有泥质和砂质两种，陶色以灰陶为主，红陶和黑陶较少。城内断崖上暴露的文化层堆积达1～2米。城址以北有个叫“箭坑”的地方，发现大量铜箭头。

据《竹书纪年》载：周敬王六年(前514年)“郑伐冯、滑于负黍”。周安王十七年(前385年)韩伐郑，占领阳城、负黍。《史记·秦本纪》：昭襄王“五十一年(前256年) 将军摎攻韩，取阳城、负黍”。可知负黍城乃是军事要地，也是春秋战国时期郑、韩两国的边防重镇。此城可能为西周时所建，沿用至春秋战国时期。具体是何性质尚存疑（图16.143、16.144）。

## 烛之武城

位于新郑市郑韩故城外东南部，黄水河东岸，黄水入双洎河(洧水)处。系春秋郑国烛之武的封邑。《水经注》洧水条注记载“(黄水)南历烛城西，即郑大夫烛之武邑也。”

烛之武机智善口辞，救郑有功而受封。据《左传》：郑文公四十三年(前630年)，秦、晋围郑，郑使烛之武夜缒而出，往说秦穆公，曰：“秦、晋围郑，郑既知亡矣。若亡郑而有益于君，敢以烦执事。越国以鄙远，君知其难也，焉用亡郑以陪邻？邻之厚，君之薄也。若舍郑以为东道主，行李之往来，共其乏困，君亦无所害。且君尝为晋君赐矣，许君焦、瑕，朝济而夕设版焉，君之所知也。夫晋何厌之有？既东封郑，又欲肆其西封。不阙秦，将焉取之？阙秦以利晋，惟君图之”。秦君听罢，甚觉有理，乃与郑盟而还。晋师闻之亦还。郑之危而不亡，皆烛之武功。今城已废无存。

## 黄城城址

位于登封市西约25千米君召乡黄城村东的台地上。城址东、西两面临沟，南有陈窑水库，北靠马鞍山。据旧志引《杂道书》有“尧聘许由坛墠也，谓之黄城”的记载。又《潞史》亦有“黄城，许由隐此”的记载。

黄城城址呈长方形，南北长约600多米，东西宽约300米，城内面积约10万平方米。地面上，城墙现残存高约3～6米，宽约5米，夯层明显，夯土坚硬。北城墙夯层厚6～9厘米，尖底夯

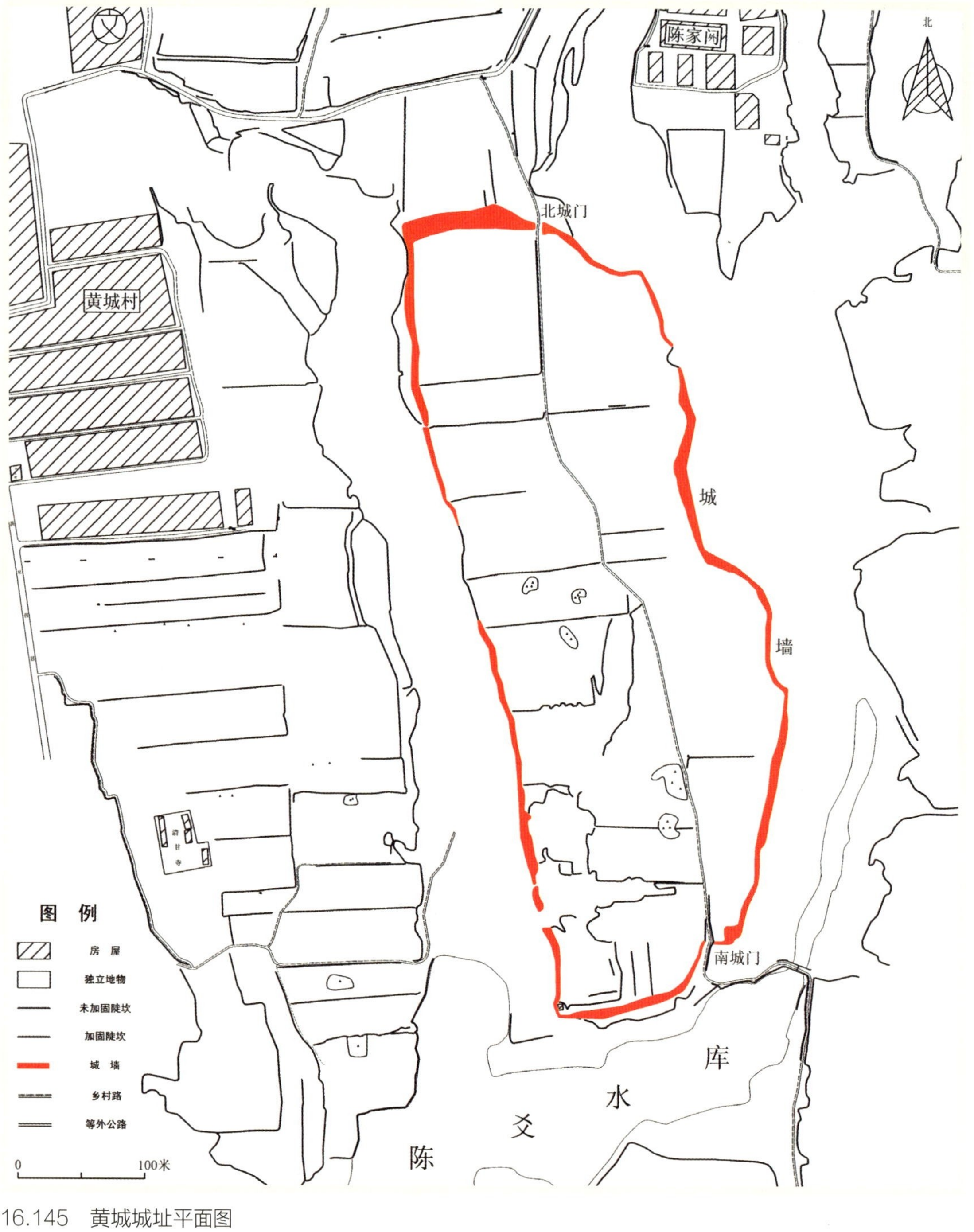


16.145 黄城城址平面图

窝，夯窝直径3～4厘米。夯层还遗留很多筑城墙时的夹板滚杆圆孔，每间隔0.4米便有一个横穿滚杆孔和竖穿夹杆孔，根据夯层、夯窝及修筑方法，可知属春秋战国时期的遗存。南半部是汉代在原城墙基础上又加宽的城墙。东、西、南三面城墙夯层厚15～21厘米，夯土内夹杂大量春秋战国至汉代的陶器和板瓦、筒瓦残块。现在地面残存城墙部分应为清代重修。城内地面上散存有春秋至汉代的陶器残片。纹饰以绳纹为主，弦纹次之。该城址从目前材料看，始建年代可能为春秋战国时期，具体是何性质尚存疑（图16.145～16.147）。

16.146　黄城城址远景

16.147　北城墙

## 阳城故城

位于登封市东南12千米告城镇东北。城址呈南北长方形，周长约5700米，总面积140万平方米。城墙北墙沿丘陵夯筑，长约700米，中段保留宽13米的缺口为城门遗迹，墙外侧有宽约60米的护城壕沟。东墙沿小溪西岸长约2000米，仅存部分城墙。西墙沿丘陵修筑，长约2000米，仅存北段，墙外侧有宽60米的护城壕。南墙临告城镇北侧沿颍河北岸长约1000米，现存几段城墙。残墙高1～2米，最高处8米，墙基宽约30米。城墙系夯土筑成，部分城墙底部铺一层卵石。夯层厚6～9厘米，每层均有圆形夯窝。城墙内含春秋战国时期陶片。

城内中部偏北有一处大型建筑遗址，基面上残留成片的铺地砖，其上堆积大量砖瓦和陶器残片，发现有贮水池、节水闸和排水管道等，反映了当时城市建设中给排水设施的先进水平。城内还出土有残铁器、铜镞和陶鬲、釜、盆、盂、碗、豆、罐等。在一些陶器上还印有“阳城仓器”“阳城”等戳记和其他陶文符号，证明这座城址是春秋战国时期的阳城。铸铁遗址在阳城南墙外，是战国时期的铸铁作坊。在遗址上发现不少战国时期的铸铁遗存。登封阳城地理位置十分险要，是当时著名的军事重镇，又是当时著名的冶铁之地（图16.148～16.156）。

## 河阴故城

位于郑州市西北黄河游览区西任店村，北邻黄河南岸断崖。为春秋战国时期城址。

城址依山而建，平面呈不规则状。城址北墙全部、东墙大部、西墙北部均已塌入黄河。现存面积约16万平方米。现存南城墙残长400多米，西墙400多米，东墙百余米。残墙最高处约6米，以黄土夯筑而成，夯层一般厚8～12厘米，圜底圆夯，夯径9厘米左右，夯层内含粗绳纹板瓦片，内饰方格纹。

据《读史方舆纪要》载：河阴旧城“在县东，本荥阳汜水县地，唐开元二十年析置河阴县，管河阴仓。二十三年徙治输场之东渠口，以便漕运。元时徙治于广武山之大峪口，明又徙今治。”《水经注》载，该城所在的山为敖山，“其山上有城，即殷帝仲丁之所迁也”。皇甫谧《帝王世纪》云：“仲丁自亳徙嚣河上者也，或曰敖矣。秦置仓于其中，故亦曰敖仓城也”（图16.157）。

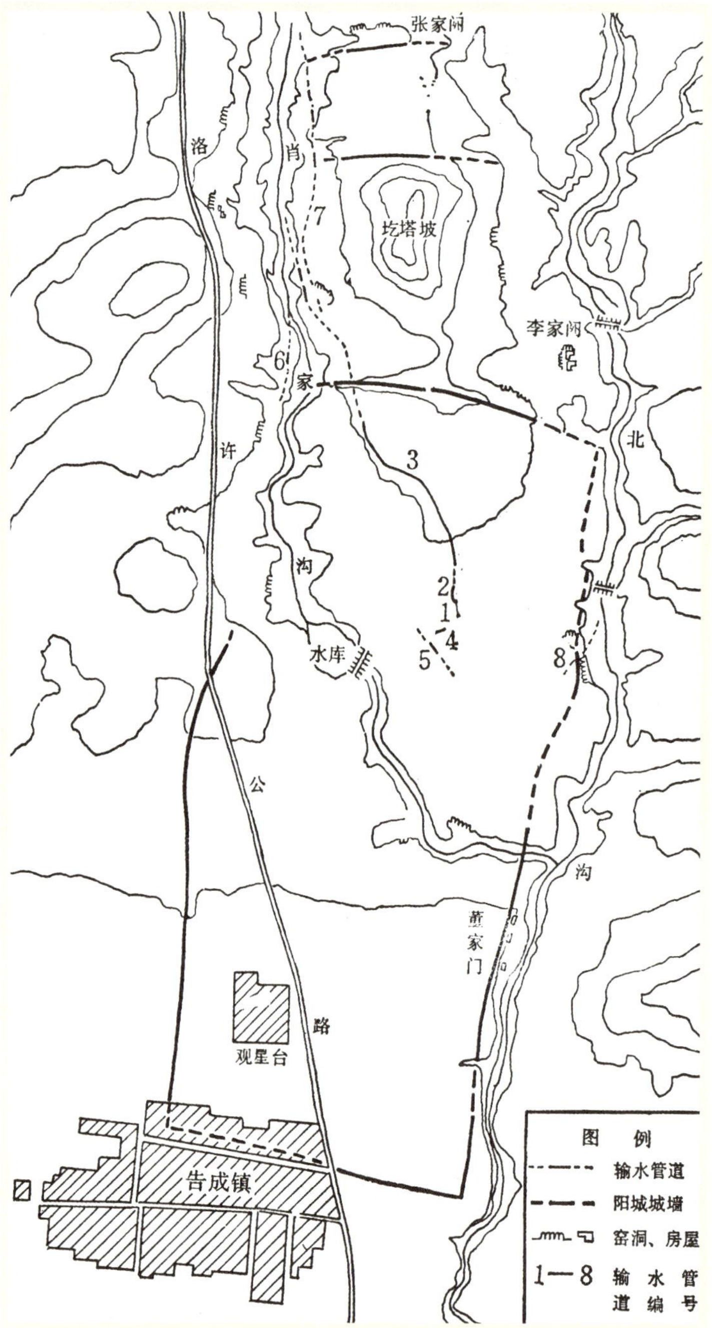


16.148 阳城故城平面示意图

16.149　阳城故城

16.150　北城墙

16.151　输水管道的澄水池

16.152　四通控制管与三通排气管的衔接

16.153　四通控制管

16.154　三通排气管

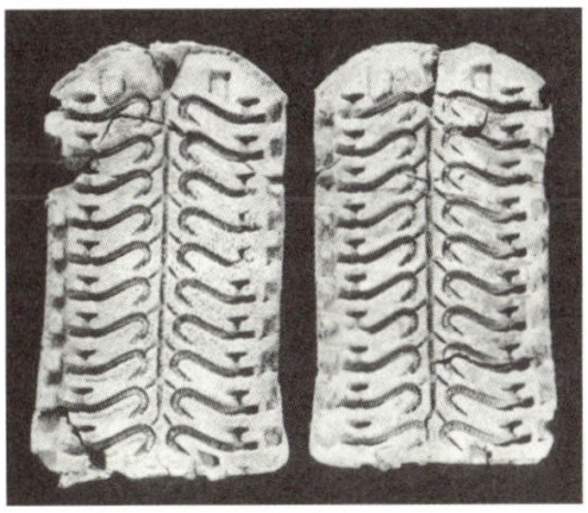

16.155　带钩陶范

16.156　战国早期陶文

16.157　河阴故城

## 常庙城址

位于郑州市西南约8千米的中原区大岗刘乡常庙村周围。城址南北长约2000米，东西宽约500米，面积约100万平方米。现存城墙一般高3～5米，最高达8米以上。城墙用夯土夯筑而成，每层厚9厘米左右，圜底圆夯窝，直径9厘米左右。城内有房基、陶窑、灰

16.158 常庙城址平面图

16.159　东城墙

16.160　城墙夯土层

坑等遗迹。城内地表散见很多陶器残片，有鬲足、宽折沿盆、瓮、豆、板瓦、筒瓦、素面瓦当等。陶质有泥质灰陶、夹砂灰陶，器表多饰绳纹。陶片多为春秋战国时期的遗物，有少量西周的鬲、豆残片。

2006年郑州市文物考古研究院组织业务人员对城址进行了调查、试掘，发现大量的陶文。多数陶豆柄、陶碗内底部有陶文，部分盆、鬲、罐肩部也有陶文。陶文多数为戳印单字，重复者极多，少数为刻划文字，2字、4字、6字均有，目前已释出“亳”“京”“公”“述”“齿”“穆”“瓶”“巽”“阳城仓器”等。数量巨

16.161　南城墙发掘现场

16.162　朱书

大的陶文对研究当时的地名、职官及战国韩文字系统将增添大批实物资料（图16.158～16.163）。

16.163 陶文拓片

## 东周故城（巩义）

位于巩义市康店镇康北村窑顶沟。该城址形势险要，由西向东渐次倾斜，直到洛水西岸。

城址呈正方形，城址东城墙被河水冲毁，建在山顶上的西城墙现存长约1000米，南部紧靠冲积深沟。城墙夯层厚9～25厘米，夯窝为圆形集束夯窝，窝径3～5厘米，深2～3厘米。西城墙内发现不少周、汉时期的陶片，并发现规模较小的竖穴土坑墓。葬器组合为豆、鼎、鬲、壶。清同治五年（1866年），曾在西城基上砌有寨墙，辟东、西两门。现存西寨墙400米，高10～15米，厚1～2米。西寨门镶长方石刻一方，上书“东周故址”，右下角书“清同治五年”（图16.164、16.165）。

## 东周故城（郑州）

位于郑州市管城回族区圃田乡古城村，东北部古时为圃田泽。

城址呈刀把形，方向为北偏东7°，由城墙和城壕两部分组成。东、北、西三面城墙较直，唯南城墙曲折，自西南城角向东约440米处呈直角南折约120米，又折东约420米。南城墙长约980米，西城墙长约440米，北城墙长约880米，东城墙长约560米，总面积约40万平方米。城墙四周均有城壕，宽约30～60米。现存东城墙及北城墙东段保存基本完好，高3.5～5米；南城墙多被破坏，西城墙北段和北城墙西段，已被新建的居民区叠压，城墙西南角保存尚好。

近年，考古工作者对城址进行了全面调查、勘探，并在城址的南城墙中段、西南拐角段、东南拐角处分别进行了考古发掘。廓清了城墙和护城河的结构、建造方法、年代等问题，并发现了当时的“市政管网设

16.164　清代碑额

16.165　东周故城

施”——大型蓄水池及排水管道，另发现有大型建筑基址、灰坑、水井、瓮棺等遗迹。城内文化遗物丰富，发现有东周时期的板瓦、素面瓦当、短舌耸肩绳纹筒瓦、宽沿陶盆、矮领盘口罐、瓮等遗物。

经解剖，城墙由基槽、主体城墙组成，等距离使用加固墩加固。城墙使用双基槽版筑法夯筑而成，夯层中有版筑过程遗留的木柱痕迹。在南城墙外凸西段发现两处城墙加固墩，形制为近方形。两加固墩间隔约60米。不知是否与城门遗迹有关。总基槽宽25～30米，其中外基槽宽13～16米，深4米左右；内基槽宽7～8，深2.7～3.4米。墙芯在双基槽之间，厚1～2.1米，宽5～8米，夯土质量较好，夯层规整，夯窝为方形、不规则圆形，每层厚0.06～0.15米，夯窝直径0.06～0.1米，一般2～3个夯窝为一组，包含极少量绳纹陶片。壕沟居于城墙基槽外4～6米，现存宽约36米，最宽处达60余米，深约4米。

经过对城墙、护城河的解剖及城墙内与护城河所出陶片分析判断，该城的年代应不晚于战国中期。

关于该城目前有两种说法：其一，该古城为郯城。《郑县志》记载："古郯城在州东，左传宣公十二年晋荀林父帅师与楚子战于郯。"《郑州市志》也有郯城位于郑州东7千米古城村的记载。2007年当地出土的周氏家族清代碑文记载："周氏祖籍山西洪洞县，后迁郑东十五里古郯城定居"。但《中华大字典》和我国最早的字典《说文解字》均将郯城注释为"晋邑也"，按此解释，郯城就不在郑州东，古城村非郯城。其二，古城村为"依"城（或殷城），据考证，"依"即是周封殷后之"殷"国。周武王灭殷后，封武庚禄父于邶，封管叔于管，以监武庚禄父，而管叔鲜实令武庚禄父于管城东郊之依"殷"城，以监视之。"依"古时就应是"殷"的同音字，"依城"即今天的古城村。"依城"世人也曾呼为"太子城"或"庚王城"。这个说法与当地百姓传说相符，相传庚王墓就在古城，当地有"东八步、西八步、离城还有十八步，谁能找到庚王墓，富顶河南一国都"等一类表述近似的谚语。

该城附近曾出土大量马骨，是否与庚王墓车马坑有关，应予以重视。不过从考古材料看，这座城时代不

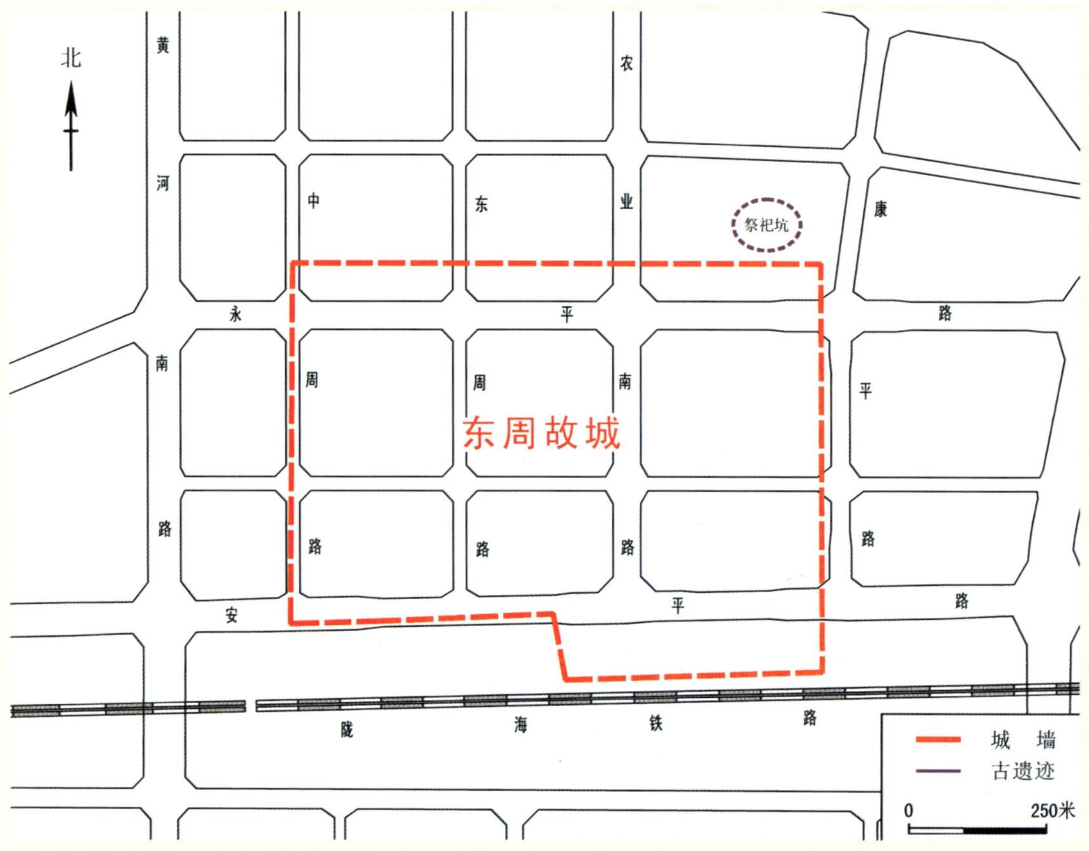


16.166 东周故城平面图

早于战国中期，尚早不到商末周初，所以，文献认为这座城与商有关，估计是与其附近有庚王墓有关（图16.166～16.180）。

## 小索城

位于荥阳市北约1千米的索河北岸，为春秋战国时期城址。

城垣东西长860米，南北宽660米，周长3000多米，城墙底部宽约24米，地面残存最高处达5米余。在北墙外约500米处，还有4个间距各200米的夯土台基，高约8米，可能是阙的基础。城墙夯层均匀，每层厚约10厘米，夯窝密集，均为圆底平夯。

城内散布大量绳纹板瓦、筒瓦及陶片，还有铁制生产工具等。城内西南角沿河断崖上暴露出厚约3～8米的陶片堆积层和陶窑。陶片可辨器形有罐、盆、瓮、碗、豆等。大部分瓮、罐的肩部、盆的上腹部、豆盘内底部印有陶文，陶文多系使用圆形印章，在陶坯尚湿时捺印上的。个别器物上发现使用方形印章和刻划符号。陶文有“格氏”“格氏左司空”“格氏右司空”等字样。至于刻划符号，多因残缺不全或过于简单而不能辨识。

2010年，郑州市文物考古研究院联合荥阳市文物

16.167　东周故城

16.168　城墙东南拐角

16.169　城墙基槽剖面

16.170　东周时期排水管道

16.171 陶钵

16.172 陶罐

16.173 陶奁

16.174 陶盆

16.175 陶碗

16.176 陶甑

16.177 陶豆

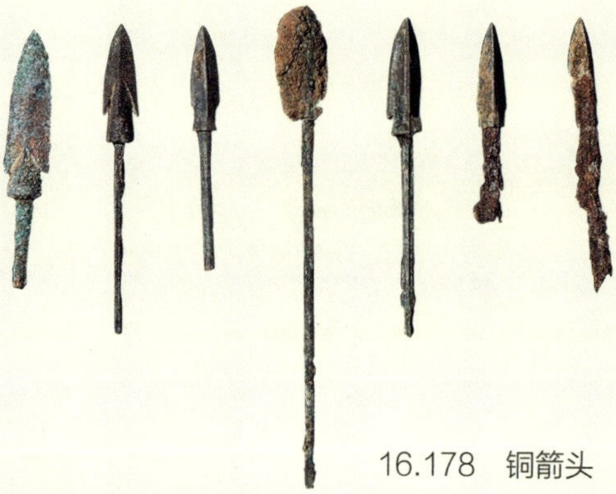

16.178 铜箭头

16.179 陶文

16.180 陶文

16.181　小索城平面图

16.182　南城墙剖面

保护管理所结合工程建设项目对城址进行了考古发掘。清理春秋至汉代灰坑29座、水井1座、道路1条、陶灶3座、陶窑1座、宋代至明清墓葬3座，出土完整器物20余件及大量陶器残片。

《水经注》载：“索水又北屈东,迳大索城南”。《春秋传》曰：“郑子皮劳叔向于索氏，即此城也”。《晋地道志》所谓京有大索、小索亭。《汉书》：京、索之间也，正与今日所传之小索城的地望相符（图16.181～16.188）。

## 大索城

位于荥阳市老城区，城内地势中间高，周围低，形似龟背。城外索水南来，围绕东、北两面，故人称荥阳城为“金龟戏水”。北魏太和年间(477～499年)，荥阳

16.183　北城墙

16.184　北城墙剖面

16.185　北城墙夯层

16.186　北城壕

16.187　筒瓦

16.188　陶器

县自古荥(郑州市北郊)移治于此，历隋、唐、宋、元、明、清、民国数代。据《荥阳县志》载：“郑子皮劳叔向于索氏”，即指此。城北2.5千米有小索城，故历史上多以大小索城并称。

古城址平面呈长方形，夯筑城垣周长约3400米，城内面积67万平方米。现存北垣大部和东垣残基，城墙现存高度3～4.6米。历年出土有陶器、铁器、建筑构件残片等（图16.189、16.190）。

## 华阳故城

位于新郑市区北20千米的郭店镇华阳寨村周围一

带，是战国时期韩国的北部门户和军事重镇，公元前273年著名的华阳之战就发生在这里。

城址平面呈束腰式曲折长方形，城垣东南部向外凸出，城西南部内凹，城墙南北长660～750米，东西宽570～630米，周长约3千米。北城墙、东城墙、西城墙保存较好，南城墙西段被村庄占压破坏较甚，但地下城基尚保存较好。北城墙基宽15～30米，城墙高6～8米。城墙及其四角共筑有10个向外凸出的马面高台，用于守城和瞭望。北墙、西墙、东墙之马面保存较完整。据考察和勘探，城墙北缺口、南缺口、西缺口均与古代的道路连接，应为城门，东缺口因为长期冲刷较甚，地面已为深沟或凹地，是否为城门尚需继续工作。西、南两个城门的右侧有前伸的马面、左侧有城墙作环护，北城门右侧有前凸遗迹、左侧有马面拱卫，对城门安全防护极为重视，具有明显的军事防守作用。

群众历年在平整土地时，在城址内发现有建筑台基、灰坑、水井等遗存。城内外不断出土战国时期的陶器和铜镞等遗物。在西城墙缺口处，曾发现许多人骨，似是古代战死者的遗骸。

16.189 大索城

16.190 断崖暴露的文化层

华阳，据《帝王世纪》说：“神农氏，姜姓也，母曰任姒，有蟜氏女，为少典妃，游华阳，有神龙首，感生炎帝。”著名考古学者唐兰在《西周青铜器铭文分代史征》中说：“华，地名，在今河南密县(今属新郑)，西为嵩山，是夏族旧居，所以华即是夏，中华民族起源于此。”又据《读史方舆纪要》载：“在县北四十五里，亦曰华阳亭。古华国。史伯谓郑桓公华君之土也。”《史记·周本纪》载，周赧王“四十二年（前273年），秦破华阳约。”《史记·韩世家》载：韩僖王“二十三年（前273年），赵、魏攻我华阳，韩告急于秦……八月而至，败赵、魏于华阳下。”《史记·白起王翦列传》记载：“昭王三十四年(前273年)白起攻魏，拔华阳。”

由此可知，西周已有城邑，是古华国都城。华阳故城春秋属郑，战国归韩。秦灭六国后堕城毁门，华阳故城遭到严重破坏。隋代伊斯兰教徒入住城内。唐以后对城墙整修，局部增高并增扩修建马面设施。宋时，相传周世

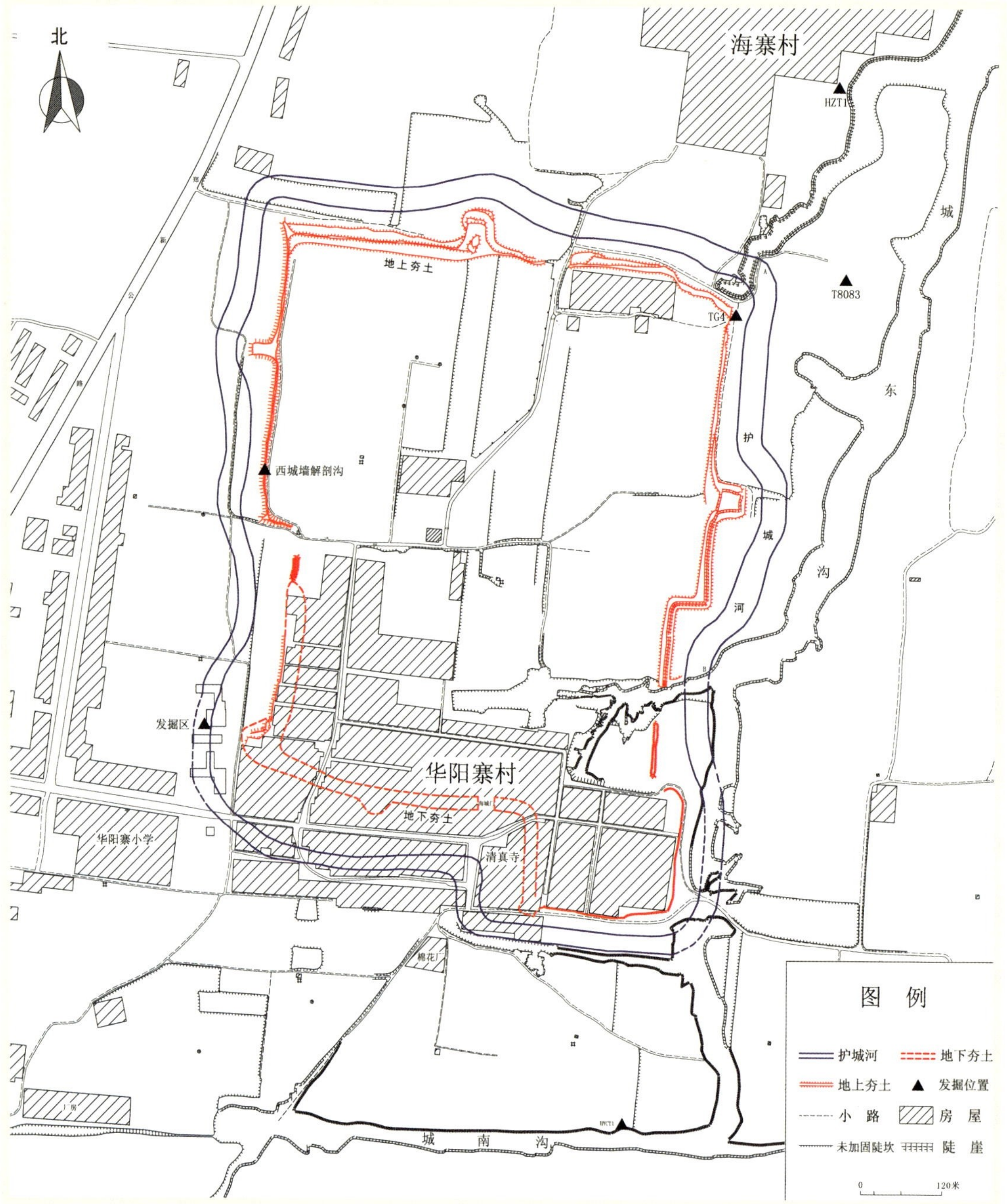


16.191 华阳故城平面图

宗柴荣女柴郡主每年前来祭奠其父，都在此城内卸下佩饰和凤冠，换上素服前往。因此，华阳城又叫“卸花城”。清咸丰年间华阳寨村建清真寺，整修南门，门上刻青石门额“古华邑”（图16.191～16.206）。

## 郑韩故城

位于新郑市城关一带，在双洎河（古洧水）与黄水

16.192　华阳故城远景

16.193　北城墙及马面

16.194　西城门缺口

16.195　北城门缺口

16.196　城墙剖面

16.197　发掘现场航拍

16.198 防御墙

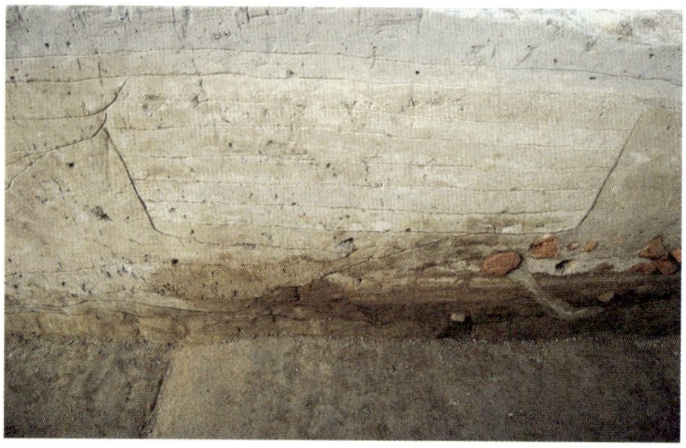

16.199 防御墙剖面

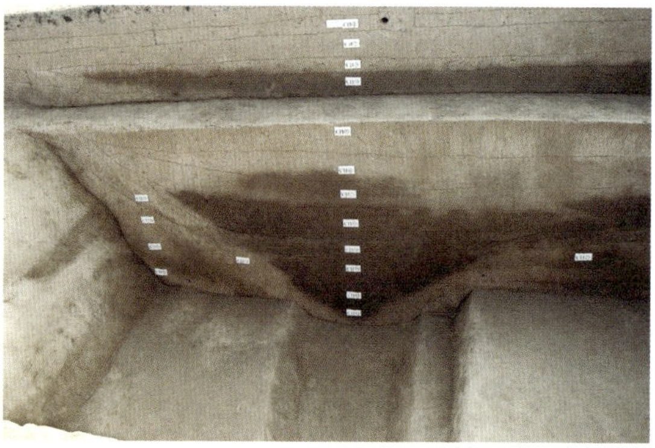

16.200 护城河剖面

16.201 城墙外侧环壕

16.202 炼渣块

16.203 环壕出土烧土块

16.204 陶鬲

16.205 筒瓦

16.205 陶簋

16.206 铜镞

河之间的三角地带。如今地面所遗存的城墙仍蜿蜒起伏，连绵数十里，民间素有“四十五里牛角城”之称。据《竹书记年》《史记》《汉书》等文献记载，它是春秋战国时期郑国与韩国先后建都的地方。郑国在此建都长达390多年，于公元前375年被韩哀侯所灭。韩灭郑后，将国都从阳翟（河南禹县）迁于此，国祚延130多年，于公元前230年为秦所灭。郑韩数百年的建都历史，使得这片土地存留了丰富的春秋战国时期的遗迹与遗物。

城址平面略呈不规则长方形，东西长约5000米，南北宽约4500米。中部有一道南北向的夯土墙将故城分成西城和东城两部分。城墙是分层夯筑而成，地面下有城墙基槽，地面上城墙残高一般10米左右，最高处达18米，城墙底宽40～60米。总的看来，下部夯层厚10厘米左右，每层夯面都有圆口圜底夯窝印痕；上部夯层厚10～12厘米，每层夯面上都有圆形平底夯窝印痕。

（1）西城

平面略呈长方形，北墙长约2400米，保存较好。东墙即故城隔城，长约4300米，大部分墙基现埋于地下。而西墙与南墙据推测多被双洎河冲毁。经钻探发掘得知，在西城内中北部（今

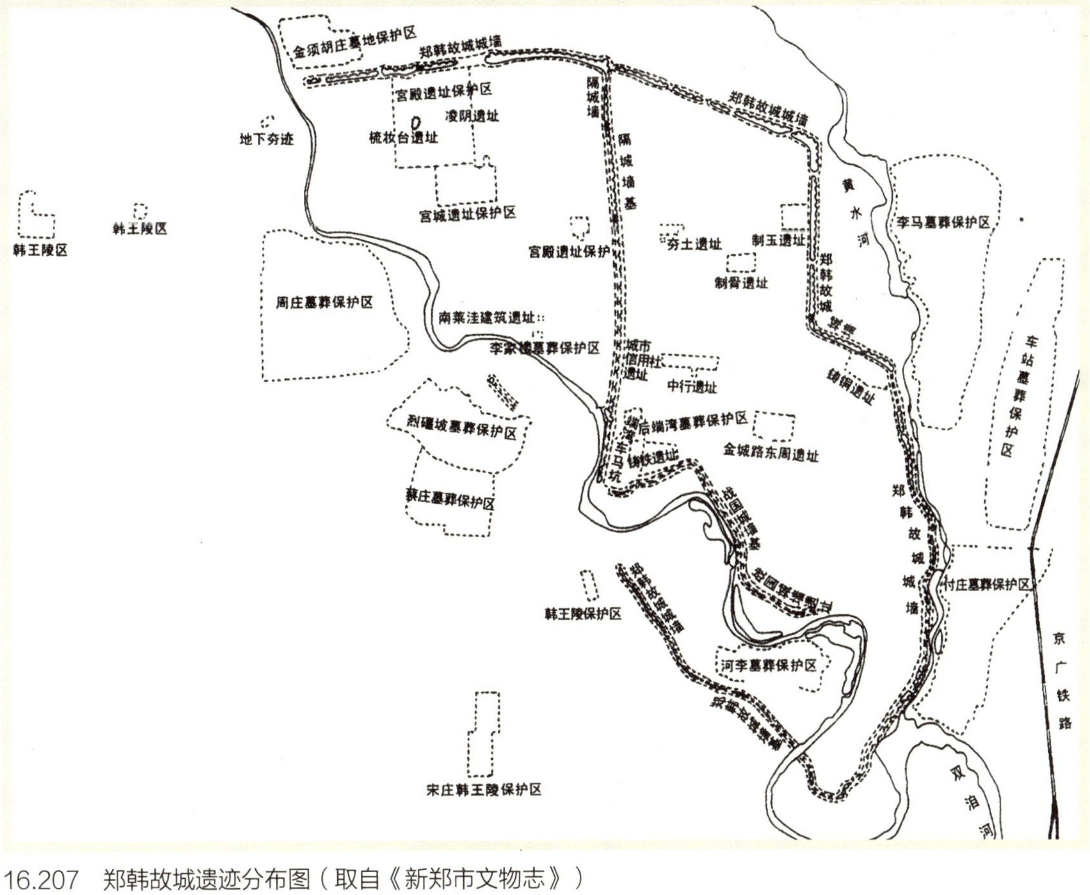


16.207 郑韩故城遗迹分布图（取自《新郑市文物志》）

16.208 郑韩故城城墙

16.209 祭祀遗址发掘现场

16.210 青铜礼器坑

16.211 青铜乐器坑

16.212 车马坑

阁老坟村一带），夯土建筑基址分布密集。已经发现的有10多处，有的基址面积达六七千平方米。并有上下层建筑基址叠压和打破关系。其规模之大和使用年限之久，表明这里是春秋战国时期郑、韩两国的宫殿区和与其有关的建筑群落的集中区域。西城中部发现以夯土墙环绕的宫殿遗址。东西长约500米，南北宽约320米，墙基宽10～13米。今全部湮埋于地下。钻探发现有疑似宫城北门和西门的遗迹。宫城

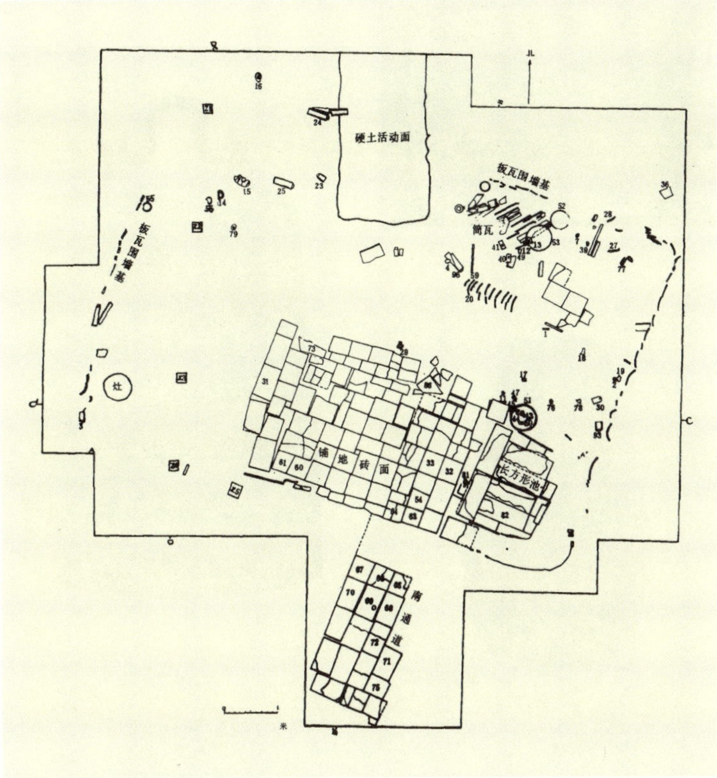


16.213　制陶作坊遗迹平面图（取自《河南新郑郑韩故城制陶作坊遗迹发掘简报》）

16.214　铜簋

16.215　铜鼎

内中部偏北处发现了大型的夯土建筑台基，毗邻台基的西北，至今尚保存一处高于地面的夯土高台，俗称“梳妆台”。台基作长方形，高8米，南北长约135米，东西宽约80米，台上发现有陶井圈构筑的水井和埋入地下的陶排水管道。

在位于宫城西北部的地下发现有冷藏建筑遗址，是口略大于底的长方形竖穴式，东端修筑台阶式出入通道直达地下冷藏室底部。室底平坦而规整，室内面积21.24平方米。底部东侧，直线排列5眼竖井式冷藏井窖，以特制的筒状陶井圈在预先挖好的竖井式土圹中上下套接而成，井深约2.5米，直径80厘米左右。其室周壁规整、地面平坦整洁，封闭性好，填土中有大量禽兽骨骼，可以说明，这是一处以储藏肉食为主的冷藏建筑。

（2）东城

平面呈不规则的长方形。北墙长约1800米，东墙南行后折而向东，沿黄水河西岸南行至与双洎河交汇处止，全长约5100米。南墙西起东墙南端，西行过双洎河，再沿其南岸，在前端湾村止。方向略与故城隔墙成一直线，全长2900米。在东墙的北段，有一古代路基通过的城墙缺口，可能为城门遗址。东墙与北墙大都遗留于地面上，保存较好。东城是手工业作坊集中分布的区域。目前发现有春秋战国时期的铸铜作坊、制骨作坊、铸铁作坊、制陶和制玉作坊等遗址（图16.207～16.219）。

16.216 铜方壶

16.217 铜方壶盖

16.218 陶埙

16.219 铜编钟

## 苑陵故城

位于新郑市城北18千米龙王村西北部，东至岗河，西临鸿雁河。苑陵故城是秦汉时期名城之一。

据《括地志》《郑通志》以及《史记》等记载，苑陵城早期是春秋时期的郐国属地，郑武公灭郐后归属郑国，成为郑国和韩国的重要防护城邑之一。秦始皇十七年(前230年)于此置苑陵县；西汉初，刘邦派大将樊哙攻下苑陵城，仍设苑陵县；南北朝时期，西魏大都督宇文贵以2000人大败东魏数万兵马，东魏大将任祥退守苑陵，宇文贵追击，双方大战苑陵城，成为历史上以少胜多的著名战役之一；隋大业初，并苑陵入新郑，属豫州荥阳郡；唐武德四年(621年)复置苑陵县；贞观元年(627年)再废苑陵，并入新郑县，至今。

近年来，郑州市文物考古研究院组织业务人员对城址进行了全面的调查、勘探，确认苑陵故城分为内城和外城，内城位于外城的西南角。外城建造年代可早到西周时期，平面呈长方形，东西长约2000米，南北宽1700米，面积约340万平方米，护城河紧贴城墙，宽25～35 米。内城始建于战国，兴盛于秦汉，平面呈长方形，东西长1260米，南北长约800米，面积约为100万平方米，墙外为护城河，宽20～25米。外城墙地表已不存，内城墙保存较好，现存最高处为16米、基宽32米，四面城墙上各有城门一座，城内共分布道路9条，居住区、作坊区位于城中部及东南部。据调查，苑陵城内有许多高土台，城外有31座墓冢，可能是贵族墓葬。城外东南50米有烽火台遗迹。城内外经常出土铜器、陶器和大量米字纹空心砖。

另外，经过我院近年来的考古和调查勘探，发现城内有西周时期的遗存，在城墙外也有，有学者曾把其与郐国联系（图16.220～16.223）。

## 焦城古城址

位于中牟县黄店镇八里村，面水背阜，南有小清河，北有沙土岗。应属于汉代古城。

城址平面呈长方形，东西长380米，南北宽310米，周长1380米。城内面积11.7万平方米。城墙西墙保存较好，高3～6米，基宽13米。南城墙和北城墙西段断续保存，高1～3米。东墙大部被破坏，地面仅可见墙基痕迹。东北城角已被取土破坏。城墙黄土夯筑而成，夯层8～10厘米，圆形平底夯窝。城墙上可见版筑棍孔。城墙夯土层中、城内及周围地表见有大量汉代板瓦、筒瓦残片。城墙顶部有后期加筑的寨墙（图16.224）。

## 成皋城

位于荥阳市汜水镇虎牢关村。城址平面呈梯形，西城墙和南城墙（跑马岭）保存较好，大体为西北—东南方向，长约700米，城墙最高处10米以上，一般高2～5米，宽一般20米左右，最宽处约40米，用素土夯筑而成。城内发现有灰坑、文化层和大片建筑基址分布，文化层厚约2～5米。出土陶器中，有的戳印有“公”“左（右）司工（空）”等文字。

成皋城因长期控扼古代中原东西方交通要道，地形险要，易守难攻，成为兵家必争之地及著名的军事重镇。如《史记》曾有“绝成皋之口，天下不通”“与项羽战荥阳，争成皋之口，大战七十，小战四十”等记载，充分说明了成皋城在军事斗争中的特殊地位。其次，两汉、魏晋、北朝等历史时期，成皋城还长期是成皋县、成皋郡等行政建制的治所，成为管理一方的行政中心长达数百年。有学者认为刘邦曾经称帝于此（图16.225～16.227）。

## 伯禽城

位于中牟县西部。以周公姬旦之子伯禽自周至鲁（今山东曲阜）经此，筑城以纪，得名。此城南北朝时尚清晰可见，后淹于黄水。现地面留存有陶片等遗物。《水经注·渠水》：（黄翁涧）“北径中阳城西。梁惠王十七年（前354年），郑僖侯来朝中阳也。”即指此城。是否是伯禽城尚存疑。

## 浮戏山魏长城

位于新密市西北10千米，西北从荥、密交界的香炉山起，经蜡烛山、沙岗、风门口、五岭，南到茶庵村北，长5800米，墙基宽2.5米，现存城墙最高处为2.5米，依山而筑横穿许多地势险要的山口。墙垣为青石砌筑，保存基本完整。

《史记·苏秦传》载：“苏秦说魏襄王曰：‘大王之地，西有长城之界’”，即指此长城。《后汉书·郡国志》也提到“有长城经阳武到密”。魏为秦所逼，将都城自安邑(今山西夏县)迁都大梁(今河南开封)后，为了防御西邻秦国入侵，于公元前256年，由今黄河北的原阳县，经过郑州西郊，南到新密市，修了一条100余千米的长城。秦统一六国后，这条长城始废弃。今新密市、荥阳市、巩义市浮戏山现存魏长城遗址，是唯一保存在地

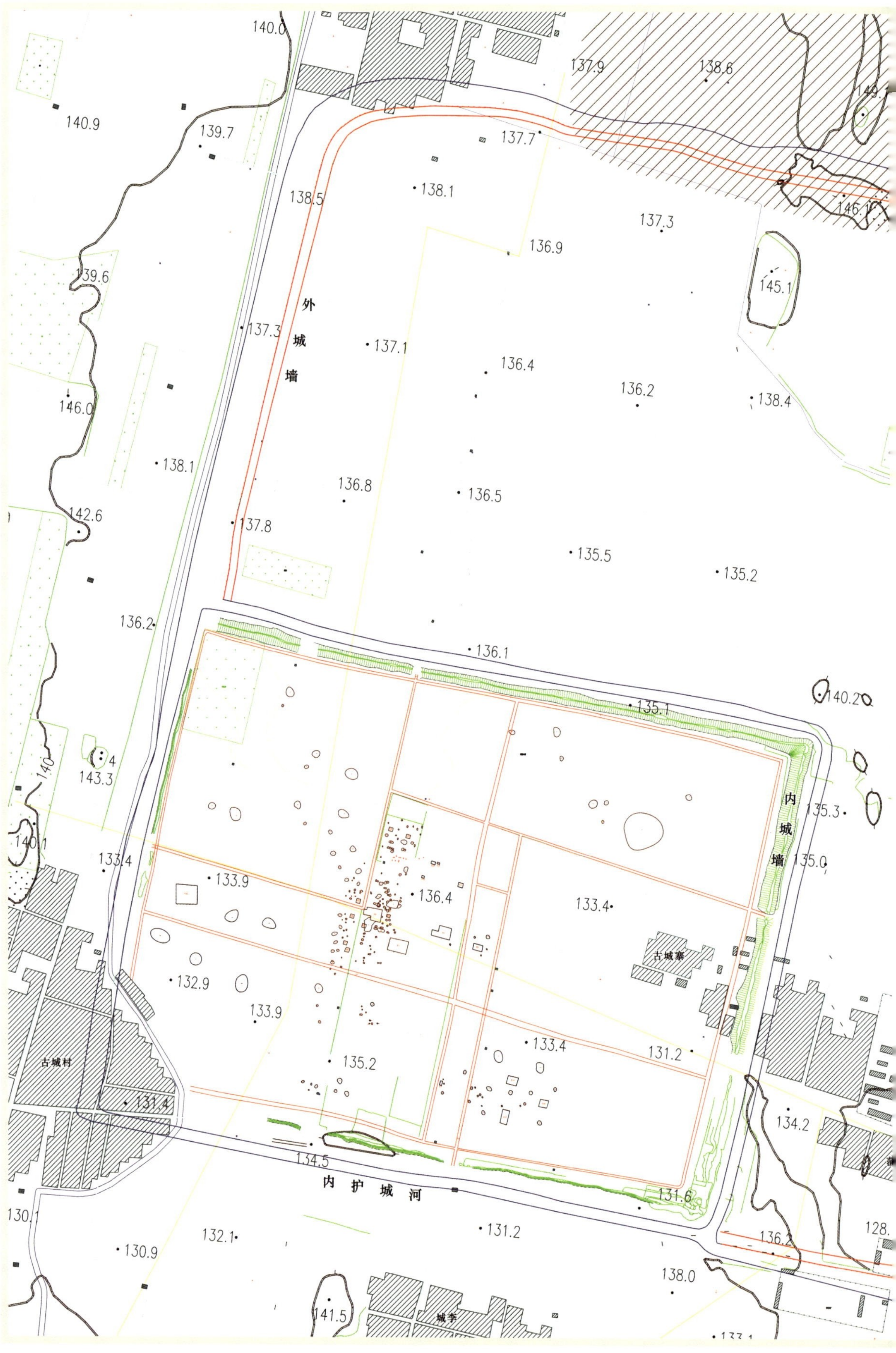
外城墙
内城墙
内护城河
古城寨
古城村
城李
140.0
140.9
139.7
137.9
138.6
137.7
138.1
138.5
137.3
136.9
139.6
145.1
137.3
137.1
136.4
136.2
138.4
146.0
138.1
136.8
136.5
142.6
137.8
135.5
135.2
136.2
136.1
135.1
140.2
143.3
135.3
140.1
133.4
135.0
133.9
136.4
133.4
132.9
133.9
133.4
131.2
135.2
131.4
134.2
134.5
131.6
130.1
132.1
131.2
130.9
136.2
138.0
141.5

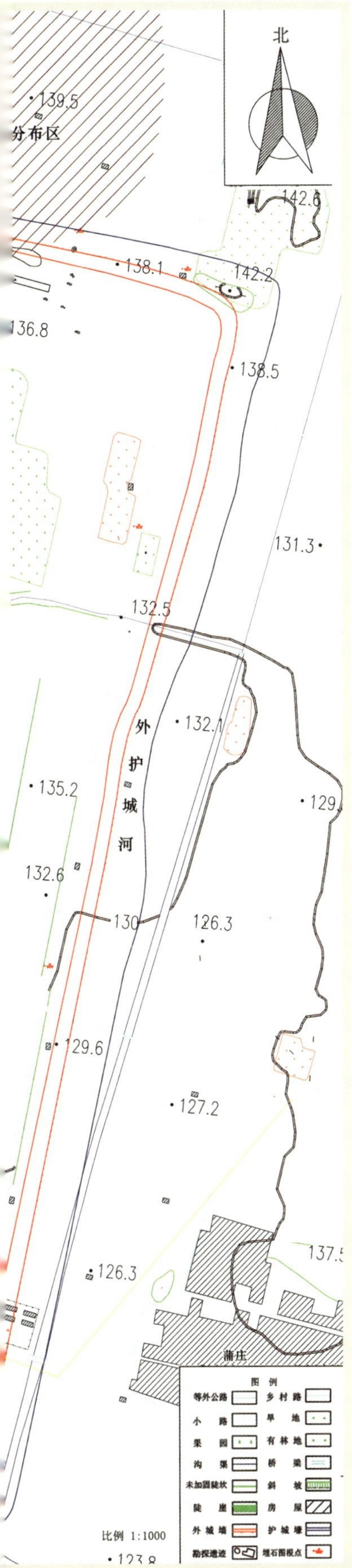


16.220　苑陵故城勘探图

16.221　南城墙

16.222　北城墙

16.223　北城墙剖面

16.224　焦城古城城墙

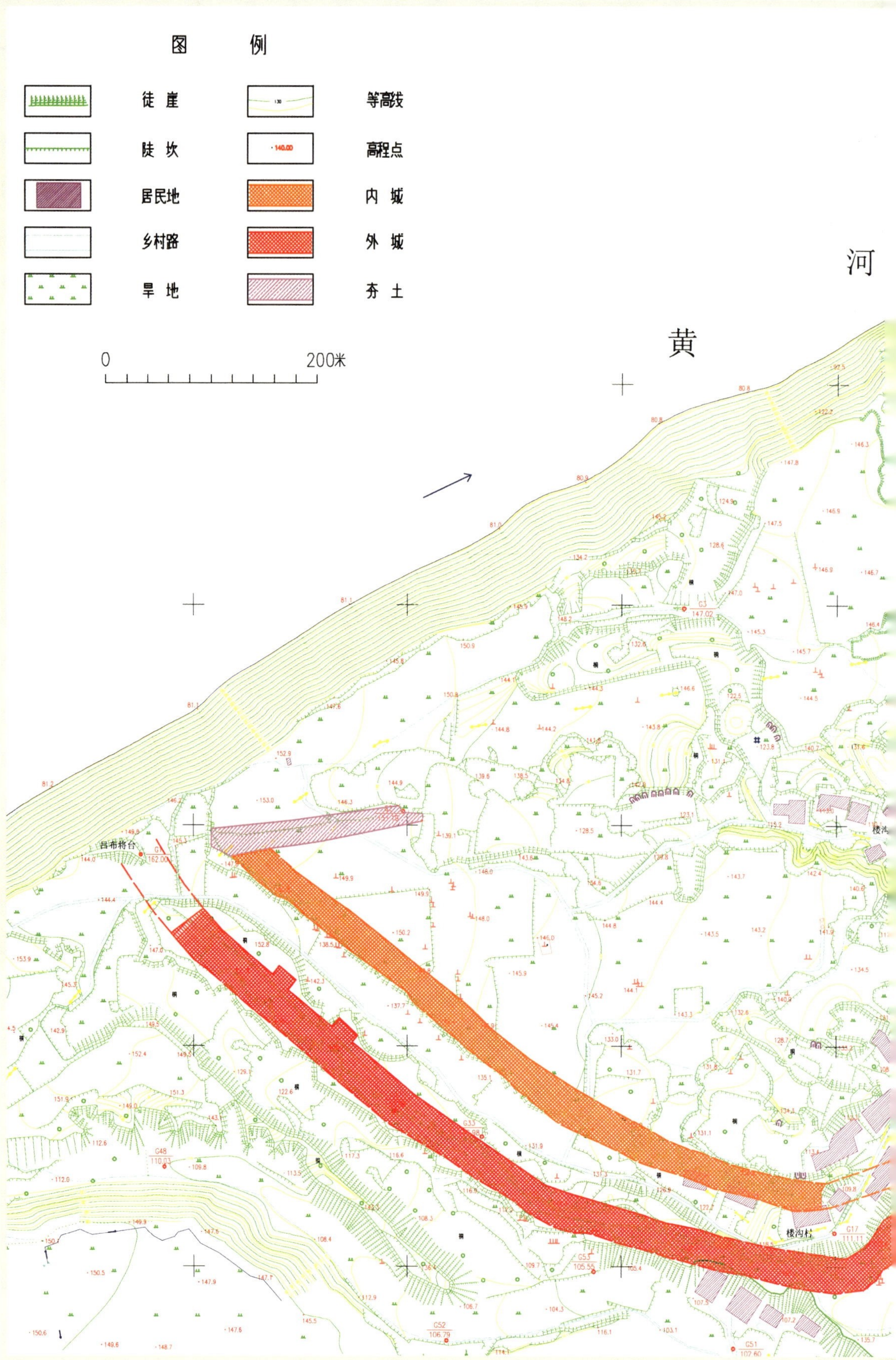


16.225 成皋城实测图

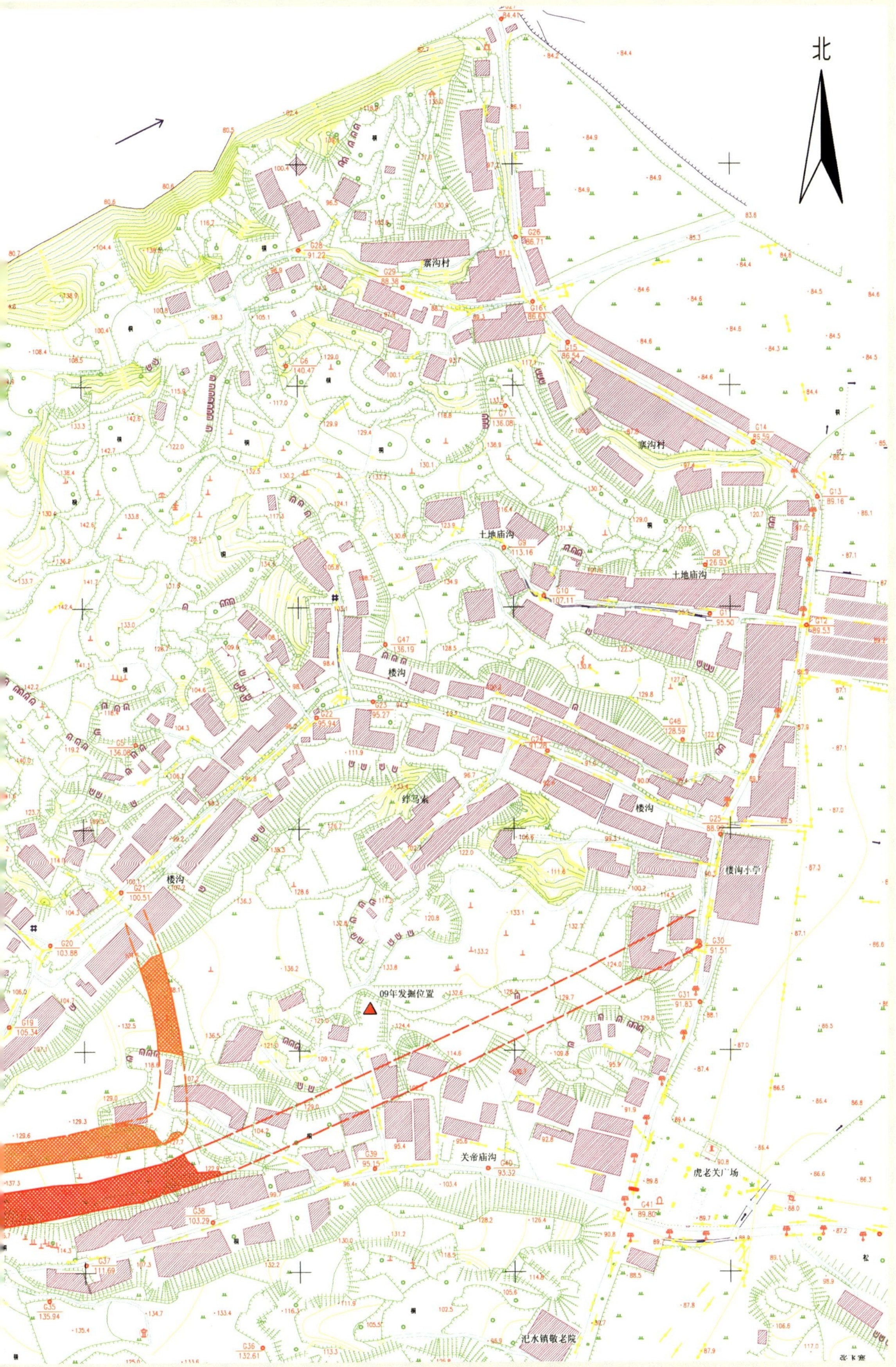
北
寨沟村
土地庙沟
楼沟
楼沟小学
09年发掘位置
关帝庙沟
虎老关广场
汜水镇敬老院

16.226　成皋城

16.227　夯土城墙

面上的一段（图16.228）。

16.228　浮戏山魏长城

## 青龙山魏长城

位于郑州市管城区圃田乡李南岗村东岗。青龙山实为一圆形土岗，由此向东有高低不平的山冈10余个，陇海铁路由青龙山北坡下东西穿过，东有潮河，北流折东，东北为古时圃田泽，岗上有新建的列子故里和管城老年活动中心。

据调查，青龙山冈高近50米，在岗南侧半坡上，发现一个有砂性黏土分层夯筑而成的带状夯土遗迹。该遗迹残长50余米，宽20米，残存高度0.7米，北到青龙山岗顶，被20世纪70年代修建的军事工程叠压，东南部被修路取土破坏，夯层厚度8～12厘米，夯窝较平。包含物有泥质绳纹陶片，以灰陶为主，红陶较少，器形有豆柄、大口瓮、宽沿盆、板瓦等。根据夯土遗迹的形状、结构及包含物分析，应为魏长城遗址的一部分（图16.229、16.230）。

## 成阳侯国城

成阳侯国，西汉成帝永始元年（前16年）封赵临为侯国。在今登封市东南12千米的告成镇告成村。成帝欲封赵氏为皇后，但碍于其出身低微，乃封其父赵临为成阳侯，得以为国。永始五年（前12年），赵临死，元延二年（前11年），子鹝继侯位。哀帝建平元年（前6年），以其弟昭仪绝继嗣，国除。

## 中牟侯国城

中牟侯国，西汉封国。国城在今中牟县城。国境大致相当于今中牟县及郑州市区东部，以封于中牟，故

16.229　青龙山魏长城

16.230　断崖上暴露的夯土层

名。汉高帝十二年（前195年）封左车郎中单父圣为中牟共侯，称中牟侯国。单父圣以士卒从刘邦，击黥布有功。高祖危急时曾给高祖一马，故得封侯，食邑2300户。共侯单父圣在位23年，敬侯单父缯在位5年，戴侯单父终根在位27年，侯舜在位28年，历时83年。至武帝以贡纳酎金致罪，国除。汉改其国为中牟县。

## 荥阳故城

位于郑州市惠济区古荥镇古荥村，始建于战国时期。城垣略呈长方形，大部尚存。城墙自古荥镇西北隅南伸至纪公庙村以东，临索须河折向东至古城村又北折百米左右。北城墙东到钓鱼台村拐向南与古城村城墙相接。东城墙已被济水泛滥冲没，仅存东北、东南两个拐角。城垣南北长约2000米，东西宽约1500米，周长7000余米。残存城墙最高处20米，上宽10米，基宽30米。城墙系版筑而成，层次分明，夯窝清晰。西城墙有3处缺口，当为城门遗迹。

据郑州市文物考古研究院近年来的考古调查勘探和历年的调查发掘，城内东北为粮仓，东部高地为官署，南部为居民区。在城内发现有房址、夯土台基、水管道等古文化遗迹。城外发现有汉代冶铁作坊遗址。出土有大批金、铜货币、铜器、铁器、陶器等。

荥阳在西汉时属河南郡，东汉时属河南尹，三国、魏、晋属荥阳郡，北魏初属荥阳郡，后汉属东恒农郡，北魏孝文帝太和十七年(493年)城废。郦道元著《水经注》时称之为“荥阳故城”（图16.231～16.235）。

## 故市侯国城

故市侯国，古侯国名。位于今郑州市区北15千米处。汉高帝六年(前201年)封阎泽赤为故市侯。食邑千户，传子毋害，孙续，曾孙谷于元鼎五年(前112年)坐酎金律，有罪，国除。《府厅州县志》载：“汉故市废县，在州西北三十五里。”《旅郑访古录》按：“故市废城即今之固城村。”

## 平陶城

又作“平桃城”“平眺城”，位于荥阳市广武镇南城村东南部。据《水经注》引应劭语“荥阳故虢公国，虢亭俗谓平桃城。”

城址平面呈长方形，南北长约900米，东西宽约700

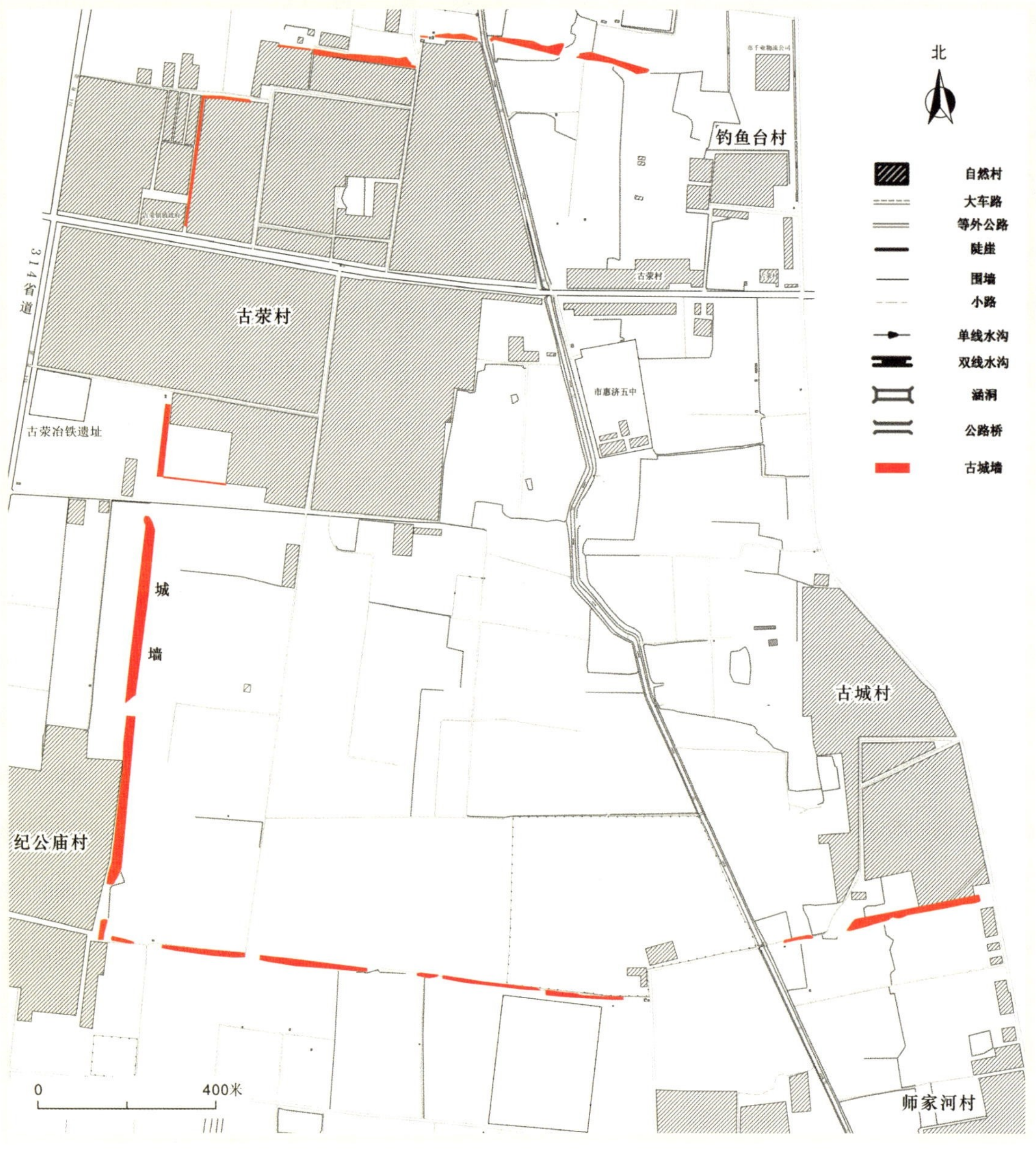


16.231　荥阳故城平面图

16.232　荥阳故城

16.233　西城墙顶部

16.234　城墙剖面

16.235　城墙夯层

米，东墙北段和北墙保存较好，残高3米，夯筑城垣，夯层厚5～6厘米。城内发现陶窑、仓窖、墓葬等遗迹。地面散存较多的春秋、战国、汉代的陶鼎、盆、罐、豆及筒瓦、板瓦残片，陶罐上发现“平兆用器”戳记。城内下层曾出土商代铜爵、铜鼎及陶鬲等物。

郑州市文物考古研究院曾做过考古调查、勘探，初步判断该城年代为春秋战国时期。近来根据有关剖面的观察和当地群众有关该地曾经出土青铜器的说法，初步判断该城始建年代应为商代（图16.236～16.240）。

16.236　平陶城远景

16.237　夯土城墙

16.238　东城墙剖面

16.239　东城墙夯层夯窝

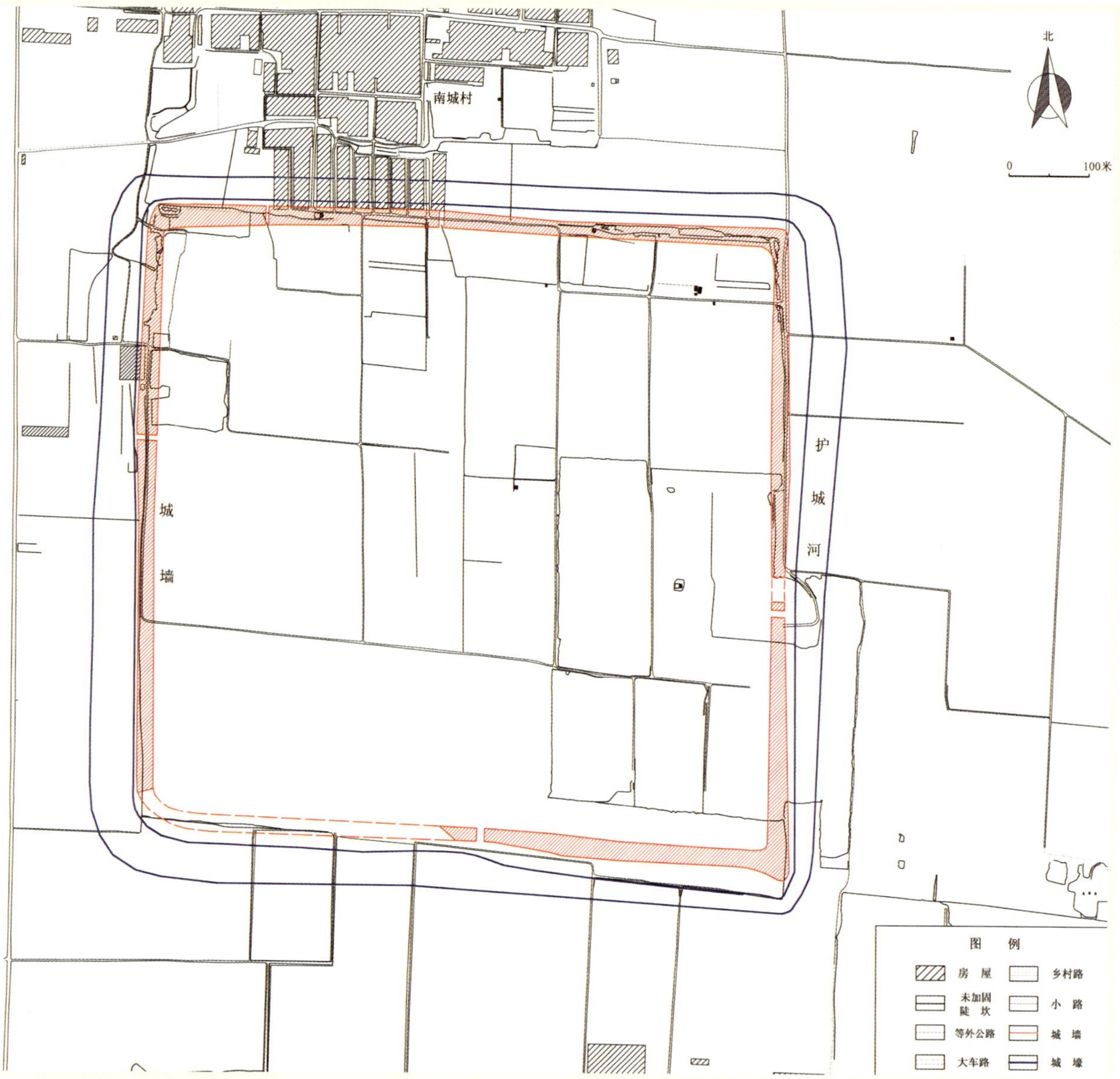


16.240 平陶城平面图

## 汉霸二王城

位于荥阳市东北约17千米的广武山上，两座城址中隔鸿沟，遥遥相对，这就是秦汉之际，刘邦与项羽对垒所筑的东、西广武城。西城为刘邦所筑，称汉王城；东城为项羽所筑，称霸王城。

现存的汉、霸二王城，由于黄河的不断冲刷侵蚀，早已失去原貌，特别是二城的北墙已塌入水中。据1980年实测，残存汉王城东西长530米，南北长190米，墙宽30米，高约6米，最高处10米；霸王城东西长400米，南北长340米，墙宽28米，高约7米，最高处约15米。二城夯层基本相同，均系平夯，用土呈黄褐色。二城中隔广武涧(一说即战国时期的鸿沟，实误)，南北走向，涧深200米，宽100米，口宽约800米。

公元前203年，刘邦引兵渡河袭取成皋，在广武山上构筑军垒，以阻击楚兵西进，项羽闻成皋失守，从齐鲁急忙率兵西来，据广武另一山头筑军垒。当时，刘邦

16.241　汉霸二王城实测图

16.242　汉霸二王城远景

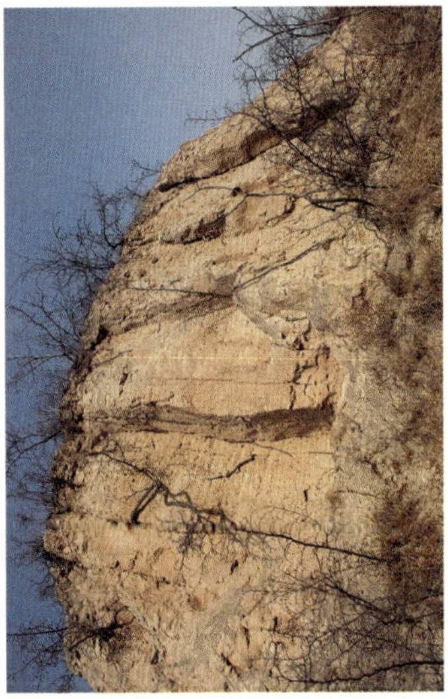

16.243　霸王城城墙

16.244　汉王城城墙

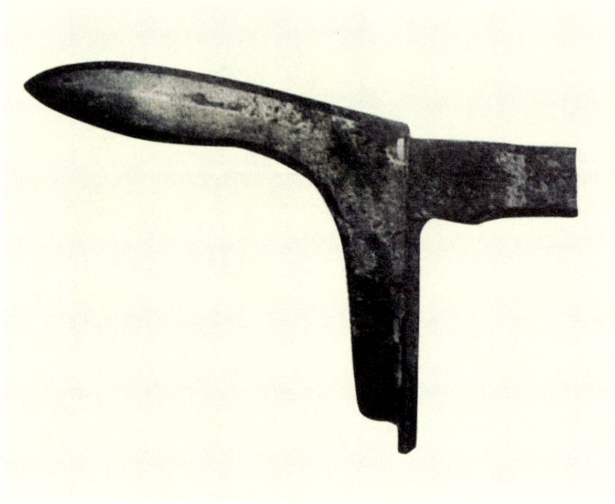
16.245 城址出土铜戈

16.246 城址出土铜矛

16.247 铜矛铭文

16.248 汉霸二王城碑

兵强粮足，欲待战机，项羽远道而来，兵疲粮缺，急于决战。因与刘邦临涧对话，项羽把被俘在押的刘邦之父置于砍肉的砧板之上，迫使刘邦决战，威胁道：“今不急下，吾烹太公!”刘邦道：“吾与项羽俱北面受命怀王，曰‘约为兄弟’，吾翁即若翁，必欲烹尔翁，则幸分我一杯羹。”项羽怒，欲杀太公，项伯为劝而止。项羽复挽弓射刘邦，中其胸。项羽求战不得，又置韩信举河北欲去楚，彭越复反，下梁地，绝楚粮，项羽后防危急，被迫接受汉约，划鸿沟为界，中分天下，西属汉、东属楚，项羽乃率兵东去（图16.241～16.248）。

## 东张沟城址

位于荥阳市广武镇东张沟村北，当地传为“张良寨”。距汉王城西700米。城墙多已塌入黄河。现仅存东南城角，夯土版筑，残高约5米，夯层厚7～10厘米，平夯，有浅圆印痕。城内偶有铜、铁镞等出土。从发现的遗物判断为秦代城址（图16.249）。

16.249 东张沟城址

## 冯沟城址

位于荥阳市广武镇冯沟村北，临近黄河南岸的台地上。城址面积不详。南部尚存一段高3米多的夯土城墙。城内散见有陶片、瓦片。时代属于汉代。

## 七里河城址

位于荥阳市乔楼乡七里河村北。群众俗称“福祥寨”。城址平面呈长方形，东西长400米，南北宽200米。现北墙高于地面者尚有百余米，其余的仅可看出夯土城墙痕迹。城内外均出土有砖、瓦和陶片。为汉代城址（图16.250）。

## 圃田故城

位于郑州市管城区与中牟县交界处的蒋冲村、古城村一带。城址东西长1380米，南北宽1480米，面积约204万平方米。

圃田故城（又名清邑城、清阳亭）地处郑州东南部。城址区地势相对较为平坦，较之周边高出2～5米。城有四门，东门在韩庄西，南门在刘家岗，西门在蒋冲村西，北门在西古城。现东城墙南段地表上部还保留有300多米，宽约20米，高4～7米。西北城角残垣高约10米，夯土层清晰。南城墙东段地表以上还保留有一段长约100米，宽12～18米，高2～5米的夯土城墙。其他地段还能依稀看出城墙的走向，较之外侧高出1～3米，宽35～50米。从城墙断面可以看到清晰的夯层，夯层厚9～16厘米，夯窝9～10厘米。城内遗迹丰富，文化层堆积厚2～5米。城外发现有古墓葬区及灰坑等遗迹，出土遗物有陶器、铜器、石器等。

圃田故城在春秋时期名为清邑城，属于郑国，是郑国北部古圃田泽边沿上的一座重要的军事重镇，地理位置险要。《尔雅·释地》载：“圃田泽南畔置清邑，此城即清邑城也。”北魏郦道元著《水经注·渠水》记载：“清池水出清阳亭西南平地，东北流……此城故清人城也。”南北朝时期，北周武帝保定五年（565年）为广武郡治，中牟县治迁移于清邑城。隋开皇初，文帝避父杨忠讳，改中牟为内牟县治，隋开皇十八年（581年）改内牟县为圃田县治，亦称圃田城。唐武德四年（621年）改圃田县为清池县治，唐贞观元年（627年）行政区划变动，将清池县辖区划分为佼城、管城、圃田三县。唐贞观三年废，仍归中牟县辖，城名到宋、金朝未变（图16.251～16.254）。

16.250　七里河城址

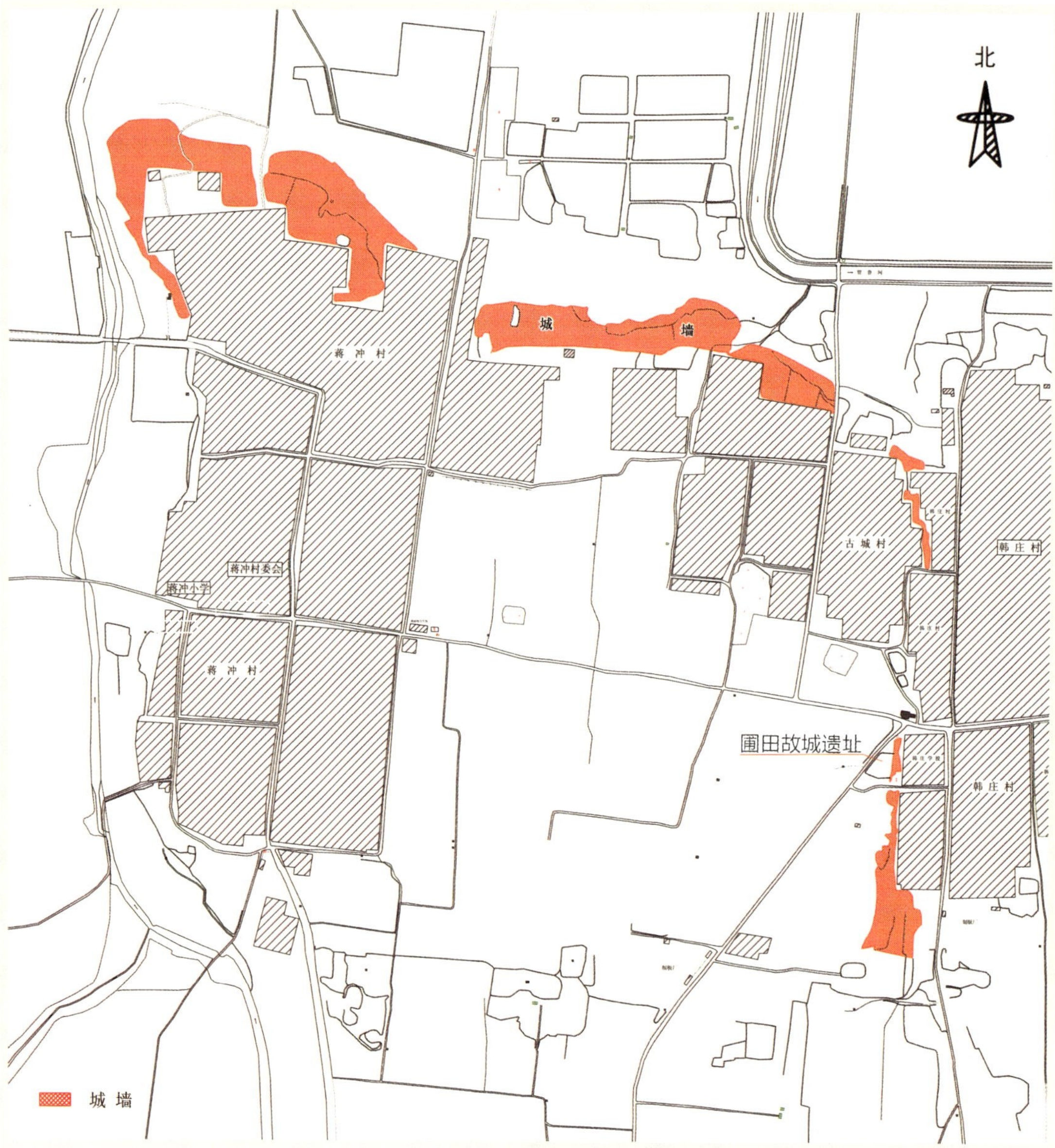


16.251 圃田故城平面示意图

16.252 圃田故城

16.253 城墙

16.254　城墙夯层

16.255　崇高城夯土墙

16.256　汉崇高县故城石刻

16.257　“汉崇高邑”匾

## 崇高城

位于登封市区中心嵩阳路与崇高路交汇处。城址南北长约500米，东西宽350米，面积约17.5万平方米。调查初步认为是汉代城。

据文献载：“汉武帝元封元年（前110年）游嵩岳时，划山下三百户为崇高县。”东汉时并入阳城。唐高宗永淳元年（682年）高宗欲封中岳，在汉崇高城旧址重新恢复嵩阳县。现在城隍庙内一块碑石刻有：“汉崇高县故城”篆字，“汉崇高邑”匾镶嵌于嵩阳书院东碑廊（图16.255～16.257）。

## 箜篌城

又称东古城。位于中牟县韩寺镇东古城村东北。《太平寰宇记》载：“箜篌城在中牟县东南20华里，昔师延在此造箜篌，以悦灵公”。《后汉书·郡国志》：“河南尹二十一城，洛阳、中牟……有曲遇聚”，曲遇聚即箜篌城。

城址平面呈长方形，南北长1050米，东西宽575米，现仅存西北角和东北角3段夯土墙。西北角北段面积最大，南北长102米，东西宽25.6米，高约10米；西北角西段东西长18.1米，南北宽12.8米，高8.2米；东北角城墙面积最小，大致呈方柱状，东西长8.5米，南北宽5.2米，高约4米。残存城墙夯窝清晰，夯土层结构明显，厚8～10厘

16.258　筌篌城

16.259　夯土城墙

米。1984年文物普查时，在城东北角发现板瓦、筒瓦、铜箭头、铜镜 、铜带扣、五铢钱及平首布等战国时期至汉代的遗物。城址西南1000米处有汉墓群（图16.258、16.259）。

## 中牟王国城

中牟王国，三国魏封之王国。国城在今中牟县城。其范围大致相当于今中牟县及郑州市区东部。以封地中牟而得名。魏文帝黄初二年（221年）以其母弟曹彰有功，晋爵为公。三年立为任城王（今山东济宁一带）。四年，朝京师，死于洛阳。其子楷嗣位，徙封中牟，遂为中牟王国之中牟王。五年（224年），改封任城县，复改中牟王国为中牟县。

## 官渡城

故址在今中牟县城北3千米明山庙村西，大衡庄东南。据明正德十年《中牟县志・古迹》载："官渡城在高家窝。"又《太平寰宇纪・卷二》载："官渡台又名曹公台，故基在河南是为官渡城，即曹公与袁绍相持于此。"东汉建安五年（200年），著名的"官渡之战"主战场在此。

第一七章

# 重要墓葬

17.1 许由墓

17.2 许由寨南寨墙

17.3 南寨门

## 许由墓

位于登封市东金店乡刘庄村箕山之巅东北端。墓冢呈圆丘状，山石垒砌，高约6米，周长约60米，冢前由当代人立“上古高士许由冢”碑。此墓不确定。另，山上有山石垒起的高3米、宽2米、周长数千米的许由寨。

许由是尧舜时代的贤人。据《庄子·逍遥游》载：“许由，字武仲，上古颍川阳城（今登封告成）槐里人，尧知其贤，让以帝位，许由闻之，隐于箕山。”《庄子集释》载：“尧封其墓，谥为箕公，即尧之师也。”许由不为帝位所动，颍水洗耳，隐居箕山，以自己淡泊名利的崇高节操赢得了后世的尊敬，从而被奉为隐士的鼻祖。

关于许由冢，根据史籍和传说，全国共有3处。一说在河南登封市。北魏郦道元《水经注·颍水》条：“县南封箕山，山上有许由冢，尧所封也。故太史公曰：‘余登箕山，其上有许由冢焉’。山下有牵牛墟，侧颍水有犊泉，是巢父还牛处也。石山犊迹存焉，又有许由庙，碑阙尚存。”《河南通志》：“箕山在河南府登封县，昔许由隐此，有墓在焉。”二说在河北行唐县。《中国古今地名大辞典》注：“直隶行唐县西北50里，以峰形若箕而名，相传以为许由隐此，上有许由冢。”三说在河南鄢陵县。明《嘉靖鄢陵志》：“许由冢在甘罗南保，许由事不经见，惟庄子云：‘颍阳洗耳，耻闻禅让……’”清顺治十六年（1659年）撰《鄢陵县志》云“许由冢在甘罗南保”（图17.1～17.3）。

## 郑庄公墓

位于新密市曲梁乡樊庄村。清《密县志》记载：“在歧固保东，南至洧，东至溱，各三里许，柳溪经其左，周围八十一余步，高三丈余。”2005年整修后的墓冢高大宏伟，周长125米，高10米，周围砌石墙，石雕壁画，回廊布道，墓前有新密市政府所立“郑庄公墓碑”。此墓不确。

17.4　郑庄公墓

郑庄公（前751～前701年），名寤生，春秋时期郑国第三代国君，历史上著名的政治家。曾克段于鄢，继武公为周平王卿士，联合齐、鲁战败宋、卫，并灭许国，在中原形成霸主地位（图17.4）。

## 郑昭公墓

位于新密市曲梁乡五虎庙村东800米。据《密县志》记载，在五虎庙东有大冢，高两三丈，士人呼为稍公冢，或曰昭公冢。墓冢呈椭圆形，高8米，冢前立“郑昭公之墓”碑。此墓未有确证。

郑昭公（？～前695年），名忽，郑庄公长子，为郑国第四代国君。出猎时被高渠弥射杀，前后在位3年（图17.5）。

## 子产墓

位于新郑市观音寺镇陉山山顶，墓冢高5米，周长50米，以红石块堆砌而成。此墓不确。

据清乾隆四十一年《新郑县志》载：“子产墓累石为方坟，东有庙。”又据《水经注》载：“魏襄王六年，败楚于陉山者也。山上有祭仲冢，冢西有子产墓，累石为方坟，坟东有庙。并东北向郑城。杜元凯言，不忘本。庙际旧有一枯柏树，其尘根故株之上多生稚柏，列秀青青，望之奇可嘉矣。”庙与柏树早毁，庙围墙基址尚存。近年来，群众

17.5　郑昭公墓

17.6 子产墓

17.7 狐偃墓

自发重建子产庙，坐西向东，大门三间，南北各有配殿三间，正殿五间，内塑子产像1尊。

子产（？～前522年），复姓公孙，名侨，字子产，又字子美，郑称公孙，是我国春秋时期郑国著名的政治家。郑简公十二年（前554年）为卿，二十三年执政（图17.6）。

## 狐偃墓

位于荥阳市王村镇胡固村南。清《河南通志》载：“春秋狐偃冢，在汜水胡固村之南，为晋大夫”。现存墓冢占地约3500平方米，直径约60米，最高处约20米，由黄土分层夯筑而成，中间夹杂有数层石渣，十分坚硬。此墓不确。

狐偃(约前715～前629年)，春秋时晋国的卿，字子犯，公子重耳(即晋文公)的舅父，亦称舅犯。曾随从重耳流亡在外19年，游历各国，并且帮助重耳回国即位。回国后任上军之佐，帮助晋文公改革内政，以“尊王”相号召，平定王子带之乱，在城濮(今山东鄄城西南)战胜楚军，使晋文公当上了霸主（图17.7）。

## 梁惠王墓

位于中牟县官渡镇韩庄村西南500米，俗称“老虎谷堆”。清《中牟县志》云：“梁惠王墓，在县东三十里韩庄西南，周围二亩，高一丈五尺，形如偃月。”1958年以来历次平整土地，封土毁坏严重，现存墓冢高约3米，占地8000余平方米。此墓不确。

梁惠王即魏惠王（前400～前319年），姓毕名莹，战国魏武侯子。初继玄为侯，与赵攻韩，为齐所败，又数败于秦，乃自安邑徙都大梁，僭称梁王。死后葬于此（图17.8）。

17.8 梁惠王墓

17.9　苏秦墓

## 苏秦墓

位于巩义市鲁庄镇苏家庄村南500米，东有漕河，南依白云山。现存墓冢两座，苏秦墓高约15米，直径20米，周长80多米，系黄土夯筑，夯层明显。此墓不确。

苏秦，战国时期著名纵横家、雄辩家。公元前284年，遭车裂，葬于此（图17.9）。

## 纪信墓

位于郑州市惠济区古荥镇纪公庙村。地面现存圆冢高9米，周长120米。1980年初，郑州市博物馆对该墓进行考古发掘。该墓系用300多块空心砖扣合而成，分两主室和耳室。墓门朝东，墓室处圹长9米，宽4.5米，虽经多次盗掘，仍出土铜器、铁器、玉器和车马饰等300余件。

纪公庙位于纪信墓南侧，庙内现有唐代以后重修庙宇和赞颂纪信的碑刻30余块，其中以唐大周长安2年（702年）书法家卢藏用撰文并书丹的石碑最为珍贵。

纪信（？～前204年），汉高祖刘邦的大将。前204年楚汉相争于荥阳时，曾诳楚而诈称刘邦，使汉王脱险，后被焚。后人为了表彰纪信的忠烈，在墓南侧修建庙宇，墓地树碑勒石、赋诗、题词。现有唐代以后重修庙宇和赞颂纪信的碑刻30余块，其中以唐大周长安二年（702年）书法家卢藏用撰文并书丹的石碑最为珍贵（图17.10～17.19）。

## 嵇含墓

位于巩义市鲁庄镇鲁庄村，现仅存墓冢。墓冢呈正方形，边长20米，周长80米，高3米。此墓不确。

17.10　纪公庙

17.11 纪公庙大殿

17.12 纪信墓北侧碑廊

17.13 纪信墓墓冢

17.14 纪信墓墓室

17.15 纪信墓墓门

17.16 铜提梁壶

17.17 陶壶

17.18 铜车扣件

17.19 铜马衔

17.20　嵇含墓

嵇含（263～306年），字君道，自号亳丘子，亳丘(今巩义市鲁庄镇)人，西晋时期文学家、植物学家。父嵇蕃，为太子舍人；从父嵇绍，为“竹林七贤”之一。举秀才，除郎中，曾任征西参军、骠骑记室督、尚书郎等职位。后为襄阳太守，被镇南将军刘弘和司马郭励所杀。所著《南方草本状》一书，是世界上现存最早的地方植物志，对80种植物的形态、生活环境、用途和产地等进行了描述（图17.20）。

## 潘岳、潘芘墓

位于巩义市芝田镇北石村，坞罗河北岸台地上。墓冢坐落于郑洛公路两侧，北为潘芘墓，高3.5米，周长20米；南为潘岳墓，高6米，周长32米。占地面积1000 平方米。

据清乾隆五十四年本《巩县志》卷十六、十七中记载：“晋潘芘墓（《水经注》：罗水又西北经袁公坞北，又西北迳潘岳父子墓，有碑），岳父芘，琅琊太守，碑石破落，文字缺败。晋潘岳墓（《水经注》岳碑题云：给事黄门侍郎潘君之碑）碑云：‘君遇孙秀之难，阖门受祸，故门生感，复醢以增恸，乃树碑以记事。’太长潘尼之词也。”

潘岳，字安仁，又称潘安，是西晋时期著名文学家，“太康文学”的主要代表。生于曹魏正始八年（247年），卒于晋惠帝永康元年（300年），成为西晋“八王之乱”的牺牲品。祖籍荥阳郡中牟县，祖父潘瑾，曾官安平太守，其父潘芘，做过琅琊太守。潘岳少年时就被乡里称为神童，二十几岁就名声大振。史书记载他“性轻躁”，热衷于官场，趋炎附势，与豪门石崇谄事权贵贾谧，为谧“二十四友”之首，为世人所讥（图17.21、17.22）。

17.21　潘岳、潘芘墓远景

17.22　潘岳墓

## 后周皇陵

位于新郑市郭店镇陵上村附近，是五代(907～960年)时期中原唯一保存下来的一座较为完整的陵墓群。

现存陵墓包括嵩陵、庆陵、顺陵和懿陵。嵩陵，为后周太祖郭威墓，位于郭店村西南约1千米的陵后村。现存冢高约12米，周长110米。庆陵，为后周世宗柴荣墓，位于新郑郭店村西北500米处陵上村。现存冢高约10米，周长105米，保存尚好。陵前原有御制祭文碑44通，现存35通。顺陵，是恭帝柴宗训墓，位于庆陵东北500米处。现存冢高4米，周长40米。墓室和墓道还保存有壁画。懿陵，是后周世宗皇后符氏墓，位于庆陵东侧100米处陵上村内，冢高3米，周长30米。

后周皇陵规模较小，体现了后周统治者难能可贵的政治开明及与民休息的政策，且陵园和祭碑有较高的历史和科学价值（图17.23～17.29）。

17.23　后周皇陵

17.24　嵩陵

17.25　庆陵

17.26　庆陵碑刻

17.27　顺陵

17.28　顺陵墓室壁画

17.29　顺陵墓室壁画

17.30　京兆王墓

## 京兆王墓

位于巩义市夹津口镇墓坡村南1500米。墓依山而筑，峻峭巍峨，现存墓冢占地约600平方米。山下有一平地，群众俗称“殿坪”，应是京兆王墓的献殿遗址。墓冢与献殿之间相距800米左右，墓冢及殿坪周围发现有砖、瓦等北魏时期建筑构件。

京兆王，姓元，名太兴，为北魏皇族，袭父爵为京兆王。官拜长安镇都大将军，因“黩货”被削爵，后又复爵，后改任夏州刺史，拜首位尉所。后辞职，剃度出家于嵩阴，法名僧懿。太和二十二年因病圆寂，葬在卧龙峰上（图17.30）。

## 杜甫墓

位于巩义市康店镇西邙岭上，东、北、西三面沟壑环绕。坐北面南，东西并列着3个土冢，西为杜甫墓，向东依次为长子宗文、次子宗武之墓。

杜甫墓冢呈覆斗状，高约8米，每边长约10米。冢前有两通石碑：“杜少陵墓”碑，高1.5米，宽0.65米，厚0.16米，清康熙十九年（1680年）立；“唐杜少陵先生之墓”碑，高1.7米，宽0.6米，厚0.1米，下有长方座，清乾隆四十四年（1779年）立。

杜甫（712～770年），字子美，唐代著名诗人。其先代由原籍襄阳迁居巩县。甫自幼好学，举进士不第，曾官拜左拾遗、华州司参军、检校工部员外郎。大历五年（770年）游耒阳，在由潭州去岳州的湘江舟中一夕醉卒，享年59岁。葬于岳州平江县境，元和八年（813年）迁葬故土（图17.31、17.32）。

## 刘禹锡墓

位于荥阳市京城路街道办事处狼窝刘村南，古称檀山原上。墓冢坐北面南，高约7.5米，周长约20米。据考证，此墓为汉墓，非刘禹锡墓，但真正的刘禹锡墓确在

17.31　杜甫陵园塑像

17.32 杜甫墓

附近的檀山原上。

据民国《荥阳县志》载："刘禹锡墓在檀山"。另，刘禹锡在《上杜司徒书》中说："小人祖先壤树在京索间……"就是说他家的祖墓位于荥阳檀山之原。《新唐书》卷一百八十一列传第九十三中记载："刘禹锡……世为儒。……始疾病，自为《子刘子传》，称：'……七代祖亮，元魏冀州刺史，迁洛阳，为北部都昌人，坟墓在洛北山，后其地狭不可依，乃葬荥阳檀山原……'"瞿蜕园在《刘禹锡集笺证》中也提出："禹锡家于洛阳，其坟墓田宅在荥阳。"

刘禹锡（772～842年），字梦得，唐德宗贞元九年（793年）中进士，先后任太子校书、监察御史等职，后因永贞元年（805年）参与进步的政治改革失败，被贬为朗州（今湖南常德市）司马。10年后被召回京，又因触犯当权者再次被贬，先后任多地刺史。唐会昌二年，即公元842年7月，病卒，葬于荥阳檀山原。

近年来，当地人民在檀山上建造了刘禹锡文化主题公园和廉政文化教育基地，以发扬这位古代贤廉的崇高精神，并表达今人对他的深深思念和敬佩之情（图17.33～17.36）！

## 李商隐墓

位于荥阳市豫龙镇苜蓿洼村东南500米，现存一较大的夯筑封土堆，底面近为圆形，直径10余米，高近5米，夯层隐约可见，较坚硬，顶部长满灌木丛等。《荥阳县志》载："唐大中十二年（858年），李商隐

17.33 诗豪园

17.34 刘禹锡塑像

17.35　禹锡园

17.36　刘禹锡墓

逝于荥阳，葬于县东二十里檀山之原”。此墓不确。

李商隐，字义山，号玉溪生、樊南生，祖籍怀州河内（今河南沁阳）。从李商隐祖父李俌开始，就从原籍沁阳（怀州）迁到荥阳（郑州）。在《祭仲姊文》中，李商隐就自称：“檀山荥水，实为我家。”其祖父、曾祖母卢氏、父李嗣、两个姐姐和小侄女寄寄等墓均在荥阳檀山原上（图17.37）。

## 曹彬墓

位于郑州市上街区峡窝镇沙固村西北的土岗上。墓冢高约10米，方圆占地7亩。前临汜河，后倚曹坡，墓前立有清嘉庆二十四年（1819年）汜水县令曹德锡撰文墓碑一通，碑文称：“曹公墓在沙窝曹家坡，千载久土，人不知为冢，传为凤凰台……隆庆年间，台下有狐狸穴，捕纵者穷其穴底得志石一方，读之为曹公之长夜室。……于宋咸平年二年卒于京师，其子璨、玮迎葬于汜水，故其地名曰‘曹家坡’。”

曹彬（931～999年），字国华，宋真定灵寿（今河北灵寿县）人，是北宋初年名将，率军灭南唐，降后蜀。他为人诚实，宽厚仁义，严于治军，重视军纪，禁止将士肆意杀掠，深受将士和百姓的敬仰与爱戴。咸平二年（999年）病死，终年69岁，谥武惠。

据调查，巩义也有一曹彬墓，具体何为真正的曹彬墓，待考证（图17.38）。

## 王博文墓

位于郑州市上街区峡窝镇四所楼村东。原墓冢占地面积约6000平方米，现已被

17.37　李商隐墓

17.38 曹彬墓

17.39 王博文墓

夷为平地，被当地养殖场占压。墓前原立宋代碑刻2通：一通为王博文之子王畴所立，题铭为："宋□□□□□枢密院累赠太师中书令兼尚书封郑国公谥肃讳博文字仲明王公之墓"；一通为王田之子弟峋等7进士所立，题铭："大宋朝奉部太守常少卿致仕护写赐紫金鱼袋讳田字介然王公之墓"。

王博文（977～？年），字仲明，曹州府济阴人。幼善文，以回文诗百篇为公卷，人谓之"王回文"。官至同知枢密院事。死后，追封郑国公。葬于汜水县万山之原。据《汜水县志》载，明万历二十九年（1609年），王博文墓被盗挖，出土过墓志盖。《王氏族谱》记王博文墓在竹川逍遥观处，则四所楼村东应为王博文家族之墓地（图17.39）。

## 冯京墓

位于新密市曲梁乡五虎庙村南50米。1981年曾考古发掘，出土一批珍贵瓷器和4盒具有重要历史价值的墓志。

墓室为石砌多室墓，长9.14米，宽5.58米。斜坡墓道位于墓室南面。墓室以石条隔离为4室，东西向南北排列，各室隔墙中间下方留高0.6米、宽0.5米的通道贯通。青石墓顶上部有墓志4盒，分放在各室封石上。由南向北各室分别葬冯京续妻富氏、再续妻富氏、冯京、原配夫人王氏。墓内经盗扰，残存随葬品有瓷器、陶器、石器、铁器、铜镜、骨饰、铜饰及北宋铜钱等。4合墓志内容极为丰富，记述了冯京的宦海生涯及主要生平事迹，涉及宋代政治、经济、军事、外交、河患及西南羌族人民起义等史实。

冯京（1021～1094年），宋鄂州江夏（今湖北武汉）人，字当世，富弼婿，皇宁元年（1049年）进士第一。神宗时为翰林学士，改御史

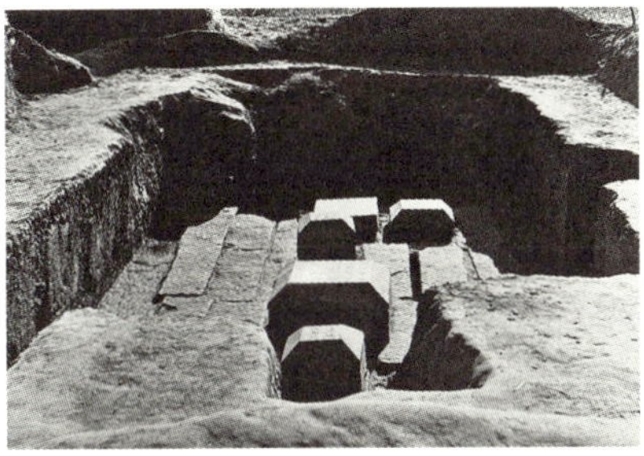

17.40　冯京墓全景

17.41　冯京墓墓志

17.42　冯京墓志盖铭文拓片

中丞。哲宗时知大名府，以太子少师致仕。绍圣元年（1094年），因病去世，享年74岁。哲宗亲至其处所祭奠、悼念，赠司徒，谥文简（图17.40～17.42）。

## 欧阳修墓

位于新郑市辛店镇欧阳寺村，欧阳修于宋熙宁八年（1075年）九月二十六日葬于此，自此以后其夫人子孙先后葬于此。现存墓冢8座，墓前立碑，陵园建有祠。以后元、明、清历代对墓祠多有修葺。1991年成立欧阳修墓祠修复理事会，对墓祠进行保护。

欧阳修（1007～1072年），字永叔，号醉翁，晚年号六一居士，谥号文忠，世称欧阳文忠公。北宋文学家、史学家，且在政治上负有盛名，唐宋八大家之一。官至枢密副使、参知政事（图17.43～17.53）。

17.43　欧阳文忠公陵园

17.44　大殿

17.45　配殿

17.46　醉翁亭

17.47　欧阳修墓

17.48　欧阳修夫人薛氏墓

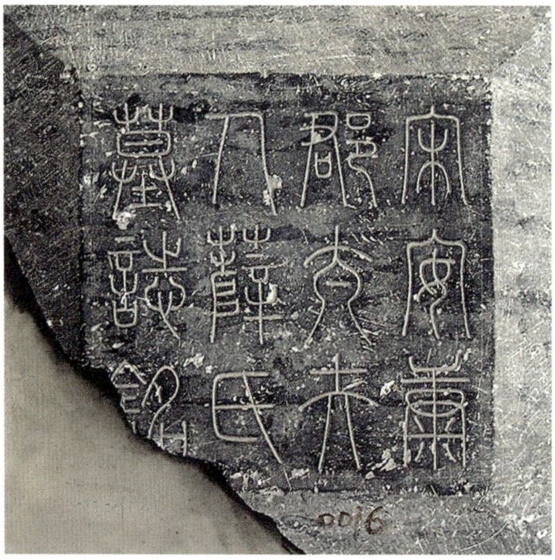

17.49　欧阳修夫人薛氏墓志

17.50　欧阳修长子发墓碑

17.51　欧阳修次子奕墓碑

17.52　欧阳修三子棐墓志

17.53　欧阳修四子辩墓志

## 李诚墓

位于新郑市龙湖镇于寨村西。李诫于北宋大观四年二月（1110年）卒，葬于新郑梅山，其后李诫家族先后葬入墓区，形成了李诫墓群。宋代时墓冢高大，后来逐渐荒废，土冢不断遭到人为和自然损坏。墓冢现存高3米，其他已夷为平地，周围是农田。墓冢前建有四角碑亭，灰瓦顶，下有高台，砌四出踏道。亭内立有石碑，碑身四面，庑殿顶，下有方座。在李诫墓右下方有4座砖室墓，为李诫家族墓地。

李诫（1035～1110年），字明仲，北宋时郑州管城（今河南新郑）人。出身于官吏家庭，自元祐七年（1092年）起从事宫廷营造工作，历任将作监主簿、丞、少监等。监掌宫室、城郭、桥梁、舟车营缮事宜。李诫是我国古代伟大的建筑学家，他编修的《营造法式》一书，不仅是北宋官修的建筑设计和施工专用书，而且也对后世建筑的演变和发展产生了深远的影响（图17.54）。

## 陈氏三宰相墓

位于新郑市郭店镇宰相陈村西。陈氏三宰相墓为一茔三区，皆斜西南向。西区，为尧叟、尧佐、尧咨之墓。中区为希古墓、学古墓。东区知节墓、珣墓。在墓区东北崇孝寺后有陈省华墓。诸墓现存高约5米，周长30～40米。尧佐墓前旧时立有翁仲4个，左右石兽翼列，并有欧阳修所撰神道碑和尧佐自撰墓志。省华墓前旧有石羊、石虎，墓前立有王举正所撰神道碑，现存崇孝寺内。

陈尧叟、陈尧佐是我国宋代著名的宰相，政绩突出，影响深远，因陈省华为赠中书令，陈尧叟、陈尧佐皆同平章事。所以人称三宰相（图17.55）。

## 周悼王墓

位于郑州市二七区马

17.54　李诫墓

17.55 陈氏三宰相墓

寨镇坟上村北部，是明代驻藩开封的第五代周王（周惠王）世子朱安的陵墓。

墓前建筑已损毁无存，仅余部分神道残迹。墓周石像生现遗有明代石马1对，石翁仲3件，坟上村委会院后遗有石羊1只，石狮1只。除石像生外，目前王陵保存较为重要的文物还有墓志一方，该墓志0.87米见方，厚0.17米，墓志盖上篆书“大明敕封周荣悼王子圹志铭”12字。墓四周有石碑37通，大多残断。

周悼王，名朱安 。周定王玄孙，周惠王世子。明宪宗成化十年（1474年）生于开封，明孝宗弘治二年（1489年）封世子，弘治十年（1497年）薨，享年23岁，本人并未承袭王位，追谥为“悼”，称“周荣悼王子”或“周悼王”，明世宗嘉靖初年依王礼葬于郑州西南东邢村，即今二七区马寨镇坟上村（图17.56、17.57）。

## 赵春亭墓

位于巩义市芝田镇官庄村西。该墓坐西向东，墓区东西长42米，南北宽24米，早年被盗，墓冢已无存。墓前原有石刻16件，现存9件，保存完整，雕工精致细腻，形象生动。现存有华表2个、石牌坊1座、文臣2件、虎1件、马2件、龟座1件。其中，石牌坊位于墓区中部，坐东向西，西侧中间横梁楷书“明敕赠文林郎春亭赵公之茔”，东侧横梁楷书“紫薇杨□”，其右侧竖刻“邑令道维新题”，左侧竖刻“男赵景星创立”。

17.56 周悼王墓前石羊

17.57 周悼王墓

17.58　赵春亭墓远景

17.59　墓前石牌坊

17.60　石刻

17.61　墓前石牌坊局部

据墓志记载：赵春亭为邑生，明隆庆元年（1567年）生于蔡庄村，万历二十五年（1597年）登贡。崇祯七年（1634年）卒。赠文林郎，选于赵公祖茔。乾隆五十四年《巩县志》载：赵春亭因子景星赠文林郎（图17.58～17.61）。

## 闫周民墓

位于新密市城关镇南街村南，占地面积4462平方米，中有方形墓冢。墓冢南北长23米，东西宽15米，冢高6米。墓前立奉直大夫山西应州知州闫君墓碑，通高3.53米，碑高2.3米，额高1.23米，厚0.19米，宽0.98米，明嘉靖二十七年（1548年）立。

闫周民，明嘉靖七年（1528年）举人，任山西应州知州，直隶保定府通判。（图17.62、17.63）

## 高拱墓

位于新郑市阁老坟村，原墓地南北长250米，东西宽约150米，墓冢上圆下方，高8米，周长95米。冢下有墓室，深13米，坐北向南。墓有墓道、甬道、墓室三部分组成。墓室南北长5米，东西宽3米，拱形顶。墓门，石质，高3米，宽2米。墓前还有石像生半埋地下。

17.62 闫周民墓

17.63 墓前碑刻

高拱(1512～1578年)，字肃卿，号中玄子，新郑人，魁之孙，尚贤第三子。高拱熟习政体，负经济之才，居首辅善于筹边、课吏、用人，政绩卓然。高拱逝世24年后，万历三十年(1602年)，经朝议，赠太师，谥文襄。（图17.64）

17.64 高拱墓

第一八章

# 历史文化建筑

## 轩辕庙

位于新郑市千户寨乡具茨山主峰顶上，创建年代不详。1995年中国工程院院士、古建筑学家傅熹年登山考察，疑为先秦建筑。清顺治十六年《新郑县志·祠祀志》：“轩辕庙在县西大隗山巅。”清乾隆四十一年《新郑县志·祠祀志》：“轩辕庙在县西大隗山之巅。”此庙被誉为“中华第一庙”。

该庙坐西朝东，面阔三间（7.35米），进深一间（4.8米），通高约5米，歇山灰瓦顶，台基、墙体均用石材砌筑。正面明间辟门，门高2.18米，宽1.73米，左右有立颊，两侧次间设窗。门楣浮雕象形文字日、月、星图案，次间两窗下各嵌镶有石碑，碑文已漫漶不清。屋顶正脊平直，正中饰“吉”字图形。正脊两端和戗脊下端均以兽首作结。庙内正中置人文始祖轩辕黄帝像，四壁立4块石碑，其上字皆脱落，已不能辨认（图18.1）。

18.1　轩辕庙

## 汉三阙

汉三阙，又称东汉三阙（即太室阙、少室阙、启母阙）。是登封市“天地之中历史建筑群”的组成部分。

**太室阙**　位于登封市太室山南麓中岳庙前约500米中轴线上，原是汉代太室山庙前的神道阙，为汉安帝元初五年（118年）时的阳城长吕常所建。石阙由凿石砌成，通高3.96米，分东西二阙，阙门间距6.75米，东阙高3.92米，西阙高3.96米。两阙结构相同，由阙基、阙身、阙顶三部分构成。西阙南面上部阳刻篆书“中岳泰室阳城”6字，铭记刻在西阙北面，为阴刻隶书，计27行，每行7字，内容主要赞颂中岳神君的灵应和阳城长吕常等人建阙的缘由。另一方铭记字体为篆隶，剥蚀严重，仅辨50余字。铭记中的“东汉延光四年（125年）年号”是后刻的。太室阙上雕刻的车马出行、马戏、狩猎、神话故事、奇禽珍兽、斗鸡、杂技、楼阁等画像和装饰图案，艺术风格浑朴古拙，气势深沉，反映了古代劳动人民在艺术创作上的辉煌成就（图18.2～18.8）。

**少室阙**　位于登封市区6千米少室山东麓，是少室山庙前的神道阙，始建于汉安帝延光二年（123年）。以青灰色块石砌筑，分东西二阙。两阙结构相同，由阙基、阙身、阙顶三部分构成。东阙通高3.37米，西阙通高3.75米，间距7.6米。西阙北面三层中部有阴刻篆书“少室神道之阙”六字，阙铭也为篆书，约55行，每行

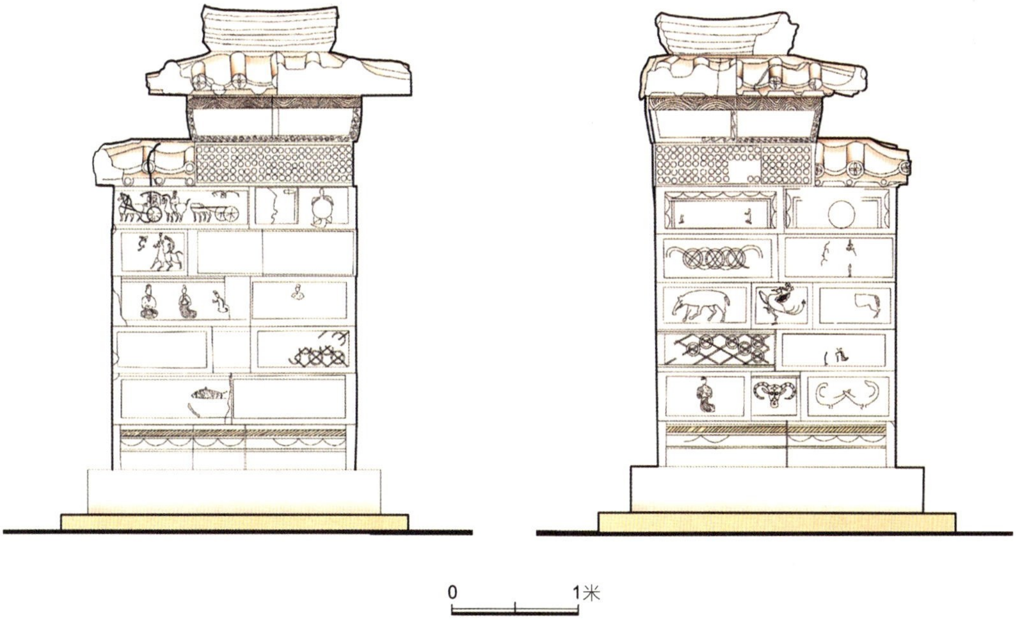


18.2　太室阙南立面

18.3　20世纪30年代的太室阙

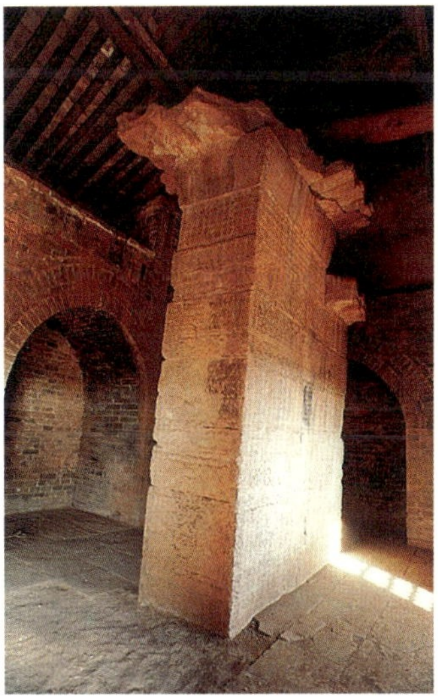

18.4　太室阙东阙

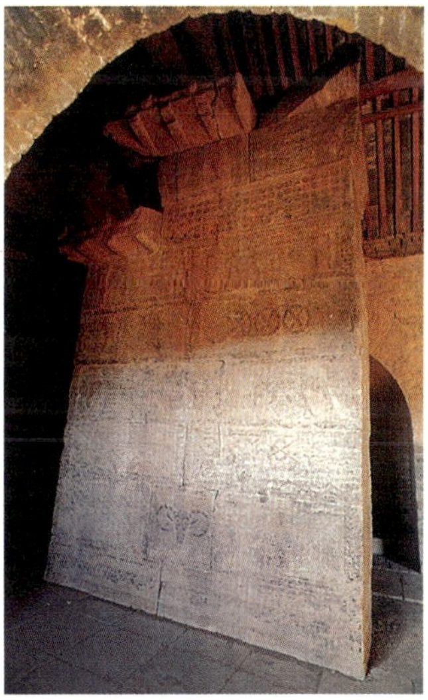

18.5　太室阙西阙

4字，皆侵蚀，不可辨识。少室阙上雕刻的画像有车马出行、宴饮、羽人、玄鸟生商、四灵、兽斗、击剑、狩猎、犬逐兔、驯象、斗鸡、蹴鞠、羊头、鹿、虎、马技、月宫、常青树、柏树等。其中以马戏图和狩猎图最为出众，马戏的惊险在画面中表现得淋漓尽致。少室阙是古代祭祀少室山神的重要实物见证，也是中国古代祭祀礼制建筑的典范之一（图18.9～18.15）。

**启母阙**　位于登封市区北1.5千米太室山南麓万岁峰下，是启母庙前的神道阙。延光三年（124年）东汉颍川太守朱宠建。以凿石雕刻砌成，分东西二阙。启

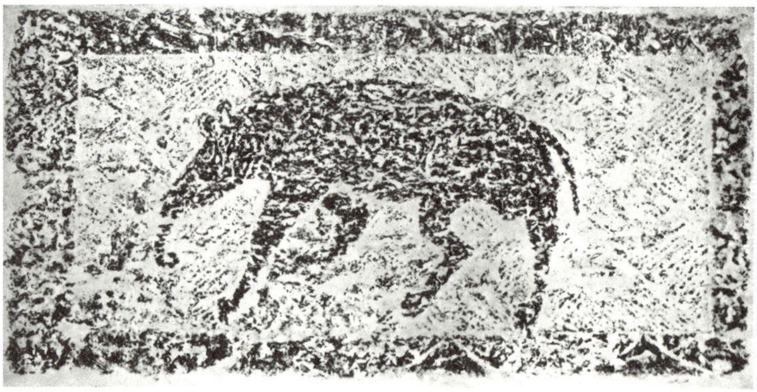

18.6 太室阙貘画像

18.7 太室阙朱雀图

18.8 太室阙羊头图

母阙结构与太室阙相同，在三阙中损坏最为严重，现存高3.17米。西阙北面有两方阙铭，一方为启母阙铭，篆书，是三阙铭记中保存较好者，内容主要是赞颂夏禹治水的功绩和三过家门而不入的忘我精神。另一方是“请雨铭”，在启母阙铭下，隶书，堂溪典撰写，计18行，每行5字，现仅存11行。阙身雕刻马技、骑马出行、杂技、幻术、驯象、郭巨埋儿、夏禹化熊、果下马、狩猎、虎逐鹿、双蛟、月宫图等，阙顶雕刻瓦垄、瓦当、板瓦、垂脊等建筑构件。其

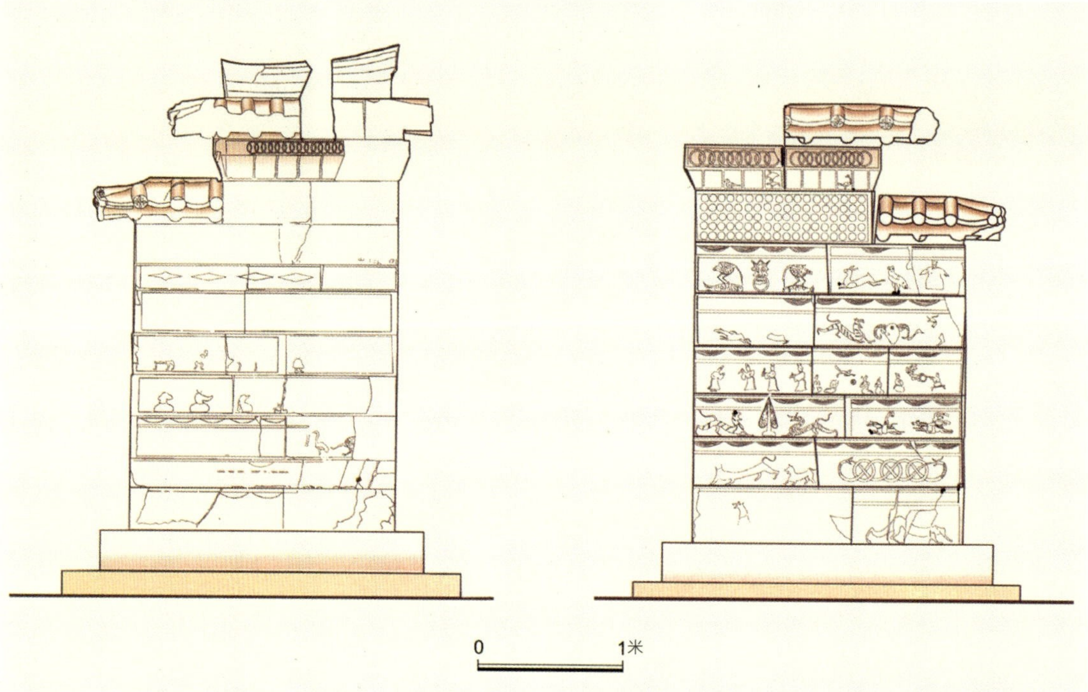


18.9 少室阙南立面

18.10　少室阙东阙

18.11　少室阙西阙

18.12　少室阙轺车出行图

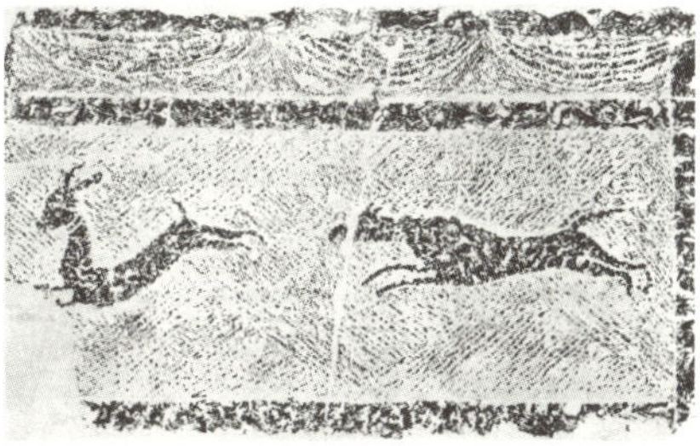

18.13　少室阙逐兔图

18.14　少室阙比翼鸟

18.15　少室阙马戏图

中，雕刻的蹴鞠图，是足球起源于中国的重要实物证据（图18.16～18.21）。

## 轘辕关

位于登封市嵩山太室山西，五乳峰之东少室山北，登封、偃师、巩义交界处，俗称崿岭口。古轘辕关四面环山，山势陡峭，道路崎岖，有“一夫当关万夫莫开”之险。相传为大禹治水所凿，唐高宗游嵩山时，宋知县马仲甫佣夫凿石开道，清乾隆时重修，新中国成立后又屡次重修。

现存轘辕关门1座，进深16米，宽3.58米，高4米，门上置清代石匾2块，匾总长2.7米，宽0.76米，厚0.13米，青石质地，匾额上阴刻“古轘辕关”四个楷书大字，下额为“乾隆十五年岁次庚午，署登封县印务灵宝知县礿元方立”（图18.22）。

## 少林寺及塔林

位于登封市西北太室山南麓，面对少室山，背依五乳峰。因它坐落于少室山阴的密

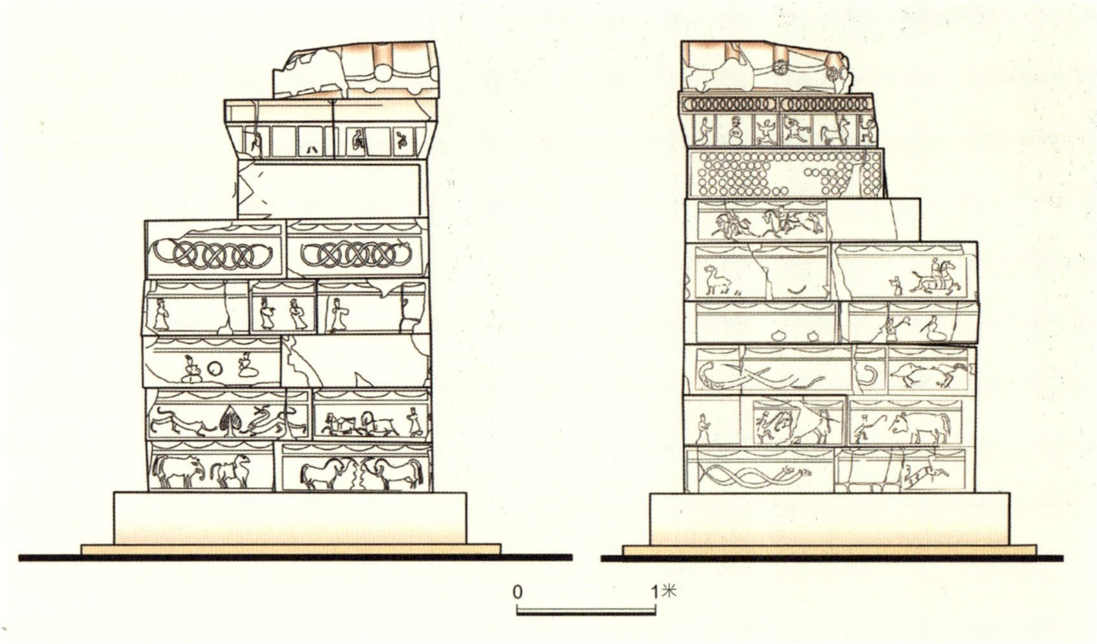


18.16 启母阙南立面

18.17 启母阙

18.18 启母阙阙名

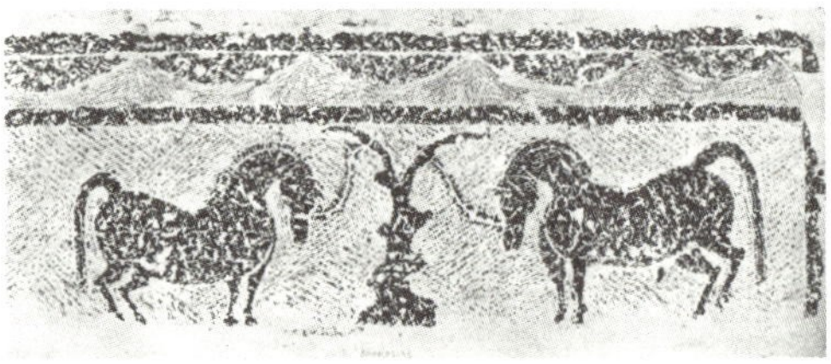

18.19 启母阙双马图

18.20 启母阙女子蹴鞠图

18.21 启母阙月宫图

林之中，故名“少林寺”。少林寺不仅是中国佛教的禅宗祖庭，还是少林武术的发源地，有“天下第一名刹”“天下功夫出少林”的美誉。

18.22　古轘辕关

18.23　少林寺

少林寺创建于北魏太和二十年（496年），由印度高僧跋陀落迹传教而建。孝昌三年（527年），南天竺高僧菩提达摩来到少林寺，在五乳峰洞中面壁九年，并广集信徒传授禅宗。后几经兴废，唐初，少林寺助秦王李世民讨伐王世充，立下汗马功劳，得到朝廷大力支持，少林寺渐趋兴隆，明代达到鼎盛时期。清代以后少林寺逐渐衰落。新中国成立后，政府多次拨款维修，修复了全部围墙，翻修了山门、立雪亭、千佛殿、地藏殿、东西寮房和大部分古塔。1982年，重建了天王殿、大雄宝殿、钟楼、鼓楼、藏经阁、紧那罗王殿、六祖殿、禅堂、僧院等，使这些殿堂又恢复了昔日面貌。

少林寺主要由常住院、塔林、初祖庵、二祖庵、达摩洞、甘露台及分散的墓塔石刻等组成。其中，常住院为少林寺的主体，是历代少林寺僧进行佛事活动的主要场所。院内中轴线上由南向北依次布置山门、天王殿、大雄宝殿、法堂、方丈院、立雪亭、千佛殿。两侧有钟、鼓楼、东西禅堂、东西寮房、六祖殿、紧那罗殿、白衣殿、地藏殿等建筑。寺内现保存有北齐至民国碑刻245品，明代五百罗汉大型彩色壁画，金至清代匾额、对联、金属文物百余件，清代少林寺拳谱、少林寺十三棍僧救秦王等彩色壁画、少林拳站桩坑和古树名木等等，具有较高的历史、艺术、科学价值（图18.23～18.27）。

塔林位于少林寺西约250米，为历代和尚的墓

18.24 三教圣像碑拓本

18.25 达摩大师碑

18.26 寺院钟楼

18.27 五百罗汉图壁画

地，占地约2.1万平方米。有唐以来历代古塔230余座，是国内最大的塔林，有砖、石和砖石混合结构的各类墓塔。其中，唐塔2座、宋塔2座、金塔10座、元塔46座、明塔148座，余为清塔或时代不详者。有单层单檐塔、单层密檐塔、印度窣堵坡塔和各式喇嘛塔等。有正方形、长方形、六角形、八角形、圆形等，式样繁多，造型各异，是综合研究我国古代砖石建筑和雕刻艺术的宝库（图18.28～18.30）。

## 嵩岳寺塔

位于登封市区西北6千米嵩山南麓嵩岳寺院内。

该塔始建于北魏孝明帝正光元年（520年）。塔为15层的密檐式砖塔，平面呈12边形，通高37.05米，由基台、塔身和塔刹组成。塔身分上、下两部分。上部东、西、南、北四面各辟一券门通向塔心室。门上有拱形门楣。外壁八面每面砌一座方形塔龛，龛上部砌出叠涩檐，正面嵌铭石1方，铭石下辟半圆拱券门，门内各有砖雕护法狮子1个，共16个，形象各异。各转角处有倚柱，柱头饰火焰宝珠与

18.28-1　少林寺塔林

18.28-2　少林寺塔林

18.29　法玩禅师塔

18.30　还元长老塔

覆莲，柱下为砖砌覆盆式柱础。下部上下垂直，外壁没有任何装饰。塔身之上是15层的叠涩密檐，密檐自下而上逐层内收，构成一条柔和的抛物线。叠涩檐间的塔壁上均辟有门窗，每面正中砌筑板门2扇，门上皆有拱形门楣。除南面第5、7、9、10、11、13层及东南面的第15层辟真门外，其他皆为假门。塔刹由基座、覆莲、须弥座、仰莲、相轮、宝珠等组成。塔下有地宫。嵩岳寺塔是我国现存最早的砖塔，在结构、造型等方面具有很大价值，对以后砖塔建筑有着巨大影响。

嵩岳寺原为北魏宣武帝的离宫，始建于北魏永平年间（508~511年），正光元年（520年）改为闲居寺，隋仁寿二年（602年）更名嵩岳寺。现在的嵩岳寺院只是原嵩岳寺的一部分，现存建筑除嵩岳寺塔外，还有大雄宝殿、伽蓝殿和六祖殿，碑刻6通（图18.31、18.32）。

## 法王寺塔

位于登封市区北7千米嵩山南麓玉柱峰下，为法王寺附属建筑物。现存密檐式唐塔1座，单层唐塔3座，元塔和清塔各1座。

密檐式唐塔平面呈正方形，高约34.18米，边长7米，为15级的密檐式砖塔。塔体壁厚2.13米，黄泥砌缝，白灰敷皮，每檐开设有假门窗。塔身以上的15层密檐层层外叠，各层高度和宽度由下而上递减，呈抛物线形。塔身南面辟圆券门，门

18.31 嵩岳寺塔

18.32 塔身（局部）

18.33 法王寺塔群

18.34 法王寺塔

内为塔心室，平面为方形，佛台上供有泥塑佛像1尊，塔顶宝刹已损毁，但整座大塔高居寺院后部台地上，成为全寺的标志。

另外，该塔东45米处，保存单层方形砖塔3座。其中南面一座塔为四方形亭阁式砖塔，高15米，边长4.4米，壁厚1.33米。南向开券门，外部叠涩出檐，叠涩檐上部砌大覆钵，塔顶用青石雕出精美的山花蕉叶、绶花和仰莲宝珠石雕塔刹，造型俊秀，极为精巧，实属唐塔中之珍品。其他宫于2000年3～5月进行考古发掘，出土一批精美瓷盒、罐、瓶、钵、盘、壶，还有鎏金镂孔铜薰炉、伽陵频迦盒、玉戒指、念珠及开元通宝等遗物。另外两座较低的方形亭阁式砖塔，过去多认为是唐塔，近有专家考证，其塔形、用材及细部壶门，均有五代至宋金的时代特征。

寺西北有清弥壑澧公和尚塔，建于清康熙二十九年(1690年)，为六角7级密檐式砖塔，高11米，下砌须弥座，壶门内有花卉及瑞兽砖雕，塔身第1层上部砌仿木斗拱。正面镶石塔铭，塔刹由覆莲、圆盘、宝珠等组成。

月庵海公圆寂之塔位于寺后西岭上，建于元延祐三年（1316年），为六角形7级密檐式砖塔，高19米。塔身1级正面有砖雕假门，背面有铭。塔刹为石雕仰莲宝珠（图18.33、18.34）。

## 永泰寺塔

位于登封市西11千米嵩山西麓子晋峰下。永泰寺塔创建于唐代初期，平面呈方形，为11级叠涩密檐式砖塔。高约30米，周长18.4米，壁厚1.4米。塔身南面辟券门，塔心室为长方形空筒状。塔外轮廓呈优美的抛物线形。塔刹由仰莲、五重相轮组成，塔身外敷白灰。塔之造型，具有显著的唐代风格，是嵩山唐塔中一座典型的代表作品。

位于唐塔东侧的肃然和尚喇嘛塔是明代建筑，肃然和尚是元、明时期永泰寺著名高僧之一，修复永泰寺20余年，弟子百余人。金代嵩山永泰寺均庵主塔为方形3层砖塔，相传塔内放有永泰公主包骨像又称“包骨塔”，塔后铭记载金大安时期的一些史实（图18.35）。

## 净藏禅师塔

位于登封市区西北6千米积翠峰下会善寺西250米处。创建于唐天宝五年（746年），是我国现存最早的八角形仿木结构砖塔。

该塔除塔刹为石雕外，全由青砖砌筑。塔由基座、塔身和塔顶三部分组成。平面系等边八角形，坐北朝南，基座高2.6米，座上部

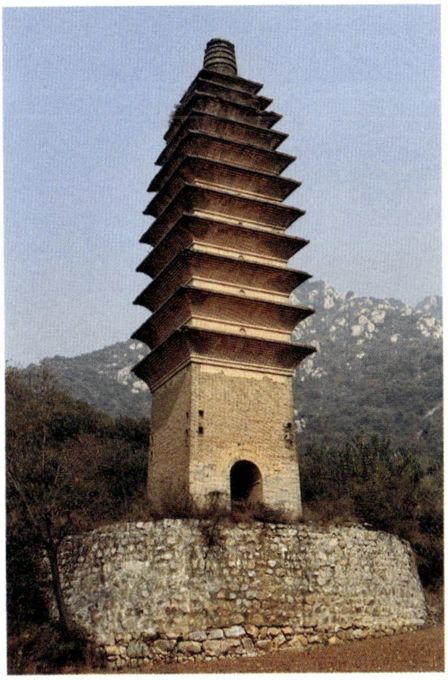

18.35　永泰寺塔

18.36　净藏禅师塔

18.37　三祖庵塔

18.38　初祖庵

砌须弥座，束腰处雕出横长壸门。基座以上为塔身，平面呈八角形，转角处砌出倚柱，柱根不施柱础，柱头作覆盆式。南有拱券式塔门，北面嵌镶塔铭一方，记述净藏禅师生平事迹，其余均施砖雕破子棂窗。东西两面嵌砌砖雕实榻大门，门上有阑额，再上雕出人字形斗拱。塔顶是由叠涩砖檐、砖雕花纹及石雕宝刹组成。

净藏禅师塔对研究佛教建筑传入中国后被中国传统建筑所融合提供了极其珍贵的实物资料，其造型以砖代木，逼真表现出唐代八角亭式木结构的柱子、额枋、斗拱、门窗等做法，实属难能可贵，体现出唐代精湛的建筑工艺与时代特征，是不可多得的建筑瑰宝（图18.36）。

## 三祖庵塔

位于登封市嵩山太室山南麓卧龙峰下。该塔建于金元光二年(1223年)，坐北朝南，平面呈方形，为7级叠涩密檐式砖塔，塔高10.2米，塔身全用青砖黄泥垒砌。塔由塔基、塔身和塔刹组成。塔基为方形的墩台。塔身南面辟门，北壁嵌塔铭一方，铭曰："嵩山圣竹林寺重修罗汉感应记"，宽0.6米，高0.42米，行书。塔室内部中空成筒状，可直视塔顶。塔檐迭出，塔刹为攒尖顶（图18.37）。

## 初祖庵

位于登封市少林寺常住院西北约2千米的龟背形山丘上，宋宣和七年（1125年）为纪念初祖达摩而建，后经多次整修，现保存山门、大殿、千佛阁、面壁亭、圣公圣母亭。初祖庵大殿是河南省现存最早的木构建筑之一。

建筑群坐北朝南，占地面积约3400平方米。大殿面阔三间，进深三间，单檐歇山式琉璃瓦剪边顶，出檐深远，檐下置硕大斗拱，明间安板门两扇，两侧次间辟直棂窗，前檐下立6根满雕卷草、飞禽图案的石柱，殿内

18.39　大殿

18.40　初祖庵壁画

石柱4根，雕刻天王、盘龙等图案。梁架为砌上明造。东、西山墙和后墙壁上均有彩色壁画。

此外，大殿外还保存有石刻40余方，宋、金以后碑碣38通，唐代“六祖手植柏”等（图18.38～18.40）。

## 千尺塔

千尺塔，又称曹皇后塔，位于贾峪镇大阴沟西南大周山顶之圣寿寺内，建于北宋仁宗年间。

该塔坐北朝南，为六角形七级密檐楼阁式砖塔，高15米。塔身由青砖砌筑而成。每级塔身叠涩出檐，叠涩檐上部又出平座。塔每层的宽度和高度由下而上逐层收敛，最顶呈六角形攒尖状。塔基之上为第一级塔身，高2.35米，底边长2.71～2.75米。在第一级到第七级塔身的南面中部，辟真假门洞。第一级门洞宽0.825米，深1.26米，通向塔内的塔心室。塔心室六角形，室内直径2.35米，上部转角处置一斗二升斗拱，用立砖砌筑成穹隆顶。

千尺塔的排水处理构造及翼角起翘的做法，采用了类似中国古代木构架层面曲线处理的手法，既增强了塔身的曲线美，又减轻了雨水侵害，增长了塔的寿命。塔檐的技术处理和艺术造型达到了和谐的统一，堪称匠心独运（图18.41）。

## 寿圣寺双塔

位于中牟县黄店乡冉家村东寿圣寺旧址上。塔的始建年代无考，据塔的风格和建筑结构，应为北宋晚期建筑。现塔北之寿圣寺已毁。

塔四周原有寨墙，墙周长约700米。两塔东西对峙，相距20米，均为平面呈

18.41　千尺塔

18.42　寿圣寺双塔

六角形的楼阁式砖塔。东塔现存4层，高约15米，塔身东面辟门，底层有图案纹饰，每面均雕有坐佛一排。西塔现存7层，高约32米。两塔皆用小砖垒砌而成，外部每一层平坐檐下部置砖雕斗拱、券门。塔内墙壁上饰有彩绘，其底层周围和塔道内壁砖雕坐佛百余尊。每层有券门，券门外饰浮雕兽头。塔内有塔心室和螺旋式蹬道，可盘旋上塔。塔身第一层边长为4米，第一层之上每层的边长逐渐递减。双塔皆无塔顶，相传为修建时尚未竣工而中断（图18.42～18.44）。

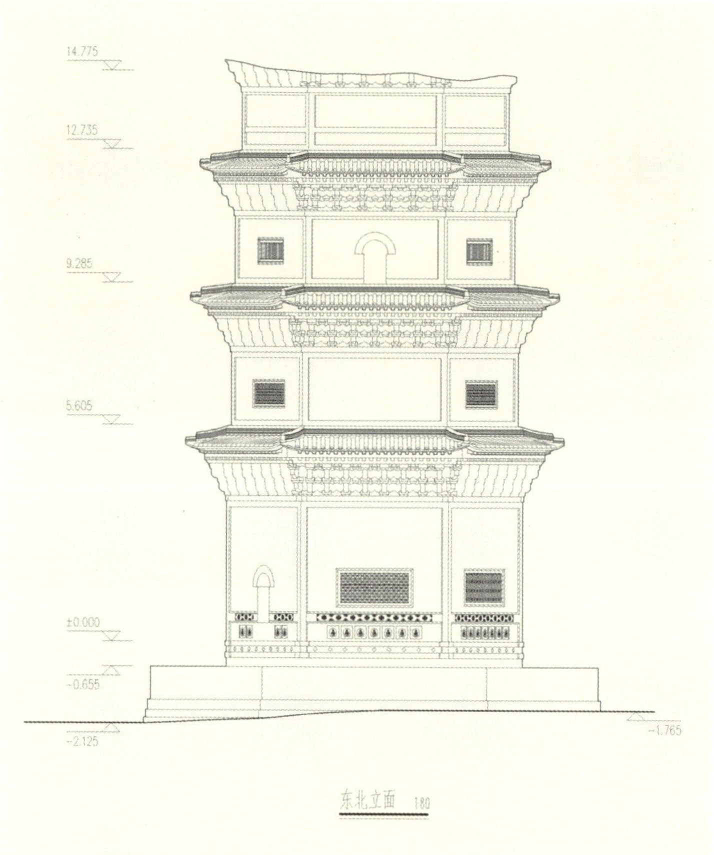


18.43　东塔东北侧立面

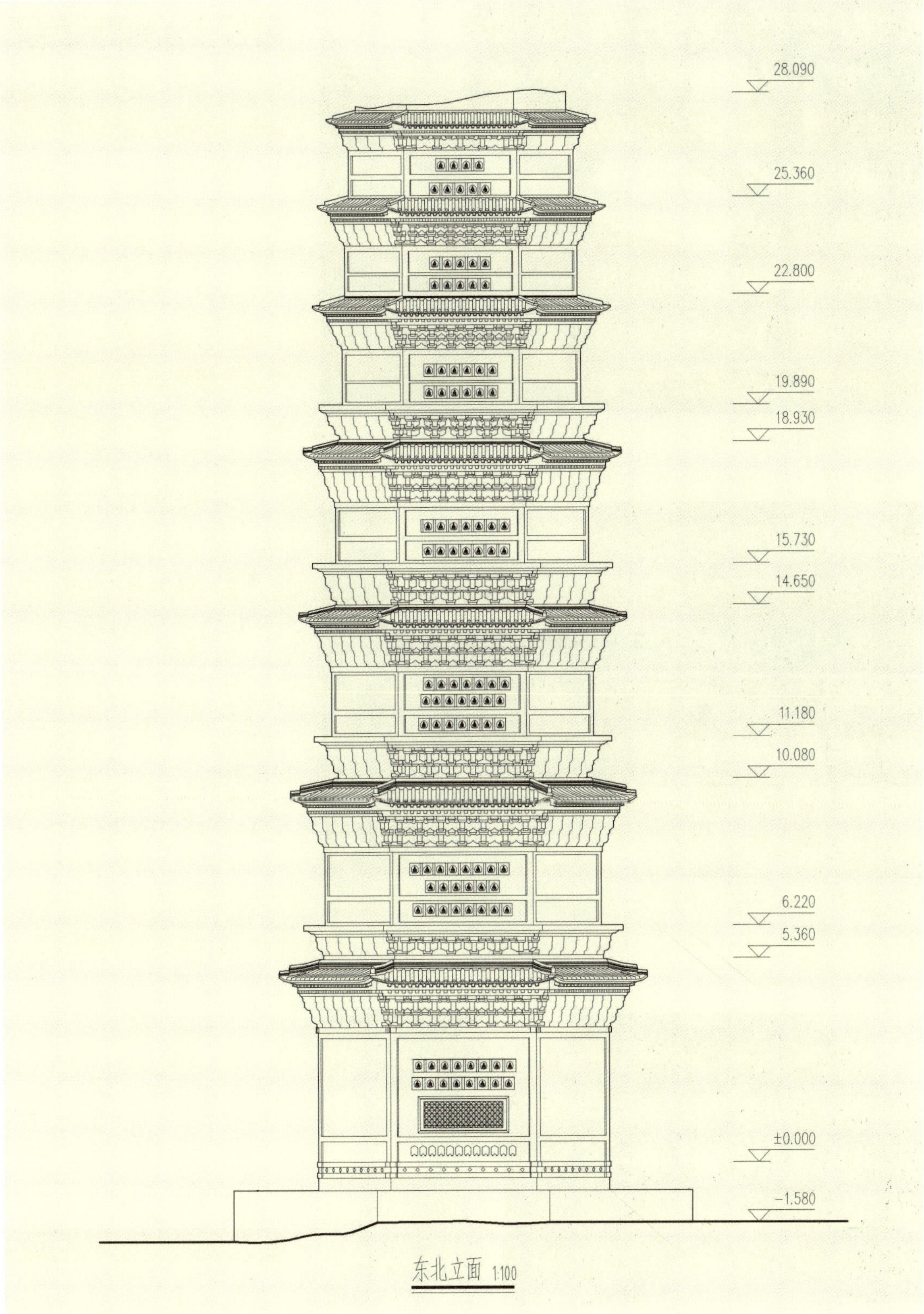
28.090
25.360
22.800
19.890
18.930
15.730
14.650
11.180
10.080
6.220
5.360
±0.000
-1.580
东北立面 1:100

18.44　西塔东北立面

18.45 会善寺山门

18.46 大殿

18.47 大殿转角铺作

18.48 颜真卿书天中山碑

## 会善寺

位于登封市区西6千米太室山南麓积翠峰下。该寺原为魏孝文帝离宫，北魏灭亡后，离宫成为澄觉禅师精舍，始为佛教场所。隋开皇五年（585年），改为嵩岳寺，后隋文帝赐名会善寺。唐代极盛，寺院规模宏大。净藏禅师及天文学家一行和尚皆出自该寺，后历代重修。

该寺坐北朝南，现存二进二院，西院11座建筑，东院7座。其中会善寺大殿，面阔五间，进深三间，单檐歇山绿琉璃瓦顶，殿檐下施有硕大的斗拱，殿内作减柱造。殿正面明间为槅扇门，余四间皆为槅扇槛窗，背面明间用板门。始建于元代，后多次重修，现殿内梁架结构为元代遗存。除大殿外，其他建筑均为硬山式灰瓦顶。寺内现存北齐《会善寺碑》等碑碣石刻30余通。唐至清古树120余株，明代铸大铁钟一口。寺周现存清代古塔4座（图18.45～18.48）。

## 郑州文庙

位于郑州市管城回族区东大街东段路北，坐北朝

18.49　文庙棂星门

南。据民国《郑县志》记载，郑州文庙创建于东汉明帝永平年间（58～75年），原规模很大，后被大火烧毁。元顺帝至正六年（1346年），仿原貌重建。明、清两代多次重修，清光绪二十二年（1896年）复遭大火，毁坏殆尽。至“文化大革命”前，仅存大成殿建筑及部分厢房。

大成殿面阔七间，进深三间，单檐歇山顶，覆以绿色琉璃瓦，脊饰黄、绿、黑釉相间。正脊高0.7米，脊阳面塑琉璃烧制的二龙戏珠图案，背面塑“凤穿牡丹”，正脊中心竖立一座玲珑别致的双层飞檐楼阁，垂脊和戗脊，雕饰为黄龙戏珠、金凤牡丹。两山面为琉璃烧制的博风、悬鱼，东山博风正中镶嵌玉皇大帝像，两侧为八仙过海图。西山正中雕如来像，两侧为三国戏曲人像。大成殿檐下施五彩垂昂斗

18.50　大成门

18.51　大成殿

18.52　藏经阁

18.53　乡贤祠

18.54 名宦祠

18.55 碑廊

18.56 城隍庙

18.57 戏楼

拱，昂头呈象鼻状，耍头雕饰龙头、云纹、卷草纹，角科斗拱用把臂厢拱。殿内前后矗立两排金柱，脊檩童柱角背置麻叶云，其下各层柁墩，上饰精工细刻的牡丹花卉，各层桁的隔架搁置花墩，下金桁花墩雕动物、历史故事和各种果树花卉。四角老檐檩置垂花柱衔接内拽斗拱上昂，使各檩及梁架互相陪衬，殿内雕梁画栋，烘托出大殿内部艺术效果。

2006年，对大成殿进行了整体抬升工作，又复原了棂星门、金声玉振坊、泮池、名宦祠、乡贤祠、尊经阁等建筑，初步恢复了文庙的规模和古朴典雅的建筑风格（图18.49～18.55）。

## 郑州城隍庙

位于郑州市管城回族区商城路东段，坐北朝南，原名城隍灵佑侯庙。始建于明代初期，自明弘治十四年以来多次修缮，是目前郑州市区内现存规模最大、保存最完整的明、清古建筑群。占地面积6500平方米。整个建筑群呈南北轴线，有大门、仪门、戏楼、大殿、后寝宫等主体建筑。

大门，面阔三间，进深两间，悬山式建筑。屋身为穿斗式与抬梁式结合的柱架结构，门前有六级扇面形踏跺，其左右有一对石狮。仪门，面阔三间，进深两间，硬山式建筑。屋身结构与大门同，中间为通柱，屋顶以灰筒板瓦覆盖。戏楼为面阔三间，进深两间的歇山式高台楼阁，主楼居中，左右两侧檐下配以歇山式边楼，高低错落，翼角重叠，造型优美。主楼前后复有抱厦，一楼四根通柱高7米余。全楼共有19条脊，均饰以蓝绿色琉璃吻兽件。该戏楼小巧玲珑、式样别致，实属古代建筑中之珍品。大殿面阔三间，进深三间，单檐歇山式建筑，屋身为九檩前后廊柱架结构。檐下拱板上绘有二十四孝等彩画。屋顶覆以绿色琉璃筒板瓦。脊筒两面浮雕有游龙数条及人物、花卉等图像。垂脊、戗脊饰有花卉等图案。后寝宫由拜厦和寝殿两座建筑组成，中间有地沟相隔。寝殿悬山式建筑。殿前拜厦为硬山式建筑。拜厦为五檩穿廊式，寝殿为九檩前后廊式的柱框架结构。

城隍庙建筑古朴典雅、形式多样，彩画鲜艳生动，河南地方建筑特点显著。尤其戏楼造型精美，在国内较为罕见。庙内遗存碑刻20余通，其中以明工部都水司主事张大猷草书的《福赞》碑较为珍贵（图18.56、18.57）。

## 密县县衙

位于新密市老城中心十字街北，始建于隋大业十二年（616年），毁于元，明、清屡毁屡修，至今有1400年历史。主体建筑基本保存完好，保持了清代建筑风格。县衙坐北朝南，占地面积35000平方米，为五进院的建筑群。现存大门、仪门、大堂、二堂、三堂、东西两侧厢房、牢房等建筑。

大门，单檐硬山灰瓦顶，大门两侧门墩为隋代遗物。仪门面阔三间，与大门同。大堂为“勾连搭”式建筑，面阔五间，进深三间，前为卷棚，面阔三间，进深三间，均为砖木结构，硬山灰瓦顶。二堂面阔五间，进深三间，前檐出廊，砖木结构，硬山灰瓦顶。二堂前有东西厢房各三间，是知县接待外来文武官员办公的地方。三堂面阔五间，进深三间，前出廊，砖木结构，硬山灰瓦顶。三堂前有东、西厢房，也为硬山式建筑，是幕僚办公场所。大堂西南为监狱，监狱由男牢、女牢、刑讯房、狱神庙组成，牢房保存完整。

密县县衙布局合理，建筑错落有致，结构严谨，集中体现了古时官衙庄重、肃穆的威严气势。在建筑风格上，突出了我国北方粗犷、端庄、古朴的地方建筑特点，同时又受南方经济文化的影响，在木作、石雕技艺方面，融入了南方建筑工艺精巧、细腻的特点。密县县衙规模之大，保存之完整，为中国所罕见，而仪门前的莲池更是为密县县衙所独有。衙署内的监狱历代沿用，一直使用到2003年，专家称监狱使用之最，这在中国乃至世界上都是一个奇迹（图18.58～18.62）。

18.58　密县县衙大门

18.59　大堂

18.60　二堂院一角

18.61　县衙内监狱

18.62　县衙内莲池

## 密县城隍庙

位于新密市老城中心十字街北侧。坐北朝南，始建于明太祖洪武四年（1371年），清康熙、乾隆年间重修。城隍庙建筑群现存明清建筑93间，总面积4140平方米，由南向北按中轴线对称分布，大门前原有琉璃照壁、铁狮、石坊，现存戏楼、东西廊房、大殿、东西配殿、寝殿及东西道院。

戏楼面阔五间，进深二间，为歇山式高台楼阁灰瓦顶建筑，实为戏楼、钟楼、鼓楼三楼合一，戏楼居中，钟楼居左，鼓楼居右，坐落于3米多高的台基之上，台基下为3个砖券门洞，可行人。大殿面宽五间，进深三间，悬山式建筑，前后檐下各置斗拱10朵，四周彩绘山水、人物图案。殿前有卷棚，覆以绿色琉璃瓦，为明代建筑。寝宫，由拜厦和寝殿组成，中有地沟相隔。拜厦面阔三间，进深一间，绿琉璃瓦覆顶。寝殿面阔三间，进深二间，前出檐廊，悬山式建筑，亦用绿琉璃瓦覆顶。另外有配殿4座、东西廊房各15间，均为硬山灰瓦顶。庙内有石碑20余块，都嵌于墙上（图18.63）。

## 列子祠

位于郑州市管城区圃田乡圃田村北部，圃田小学的东侧。祠堂创建年代无考，原有大殿、卷棚、左右厢房、过厅、门楼15间，呈长方形院落。2006年，当地群众于旧址东移15米重建列子祠。新建列子祠基本保持原貌，南北

18.63　城隍庙戏楼

18.64　列子祠

18.65　大殿

18.66　卢医庙

长35米，东西宽20米，面积700平方米。大殿三间，为仿古式建筑，坐北朝南，内置列子像。祠内现存碑刻3通，大明万历年间碑刻1通，宽0.85米，高2.68米，厚0.17米。清康熙年间碑刻1通，宽0.66米，高1.2米，厚0.13米。另一通碑刻因年久风化剥落，字迹不清（图18.64、18.65）。

## 卢医庙

又名扁鹊祠，位于郑州市上街区峡窝镇上街村南。始建于西汉鸿嘉三年（前18年），宋、明、清历代皆有重修，其主要供祀“敕封神应王扁鹊”，而后历代名医也依次左右列内受祀。

18.67　砖雕

18.68　砖雕

庙坐北朝南，原有规模5000平方米，由南至北依次布置山门、钟鼓楼、长桑阁、卷棚、老君殿等建筑。庙内现存山门、长桑阁、卷棚、大殿等建筑。大殿为硬山灰瓦顶建筑，面阔五间（16.2米），进深三间（10.85米），正脊和垂脊尚存部分脊饰。卷棚东西长16.2米，南北宽10米。长桑阁高两层，面阔三间（8.98

米），进深三间（5.68米），硬山灰瓦顶，两山墙封山处嵌有精美砖雕。另存部分明清重修碑碣（图18.66～18.68）。

## 后仓关帝庙

位于郑州市中原区须水镇后仓村东部。据明万历十三年碑记载：关帝庙始建于明永乐年（1403年），因当时开封城屡遭黄河水泛滥，两院请奏皇帝朱棣恩准，在郑州西部荥阳东部仿照开封规模新建一座城池备用，把关公请过来镇守此地，建关帝庙一座，即为此庙。

现仅存大殿和明至民国时期碑刻7通，另有新建牌坊一座。大殿坐北朝南，面阔三间，进深一间，硬山灰瓦式建筑。殿内东、西、北三面墙壁上彩绘人物故事壁画。明万历年碑刻记述了明代迁移开封王城至郑州动议等内容；民国时期碑刻记述关帝庙七次重修事宜（图18.69、18.70）。

18.69 后仓关帝庙全景

18.70 后仓关帝庙

## 兴佛寺

位于巩义市河洛镇七里铺村的莲花山峰顶。创建于明崇祯十年（1637年），原有山门、十王圣殿、大雄宝殿等，今仅存大雄宝殿。清康熙十三年（1674年）扩建地藏十王殿，清康熙五十六年（1717年）重修，乾隆十一年（1746年）建钟楼，以后屡次增修。历经数百年，现寺内建筑渐遭破坏，山门、钟楼、配殿等，均在“文革”前被毁。现仅存大雄宝殿及碑刻3通。

大雄宝殿坐南朝北，面阔三间（11.2米），进深三间（8.2米），硬山式灰瓦顶，前后檐下置砖雕仿木斗拱和砖瓦椽头出檐，殿内系砖砌圆形拱顶，俗称“无梁殿”。殿内南壁供奉金装泥塑佛像三世佛3尊，通高3.1米，中宽1.1米。中间为释迦牟尼，两侧为阿弥陀佛和药师佛，门两侧及东西两壁供罗汉坐像18尊。三尊世佛佛座为莲花形宝座，佛座下部为多角束腰佛床，通体饰彩绘图案清晰。

明代塑像风格较为明显。这组雕塑，形象细腻逼真，色彩鲜艳，艺术精湛，是中原地区稀有的艺术珍品（图18.71）。

## 老庙

又称玉仙圣母庙。位于巩义市新中镇老庙村。据碑刻记载创建于唐，以后历代屡有修葺。

该庙坐北朝南，中轴线自南向北依次为山门、中王庙、玉仙圣母殿；西有火神庙、龙王庙、白衣阁，东有安水殿、玉皇阁、王母行宫等。占地面积约4万平方米。传说玉仙圣母协助皇帝妃嫘祖教民养蚕织布，自秦代开始即在山中享受供奉，以后道教创始人张道陵在此修道，北魏寇天师在此创立新天师道，加上以往山中供奉的圣母、老君、火神、龙王、猴王、牛王、土地、五通等神，形成了一处以道教为中心的宗教文化中心（图18.72、18.73）。

## 重阳观

重阳观位于郑州市上街区峡窝镇观沟村西南。原规模较大，主体建筑有山门、三清宫、老君洞、祖师殿以及戏楼、道院等。现仅存三清宫一座。

三清宫系无梁殿建筑，面阔三间（9.8米），进深5.5米，单檐歇山式建筑，筒瓦覆顶，檐下有砖雕一斗二升拱，拱眼壁雕瑞兽花卉。明间辟门，门宽1.2米，高2米，门上装饰有精美砖雕门楣。另存明代万历四十二

18.71　兴佛寺大殿

18.72　老庙远景

18.73　火神殿

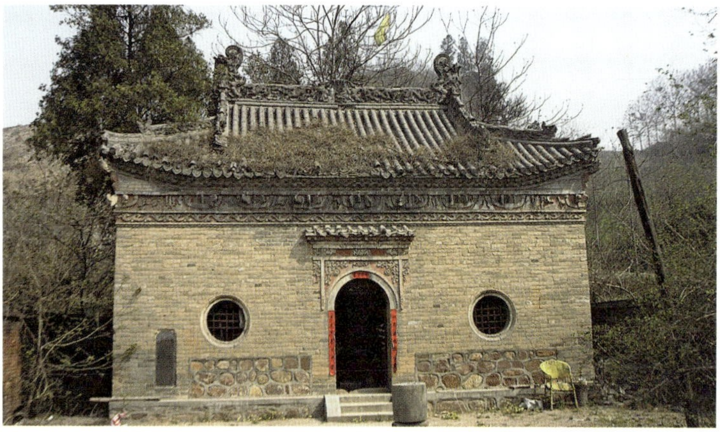

18.74 重阳观

18.75 砖雕

年（1614年）立“迁修重阳观记”碑一通（图18.74、18.75）。

## 无缘寘公禅师塔

位于荥阳市贾峪镇洞林寺西岗上。建于明洪武十七年（1384年）二月。塔高15米，为鼓腹瓶形实心喇嘛塔，用青砖白灰砌成。塔由塔座、塔身和塔刹三部分组成。塔座的束腰为精雕的仰覆莲座，八棱五级叠涩，由下至上逐层缩小。每层中间镶嵌着刻有各种图案的青砖，3块一组，所雕内容为鹿、马、牛、虎、象和各种花卉。其檐部用棱角牙子砖和拔檐砖砌边。中部塔身为塔之主体，近似瓶状，上鼓下收，全部用磨光青砖、白灰砌筑，塔体表面光滑平整。在其南侧中上部，镶嵌一块石铭，上刻“重开山无缘寘公禅师塔”，旁署年款。塔刹由圆台形石相轮和塔刹组成，相轮共有9

18.76 无缘寘公禅师塔

18.77 塔刹

18.78 塔底座砖雕

18.79 塔铭

18.80 砖雕

18.81 砖雕

层，往上逐层缩小，每层浮雕有荷花、菊花、游云和天马等图案。塔刹上有石质的华盖、宝瓶和宝珠。该塔线条流畅，砖雕石刻工艺精湛，保留了浓厚的喇嘛式佛塔建筑的特色（图18.76～18.81）。

18.82　惠济桥

18.83　惠济桥桥洞

18.84　惠济桥青石桥面

## 惠济桥

位于郑州市惠济区古荥镇惠济桥村内的通济渠（俗称运粮河）上。乾隆十一年《荥泽县志》中咏惠济桥：野店山桥送马蹄，白沙青石洗无泥。泊船秋夜经春草，明日看云还杖藜。“惠济长桥”是荥泽八景之一。

该桥始建于隋唐年间，现存石桥为明代建造。石桥为三孔拱券石桥，东西长约40米，宽5米，桥面遗留车辙印迹，深5～6厘米。桥两侧原立有望柱、栏板，两头还建有壮观的桥楼。经“大跃进”“破四旧”的破坏，惠济桥的原貌已黯然失色。今仅剩下桥面，现仍为车辆通行要道。

2008年3月，中国大运河申遗工作正式启动。2010年郑州市文物考古研究院组织专业人员对惠济桥南北两侧的河道进行了调查、勘探，确认惠济桥是通济渠郑州段汴河遗址重要附属遗存。并于2012年对惠济桥进行了科学考古发掘工作（图18.82～18.85）。

## 大师姑兴国寺

位于荥阳市广武镇大师姑村西北，民国《河阴县志》载，兴国寺在县东南十五里大师姑。该寺坐北向南，现存山门、大殿各一座。大殿面阔五间（14米），进深三间（宽6米），砖木结构，硬山灰瓦顶，前出檐廊，檐下饰鹿、仙鹤、花卉等彩绘图案。寺内现存有唐代开元十二年（724年）八棱经幢一座，宋、清代佛教造像多尊及一批清和民国时期的碑刻等文物（图18.86）。

## 北大清真寺

位于郑州市管城回族区清真寺街。该寺始建于元代，明代已具相当规模，清朝乾隆十九年（1754年）和四十七年（1782年）曾重修，1982年又重修。寺内殿宇肃整、古槐参天，古碑林立，文物荟萃，匾联生辉，整个建筑群布局严谨、风格清雅。现存大门、

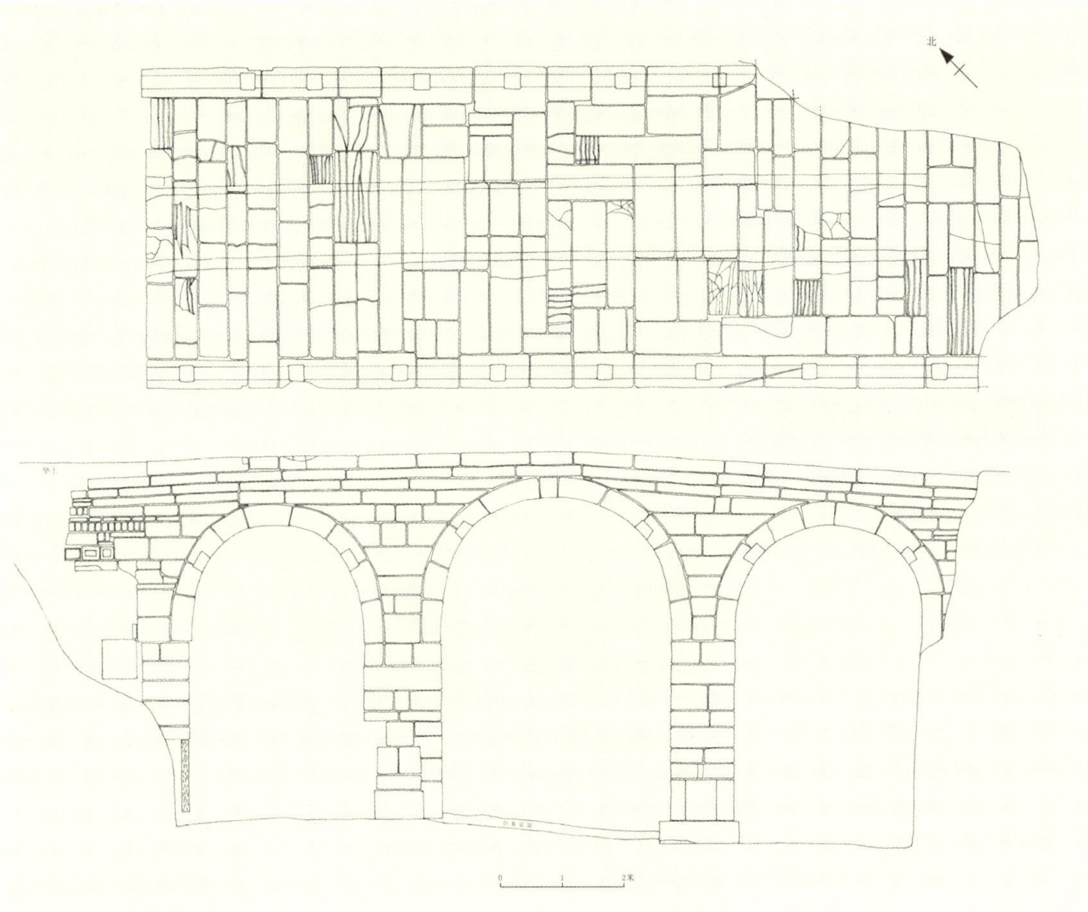

18.85　惠济桥测绘图

18.86　大师姑兴国寺

望月楼、拜殿等，均为清代中叶以后建筑。

寺院坐西朝东，占地面积11497.2平方米，由主院和北跨院组成。主院中轴线依次排列为照壁、大门三间、望月楼三间两层、礼拜大殿五间及窑殿三间，望月楼两旁分列掖门各一间，中轴两侧分布厢房五间。院西南角有著名的“巴巴墓”两座，北跨院建有经学及武学（已毁）、沐浴室。该寺的殿宇为采用地方手法的清代砖木结构建筑，部分构件带有伊斯兰风格，部分为早期构件，大门和大殿柱均带升起。

北大清真寺是郑州伊斯兰教传播发源地，是郑州市规模最大、历史最悠久、布局具有中国传统建筑特色的伊斯兰清真寺（图18.87～18.91）。

## 青龙禅寺

位于巩义市北山口镇北湾村。又名十方院。据史载，该寺与青龙山慈云寺相继而建，是十方僧人及信众往返于白马寺与慈云寺之间接待歇息的驿站，故称“十方院”。

建筑群坐北朝南，东西长62米，南北宽70米，面积4340平方米。原建筑有山门、

18.87　北大清真寺

18.88　建筑彩绘

18.89　拜殿

18.90　望月楼

18.91　“正教昌明”匾

18.92 青龙禅寺

18.93 中殿

钟楼、鼓楼、前殿、中殿、后殿、庑殿、天井院。现存关爷殿、大佛殿、钟楼、鼓楼、东厢房残基以及三孔窑洞。大佛殿面阔12米，进深10米，通高11米，始建于明代，清代重修。殿内东、西、北三面墙壁均存贴络壁画，西壁是佛教故事“苦渡众僧”，东壁是“八仙过海”，构图严谨适度，气势宏伟，线条纯熟流畅，色调古朴典雅，彩色绚丽而不大红大紫，画中人物结构准确，神情惟妙惟肖，栩栩如生。该殿的殿壁与梁架之间，还保存十几幅人物故事、山水、花卉图。此外，寺内还保存有碑刻、经幢、石门匾等珍贵文物。殿内的贴络画在中原地区较为罕见，为研究壁画艺术和历史提供了珍贵资料（图18.92、18.93）。

## 龙兴寺

位于巩义市回郭镇李邵村。明嘉靖三十四年《巩县志》载，龙兴寺在县西南苏村保。清乾隆十年《巩县志》载，龙兴寺在回郭镇。由县志及寺内碑刻记载可知，龙兴寺最晚建于明代，当地群众称为后寺，是少林寺分院，少林方丈素喜之师父贞绪和尚在此出家。

寺院坐北朝南，东西长23米，南北宽14米，现存大殿、忠义祠、古井、勇士碑、重修塔碑志、忠义碑等，并有部分柱础、经幢残件。忠义祠为纪念咸丰十一年巩县抵抗捻军死难团勇而建。该寺对研究少林寺的分支情况、咸丰年间捻军至巩县情况具有一定的价值（图18.94）。

## 中岳庙

原名太室祠，位于登封市城东3千米太室山南麓。创建于秦，西汉刘彻增修太室祠，南北朝时称中岳庙，唐宋时期多次增修，清乾隆

18.94 龙兴寺

年间加大整修并在庙中开设道会司，以掌管全县的道教事务。

庙院坐北朝南，平面呈纵长方形，南北长650米，东西宽166米。中轴线上依次布置“名山第一坊”、遥参亭、天中阁、配天作镇坊、崇圣门、化三门、峻极门、嵩高峻极坊、中岳大殿、寝殿、御书楼等建筑。两侧分布有四岳殿、东西廊房、太尉宫、火神宫、神州宫、小楼宫、祖师宫等多组院落。御书楼北黄盖峰上建有黄盖亭一座。庙院形制是清乾隆年间按北京故宫的布局修建，有古建筑400余间，汉至清古柏300余株，汉至清金石铸器百多件。

中岳大殿面阔九间，进深五间，重檐庑殿黄琉璃瓦顶，是河南省内最大的殿宇。院内崇圣门后东亭“古神库”四角立的宋代铁人，通高2.6米，是我国现存最大、最完整的“守库铁人”。中岳庙是五岳中现存最大的历史建筑群，是清代官式建筑的代表，是古代山岳崇拜的实物见证（图18.95～18.102）。

## 神北大王庙

位于巩义市河洛镇神北村村北500米，地处黄河与洛河交汇处。明嘉靖《巩县志》载:“神北村，有大王庙”。明代黄河与洛水交汇处河水泛滥，当地百姓为祈平安建此大王庙，清、民国均有修葺，现存建筑大都为

18.95　名山第一坊

18.96　天中阁

18.97　俊极殿匾额

18.98　峻极殿

18.99 古柏

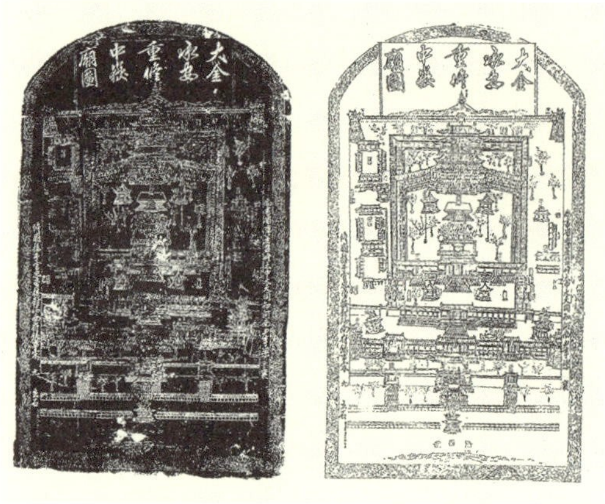

18.100 重修中岳庙图碑

18.101 守库铁人

清代所建，保存基本完好。

该庙坐北朝南，南北长200米，东西宽100米，面积2万平方米。山门为灰瓦门楼，门侧有一舞楼，高大巍峨。正殿面阔五间，进深三间，歇山顶，筒瓦盖顶，脊上饰龙吻和小兽。殿前有卷棚，雕饰华丽，色彩鲜艳（图18.103）。

## 桧阳书院

位于新密市城关镇老城后街。书院坐北朝南，建筑格局保存基本完整，为新密市仅存的一座书院建筑。乾隆四十年（1775年）创建，建筑面积5400平方米，分三进院。现存大门、斋舍、讲堂等建筑。大门，面阔三间，中间为门楼，高于两侧耳房，硬山灰瓦顶。过大门后进入第一进院，大门正对上房，上房面阔五间，两侧布置东西斋舍各六间。过了上房进入第二进院，北为讲堂，面阔五间，进深三间，两侧各有自习室九间。之后进入第三进院，也为后院，后院前有二门，东西各有耳房与门连为一体，面阔三间，进深一间。北为讲堂，面阔五间，进深三间，东西各有自习室五间。以上建筑均硬山式灰瓦顶建筑。书院内现存石碑2通，一通为清乾隆四十年（1775年）“重建卓君庙新建瑞春书院合记”，另一为道光三年（1823年）“桧阳书院神龛记”（图18.104）。

## 阴氏节孝坊

位于荥阳市乔楼镇秋社村东，清雍正十二年（1734年）为旌表陈让妻阴氏而建。

该坊是一座三间四柱楼式牌坊，东西跨路，现仅存最下一层。通长6.23米，残高3.57米。额枋正中刻“旌表已故儒同陈让妻阴氏节孝坊”及“赐进士出身属荥阳县事山右张翼立　男陈良相陈良杰孙生员五事等建　雍正拾贰”等字。下雕刻高浮雕“狮子衔绶图”，两次间

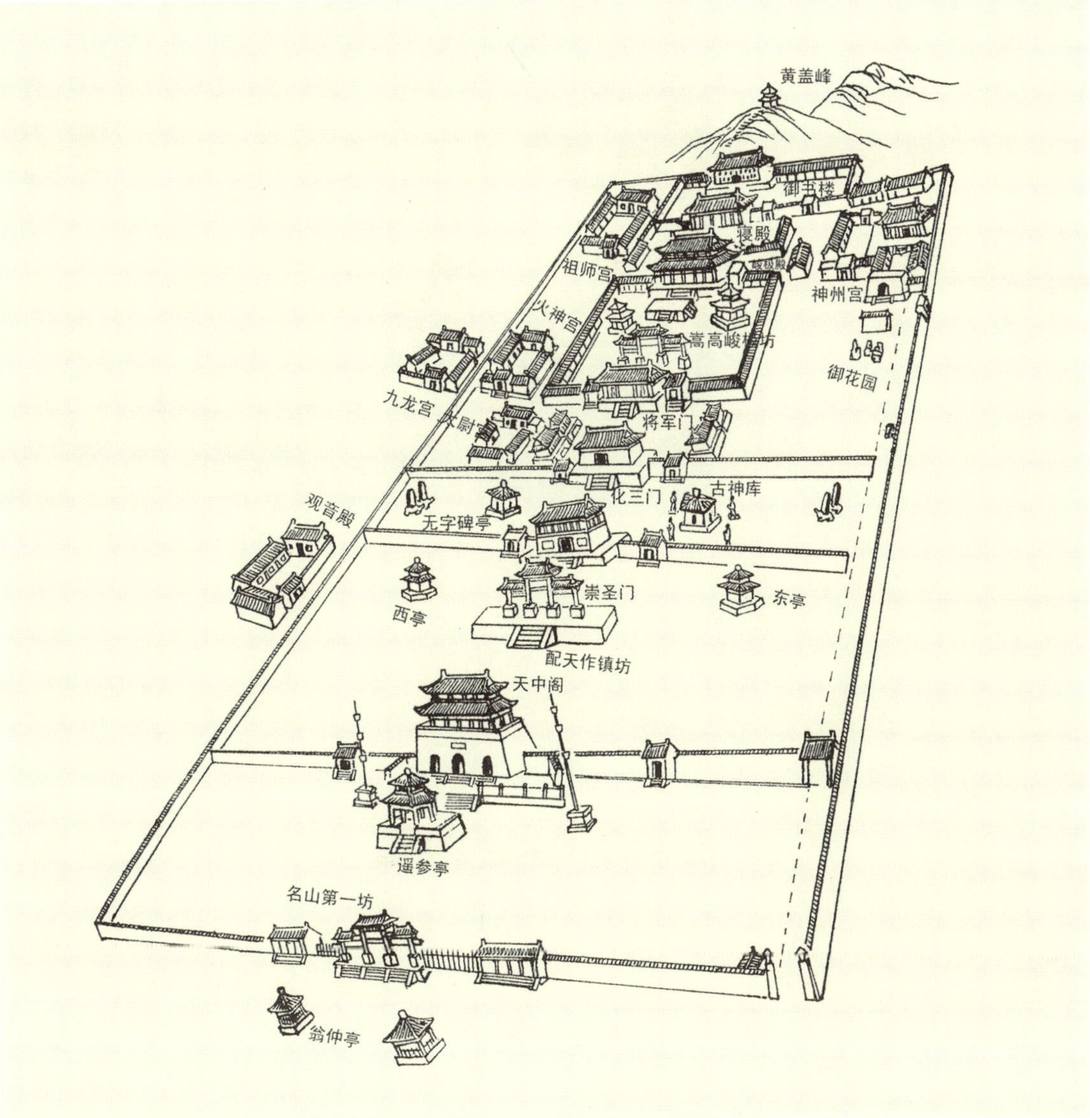


18.102　中岳庙全图

18.103　神北大王庙

18.104　桧阳书院

石枋与栏板上浮雕龙凤花卉等图案。柱子前后抱鼓石上雕有狮子。坊上原石刻“圣旨”匾、坊脊石构件等，散存坊侧（图18.105）。

18.105　阴氏节孝坊

## 康百万庄园

位于巩义市康店镇，庄园临街建楼房，靠崖筑窑洞，四周修寨墙，濒河设码头，集农、官、商风格为一体，布局严谨，规模宏大。始建于明末清初，是全国著名的庄园之一。

庄园总建筑面积64300平方米，有33个院落，53座楼房，1300多间房舍和73孔窑洞，分为住宅区、作坊区、栈房区、饲养区、金谷寨、祠堂六部分。

庄园内的庭院皆为二进四合院，建制大致相同，每座建筑的门、窗、檐部、山墙、室内梁架等部位均装饰各种精美的砖雕、木雕和石雕。各院雕刻内容不同，各具特色。庄园内还保存有当年康家使用过的生活用品及大量的匾额，如楠木雕刻的顶子床、端砚、“留余”匾等。“留余”匾是康家教育子弟的家训匾，为清朝翰林牛暄撰写，入选《中国名匾》。康百万庄园可谓明清民居的大观园，传统建筑文化的浓缩图，中原地区传统民居的典型代表（图18.106～18.115）。

## 熊儿河桥

位于郑州市南关街的熊耳河上，原为单孔石桥。始建年代不详，清乾隆三年（1738年）知州张钺重修，乾隆十年(1745年)，知州张钺为解除水患再次率百姓重修，将原单孔石桥修为双孔石桥。

熊儿河桥桥长34米，宽6.83米，桥孔为一伏一券式，用大方石排列砌造。券上雕有飞禽、花草、海石榴、凤鸟等，正中券顶刻一兽头，怒目大嘴，象征镇服水患。伏石左右两角各刻一龙，龙头向上，四肢伸展，造型精美。桥券净跨度为4.72米，矢高2.4米，整券基本上呈半圆形，与宋代建筑法式相吻合。桥两端东西各雕卧象一躯，两侧砌有石栏、石柱，各为九柱八栏，柱上雕刻石狮，造型精美。

清道光十八年（1838年），郑州知州王宪也曾集资修整，并赋诗留存：“乡校空传讲舍存，鸠工不独重维垣。弦歌地更新东里，锁钥人怀旧北门。雉堞城头添壮彩，熊儿桥畔没溪痕。此邦义气成风俗，可爱衣冠古处敦。”并在诗下自注曰：“州城垣四门及东里书院、南关熊儿桥均久倾圮。余集绅民捐资六千余缗，一年之内，各工完整”（图18.116）。

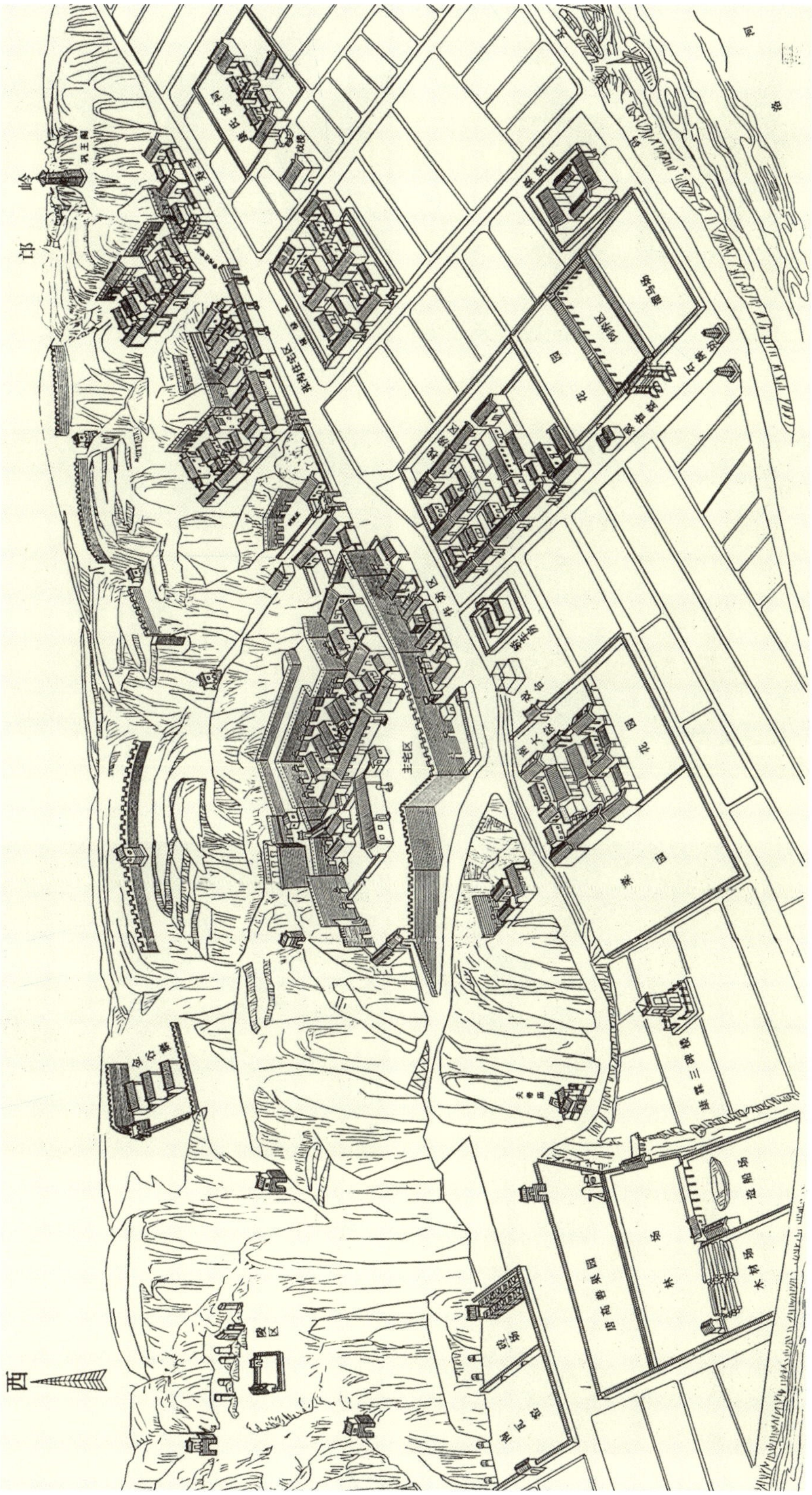

18.106　康百万庄园分布图

18.107 一院

18.108 过厅

18.109 前院

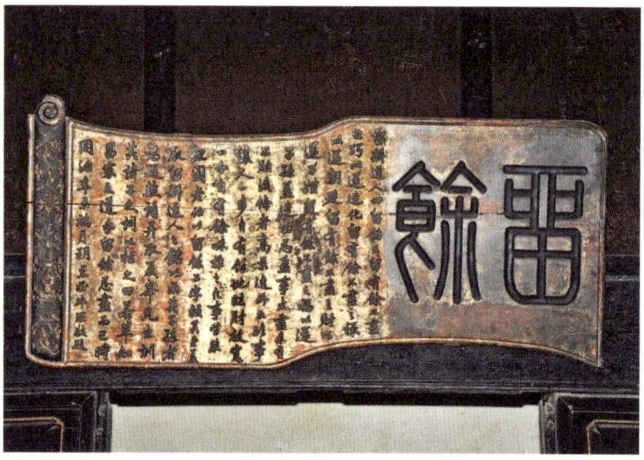


18.110 留余匾

18.111 红木雕顶子床

18.112 木雕雀替

18.113　石雕柱础

18.114　石雕柱础

18.115　垂脊砖雕

18.116　熊儿河桥

## 解放路天主教堂修女楼

位于郑州市二七区解放西路81号2号院，解放路与铭功路交叉口西北。清光绪三十年（1904年），意大利籍传教士贾士谊等人来郑州传教，为了发展教务，多聚教徒，于民国元年（1912年）在慕霖路天主教堂旁创设“天主堂医院”。1924年医院进行了扩建，同年3月1日更名为“郑州天主教堂公教医院”，新中国成立后，改为“郑州市公教医院”。1965年更名为郑州市第四人民医院，后变更为市第二人民医院。几经变迁，现仅存修女楼一座。

修女楼坐北朝南，建筑结构形式为砖木混合结构，占地面积约200平方米。平面为矩形，竖向长条形采光窗外饰拱券式窗套，红色机制平板瓦坡屋顶上开老虎窗，从外观来看属于欧式建筑风格。建筑平面呈方形，面阔和进深均为五间，平面轴网左右对称布局，由柱网和墙体轴网共同组成；建筑四面均使用墙体围合，墙上开竖向长条形采光窗，窗套和门套均为拱券式，仿照欧洲的文艺复兴（15～19世纪）建筑风格的效果，墙体中部使用砖拔檐腰线将建筑分割成上下层。该建筑的立面处理上明显带有欧洲文艺复兴和巴洛克建筑风格的影子。该建筑从建造

18.117　天主教堂修女楼

18.118　胡公祠大殿

时代上来讲应为民国初期建筑。这一时期的中国建筑多为中西结合的性质，整体外观为中国特色的坡屋顶，细部为西方古典建筑式样（如门、窗），在材料上出现混凝土和钢筋混凝土构件，这一时期是中国在建筑历史上建筑形式多元化发展的时期，在中国传统建筑的基础上，融入了西方建筑的元素（图18.117）。

## 胡公祠

位于郑州市二七区西太康路人民公园南门，是河南督军胡景翼的祠堂。1932年初，李烈军、张继、于右任等发起在郑州胡公旧宅兴建纪念祠。1936年10月竣工。纪念祠有门楼一座，红墙绿瓦，中间过道，两旁耳房，祭堂5楹，祭堂前有碑亭两座。1952年创建人民公园时将其全部并入。现仅存大门、大殿。

**大门**　抬梁式歇山建筑，面阔三间（10米），进深三间（5米），通高6米。黄琉璃瓦覆顶，正脊两端置龙吻。大门两侧为八字墙。门内有90米长的甬道。

**大殿**　抬梁式歇山建筑，面阔五间（15米），进深三间（5米），檐下施九踩斗拱，绿琉璃瓦覆顶，正脊两端安龙吻，中部置宝瓶，戗脊前部置仙人走兽。大殿正面和背面各间均安装隔扇门，门高7米。台明东西长20.5米，南北宽8.06米，高1.75米，正中设青石台阶，台阶两侧阶条石上安置青石栏杆（图18.118～18.121）。

## 彭公祠五亭

位于郑州市二七区铭功路人民公园西门内，是冯玉祥部靳云鹗下的团长彭象乾的祠堂。

1922年4月直奉战争冯玉祥拒赵倜攻郑州，彭团长身先士卒阵亡。靳云鹗驻军与郑县商会1925年10月购地20亩建铭功园，纪念保卫郑州有功之臣。1938年改彭公祠。祠堂于20世纪90年代被拆除，现存五座攒尖顶亭子，建在一个面积260平方米、高0.7米的汉白玉台子上，位于中间的亭为八角形，其他4亭为六角形，呈梅花点状布局。中亭高7米，其他四亭均高6米，绿色琉璃瓦顶。亭子西北20米处立有一汉白玉石碑，高1.8米，上刻官兵名字（图18.122～18.124）。

## 德济桥

位于郑州市南关街西和东三马路之间的熊儿河上。1933年郑州商会会长田镜波、张波臣同商界巨子陈小轩、宋少臣等倡议成立了郑州药材、骡马大会，地址设在南关眼光庙周围。为了便于交通，张波臣发动商界捐款建桥。张波臣原名张德海，为取意“德海周济”之意，遂名“德济桥”。

该桥为砖石结构的两孔东西桥，桥面东西长30米、南北宽14米、高7米，柏油路面，两侧原建有1米高的扇面保护墙，墙内各有1米宽的人行道，桥南北砖拱上镶嵌“德济桥”3个大字。1957年该桥进行了重修（图18.125）。

18.119　大殿屋脊的正吻和垂兽

18.120　大殿木雕

18.121　大殿隔扇门浮雕

18.122　彭公祠五亭

18.123　亭子顶挑檐

18.124　额枋彩绘

18.125 德济桥

## 河南宾馆

位于郑州市金水区金水路26号，是郑州目前为数不多的保留较为完好的20世纪中叶宾馆类建筑之一。曾接待过毛泽东、周恩来、邓小平等老一辈无产阶级革命家，有过辉煌的成就。

该宾馆始建于1954年7月，占地34亩，建筑面积2万平方米，有可容纳300人的大型宴会厅、6个功能各异的会议室以及大型的停车场等配套服务设施。宾馆主楼坐北朝南，为砖混结构，梁架为木结构，采用中国古典建筑的营造方式设计建造，屋顶为歇山式，檐下施斗拱，中间部分外立面上有6根朱红色两层高的柱子，入口雨棚上部周边装饰有仿古石勾栏，梁头雕刻卷云纹，歇山山面博风中间施有悬鱼，正脊及垂脊上置有脊饰构件。内部楼梯扶手的铁艺构件使用了西方文艺复兴时期的风格。

河南宾馆历经半个多世纪，依然保存完好，除自身所蕴藏的历史信息外，也见证了郑州飞速发展的历史（图18.126～18.129）。

## 郑州国营第三棉纺厂办公楼、大门

位于郑州市中原区棉纺路中段。郑州国棉三厂成立于1954年，是20世纪中叶国家的大型企业，对我国经济发展做出了重大贡献。该建筑是郑州市级文物保护单位郑州纺织工业基地中保存最为完好的，建筑融合了西方古典建筑和我国传统建筑的样式特点，具有很高的艺术

18.126 河南宾馆

18.127 20世纪七八十年代的河南宾馆

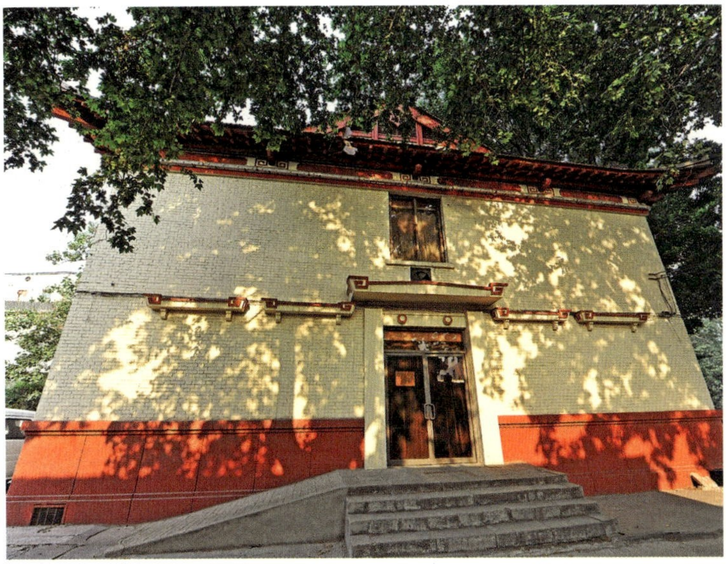
18.128　主楼南立面

18.129　主楼屋顶局部

价值和历史价值。

该建筑由苏联专家设计建造，建于1954年。大门砖混结构，由三部分组成，中部高两侧略低，为盝顶式建筑，墙体为清水砖墙素面。入口过厅，稍间柱头使用骑马雀替，中部过厅两侧及两侧配房处墙均开有采光窗。

办公楼砖混结构，平面呈长条形。内部采用一条长廊连接其两侧的办公室和厂房，细部处理仿中国传统建筑手法，外墙采用清水砖墙素面。办公楼北侧厂房为锯齿形屋顶，层高相当于办公楼的两层，墙面开竖向高窗，塑造了韵味十足的建筑屋顶形式。

郑州国棉三厂的办公楼、大门是“一五”时期国家投资建设郑州纺织基地的代表性工业建筑，记载了那个时期郑州纺织工业的辉煌，也为人们讲述了郑州纺织工人自强不息的奋斗史（图18.130、18.131）。

## 河南省黄河迎宾馆8号楼

位于郑州市惠济区的河南省黄河迎宾馆，坐北朝南，面积2600平方米，白墙红瓦，一层，平面为倒“山”字形，周有回廊。1962年为接待毛泽东主席而建。

8号楼门外有雨棚，楼前有水池，左有山丘。楼内共有13个房间，包括1个总统套房、1个夫人套房、2个小套房、9个标间。另有2个餐厅包房，可同时容纳30人左右用餐，一个可容纳60人左右的会议室和2个接见室。东接见室可容纳12人左右，西接见室可容纳6人左右。1964年毛主席曾在此居住。

河南省黄河迎宾馆的前身为中共河南省委第三招待所，始建于1959年。宾馆占地面积1200亩，馆内绿树成荫、景色宜人。曾先后接待过毛泽东、邓小平、江泽民、胡锦涛等国家领导人和一些外国政要、高级代表团，有着辉煌的历史（图18.132、18.133）。

## 郑州市政府办公楼

位于郑州市中原西路233号市委南院院内，1960年主体建成，1965年建成并投入使用，由郑州市设计院设计。该楼设计之初，曾被列为“河南三大工程”之一，至今一直是郑州市的行政中心。

该楼主体采用钢筋混凝土框架结构，中间主体部分

18.130　国棉三厂大门

18.131　国棉三厂办公楼

18.132　黄河迎宾馆

18.133　8号楼一角

是七层，两翼为五层。入口的雨棚由6根立柱承托，在雨棚上面竖立有“立党为公，执政为民”8个大字，中间两根立柱上部的横梁上悬挂国徽。整幢建筑外立面的采光窗排列整齐。一楼的外墙呈鹅黄色，二楼以上为乳白色。在阳光的照射下，大楼显得朴素庄重，简洁大气。

该楼在经历了半个多世纪的风风雨雨后，已见证和凝聚了郑州发展的辉煌历史（图18.134、18.135）。

## 二七宾馆

位于郑州市市中心二七广场西南侧（解放路168号），是新中国成立后70年代中期郑州市在市中心建设的第一座现代化大型宾馆，由郑州市城市建设设计院设计，以总工程师周培南同志为主要技术负责人，由河南省第五建筑安装公司负责施工承建。

二七宾馆始建于1974年，于1975年建成并投入使用。坐南朝北，由主楼和东、西配楼以及南面的设施设备楼房建筑组成，总平面基本成“L”形，主楼和东楼负一层均是按照防空标准建的地下室以及疏散通道。内院有大、小餐厅及停车场。主楼北侧有可停六十余部汽车的大型停车场，四周有花窗式围栏和围墙，沿围墙种有绿化和观赏树种，紧临宾馆东楼有附属对外经营的外卖营

18.134　郑州市政府办公楼

业房、生产车间和旅游车队车库。原院落有双柱双开式大门及传达室和门卫室。

建筑的平面布局、形态构成、艺术处理和手法运用等方面具有独创和完美的意境。建筑主体采用砖混与局部框架结构。总建筑面积为21000平方米，占地面积12.69亩。主楼八层，高26.3米，建筑面积7532平方米；东配楼六层，高20.2米，建筑面积4096平方米；西配楼七层，高23米，建筑面积

18.135　办公楼入口

18.136　二七宾馆

18.137　毛主席视察燕庄纪念亭

18.138　亭内纪念碑

4112平方米；其他各种附属建筑的面积总和为5260平方米（图18.136）。

## 毛主席视察燕庄纪念亭

位于郑州市金水区金水路燕庄。1960年5月11日，毛泽东主席在有关领导陪同下，视察燕庄麦田。1970年5月年在毛主席视察燕庄十周年之际，在此修建了木质纪念亭，2002年5月对该亭进行了改建。

纪念亭为重檐攒尖六角形黄琉璃瓦顶，通高约12.26米，建筑本体占地面积80余平方米。亭下台明用汉白玉砌筑，东西两侧各出踏道9级。亭内立汉白玉碑一通，正面隶书“毛主席视察燕庄纪念碑”（图18.137、18.138）。

# 第一九章 宗教石造像与碑刻

## 青龙山吴窑摩崖石刻

位于巩义市大峪沟镇民权村八里坡马鞍桥山峰。分布于山崖方圆20平方米范围内，由5块崖石组成，共有9个字及模糊不清的文字一段。9个字分别为六字真言和“山阳吴”三字。据考证，汉代高僧摄摩腾、竺法兰在此设立佛教道场，建造慈云寺。六字真言的发现，为这一事件提供了佐证。具体年代待考（图19.1～19.5）。

## 巩义石窟

位于巩义市河洛镇寺湾村，坐落在黄河南岸、伊洛河北岸的邙岭大力山下。石窟寺始建于北魏孝文帝太和年间（493～499年），原名希玄寺，唐代称净土寺，清代改石窟寺。历经东魏、西魏、北齐、隋、唐、宋几个朝代相继在此凿窟造像。寺院依山面水，环境幽雅，风景秀丽，曾被称为“溪雾岩云的幽栖胜地”，“石窟晚钟”为巩县八景之一。

石窟坐北向南，现存洞窟5个，摩崖大佛3尊，千佛龛1个，小佛龛255个，共雕佛像7743尊和数十篇题记。窟内保存许多完整的礼佛图、伎乐人、神王像、飞天等浮雕造像。除第5窟以外，其余4窟都是有中心柱的方形窟洞，柱四周凿龛雕像，为一佛二弟子，二菩萨。窟顶刻平棋，藻井。南壁门两侧刻帝后礼佛图，其余刻千佛及大佛龛。壁脚刻

19.1 青龙山吴窑摩崖石刻

19.2 摩崖石刻局部

19.3 摩崖石刻局部

19.4 摩崖石刻局部

19.5 摩崖石刻局部

神王、怪兽及伎乐人。其中最精美的为第一窟“帝后礼佛图”，构图分三层，东边是以皇帝为首的男供养为前导，画面中仪态雍雅的贵族和身体矮小的侍从形成了尊卑鲜明的对照。第四窟的“帝后礼佛图”人物造型独具匠心，前呼后拥的礼佛仪仗队中供养人大腹便便，相貌森严，侍从瘦小低微，比主像小三分之一。仪仗队中有的为帝后携提衣裙，有的执扇撑伞，有的手捧祭器，浩浩荡荡地簇拥帝后进香礼佛，表现了皇室宗教活动的盛大场面。构图简练生动，刻工细腻，为我国石窟浮雕艺术中罕见的杰作。

石窟寺内建筑多已不存，仅清代大殿和东西厢房尚存。新中国成立后，政府十分重视对石窟的保护，盖了保护房，进行加固维修，并把石窟前的东西两庑和大雄宝殿翻修一新（图19.6～19.27）。

## 北周村造像碑

位于荥阳市索河街道办事处广场南。造像碑圆首方座，通高2.31米（其中座高0.44米），宽0.94米。碑身通体布满浅浮雕人物、动

19.6　石窟寺外景

19.7　石窟寺内景

19.8　摩崖大佛

19.9　一窟中心柱佛像

19.10 飞天

19.11 飞天

19.12 一窟礼佛图局部

19.13 一窟礼佛图局部

19.14 一窟礼佛图局部

19.15 一窟礼佛图局部

19.16 一窟礼佛图局部

19.17 一窟礼佛图局部

19.18 三窟礼佛图局部

19.19 三窟礼佛图局部

19.20 三窟礼佛图局部

19.21　四窟礼佛图局部

19.22　四窟礼佛图局部

19.23　四窟礼佛图局部

19.24　四窟礼佛图局部

19.25　四窟礼佛图局部

19.26　四窟礼佛图局部

物图案，正面主题图案分为上下两层，均在小龛内刻高浮雕佛教人物，下层龛内有火焰背光。碑阴、碑两侧及碑座四面刻浮雕世俗物图案。造像碑原在北周村东的一座庙中，2004年移入荥阳市文物保护管理所。该碑保存完好，雕刻精美，对研究佛教文化及古代雕刻艺术具有重要的参考价值（图19.27、19.28）。

19.27　北周村造像碑

19.28　造像碑碑首

## 香峪寺造像佛龛

位于新密市尖山乡国公岭上香峪寺阳坡的崖壁上，北、东、西三面均为山梁。此龛为佛教石龛，凿造于东魏天平二年（535年）。坐北朝南，龛深1.5米，宽2.1米，高2米，内造5尊大佛，皆立于莲花座上，佛像垂眸含笑，面目慈祥，流露出悲悯苍生的情怀。佛像雕刻细腻生动，线条流畅，体现了古人高明的雕刻技艺，具有较高的艺术价值（图19.29～19.33）。

## 邢河石窟造像

位于荥阳市贾峪镇老邢水库西崖，北齐天统四年（568年）刻造，窟高、宽、深度均为2米，窟门左右各刻一力士，窟内刻一佛、二菩萨、二弟子，这种方形石窟，单尊主造像，四壁无刻，与唐初洛阳龙门石窟相似，特别是门左右的力士浮雕，昂首瞪目、威严护法，栩栩如生，与龙门奉先寺力士酷肖（图19.34～19.36）。

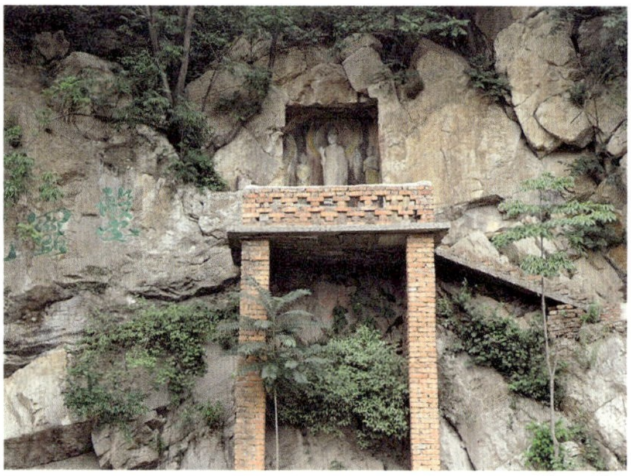

19.29　香峪寺造像佛龛远景

19.30　造像佛龛

19.31　佛龛局部

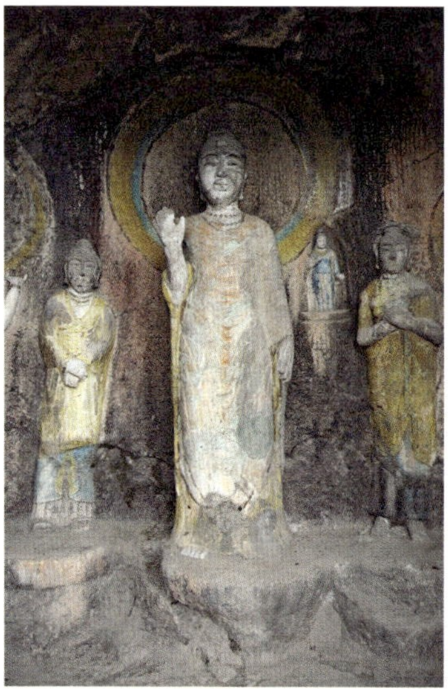

19.32　佛龛局部

19.33　佛龛局部

19.34 邢河石窟造像远景

19.35 石窟局部

19.36 石窟局部

## 刘碑寺碑

位于登封市大冶镇刘碑村刘碑寺正殿内。坐北面南，因北齐天保八年（557年）豫州刘刺史集刘姓居士筹资立碑，故名“刘碑”，后人因碑兴建佛寺而名“刘碑寺”。

碑用青石雕成，分碑身和碑座两部分，高3.17米，宽1.46米，厚0.45米。碑座前后有12个浮雕武士像，形状生动。碑座后为线雕山林狩猎等图案。碑首雕盘龙6条，下刻有大佛像数尊至下并有数小龛，内均雕佛像。碑后有正楷和隶书碑文（图19.37）。

## 尊胜经幢

经幢原存于郑州市东大街开元寺旧址（今郑州市第一人民医院），现藏郑州市文物考古研究院。唐中和五年（885年）六月十一日刻立。

经幢青石雕琢，由基座、幢身和顶盖3部分组成，通高3.5米。基座分上下两层，下层呈八棱形，各面刻减地浮雕瑞兽，上层为圆形仰莲盘。幢身为8棱柱状，正面篆刻“尊胜幢”3字，右侧刻后唐天成三年（928年）移幢于开元寺的题记。各面刻尊胜陀罗尼经文，下部已剥蚀。幢身上部置八角形华盖，形若僧帽，棱角处均雕兽首衔带图像。在斜出的八面上均浮雕坐佛、法师问弟子、取经图和飞天等。华盖上置仰莲盘，其上置八棱柱，各面龛中浮雕或线刻佛像及造像施主姓名。幢顶为八角形仿木结构平顶凉亭式盖。惜经

19.37 刘碑寺碑

19.38　尊胜陀罗尼经幢

19.39　经幢华盖

19.40　尊胜幢拓本

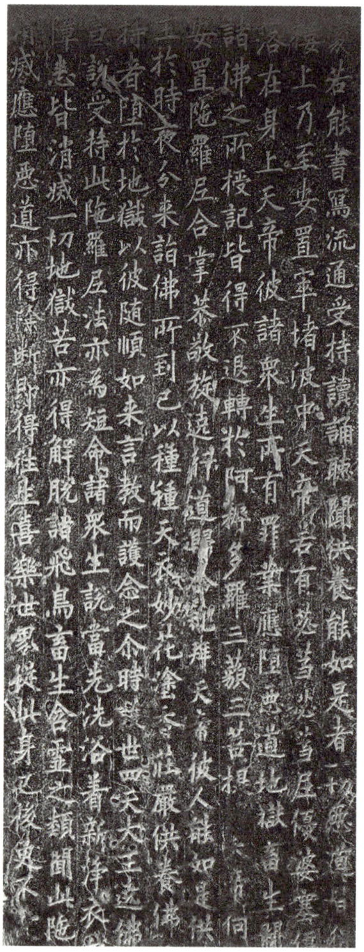

19.41　经文拓本（局部）

幢华盖以上部分残损（图19.38～19.41）。

## 太上洞玄灵宝无量度人上品妙经幢

经幢初立何处不详，后立郑州开元寺，现存郑州市文物考古研究院。唐会昌六年（846年）正月十五日刻立。

经幢青灰石质，8棱柱状。底座及顶盖已失，高1.6米，面宽0.225米。从第1面起至第7面止，各面上部分别刻“太上”“洞玄”“灵宝”“无量”“度人”“上品”“妙经”等字样。经文楷书，太原王维度刻字，除少部分残毁外，大都清晰可辨。第8面为刻立日期。

佛教石刻经典始于北魏，而道教石刻经典则始自唐代，多为道德经，故此幢相当珍贵（图19.42、19.43）。

19.42　太上洞玄灵宝无量度人上品妙经幢

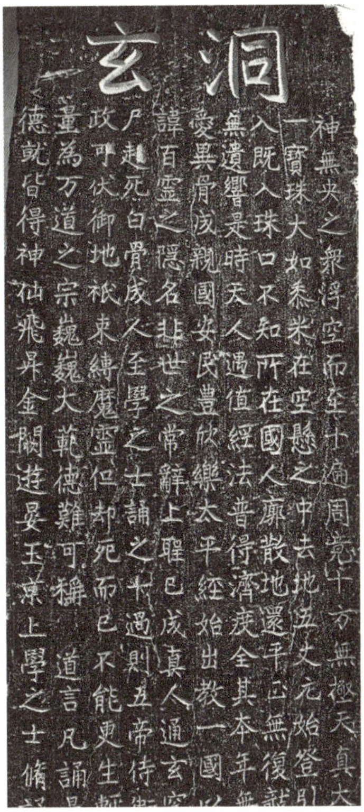


19.43　经文拓本（局部）

## 大唐嵩阳观纪圣德感应之颂碑

俗称大唐碑。位于登封市嵩阳书院原山门前西10米处。

该碑由碑座、碑身、碑额、云盘、碑首五层雕石组成。唐玄宗天宝三年（744年）二月五日立，通高9.02米，宽2.04米，厚1.05米。碑座为精雕长方形石座，四面刻有10个石龛：前后各三，两侧各二，龛内各有1座浮雕武士像，姿态各异，形象逼真。龛外平面上线刻童子与卷草纹。通篇碑文1078字，八分隶书，字迹工整，刚柔适度，书法遒雅。内容主要记述唐玄宗李隆基为寻求“长生不老”之术，命嵩阳观道士孙太冲炼丹九转的故事。李林甫撰文，徐浩书丹。碑的背面和两侧有欧阳修跋文和游人题词。碑首分三层，上层为素面的束腰带座宝珠，宝珠两边，两只卷尾石狮，后脚盘蹬在宝珠的基座上，前爪把持宝珠，狮嘴吞吻在宝珠上面，栩栩如生，十分壮观；中层较大，上面浮雕连续的大朵云气图案；下层的四边稍大于碑身，前面有裴迥篆刻额文，额文两侧浮雕双龙、麒麟。

该碑碑制宏大，雕刻精美，是唐代石刻艺术之珍品，也是研究嵩阳书院历史及道教不可缺少的史料（图19.44～19.47）。

## 崇唐观老君造像

位于登封市太室山南麓逍遥谷中的崇唐观内，是我国现存最早的老君石造像。

老君造像雕刻于武周长寿二年（693年），青石质，通高2.8米，饰发髻，面部丰满，神态沉静，安详自若，呈说法状，端坐于莲花须弥座上，须弥座上浮雕有

19.44　大唐嵩阳观纪圣德感应之颂碑

19.45　碑首

19.46　碑座浮雕

19.47　碑座浮雕

5伎乐，座上方刻有隶书铭文“大周隆唐观敬造元始天尊像并左右二真人，长寿二年十月十五日毕功谨记”。

崇唐观原名隆唐观，因避讳唐玄宗李隆基讳，而更名，是唐高宗李治于调露元年(679年)为隐士潘师正所建的道院。观内现存清代建筑老君殿一座，面阔三间，进深五架椽，硬山琉璃瓦顶，殿内砖柱上浮雕人物、禽兽、古塔等图案。观内碑刻造像尤为珍贵，除老君石造像外，另有《大唐中岳隐居太和先生琅耶王徵君临终口授铭并序》碑，位于老君殿前檐东侧，刻立于唐垂拱二年（686年），王徵君弟王绍宗甄录并书，楷书，保存完好。《唐默仙中岳体元先生大中大夫潘师正碣文并序》碑，位于崇唐观前100米，唐圣历二年（699年）刻立，王适撰文，司马承祯八分书，书者用篆、隶、籀三体合一的金剪刀书法，为嵩山一带罕见的书法碑刻。《重修老君堂金妆神像碑记》，位于崇唐观大门外东侧，清同治十三年（1874年）刻立（图19.48）。

## 灵显王庙赞碑

位于郑州市管城回族区东晋王庙村东北晋王庙故址上。遗存有宋、金年间的石碑各1通。宋碑为宋真宗赵恒书写，文前有“御制御书并篆”字样，大中祥符四年（1011年）立。碑高2.6米，宽1米，厚约0.3米，碑额有“灵显王之赞”5个篆字。碑文称赞李靖“功存于国，惠泱于民”等。现在碑身部分剥落，崩裂严重。据碑文载，李靖为唐代名将，官至中书尚书右仆射，封卫国公。五代后晋天福（936～943年）年间，追封李靖为晋王，所以李卫公庙又称“晋王庙”（图19.49）。

19.48　崇唐观造像

19.49　灵显王庙赞碑

19.50　佛顶尊胜陀罗尼经幢

19.51　幢顶

19.52　幢座

19.53　华盖

## 荥阳佛顶尊胜陀罗尼经幢

位于荥阳市京城街道办事处平庄行政村扁担王自然村西南。经幢高约7米，整体分作幢顶、幢身和幢座三大部分。其中幢顶由宝珠、云盘和仰俯莲台等组成。幢身有上、下两段，上段的主体为小八角形石柱，立于仰莲台上，其上四面开小龛，内均浮雕一坐佛；下段亦立于仰莲台上，主体为八棱石柱，高2.1米，每边宽0.185米，上刻《佛说父母恩重经》和《佛顶尊胜陀罗尼经》经文。在上、下两段幢身之间，置有华盖，上雕兽头、璎珞和宝相花。大金泰和三年（1203年）刻石。

该幢形体较大，结构复杂，造型优美，保存完好，为金代佛教石刻建筑代表作品（图19.50～19.53）。

## 石柱岗经幢

位于荥阳市豫龙镇石柱岗村西部。经幢八棱柱体，通高6米余，每面宽0.26米。座高1.4米，基础为须弥座，座刻覆莲、仰莲、石兽。经幢四面刻经文，另四面刻“朱氏宗族图记”。经幢上刻八角流苏华盖，华盖之上刻仰莲并立四方柱，其三面各刻一佛，幢顶仿屋檐，其上有四节云盘基火焰宝珠顶光（图19.54）。

## 天仙白松图碑

原立于新密市东南3千米天仙庙内，现存郑州市文物考古研究院。

该碑青石质，上部已残断，残高1.25米，宽0.84米，厚0.17米，为明崇祯八年（1635年）重刻。正面刻白松一棵，一本三干，盘枝错节，枝叶繁密。碑周阴刻云纹界栏，右上部刻文已漫漶不清，下部刻有草书题诗4首。

另外，在新密市城关镇西街村一中校园内，有1993年仿制重立的“天仙白松”碑，高1.81米，宽0.87米，

19.54　石柱岗经幢

19.55　天仙白松图碑

厚0.2米。正面刻白松一株，周围篆刻赞白松诗3首，碑周刻阴线界栏。

相传白松为黄帝三女精灵所化。清康熙年间，白松为暴风雨摧折，根株尽拔。《徐霞客游记》中曾记述：“松大四人抱，一本三干，鼎耸霄汉，肤如凝脂，洁逾傅粉，蟠枝虬曲，绿鬣舞风，昂然玉立半空，洵奇观也！”历代来此游赏白松的文人墨客留下了许多赞扬白松的诗篇（图19.55）。

第二〇章

# 近现代重要史迹

## 董天知将军故居

位于荥阳市老城南街。2005年7月，荥阳市政府拨专款对故居进行重修。修缮之后的将军故居，坐东向西，为三进院落。现有房屋4所，砖木结构，硬山式，青砖蓝瓦。前院南北围墙镶嵌着中央领导人为董天知等英雄的题词，过厅房亦为三房，南侧有进道，屋内已辟为展厅。给人印象深刻的首先是一棵古槐，旁立一石碑。主要建筑为上房和北厢房，两所房均为3间，屋内辟为陈列室，利用陈列的版面及大量书籍、图片资料等宣传董天知的英雄事迹。2006年9月被郑州市市委宣传部、郑州市教育局、共青团郑州市委授予郑州市爱国主义教育基地。

董天知，又名董亮，曾用名董旭生，荥阳市老城南街人，1911年出生于一个书香之家。他少年时代，就勤奋学习，追求革命真理。1929年参加左联和共产主义青年团。1930年夏，任北平团市委组织干事兼儿童局书记，同年加入中国共产党。1931年7月31日，董天知在北平西城区一个秘密机关开会，因叛徒告密，与薄一波等同志一起被捕，被关进草岚子监狱。在狱中与敌人斗争五年，后在党的营救下出狱，经北方局派赴山西开展革命工作。在山西积极开展抗日运动，任第三纵队政治部主任，率部给日寇以沉重打击。1940年8月，他率部参加闻名中外的“百团大战”，在潞城县北王郭庄带领20名警卫战士，与7倍于我军的敌人激战，打退敌人数次攻击。终因敌众我寡，中弹牺牲，时年29岁。新中国成立后，国家追认董天知为将军（图20.1、20.2）。

## 郑州铁路职工学校旧址

位于郑州市管城回族区南乾元街与东三马路交叉口西北角（天荣时装城内）。

1921年初，经北洋（京）政府交通部批准，在郑州建立郑州铁路职工学校。因校舍尚未建成，3月，借用与郑州铁路职工学校毗邻的湖北会馆上课。1921年6月，学校建成并启用。因铁路工人高斌、姜海士等人经常于夜晚来校上课，故称“工人夜校”。武汉共产主义小组成员赵子健（湖北高等师范毕业，并在交通部北京速成班培训）这时从北京被派到郑州铁路职工学校任教，并代校长。他从调查工人情况入手，向工人讲授文化知识，介

20.1　董天知故居

20.2　院内古槐

绍俄国十月革命，传播马克思主义，启发工人觉悟。1921年3月，李大钊到郑州视察和指导工人运动，并在赵子健陪同下，到夜校向工人介绍俄国工人解放的情况，宣传马克思主义，鼓励工人要好好学习，学技术，学革命道理；号召工人要组织团结起来，争当社会的主人。工人夜校很快成为联络团结工人的阵地。8月，刚刚诞生的中国共产党成立了领导工人运动的机关——中国劳动组合书记部（后迁北京），邓中夏任主任。同月，他到郑州向工人进行革命宣传。同一时期，赵子健在郑州建立中共刊物《劳动周刊》和《工人周刊》发行站，组织夜校学员阅读，并派凌楚藩（全国铁路总工会临时委员长）随李震瀛（劳动组合书记部干事，负责郑州两路工运）到长辛店学习建立路工俱乐部的经验。9月，由高斌、王宗培等48位夜校学员发起组织成立郑州铁路工人俱乐部，高斌为总干事。

1922年1月，为抗议军警殴打工人，郑州路工俱乐部发动工人罢工三天。2月，为驱逐反动厂首，又组织郑州机务处工人再次举行罢工，并取得胜利。4月，在路工俱乐部基础上，郑州铁路工会成立，高斌为委员长。经过工人夜校的学习和工人运动的锻炼，高斌、司文德等优秀学员和工运骨干相继加入共产党，并成立党小组，李震瀛任组长。7月，李大钊通过关系，推荐包惠僧、李震瀛担任国民党交通部驻京汉、陇海两路密查员，并亲到洛阳促使军阀吴佩孚发表通电“保护劳工”。8月10日，京汉铁路总工会第二次筹备会议在郑州召开。25至26日，郑州路工举行声援长辛店路工反对工头压迫、争取工人权利的同盟罢工，同时还广泛开展

20.3　郑州铁路职工学校旧址（1921年春）

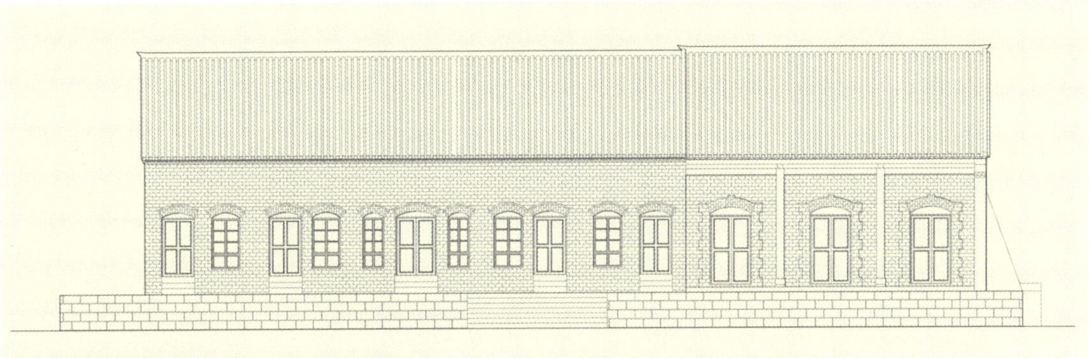

20.4　建筑南立面图

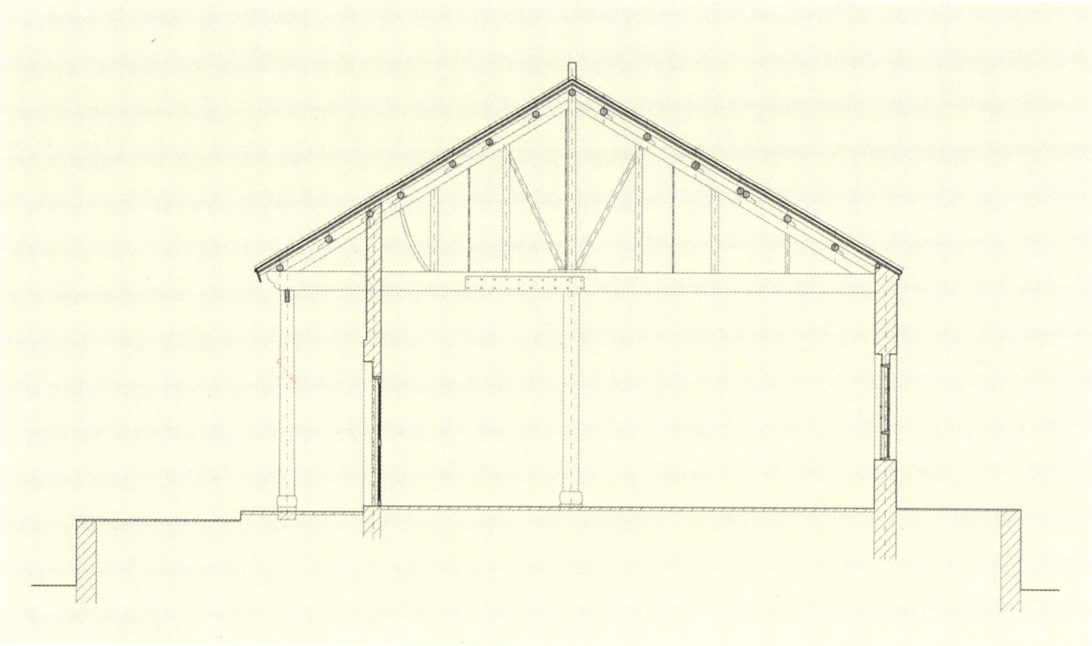

20.5 建筑剖面图

了劳动立法的斗争。至1922年底，京汉铁路总工会在郑州成立的条件已经成熟，郑州铁路职工学校为此做出了重要贡献（图20.3～20.5）。

## 二七纪念堂

位于郑州市钱塘路82号。所在地是1913年杨万青等人建造的“普乐戏园”，后叫普乐园。1923年2月1日，京汉铁路各站工人在郑州普乐园(今二七纪念堂)，成立京汉铁路总工会。由于遭到封建军阀的阻挠和破坏，大会决定在2月4日举行全线总罢工。2月7日军阀吴佩孚、肖耀南在帝国主义的指使下，对郑州、江岸、长辛店的罢工工人进行了残酷镇压。全线工人同仇敌忾，不怕牺牲，同反动派进行了英勇顽强的斗争。在这场斗争中，共产党员、工人领袖林祥谦、施洋以及高斌等40多人被杀，300多人负伤，激起了全国工人大罢工的革命怒潮。这就是有名的“二七”大罢工。

1923年2月1日，京汉铁路总工会成立大会在军阀的百般阻挠下召开，工人代表们冲破封锁，闯开普乐园的会场大门，开始了大会，这是京汉铁路工人争人权、争自由的大会，标志着中国工人运动从此走向新的政治斗争。为缅怀先烈，继承和发扬京汉铁路工人的革命斗争精神，1951年，郑州市人民政府对京汉铁路总工会召开成立大会的普乐园会场旧址进行复建，即为今二七纪念堂。

郑州二七纪念堂于1951年9月动工，1952年11月落成。占地面积6440平方米，建筑面积3917平方米，是一座砖木结构的现代纪念建筑。建筑分主楼和南北配楼，均为二层。主楼为一所能容纳1500多人的会议厅，正面高14米，宽27米，深57米，青砖垒砌，屋面红瓦覆盖，正中上方为堂徽，下是

20.6　“二七”纪念堂

20.7　京汉铁路总工会旧址

20.8　总工会成立大会会场旧址——普乐园

二七罢工铸铁浮雕。南楼为“二七史迹陈列馆”，建筑面积为435平方米。北楼为“活动楼”，每年“二七”纪念日，省会各界均在这里举行聚会，缅怀革命先烈，继承和发扬“二七”革命精神（图20.6～20.8）。

## 二七纪念塔

位于郑州市二七广场，是为了纪念京汉铁路工人大罢工中牺牲的烈士，发扬“二七”革命传统精神而修建的纪念性建筑。

1923年2月1日，在中国共产党的带领下，京汉铁路工人代表在郑州普乐园（今二七纪念堂）召开了京汉铁路总工会成立大会，遭到了北洋军阀吴佩孚的武力阻挠。为争人权、争自由，总工会2月4日从郑州开始，举行京汉铁路全线总罢工，2月7日罢工惨遭镇压，林祥谦、施洋等英勇就义。京汉铁路罢工工人领袖汪胜友、司文德在郑州同时被害，并在长春桥（位于原郑州西门外）桥头悬首示众7天。新中国成立后，汪胜友、司文德被追为“二七烈士”。为缅怀先烈，继承和发扬京汉铁路工人的革命斗争精神，1951年，郑州市人民政府将郑州市西门外长春桥旧址扩建为二七广场，1953年，在广场中置六角木制塔一座。1971年7月1日至9月29日，在木塔原址重建钢筋混凝土五角联体双塔，即为今二七纪念塔。

二七纪念塔占地面积352平方米，建筑面积1923平方米，钢筋混凝土结构，平面呈两个五角形并联，是一座建筑独特的仿古联体双塔。其中塔基座为3层汉白玉石栏环绕阅台，逐层缩小，各层均有白水泥栏杆；塔身10层，每层均有飞檐挑角，绿色琉璃瓦盖顶，外表粉刷用白色干粘石，每层各面均有红漆方形格窗；塔顶建有钟楼，有直径2.7米的大钟六面，钟楼顶端矗立9米旗杆，上置红色五角星一枚；塔底有面积约520平方米的地下室，并

20.9　20世纪60年代的木塔

20.10　20世纪70年代的“二七”纪念塔

20.11　现在的“二七”纪念塔

20.12　塔内的“二七”大罢工史迹展

向西北方开有地下通道（图20.9～20.12）。

## 刘堂庙革命旧址

位于新密市白砦镇刘堂村。刘堂庙始建于明万历年间，1926年改为密县农民协会旧址。此地原是中共河南省委直属郑、荥、密边特别支部诞生地，是我党1925～1933年在郑、荥、密活动的旧址。

旧址坐东朝西，现存大门、正屋、西厢房。大门面阔一间，进深一间，硬山灰瓦顶。正屋面阔五间，进深一间，北三间，南二间，中间山墙相隔，亦为硬山式建筑，灰瓦顶。西厢房面阔三间，进深一间，硬山式灰瓦顶建筑。院内另存明代碑刻3通，清代碑刻12通，东南角植有洋槐、古柏各一株（图20.13、20.14）。

## 碧沙岗北伐军阵亡将士陵园

北伐战争是中国新民主主义革命史上第一次最伟大的革命。

1926年7月9日，在国共两党合作的情况下，国民革命军高呼“打倒列强除军阀”的口号，从广州举兵北伐。得此消息的冯玉祥将军从苏联匆匆回国，并于同年9月组成国民联军，亲自出

20.13　刘堂庙革命旧址

20.14　墙壁上镶嵌的碑刻

任总司令。随后誓师五原，接受共产党人李大钊“出兵西安，会师郑州”的建议，确定了“固甘援陕，联晋图豫”的作战方针。11月底，解救了在西安被困数月之久的杨虎城部。1927年5月，国民联军更名为国民革命军第二集团军。接着出兵潼关，直驱中原，与从武汉北上的唐生智第四方面军在郑州会师。6月，冯玉祥出任河南省政府主席，率军继续东征。1928年春，战事稍息，冯军重新回到河南境内进行休整。为掩埋烈士遗骨，纪念阵亡将士，激励革命后人，冯玉祥将军先后拨款20万元，令当时任交通司令的许骤云在郑州西郊的“白沙岗”一带购地近四百亩，辟为墓地，建立烈士陵园，并取“碧海丹心，血殷黄沙”之意，改此地为“碧沙岗”。

刚建成的北伐军烈士陵园由四部分组成：北部为“中山公园”，内建民族、民权、民生三个碑亭及水池、石桥等；中部为“三民主义烈士祠”（现为郑州市文物考古研究院办公场所），红墙绿瓦，庄严肃穆，内有四个大殿，殿内陈列阵亡将士血衣、刀枪等遗物，并悬挂匾额、烈士遗像，放置刻有烈士姓名的铜牌、记载有烈士功绩的金册和军政要员题写的挽辞碑刻等；祠堂南面的“烈士公墓”，为一宽阔地带，每墓间隔两米，纵横成列掩埋着阵亡官兵的遗骨；陵园最南端是“民生公墓”，主要用于安葬冯部官兵家属。

碧沙岗在当时就成为人们休闲游乐、瞻仰先烈的地方。后来一度荒废。1956年，郑州市人民政府将陵园改建为碧沙岗公园。同年的全国政协六届四次会议上，部分政协委员提出了修复碧沙岗北伐旧址的提案。第二年，国务院拨出专款，用于北伐阵亡将士墓地祠堂的修葺。此后，郑州市政府又决

20.15　国民革命军北伐阵亡将士纪念碑，建于1928年，1952年扩建郑州火车站时被拆除

20.16　20世纪30年代碧沙岗北伐军烈士陵园全景

20.17　20世纪60年代碧沙岗公园北大门

定在这里修建北伐战争纪念碑、北伐军会师郑州大型石雕及北伐战争纪念馆等工程，对革命古迹和相关文物进行更为有效的保护与利用。1986年11月被确定为省级文物保护单位（图20.15～20.24）。

## 吉鸿昌烈士墓

位于郑州市二七区黄岗寺北烈士陵园内。原墓在扶沟县吕潭镇，1964年迁葬至此。

烈士墓用白水泥砌筑，外镶花岗岩，长3.2米，宽1.4米，高0.6米。墓前立汉白玉方形墓碑,碑宽0.95米，厚0.23米，高1.6米，刻烈士生平事迹和就义诗。距墓97米有吉鸿昌纪念碑和纪念亭，亭内汉白玉纪念碑，方柱，高2.8米，宽0.7米，正面镌刻胡耀邦题写的“吉鸿昌烈士纪念碑”8个大字。

吉鸿昌，字世五，扶沟县吕潭镇人。曾任国民革命军冯玉祥部师长、第二十一军军长和宁夏省政府主席。1931年因反对进剿“鄂豫皖”工农红军，被蒋介石强令出国。1932年“九一八”事变后回国，并加入中国共产党。1933年联合冯玉祥组成民众抗日同盟军，任同盟军第二军长兼北路前线总指挥。1934年11月在天津被国民党特务逮捕，同年在北京英勇就义。就义前他写下了正气凛然的就义诗：“恨不

20.18　1987年新建的碧沙岗公园北大门

20.19　改建前的烈士祠大门

20.20　民族亭内的烈士陵园落成纪念碑

20.21　烈士祠落成纪念碑

20.22　聂荣臻元帅题写的北伐阵亡将士纪念碑

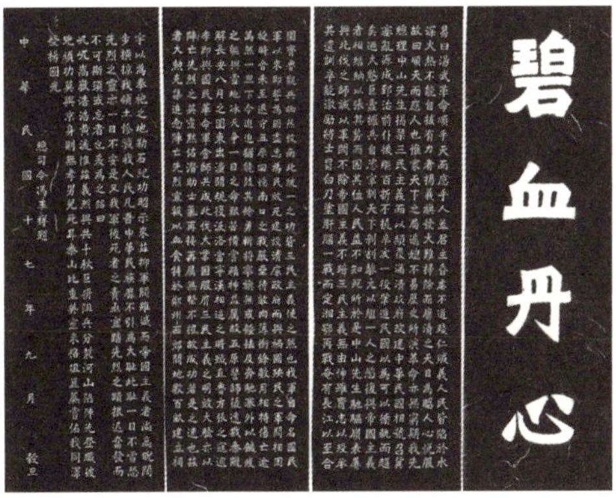
碧血丹心

20.23　烈士陵园落成纪念碑碑文拓片

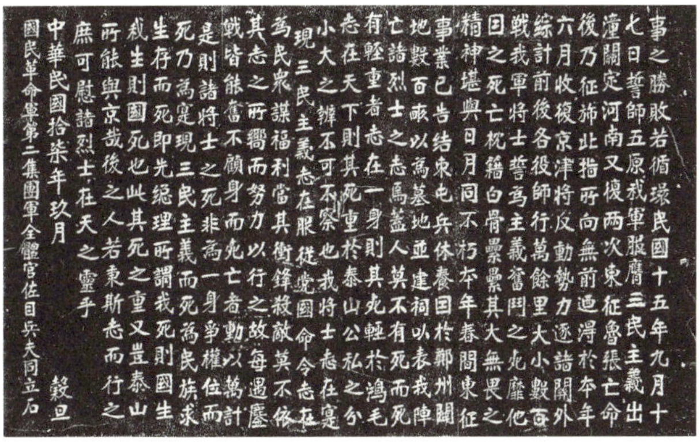
事之勝敗若循環民國十五年九月十
七日誓師五原我軍服膺三民主義出
潼關定河南又復兩次東征魯張亡命
後乃征旆北指所向無前迺滑於本年
六月收復京津將反動勢力逐諸關外
綜計前後各役師行萬餘里大小數百
戰我軍將士誓爲主義奮鬥之死靡他
因之死亡枕籍白骨纍纍其大無畏之
精神堪與日月同不朽本年春閻東征
事業已告結束屯兵休養因於鄭州闢
地數百畝以爲墓地並建祠以表我陣
亡諸烈士之志爲人蓋莫不有死而死
有輕重者志在一身則其死輕於鴻毛
志在天下則其死重於泰山公私之分
小大之辨不可不察也我將士志在寔
現三民主義志在服從黨國命令志在
爲民衆謀福利當其衝鋒殺敵莫不依
其志之所嚮而努力以行之故每遇鏖
戰皆能奮不顧身而死亡者動以萬計
是則諸將士之死非爲一身爭權位而
死乃爲寔現三民主義而死爲民族求
生存而死即先總理所謂我死則國生
我生則國死也此其死之重又豈泰山
所能與京哉後之人若東斯志而行之
庶可慰諸烈士在天之靈乎
中華民國拾柒年玖月　穀旦
國民革命軍第二集團軍全體官佐目兵夫同立石

20.24　烈士祠落成纪念碑碑文拓片

20.25 鸿昌亭

20.26 吉鸿昌烈士墓

20.27 黄河花园口掘堤堵口记事碑碑亭

20.28 黄河花园口掘堤堵口记事碑

抗日死，留做今日羞。国破尚如此，我何惜此头。”（图20.25～20.26）

## 花园口黄河掘堤处

位于郑州市惠济区花园口镇黄河花园口旅游区内。1938年6月，国民党军为抵御日本侵略军继续西犯，在郑州花园口扒开黄河大堤，以水代兵，使日本侵略军企图从郑州沿平汉铁路进攻武汉的计划遭到阻挠。但此次掘堤，造成黄河改道长达8年零9个月之久，给中国人民带来了巨大灾难。豫、皖、苏三省三十四县受灾，死亡人口达89万。1947年3月，国民党政府实施花园口堵口合龙。2004年12月，郑州黄河标准化堤坊建设完工。

花园口掘堤处包括掘堤处纪念碑、花园口纪事广场、雕塑墙3处遗迹。掘堤纪念碑高12米，标出了当年扒开大堤1460米的确切位置。花园口纪事广场雕塑墙包括八个画面，分别是日寇侵华、决堤扒口、洪水泛滥、灾民流离、生态灾害、堵口会谈、复堤斗争、黄河归故。花园口掘堤处遗址再现了当年国民党军以水代兵抵御日军之历史事件，也是洪水无情、巨大灾难之见证（图20.27、20.28）。

## 登封县第一次党代会旧址

位于大金店镇袁桥村。1938年登封地下党组织因抗战和组织建设需要，县委组织地下党以读书会的名义在此召开中共登封县第一届党代表大会，并组建了中共登封县委员会，选举李仲敏为县委书记。登封县党组织成立后，领导登封人民开展了轰轰烈烈的抗日救亡运动。

旧址坐北朝南，现存正房及东西配房，占地面积约280.1平方米。正房面阔三间，进深一间，硬山式灰瓦顶，正脊、垂脊均有脊饰。东、西厢房均面阔四间，进深一间，双扇小板门，棂子窗，亦为硬山式灰瓦覆顶（图20.29）。

## 皮定均工作旧址

位于新密市尖山乡田种湾村，为1945年元月成立的中共密北委员会、密北抗日民主政府、密北抗日独立团驻地，皮定均（原名楚保）工作指挥场所。该旧址是一排5孔连石窑洞，坐西朝东，通高6.5米，深7.8米，窑洞前为平台，有石磨一盘（图20.30）。

## 巩县抗日民主政府旧址

位于巩义市涉村镇上庄村第3村民组丁、田、李三姓祠堂。

1944年4月，日本帝国主义为了挽救危局，打通中国内地的南北交通线，发动了河南战役。中共中央北方局及八路军前方总部为了扼制日寇西侵，解放豫西人民，组编了八路军豫西抗日独立支队。支队司令员皮定钧，政治委员徐子荣，副司令员方升普，副政委兼政治部主任郭林祥，参谋长熊心乐。全支队共有十一个步兵连，一个炮兵连，总人数1700余人，9月6日，支队从林县誓师出发，急行军经太行南之薄壁镇（辉县属）、夺火镇（陵川属），绕道太岳军区四分区，跨王屋、渡黄河，挺进豫西敌后，开辟抗日根据地。

支队于1944年10月到达巩县（现巩义市），将司令部设在巩义市新中镇茶店村的刘寿山家。1945年春，移往距巩义市30公里的涉村

20.29　登封县第一次党代会旧址

20.30　皮定均工作旧址

镇上庄村的丁、田、李三姓祠堂。中间丁家祠堂稍大一些，前出廊沿，是支队司令皮定钧、政委徐子荣、副司令员方升普，副政委兼政治部主任郭林祥办公的地方；东侧的李家祠堂是皮定均居住室和作战研究室；西侧的田家祠堂是徐子荣、方升普和郭林祥住室。其余的房子由支队特务连和司令部勤杂人员居住。这三家祠堂有2500平方米左右，均坐北朝南，有多间青砖小瓦房。李家祠堂院内立有一块石碑，上面刻有郭林祥的题词："豫西抗日先遣支队司令部旧址"。该支队曾叫此名，进入豫西后，正式名称为"八路军豫西抗日独立支队"，此司令部现已成为青少年教育基地。现巩义市涉村镇上庄村建立的皮定钧纪念馆设在丁家祠堂院内的东厢房内。1945年6月上旬，司令部迁到夹津口镇申沟村焦卷家（图20.31）。

## 豫西行政干校旧址

位于巩义市涉村镇浅井村西北，原为浅井村翟氏祠堂。1944年10月5日，豫西抗日独立支队成立后，把祠堂作为豫西军政干校，培训来自偃师、巩县、登封、荥阳、汜水等地的积极分子，司令员皮定均任校长，共办三期，学员1500余人。培训后，学员在各县成立农会，宣传抗日，开展减租减息和倒地运动，参军参战打击日伪反动派。

该祠堂坐北朝南，东西长25米，南北宽25米，原有院落4个，窑洞4孔，现仅存大门及两侧耳房，面积525平方米，院内保留有一棵皂角树（图20.32）。

## 嵩山抗日工作站旧址

位于巩义市小关镇水泉沟村关帝庙内。1944年6月，毛主席发出挺进豫西的指示后，孙克明同志授命到巩县筹建嵩山抗日工作。来巩后，与口头村张良贵取得联系，以水泉沟关帝庙为联络点，秘密串联，开展抗日宣传。7月，孙克明、张良贵组织36名抗日青年以义结金兰的方式成立了嵩山抗日工作站，为开辟抗日根据地创造了有利条件。

该旧址东西长11.7米，南北宽10.7米，现存窑洞4孔，坐西朝东，呈罗圈椅状排列，正面二孔，两侧各一孔，门额上黄底红字"嵩山抗日工作站旧址"。窑深4~10米。正面北侧窑洞为当年工作站活动室，南侧窑内存有石碾一盘（图20.33）。

20.31 巩县抗日民主政府旧址

20.32 豫西行政干校

20.33　嵩山抗日工作站旧址

20.34　豫西抗日先遣支队司令部旧址

## 豫西抗日先遣支队司令部旧址

位于巩义市涉村镇上庄村西500米，原为上庄村田、丁、李三家祠堂，均坐北朝南，面阔三间。丁家祠堂居中，李家祠堂居东，田家祠堂居西，原有青砖灰瓦建筑20余间，现存14间。

1944年抗日战争进入战略反攻阶段，党中央决定向河南敌后进军，八路军决定由皮定均等组成豫西抗日先遣支队，于1944年10月到达豫西，司令部就设在祠堂里。

丁家祠堂是司令员皮定均、政委徐子荣和副司令员方升普、副政委兼政治部主任郭林祥等的办公室，李家祠堂是皮定均住室和作战研究室，田家祠堂是徐子荣、方升普和郭林祥住室，特务连也居住在祠堂中。司令部所属政治部、司法科和电台等单位，分居在3农民家里。先遣支队在此指挥了琉璃庙沟、大冶、黑石关、缑氏等200多次战役，歼敌3500余人。1945年8月下旬日本投降，皮部南下，撤离豫西根据地（图20.34）。

## 中共油坊地下联络站旧址

位于荥阳市高村乡油坊村西部。坐北朝南，现存楼房3座，均为砖木结构，硬山式建筑。20世纪20年代为秦和尚宅，1944年秋至1945年春，中共在此建立地下联络站，以加强嵩山抗日军分区与太行山革命根据地的联系。中共地下联络站工作期间，曾护送过中共许多重要党政领导和工作人员南来北往安全渡过黄河，对扩大党的影响，保证地下交通畅通发挥了重要作用（图20.35）。

## 新密禹抗日民主县政府旧址

位于新郑市辛店镇史家村西的具茨山东麓山坡上，依山而建。旧址坐北向南，现存石券窑洞5孔，北面3孔，西面2孔，窑洞宽5米，进深5米。有围墙、院落，面积700平方米。另旧址东有一眼水井。

抗日战争爆发后，具有革命传统的新郑人民在中国共产党的领导下，开展了轰轰烈烈的抗日救亡运动。1945年春，八路军皮定钧、徐子荣部密禹新独立团在团长沈甸之率领下开赴风后岭地区，建立抗日根据地，成立新郑县抗日民主政府，领导新郑、密县、禹县三县部分地区的抗日工作，因此抗日民主政府又称为新密禹（或密禹

20.35 中共油坊地下联络站旧址

20.36 新密禹抗日民主县政府旧址

新）抗日中心县政府，县长宋登贤，政委王实虚，武装大队长马明辰。人民政权建立后，发动群众，建立武装，开展减租减息和倒地运动。攻辛店，打太清，伏击消灭日寇，摧毁日伪政权，为夺取抗日战争的胜利做出了积极贡献。1945年10月，县政府干部随军南下。

新中国成立后，此处做为史江水住宅，1999年新郑市革命老区建设促进会恢复新郑县抗日民主政府旧址，2000年，被新郑市关心下一代工作委员会确定为青少年爱国主义教育基地。2004年重新布置陈列，辟为纪念馆对外开放。西为警卫员室和八路军室，北为宋登贤、王实虚住室，北窑洞布展板，介绍抗日战争时期的党政建设以及抗日民主政府领导人沈甸之、皮定钧、徐子荣、宋登贤简介等（图20.36）。

## 景店烈士陵园

位于登封市卢店镇景店村东北半山坡。陵园呈长方形，占地面积2650平方米。现存烈士纪念碑楼一座，纪念碑一通，烈士墓地57座，明代小中岳庙殿房一座。

1948年4月8日，中国人民解放军在全国范围内发起大规模的攻势，在中原战场解放郑州作战中，我军某部奉命绕道马峪川，猛插景店东北坡的小中岳庙前，与刚到不久的敌军展开激烈的战斗。全体指战员猛打猛冲，痛歼顽敌，最后获得了以少胜多的伟大胜利。战斗结束后，村民们将战斗中牺牲的解放军掩埋在小中岳庙附近，后建造烈士陵园。1954年政府拨款建设了围墙，1968年重修了围墙、新建了大门（图20.37）。

## 郑州烈士陵园

位于郑州市三环路与嵩山南路交汇处，始建于1955年，占地面积194.824平方米，建筑面积9391平方米。陵园内安葬烈士134名，其中有著名的抗日民族英雄吉鸿昌烈士，日本籍松井实烈士和苏联专家巴·阿·切明尼诺夫以及解放郑州而牺牲的烈士等，存放132位烈士骨灰。在省市委、政府和领导以及有关部门的关怀下，先后修建了革命烈士纪念碑，烈士事迹陈列馆，烈士骨灰堂，吉鸿昌、杨靖宇、彭雪枫、吴焕先四将军的纪念碑亭，解放郑州烈士纪念碑亭和墓区等。种植了花草树木，铺设了道路。

郑州烈士陵园烈士事迹陈列馆为纪念革命先烈的丰功伟绩，开展革命传统教育，1976年政府决定兴建烈士事迹陈列馆，1979年落成，1980年完成布展向社会开放。建筑面积1500平方米。馆内共分五室一厅，陈展了河南省著名英烈人物英勇战斗、壮烈牺牲的光辉事迹。序厅的巨幅油画《巍巍嵩山》蕴涵着中原儿女前赴后继、英雄辈出，烈士的丰功伟绩将与山河同在、与日月同辉。一室陈列了“二七”大罢工斗争牺牲的烈士。二室陈列了河南籍著名烈士吉鸿昌、杨靖宇、吴焕先、彭雪枫四位烈士，三室为临时展厅。四室主要陈列了抗日战争、淮海战役、抗美援朝、保卫边疆、打击罪犯和舍己救人牺牲的烈士事迹（图20.38、20.39）。

20.37　景店烈士陵园

20.38　烈士纪念碑

20.39　解放郑州烈士纪念亭

# 参考书目

（清）程村居士：《柴窑考证》宣统三年（1911 年）版。
徐中舒：《殷人服象及象之南迁》，《中央研究院历史语言研究所集刊》第二本第一分，1930年。
卫聚贤：《殷人自江浙迁徙于河南》，《江苏研究》3卷第5、6期，1937年。
罗香林：《唐代文化研究》，商务印书馆，1944年。
杨宽：《试论中国古代冶铁技术的发明和开展》，《文史哲》1955年第2期。
封演：《封氏闻见记》卷六《打球》，中华书局标点本，1958年。
顾颉刚：《〈禹贡〉注释》，《中国古代地理名著选读（第一辑）》，科学出版社，1959年。
赵国璧：《河南巩县铁生沟汉代冶铁遗址的发掘》，《考古》1960年第5期。
安志敏：《河南安阳小南海旧石器时代洞穴堆积的试掘》，《考古学报》1965年第1期。
阎宽：《温汤御球赋》，《文苑英华》卷五九，中华书局，1966年影印本。
贾兰坡、盖培、尤玉柱：《山西峙峪旧石器时代遗址发掘报告》，《考古学报》1972年第1期。
郭沫若：《中国史稿》，人民出版社，1976年。
李众：《关于藁城商代铜钺铁刃的分析》，《考古学报》1976年第2期。
盖培、卫奇：《虎头梁旧石器时代晚期遗址的发现》，《古脊椎动物与古人类》1977年第4期。
郑州市博物馆：《郑州古荥镇发现大面积汉代冶铁遗址》，《中原文物》1977年第1期。
金景芳：《商文化起源于我国东北说》，《中华文史论丛（第7辑）》，上海古籍出版社，1978年。
于省吾：《甲骨文字释林》，中华书局，1979年。
傅振伦：《中国铁器的发明》，《兰州大学学报（社会科学版）》1979年第2期。
邹衡：《试论夏文化》，《夏商周考古学论文集》，文物出版社，1980年。
河南省博物馆新郑工作站、新郑县文化馆：《河南新郑郑韩故城的钻探和试掘》，《文物资料丛刊》1980年第3期。
雷从云：《三十年来春秋战国铁器发现述略》，《中国历史博物馆馆刊》1980年第2期。
谭其骧：《西汉以前的黄河下游河道》，《历史地理》创刊号，上海人民出版社，1981年。
赵康民：《唐代打马球小考》，《人文杂志》1983年第3期。
叶文程：《宋元时期我国陶瓷器的对外贸易》，《中国社会经济史研究》1984年第2期。
周昆叔：《中国北方河谷平原区三万年来植被史梗概》，《第一次全国$^{14}$C学术会议文集》，科学出版社，1984年。

谢燕萍、游学华：《中国旧石器时代文化遗址》，香港中文大学出版社，1984年。
中国社会科学院考古研究所河南一队：《1979年裴李岗遗址发掘报告》，《考古学报》1984年第1期。
李民：《关于商族的起源》，《郑州大学学报》1984年第1期。
王玉哲：《商族的来源地望试探》，《历史研究》1984年1期。
荆三林：《试论殷商源流》，《郑州大学学报》1984年第1期。
龚维英：《商的由来浅说》，《中学历史教学》1985年第2期。
孙大章：《中国古代建筑史话》，中国建筑工业出版社，1987年。
陈昌远：《商族起源地望发微》，《历史研究》1987年第1期。
孙淼：《古商丘考——商族起源地探讨》，《先秦史研究》，云南人民出版社，1987年。
凌业勤等：《中国古代传统铸造技术》，科学技术文献出版社，1987年。
郑光：《二里头遗址的性质与年代》，《考古与文物》1988年第1期。
郑杰祥：《夏史初探》，中州古籍出版社，1988年。
丁山：《商周史料考证》，中华书局，1988年。
许伟、杨建华：《山西太谷白燕遗址第一地点发掘简报》，《文物》1989年第3期。
晋中考古队：《山西太谷白燕第二、三、四地点发掘简报》，《文物》1989年第3期。
孙淼：《商名称的由来及商族起源》，《殷墟博物苑苑刊》创刊号，中国社会科学出版社，1989年。
沈勇：《商源浅析》，《文物春秋》1990年第3期。
李德保：《郑韩故城制骨遗址的发掘》，《华夏考古》1990年第2期。
李德保：《河南新郑郑韩故城制陶作坊遗迹发掘简报》，《华夏考古》1991年第3期。
山西省考古研究所：《山西省襄汾县丁村新石器时代遗址发掘简报》，《考古》1991年第10期。
王国维：《殷周制度论》，《观堂集林（卷十）》，中华书局，1991年。
顾颉刚：《殷人自西徂东说》，《甲骨文与殷商史（第3辑）》，上海古籍出版社，1991年。
安金槐、李德保：《郑韩故城内战国时期地下冷藏室遗迹发掘简报》，《华夏考古》1991年第2期。
申先甲：《中国春秋战国科技史》第70页，人民出版社，1993年。
河南省文物研究所：《密县打虎亭汉墓》，文物出版社，1993年。
王建、陶富海、王益人：《丁村旧石器时代遗址群调查发掘简报》，《文物世界》1994年第3期。
张国硕：《商族的起源与商文化的形成》，《殷都学刊》1995年第2期。
梁淑琴：《略论唐代皇家马球场——从〈明皇击球图〉谈起》，《辽海文物学刊》1995年第1期。
魏明安、赵以武：《傅玄评传》，南京大学出版社，1996年。
沈祖德：《商字起源和演变的文化蕴涵》，《商业文化》1996年第5期。

江晓原：《〈周髀算经〉的盖天宇宙结构》，《自然科学史研究》第15卷第3期，1996年。
李民：《夏商周三族源流探索》，河南人民出版社，1998年。
河南省文物考古研究所新郑工作站：《郑韩故城青铜礼乐器坑和殉马坑的发掘》，《华夏考古》1998年第4期。
四川省文物考古研究所：《三星堆祭祀坑》，文物出版社，1999年。
郑州历史文化丛书编纂委员会编：《郑州市文物志》，河南人民出版社，1999年。
陈淳、沈辰、陈万勇、汤英俊：《河北阳原小长梁遗址1998年发掘报告》，《人类学学报》1999年第3期。
古文字诂林编纂委员会：《古文字诂林（第一册）》，上海教育出版社，1999年。
青州市博物馆：《青州龙兴寺佛教造像艺术》，山东美术出版社，1999年。
朱彦民：《商族迁徙试论》，《中国社会历史评论（第2辑）》，天津古籍出版社，1999年。
曹锦炎：《甲骨合文新释》，中华书局出版社，2000年。
陈连开：《论中华文明起源及其早期发展的基本特点》，《中央民族大学学报》2000年第5期。
顾颉刚：《昆仑传说与羌戎文化》，《古史辩自序》，河北教育出版社，2000年。
马富坤：《扬州出土的唐代打马球铜镜》，《东南文化》2000年第10期。
李卫：《唐代马球铜镜与历史上的马球运动（文化史海拾零）》，《人民日报海外版》2000年11月16日第七版。
林琳：《敦煌古代的马球运动》，《丝绸之路》2001年第3期。
李可：《“商”字的文化意味》，《华夏文化》2001年第1期。
冯时：《中国天文考古学》，社会科学文献出版社，2001年。
江林昌：《夏商周文明新探》，浙江人民出版社，2001年。
许顺湛：《河南仰韶文化聚落群研究》，《中原文物》2001年第5期。
向达：《唐代长安与西域文明》，《河北教育出版社》，2001年。
禚振西：《柴窑探微》，《收藏家》2001年第8期。
陈建平：《柴窑不在耀州》，《收藏家》2002年第5期。
陈淳、沈辰、陈万勇、汤英俊：《小长梁石工业研究》，《人类学学报》2002年第1期。
陈保亚：《人类起源于非洲？——从语言起源看非洲假说》，《科学中国人》2002年第5期。
蔡全法：《古城寨龙山城址与中原文明的形成》，《中原文物》2002年第6期。
顾万发：《“新砦期”研究》，《殷都学刊》2002年第4期。
金正耀：《商代青铜业的原料流通与迁都问题》，香港中文大学出版社，2002年。
李友谋：《裴李岗文化》，文物出版社，2003年。
吕琪昌：《也说“商”》，《东南文化》2003年第9期。
郑州市文物考古研究所：《郑州大师姑》，科学出版社，2004年。
王瑞平：《王亥与中国商业贸易的肇端》，《光明日报 》2004年6月1日。

李静杰：《北朝佛传雕刻所见佛教美术的东方化过程——以诞生前后的场面为中心》，《故宫博物院院刊》2004年第4期 。
王俊奇、孔祥华：《唐代长安的马球文化》，《体育文化导刊》2004年第11期。
赵自强：《柴窑与湖田窑》，广西美术出版社，2004年。
郝红星等：《郑州市东大街元代瓷器灰坑》，《文物》2004年第11期。
孟宪明：《图文老郑州》，中州古籍出版社，2004年。
奋鹰：《中国最早的瓷器》，《艺术市场》2004年第9期。
陶善耕、付玉梅：《郑州城市文化名片印记——“商”的讨论》，《中州大学学报》2005年第3期。
顾万发、张松林：《河南巩义市花地嘴遗址“新砦期”遗存》，《考古》2005年第6期。
杨肇清：《略论登封王城岗遗址大城与小城的关系及其性质》，《中原文物》2005年第2期。
孟召：《曹昭〈格古要论〉与王佐〈新增格古要论〉的比较》，《故宫博物院院刊》2006年第6期，总第128期。
赵富海：《老郑州商都遗梦》，河南人民出版社，2006年。
张增午、李向民：《晋冀豫北朝青瓷的发现与研究》，《中国古陶瓷研究（第12辑）》，紫禁城出版社，2006年。
徐文宁：《重识玉佩纹饰的收藏意义》，《艺术市场》2006年第10期。
方燕明、刘绪：《河南登封市王城岗遗址2002、2004年发掘简报》，《考古》2006年第9期。
李可亭：《中国商业始祖王亥传论》，《黄河科技大学学报》2006年第2期。
马世之：《五帝时代的城址与中原早期文明》，《中州学刊》2006年第3期。
王瑞明：《早年郑州的果子市》，《郑州日报》2007年10月25日第16版。
〔日〕对中如云：《至宝千年之旅——发现绝迹千年的柴窑》，台海出版社，2007年。
蔡英杰：《释辛——兼论商族的起源神话》，《殷都学刊》2008年第1期。
河南省文物考古研究所：《汝窑与张公巷窑出土瓷器》，科学出版社，2008年。
冯时：《试论中国文字的起源》，《四川文物》2008年第3期。
北京大学震旦古代文明研究中心、郑州市文物考古研究院：《新密新砦 1999—2000年田野考古发掘报告》，文物出版社，2008年。
王永平、孙岳：《马毬与唐代东西方文化交流》，《学习与探索》2008年第3期。
马咏钟：《古代的马球——唐章怀太子李贤墓壁画〈马球图〉》，《深交所》2008年第5期。
侯爱敏、宁甜：《郑州商战硝烟四起》，《郑州日报》2008年12月18日第22版。
王瑞明、黄斌：《湖北会馆与旧时郑州的商贸》，《大河报》2008年3月18日第C12版。
孙志刚：《郑州集贸市场的由来》，《郑州日报》2008年12月18日第13版。
郑州市经济委员会、北京服装学院：《郑州服装产业发展专项规划（2009—2015 年）》，2008年。

陈连开：《求同初阶——陈连开学术论文集》，中央民族大学出版社，2008年。
赵富海：《老郑州民俗圣地老坟岗》，河南人民出版社，2008年。
宫银峰、汪鹏：《郑州古代名人》，河南人民出版社，2008年。
李民、岳红琴、张兴照：《郑州古代都城》，河南人民出版社，2008年。
罗少卿：《四书五经详解大学中庸》，金盾出版社，2008年。
姜广辉：《保训十疑》，《光明日报》2009年5月4日。
张松林、党普选：《大运河郑州段在申遗中的作用和地位》，中国网，2009年11月5日。
郑州市文物考古研究院、郑州市上街区文化新闻出版局：《郑州上街峡窝唐墓发掘简报》，《文物》2009年第1期。
赵富海：《老郑州商都老字号》，河南人民出版社，2009年。
申文、勾荣国：《唐三彩：中国陶瓷史上的奇葩》，《考试周刊》2009年第28期。
郑舟：《新豫商崛起折射中原巨变》，《中国工商报》2009年1月 16日。
田乾峰：《被京广线改变的两座城市》，《中国周刊》2009年12月刊。
《"感动中原——60年60事60人"评选》，《郑州日报》2009年9月18日第13～16版。
毛阳光：《唐宋时期中原地区的打马球风气》，《寻根》2009年第5期。
沈伟：《浅论唐青花的起源——从河南巩义窑出土唐青花塔形罐谈起》，《中国陶瓷》2010年第10期。
郭伟川：《〈保训〉主旨与"中"字释读》，《光明日报 》2010年12月6日第12 版。
杜金鹏：《新密古城寨龙山文化大型建筑基址研究》，《华夏考古》2010年第1期 。
李立新：《试论汉字起源于中原地区》，《中州学刊》2010年第5期。
刘春声：《华胜——西王母的化身》，《收藏》2010年第8期。
肖贵田：《山东的维纳斯女神——蝉冠菩萨像》，《中国博物馆》2010年第2期。
张卉：《清华简〈保训〉"中"字浅析》，《史学月刊》2010年第12期。
王君：《"中"字意义流变的文化阐释》，《四川教育学院学报》2010年第6期。
王新婷：《从禅宗看佛教的中国化》，《湖南科技大学学报（社会科学版）》 2010年第1期。
张延成、董守志：《四书五经详解礼记》，金盾出版社，2010年。
王长启：《从唐田君墓志看柴窑出"北地"之地望》，《收藏界》2010年11期。
张小虎：《东汉北地郡治富平考》，《丝绸之路》2010年第8期。
南辛：《南辛赏柴》，百花文艺出版社，2010年。
苗文兴：《柴瓷》，中州古籍出版社，2010年。
王治国、王晖：《揭开柴窑千年的神秘面纱》，《文物鉴定与鉴赏》2010年第6期。
王升虎：《谁见柴窑色，雨过天青时——关于追寻柴窑的历程断想》，《景德镇陶瓷》2010年第1期。
赵敬平：《"柴窑"窑址探秘》，《文物鉴定与鉴赏》2010年第9期。
河南省文物考古研究所：《许昌灵井旧石器时代遗址2006年发掘报告》，《考古学报》2010

年第1期。
田培杰：《郑州柴窑》，河南人民出版社，2011年。
宁俊、曹冬岩：《崛起中的中原时尚之都——郑州纺织服装产业发展透视》，中国纺织出版社，2011年。
廖名春：《清华简〈保训〉篇“中”字释义及其他》，《孔子研究》2011年第2期。
王仁湘：《四正与四维：考古见到的中国早期两大方位系统——由古蜀时代的方位系统说起》，《四川文物》2011年第5期。
孟德宏：《从“商人”看“商”》，《汉字文化》2012年第5期。
阎铁成：《重读郑州》，《郑州晚报》2012年1月12日第D01～D08版；《郑州：中华民族最早文明之地》，《光明日报》2012年4月3日第7版。
孙乐琪：《学者解密柴窑:不是单一品种，烧造地在耀州》，《北京日报》2012年11月16日。
马红霞：《论古代辽金体育盛事——马球运动探究》，《兰台世界》2012年第30期。
刘吉峰：《唐代马球兴盛与衰落的原因探析》，《兰台世界》2012年第21期。

# 后记

郑州的文明，渊源悠久，灿烂辉煌。有东亚现代人的重要起源地，有中华民族人文始祖黄帝的故里，有中华民族第一个朝代夏王朝的都城，更有中华民族第二个王朝，堪称当时北纬30° 线附近最为辉煌的国家——商王朝的亳都、敖都，等等。虽然郑州在战国以后渐渐失去其昔日的政治中心地位，但是其科技、经济的地位依然不容小觑，尤其是高度影响中华民族一代代人精神形态的诸多人文思想，像道教、禅学、理学、易学，等等，在中华民族核心文脉中的地位极其重要。郑州早期文明辉煌，左右中华民族传统文化核心方向的郑州文脉传承有序，绵延不断，其历史的引领性地位无论如何都是不可替代的，在我华夏文明发展史中，堪称巨擘！

2009年，在央视《探索·发现》栏目播出反映八大古都——郑州的历史和文化、繁盛与沧桑的六集大型电视纪录片《商之都》，首播后反响不错，但是限于栏目时间限制，郑州文化的很多内容没有能够深刻展示，所以，当时策划制作方希望在原有基础上再增加部分必要的内容，以利于在其他电视台的播出和宣传。这时，我受命负责《商之都》电视脚本的核校工作。在工作中，为了让编剧能够更好地理解商之都——郑州，更多地了解背景知识，以更好地组织播出内容和播出文稿，所以，我收集了各方面的新材料和原有内容的背景素材。不久，时任郑州市文物局局长、党委书记的阎铁成先生又向我谈及了他研究郑州文化多年得出的有关郑州文化的几大特点（详见《郑州：中华民族最早文明之地》，《光明日报》2012年4月3日第7版），希望我能用具体的考古材料对一些方面予以更详实地论述。这样，我又按照专题收集把各方面的材料并重点地予以了整理。总共经过两年六个余月，素材已渐成可观。

近年来，国际国内学术界越来越意识到郑州的重要性，各方面学者对郑州的人文问题表现得也更为关注，各种新的精彩学术成果和观点也纷然迭出，但是可能由于一些最新的重要考古发现和学术观点未能及时发布或仅仅发布于专业的学术刊物等原因，一定程度上也影响了大家对郑州历史人文地位的清晰认识和相关角度的学术研究，以至对于郑州丰富的文化内涵和辉煌独特的历史地位还没有特别清晰的认知，所以我近来又把最新的考古材料和个人近年来学术研究的部分最新成果收集起来，在本书的不同章节予以刊发。

关于总体介绍郑州文化特征的重要文本形式，我们已有了电视纪录片《商之都》、《老郑州》系列、《重读郑州》等，不过对于历史和文化的公众传播而言，既具有学术性的、又具有通俗性的读物还是多多益善的，尤其对于文化内涵丰富，新发现不断呈现的八大古都郑州而言，更是如此。郑州丰富的文化属于郑州，更属于整个中国和中华民族，它需要传播，需要更广泛地让公众认知，所以我们决定出版《文明之光》这样一本书。

本书的编著，借鉴、引用了各种网媒、纸媒文献，并有编著者本人近年来就有关问题所做的学术科研成果。对于引用的纸媒文献，书中已有附录，若有无意缺失和谬误，以及由于本人的学术认知所致之误，敬请方家批评指正。同时，对借鉴、引用书籍、文章、网络杂谈的编写者和著录者，我们也在此表示真诚的谢意！

顾万发

2013年5月